성경의 맥에 따른 성경통독

날마다
주님과 함께

날마다 주님과 함께
___

초판 1쇄 인쇄 | 2021년 12월 22일
초판 1쇄 발행 | 2021년 12월 22일

지은이 | 박인관
펴낸곳 | 통전치유
펴낸이 | 박한규

주소 | 서울시 강서구 금낭화로 30 (301호)
문의 | 010-9228-5012

•••• 추천의 글

　성경통독을 위한 이 교재는 한 땀 한 땀 수놓는 정성으로 매 주 성도들과 함께 발맞추어 가면서 진행되어 만들어진 열매입니다. 성도들의 신앙생활을 위한 성경통독이 보다 깊은 이해와 삶의 변화를 이끌어내는 은혜의 방편이 되기 위한 고민에서 시작되어 성도들의 눈높이에 맞추고 묵상, 한 구절, 적용, 감사, 기도 등 세심한 배려와 구성으로 완성도를 높여서, 통독의 장점과 Q.T의 장점을 잘 살린 교재로 완성되었습니다(계촌성결교회 고재만 목사).

　성도들의 마음의 소원은 성경1독 입니다. 그러나 잘 안되지요? 박인관 목사님의 '성서의 맥'은 성경 1독을 할 뿐아니라 성경내용을 구속사적으로 잘 설명해주는 아주 적절한 성경읽기와 이해의 지침서라는 생각이 듭니다. 특별히 강단에서 설교하고 성도들에게 가르친 내용을 통해서 나온 책이라 성도들에게 더욱더 적합하다고 생각합니다. 저희 교회도 '성서의 맥' 교재로 성경통독을 하려고 합니다(효자감리교회 김종호 목사).

　사람의 말은 끝까지 다 들어보아야 합니다. 그래야 그 핵심적인 내용을 잘 알 수 있습니다. 좋은 설교도 교회의 모든 교육도 전체적인 목적에 맞아야 합니다. 이단이 무서운 것은 어떤 부분을 가지고 전체를 뒤집기 때문입니다. 그래서 성경통독이 필요합니다. 광염교회의 성경의 맥이나 통독은 그런 점에서 우리 신앙의 중심을 잡아줍니다. 음식도 편식을 하면 건강을 지키지 못하는 것처럼 통독은 건강한 신앙의 필수적인 과정입니다. 기대와 인내심을 가지고 성경전체를 살피며 배워가는 것이 이 통독교재의 장점입니다. 이 교재를 통해서 성경의 사람이 되고 요동함이 없는 반석 위에 신앙인들이 되시길 빌어봅니다(춘천그리스도의 교회 조영호 원로목사).

　우리 박인관 목사님과는 어언 이십 오년 이상 매주 만남을 정기적으로 가지면서 독서토론을 통해 우정을 함께 나누는 동지와 같습니다. 숱하게 많은 희노애락을 공유하면서 서로의 다양한 추억들을 쌓아왔습니다. 이번에 나오는 성경 통독의 책은 광염교회의 역사와 함께 하는 광염교회를 세우게 만들었던 성도들 속에 뿌려진 씨앗들을 모은 것들입니다. 저는 목사님의 사역을 돌아 볼 수 있는 기회가 되어 여러 방면 사역과 삶을 돌아보는 특권을 함께 나눴습니다. 그래서 박목사님의 깊은 영성적 세계를 보고 나눌수 있는 축복을 많이 누렸던 것 같습니다. 광염교회의 역사 자체가 하나님의 손에 의해 만들어진 기적의 공동체입니다. 그리고 그 역사 속에 박목사님의 말씀묵상은 중요한 맥이 되었습니다. 교회가 새성전으로 이전되고도 제대로 움직이거나 활동할 수 없었던 상황 속에서 믿음의 한을 글로 표현해 낸 또 하나의 작품이기도 합니다. 기대하는 바로는 이 성경 통독의 책자가 누에고치 실이 실크가 되어 아름다운 색감을 내며 풀어지듯 각 교회의 현장 속에서 또 하나의 아름다운 사도행전으로 나눠지길 소망해 봅니다(강원성시화 사무총장 조영춘 목사).

하나님의 말씀을 단순히 눈으로만 읽는 것이 아니라 머리와 가슴이 함께 움직여야 하기에 '성경통독' 또한 생각만큼 쉽지 않습니다. 이 성경읽기 지침서는 말씀을 마음에 새기고 성경 구절마다 담긴 의미를 현실에 접목해 돌아보고 실천하게 함으로써 신앙의 깊이를 더하게 합니다. 구약성경과 신약성경을 매주 적절히 체계적으로 읽게 함으로써 자칫 지루할 수 있는 통독의 어려움을 덜어주기에도 손색이 없습니다. 이 지침서를 통해 성경읽기를 계속한다면 매시간 감사하는 더욱 은혜롭고 성숙한 신앙인으로 거듭날 수 있으리라 확신합니다(전 CBS 강원방송 대표 하근찬 장로).

광염 성경통독 교재와 함께하며 기존의 성경전서로 읽어 나갈 때 무지막지한 중압감과 아득한 순례의 길을 걷는 듯 했습니다. 그러나 통독교재는 권역별 묶음 요약으로 중복을 회피하고 말씀 구절마다 배경과 묵상 그리고 자신에게 내재화 할 수 있는 스텝 바이 스텝의 단계적 적용으로 성경통독의 최적화 교재라 할 수 있습니다(광장교회 유용진 장로).

말씀의 간단한 배경과 요약을 보고 읽으니 말씀이 이해가 잘되었고, 질문을 통해 나를 돌아보고 적용하려고 노력하게 됩니다(창조장로교회 홍은숙 자매).

읽기 전 배경지식을 주시니 말씀이 잘 읽혀집니다. 혼자하면 딴 생각에 빠지게 되는데 말씀의 방향을 잡게 되어 성경의 맥이 잡힙니다(광염교회 김진경 권사).

그날 읽은 성경말씀을 정리해주셔서 은혜롭게 이해할 수 있었고, 그날의 감사기도를 할 수 있음에 감사합니다(광염교회 박경미 권사).

하나님과 동행하는 1년을 만들어주는 책! 1년 성경통독을 포기하기 쉬운데, 1년 통독집 덕분에 정해진 분량대로 읽다 보면 성공하게 됩니다. 그냥 성경을 읽는 것보다 배경 설명이 되어있어 이해가 쉽고, 쉽게 읽혀져요. 같은 말씀도 그 때 그 때 하나님이 주신 은혜가 다른 데, 그 때마다 기록할 수 있어서, 한 해 동안 하나님께서 주신 은혜를 간직할 수 있어서 감사했습니다(광염교회 박승희 자매).

성경통독은 우선 성경을 일독하기 위해 꼭 필요한 첫 관문입니다. 어려운 성경을 읽고 묵상하기 전에 전체적인 말씀의 배경을 이것으로 해소할 수 있습니다. 매일 성실함을 배울 수 있고 말씀에 집중하게 도와줍니다. 날마다 믿음이 변화되어지고 기도로 하루를 마칠 수 있는 감사가 생깁니다. 끝으로 바쁜 생활 속에서 통독하는 시간내기가 힘들고 따라가기가 버겁지만 말씀을 사모하는 영적인 힘을 줍니다(광염교회 엄명순 권사).

매일 내게 주시는 말씀이 새롭게 와 닿고, 살면서 잊고 지내왔던 진리를 다시 깨우쳐줍니다. 또한, 새신자 때에는 이해하기 힘들었던 성경의 시대적 배경을 이해할 수 있었던 것도 좋습니다(광염교회 윤순재 형제).

큐티를 통해 가족이 반성하며 하루의 삶에서 감사를 찾을 수 있고 글로 표현할 수 있음에 너무 감사합니다(광염교회 이문희 권사).

하나님의 은혜를 헛되이 받지 말라(고후6장 1절). 목사님과 큐티를 한 지 4년이란 시간이 흘렀습니다. 큐티를 하면서 저희 가정은 가정예배를 드리게 되었습니다. 함께 묵상을 하고 찬양을 함께 부르고 주기도문으로 마치는데요. 하루의 생활을 돌아보는 유익이 있습니다. 묵상집에 감사의 제목을 적어 놓으면 또 감사가 물밀듯 밀려듭니다. 은혜를 헛되이 받지 않는 비결은 말씀을 되새김질하는 묵상에 있음을 깨닫습니다(광염교회 이미경 권사).

반드시 읽어야 하는 성경이지만 분량을 정해 주어 그냥 따라 읽다보니 말씀을 일독하게 되고, 큐티로 좀 더 깊이 말씀을 대하는 기회가 되었습니다. 감사, 기도, 적용은 나의 하루를 비추어보는 거울이 되어서 좋습니다. 마치 성화로 가는 안내도 같습니다(광염교회 정인순 권사).

성경을 1년에 일독 하는게 쉽지 않은데 목사님이 제작해 주신 통독 성경은 매일 읽으면서 묵상할 수 있게 되어있어서 매우 유익합니다(광염교회 정재인 장로).

●●●● 프롤로그

　제가 목회하는 교회에 성경에 미치다시피 하신 장로님이 계셨습니다. 이 장로님은 하루 밥 세끼 먹는 일 외에는 성경읽는 일에 모든 것을 거셨습니다. 일년에 10독을 하셨으니 말해 뭐하겠습니까? 그런데 정말 재미있는 것은 성경 이야기를 하다보면 그 영적의미를 전혀 모른다는 것입니다. 정말 신기할 정도였습니다. 아니, 성경을 달고 사시는 분이 이렇게 성경을 모른다니 이해가 가지 않았습니다. 그 영적인 의미나 적용 또는 성경의 연계성들을 잘 모르고 계셨습니다.

　물론 성경을 읽는 것 만으로도 은혜가 됩니다. 성경 읽는 것이 지겨워 죽겠는데 그렇게 많이 읽을 수 있겠습니까? 그러므로 그것도 은혜이겠으나 아쉬움이 큽니다. 그런데 많은 성도들이 이렇게 성경을 읽습니다. 성경은 읽어야 하니까 읽는 것입니다. 의무감이기도 하고 주님 사랑하는 마음이기도 합니다. 우리는 매년 첫달 첫주에 성경을 통독하는 프로그램도 진행했고 Oneyear Bible도 여러 해 읽었으며, 생명의 삶과 그 외 큐티 교재를 이용하여 여러해 성경을 읽고 묵상하느라 많은 열정들을 쏟아부었습니다. 그러나 성경통독은 묵상자료가 없고 큐티집들은 통독을 하기에는 너무 여러 해가 소요되어야 했습니다. 그래서 통독과 묵상을 함께 할 수 있는 재료를 구상하게 된 것입니다.

　만일 성경의 배경과 의미를 알고 읽으면 얼마나 좋을까? 성경을 읽을 때 깨달음이 온다면 얼마나 신바람 날까? 를 생각했습니다. 그래서 제가 목회하는 춘천 광염교회에서 성경을 일년에 한 번씩 통독도 하면서 매일 깨달음이 넘치는 큐티와 묵상을 같이하는 성경읽기 보조교재가 있으면 좋겠다고 생각하고 수년에 걸쳐 만들었습니다. 물론 완벽한 것은 아닙니다. 여러 해 이 통독과 묵상을 같이 할 수 있는 [날마다 주님과 함께]라는 성경읽기 보조 재료를 사용하여 읽고 있는데 매년 새롭습니다.

　그러던 차에 주변의 목사님들이 통독과 큐티를 함께 하는 우리 교회의 교재를 보고 문의를 하고 만들어 달라고 하여 우리 교회 자체적으로 제작하여 보급하여 왔는데, 이번에 도서출판 통전치유에서 출판을 하게 되어 세상에 빛을 보게 된 것입니다. 이 [날마다 주님과 함께]는 한 교회만 사용하기에는 너무 아까워 공유하자고 하여 오픈하게 된 것입니다.

　저는 이 통독과 묵상을 같이하는 이 [날마다 주님과 함께]를 매년 새롭게 전 교인들과 함께 했습니다. 모든 교인들이 참여하였고 주보에 잊지 말라고 그 주간에 읽어야 할 범위들도 넣어 주어 늘 잊지않고 읽고 묵상하도록 했습니다. 매일 새벽기도 시간에는 그 날 읽어야 할 성경을 목회자가 하루 먼저 읽고, 그 중에 핵심이 되거나 은혜가 되고 그 해 마다 성령께서 감동을 주시는 말씀을 선택하여 말씀을 나누었습니다. 그리고 수요일이면 큐티팀이 모여 한 주간 묵상하고 깨닫고 적용한 말씀들을 나누는데 한 마디로 행복 그 자체입니다. 속회(구역)로 모이면 먼저 한 주간 어떻게 말씀을 읽고 묵상했는지 나누고 모임을 갖고 있습니다. 또한 주일 낮예배시 전 성도가 돌아가며 묵상하며 깨달은 것들을 5분 정도 함께 나누는 큐티 나눔의 시간을 갖고 있습니다. 만일 성경의 흐름을 목회에 적용하고 싶다면 주일 설교를 그 주간 묵상한 말씀들 중에서 한 본문을 택하면 온 교회가 통독과 묵상을 같이하며 뜨거움을 함께 가지고 나아갈 수도 있습니다. 저는 매일 아침 그날 묵상할 것들을 녹화하여 유튜브에 올리고 성도들에게 카톡으로 보내주기도 합니다. 이제 이것은 제 일상이 되었고 성도들도 무척 좋아하고 있습니다.

우리 모두 느끼고 있지 않습니까? 매년 매년 동일한 성경을 읽어도 새롭게 깨달음이 일어나고 못 보던 것을 보면서 신기해하면서 성경을 행복하게 읽고 묵상하고 있습니다. 프로그램은 잠시 흔들어 놓았다가 제자리를 찾습니다. 찬양사역도 감정으로 흐르기 쉽습니다. 그러나 사람을 바꾸는 데는 하나님의 말씀인 성경만큼 강력한 도구는 없습니다. 말씀은 성도가 붙잡아야 할 제 일의 행복의 메뉴얼이기도 하지만 강력한 무기임에 틀림이 없습니다. 바라기는 교회들마다 말씀 중심의 목회가 기본 바탕이 되기를 소망합니다.

저는 지금 또 새로운 꿈을 꾸고 있습니다. 성경을 한 장 한 장 평신도들이 쉽게 읽을 수 있는 해설집을 만들기 시작했습니다. 아마 여러 해 걸릴 것입니다. 그러나 이것은 꼭 필요한 누군가는 반드시 해야 할 일이라 여겼습니다. 성도들이 그 방대한 주석을 다 구입할 수도 없고, 또한 원어나 어려운 신학적 해석까지 이해하기란 여간 어려운게 아닙니다. 그래서 시작했지만, 꼭 끝을 보았으면 좋겠습니다. 아무쪼록 우리 한 교회를 위해 시작한 이 거룩한 사역이 전 교회들에게 작으나마 도움들이 되었으면 감사할 따름입니다

이 책이 나오도록 우리 교회 교우들이 기쁨으로 통독하고 묵상하며 나누는 일에 기뻐하며 흥분하며 참여해 주신 것이 얼마나 감격스러운지 모릅니다. 또한 CCF목사님들이 교정을 보아주시고 주변의 여러 목사님들이 교우들과 동참해 주셔서 감사한 마음이 큽니다. 추천의 글들을 써 주신 여러분들에게 감사를 드립니다.

2021년 12월 2일

말씀의 문을 열어주시고 부어주시며 흥분케 하신 하나님,
앞서가시며 은혜로 꿈 같은 교회를 허락하신 하나님께 감사를 드리며
서재에서 박인관 목사

•••• 통독안내 ••••

본 성경통독을 위한 묵상집 '날마다 주님과 함께'는
성경 읽기와 묵상(큐티)을 겸할 수 있도록 제작되었습니다.
성경 말씀을 읽으면서 깨닫고 느끼며 가슴으로 읽도록 도울 것입니다.

1년에 성경을 한 번 통독하도록 구성되어 있습니다.
월-토요일까지 하루 4장 정도로 읽도록 배치되었습니다.
내용상 구분하여 하루에 한 장 혹은 다섯 장이나 시편은 그 이상도 읽습니다.
매일 매일 그 날 주어진 분량을 읽으면 1년에 한 권 읽도록 편집되었습니다.
주일은 예배가 있는 날이므로 교회 중심의 삶을 살도록 했습니다.

이해를 돕기 위해 배경 설명을 넣어 읽기 전이나 후에 읽으면 도움이 됩니다.
역사적 배경이나 영적 또는 성경의 내용 전체를 함축하여 소개하였습니다.
성경을 풀이하는 주석이나 도움이 되는 재료가 없는 분들에게 유익합니다.

큐티를 할 수 있도록 깨달음을 돕기 위한 이해와 적용을 돕는 해설이나 질문을 매일
서너개씩 넣었습니다. 지식적인 질문이 아니라 적용에 맞추었습니다.
읽고 묵상하는 이들이 묵상한 것을 적을 수 있도록 여백을 마련했습니다.

매일 성경을 읽으면서 은혜와 감동, 도전이 되는 구절을 적을 수 있게 했습니다.
매일 한 구절씩 적어 한 해가 마치면 그 구절을 모아
책으로 편집하고 두고 두고 읽으면 더 큰 감동이 될 것입니다.

성경을 읽고 묵상하며 나에게 적용할 수 있도록 행동꺼리를 적도록 했습니다.
적용이 없는 성경읽기나 묵상은 바리새인들의 성경이 될 것입니다.
한 줄이지만 그 날 성경을 읽고 적용할 것을 적고 실천에 옮겨야 합니다.

감사하는 삶을 생활화하기 위해 매일 한 줄로 적을 수 있게 하였습니다.
매일 감사꺼리를 찾다 보면 일상의 삶에서 감사하는 생활을 하게 할 것입니다.

기도문을 한 줄로 적도록 했습니다. 지워지지 않는 기록으로 기도가 쌓입니다.
한 줄 기도문을 통해 주님과 함께 연결되는 삶을 살도록 돕습니다.

20 . . . (제 1 주 월요일)　　　　　　　　　　　오늘의 말씀 : 창 1-2장

창조주 하나님

배경　먼저 배경을 읽고 오늘의 성경을 읽읍시다. 읽은 뒤 배경을 한 번 더 읽어도 좋습니다.

신구약 성경 66권 중 시작이며 그 시작은 하나님의 창조로부터 시작됩니다. 하나님은 창조주로서 피조물 된 인생들이 창조주이심을 믿어달라고 애원하지 않으시고 장엄하게 창조의 사실을 선포하십니다. 인생들이 겸손히 받을 때 하나님과의 관계가 시작됩니다.

● **묵상**　아래의 질문들을 여유있는 마음으로 두 번 세 번 생각하며 하나님의 마음과 영적인 의미들을 더듬어봅시다.

1. 하나님께서 우주 만물을 창조하신 분이심 인정한다면 전능하신 하나님을 받아들일 수 있습니다. 그리고 그 하나님이 나의 하나님이 되실 수 있습니다. 전능자가 나의 하나님, 나의 주인, 나의 아버지가 되신다면 나의 삶이 어떻게 변화될까요?

2. 하나님은 만물을 어떤 방법으로 창조하셨습니까? 그것은 지금 살아가는 나와 무슨 상관이 있을까요? 또한 말씀하시는 하나님과 대화하는 방법은 무엇일까요? 성경 말씀과 기도가 내 삶에서 어떻게 이루어져야 하는지 묵상해 봅시다.(1:3,6,9,10,14,20,24).

3. 그런데 왜 하나님께서는 에덴동산에 선악과를 만드셨을까요? 하나님이 먼저 자유의지를 주신 다음에 왜 그것을 스스로 먹지 말 것을 요청하셨을까요? 나에게 주어진 자유의지 위에 주인 되신 하나님이 계시다는 것을 나는 과연 시인하고 있나요? (2:16-17)

4. 하나님이 창조하신 가정의 출발점인 부부는 어떤 관계여야 할까요?(창2:20-25)

● **한귀절**　오늘 말씀을 읽으면서 마음이 와 닿는 말씀 한 구절을 적고 되뇌어 봅시다.

● **적용**　말씀을 묵상하면서 나의 삶에 적용할 것과 실제적으로 행동에 옮길 것을 구체적으로 적어봅시다.

● **감사**　감사하는 성도는 더욱 더 풍성한 삶을 살게됩니다. 오늘 하루를 돌아보며 한 줄로 감사를 적어봅시다.

● **기도**　글로 쓰는 기도는 영원히 보존되는 기도입니다. 한 줄에 마음을 담아 기도를 주님께 올려드립시다.

(제 1 주 화요일) 오늘의 말씀 : 창 3장

아담과 하와의 범죄와 원죄, 구원

배경 먼저 배경을 읽고 오늘의 성경을 읽읍시다. 읽은 뒤 배경을 한 번 더 읽어도 좋습니다.

첫 사람 아담과 하와가 선악과를 따 먹음으로 범죄하여 에덴동산에서 추방당하고 흙으로 지어진 존재가 다시 흙으로 돌아가는 죽음의 형벌을 받게 됩니다. 그러나 인생들을 추방하시면서도 예수 그리스도를 보내시기로 작정하시는 주님을 봅니다. 하나님은 사랑이십니다.

● **묵상** 아래의 질문들을 여유있는 마음으로 두 번 세 번 생각하며 하나님의 마음과 영적인 의미들을 더듬어봅시다.

1. 아담과 하와를 범죄케 했던 것은 뱀 곧 사단입니다. 사단이 아담과 하와를 무너트린 방법은 무엇일까요? 사단은 하와의 불신의 마음을 알고 유혹하여 넘어트립니다. 어떻게 하면 사단의 거짓, 이간질에 속지 않고 믿음을 지킬 수 있을까요? 믿음의 방패를 생각합시다

2. 아담과 하와가 선악과를 따 먹기 전과 후가 얼마나 다릅니까? 하나님의 낯을 피해 숨고 두려워하여 벗었음을 알고 수치심을 느낍니다. 그러고도 자기의 죄를 책임지지 못하고 전가까지 합니다. 죄의 영향입니다. 그리고 하나님의 형상이 되어 불행이 지배하게 됩니다

3. 자유의지를 주신 하나님은 죄를 선택한 인생들에게 흙으로 돌아가게 하시고 남자에게는 평생 수고하고 여자에게는 남편의 다스림을 받고 출산의 고통이 크게 하셨지만 뱀을 통해 예수님을 보내실 것을 작정하신 하나님의 사랑을 생각하면 은혜의 하나님이십니다(14-19)

● **한귀절** 오늘 말씀을 읽으면서 마음이 와 닿는 말씀 한 구절을 적고 되뇌어 봅시다.

● **적용** 말씀을 묵상하면서 나의 삶에 적용할 것과 실제적으로 행동에 옮길 것을 구체적으로 적어봅시다.

● **감사** 감사하는 성도는 더욱 더 풍성한 삶을 살게됩니다. 오늘 하루를 돌아보며 한 줄로 감사를 적어봅시다.

● **기도** 글로 쓰는 기도는 영원히 보존되는 기도입니다. 한 줄에 마음을 담아 기도를 주님께 올려드립시다.

(제 1 주 수요일)　　　　　　　　　　　　오늘의 말씀 : 창 4:1-15 장

가인과 아벨의 예배

배경　먼저 배경을 읽고 오늘의 성경을 읽읍시다. 읽은 뒤 배경을 한 번 더 읽어도 좋습니다.

아담과 하와에게 가인과 아벨 단 두 사람만 자녀가 있었던 것은 아닙니다. 많은 자녀들이 있었으나 모든 인생들을 대표하여 두 부류의 신앙을 비교해 준 것입니다. 우리는 두 사람의 예배참여를 바라보며 내가 개선할 점이 무엇인가 살펴야 합니다.

● **묵상**　아래의 질문들을 여유있는 마음으로 두 번 세 번 생각하며 하나님의 마음과 영적인 의미들을 더듬어봅시다.

1. 만일 내가 드리는 예배가 주님께 인정받지 못하고 상달하지 못한다면 비극일 것입니다. 그렇다면 하나님은 왜 아벨이 드린 예물을 하나님이 받으셨을까요? 히 11:4은 그 이유를 설명해 줍니다. 피의 제사를 드리게 된 동기는 무엇일까요? 내가 죄인임을 시인하고 고백하며 속죄의 예물을 드린 까닭입니다.

2. 반면에 하나님이 가인과 그의 예물을 받지 않으셨는데 이에 대해 가인은 몹시 분노(6절)하고 있습니다. 거절당했을 때 왜 그렇게 분노했을까요? 나는 잘했는데 인정해 주지 않을 때 일어나는 현상입니다. 바로 자기중심적인 삶을 살고 제사를 드렸기 때문입니다. 하나님 앞에 겸손하고 자기를 부정해야 할 이유입니다.

3. 그런데 왜 하나님은 가인에게 네 아우 아벨이 어디 있느냐고 물으실까요? 가인은 동생을 돌로 쳐 죽이고 모른다고 하면서 내가 동생을 지키는 자냐고 항거합니다. 내가 돌봐야 할, 사랑해야 할, 영혼을 구해야 할 나의 아우들은 어디에 있습니까?(9절)

● **한귀절**　오늘 말씀을 읽으면서 마음이 와 닿는 말씀 한 구절을 적고 되뇌어 봅시다.

● **적용**　말씀을 묵상하면서 나의 삶에 적용할 것과 실제적으로 행동에 옮길 것을 구체적으로 적어봅시다.

● **감사**　감사하는 성도는 더욱 더 풍성한 삶을 살게됩니다. 오늘 하루를 돌아보며 한 줄로 감사를 적어봅시다.

● **기도**　글로 쓰는 기도는 영원히 보존되는 기도입니다. 한 줄에 마음을 담아 기도를 주님께 올려드립시다.

(제 1 주 목요일)　　　　　　　　　　　　　오늘의 말씀 : 창 4:16-5장

가인과 아벨의 족보

> **배경**　먼저 배경을 읽고 오늘의 성경을 읽읍시다. 읽은 뒤 배경을 한 번 더 읽어도 좋습니다.
>
> 이 두 족보는 전 인류를 두 부류로 나눌 수 있는 족보입니다. 가인의 족보는 하나님 없이 살아가는 불신자들, 아벨 대신 주신 셋의 족보는 믿음의 사람들을 대표합니다. 지금도 동일합니다. 하나님 중심의 사람이냐 내가 주인으로 살아가고 있는가? 물어야 할 것입니다.

● **묵상**　아래의 질문들을 여유있는 마음으로 두 번 세 번 생각하며 하나님의 마음과 영적인 의미들을 더듬어봅시다.

1. 가인의 족보를 비교해 봅시다. 가인은 하나님의 품을 떠났습니다. 이는 하나님 없이 산다는 것을 말해줍니다. 곧 하나님 없이 살아가는 사람들은 세상일, 물질, 명예와 쾌락에 관심이 집중됩니다. 4:16-24을 읽으면서 불신자들의 삶을 관찰해봅시다.

2. 그러나 믿음의 사람 아벨 대신 주신 셋의 후손은 세상적인 일에는 대단한 업적이 소개되고 있지는 않지만 믿음이 다음 세대로, 다음 세대로 이어지고 있었습니다. 에노스, 에녹, 라멕의 삶을 관찰해 봅시다(4:26, 5:24, 28-29).

3. 이 두 족보가 소개되는 이유는 무엇일까요? 이 세상에는 어느 시대나 하나님을 믿고 예배하며 살아가는 사람들과 육의 쾌락을 추구하며 살아가는 사람들이 존재해 왔습니다. 셋의 후손들은 어떻게 믿음을 전수시키며 지켰을까요?

● **한귀절**　오늘 말씀을 읽으면서 마음이 와 닿는 말씀 한 구절을 적고 되뇌어 봅시다.

● **적용**　말씀을 묵상하면서 나의 삶에 적용할 것과 실제적으로 행동에 옮길 것을 구체적으로 적어봅시다.

● **감사**　감사하는 성도는 더욱 더 풍성한 삶을 살게됩니다. 오늘 하루를 돌아보며 한 줄로 감사를 적어봅시다.

● **기도**　글로 쓰는 기도는 영원히 보존되는 기도입니다. 한 줄에 마음을 담아 기도를 주님께 올려드립시다.

(제 1 주 금요일)   오늘의 말씀 : 창 6-9장

노아와 홍수심판

배경 먼저 배경을 읽고 오늘의 성경을 읽읍시다. 읽은 뒤 배경을 한 번 더 읽어도 좋습니다.

노아의 홍수가 일어나게 된 원인과 그 과정 그리고 홍수 후의 삶도 일부 보여주고 있습니다. 전 인류가 물로 심판받는 사건은 충격적입니다. 그러나 이 사건은 주님의 재림 때에 일어날 심판과 구원을 동일하게 보여주는 사건입니다.

● **묵상** 아래의 질문들을 여유있는 마음으로 두 번 세 번 생각하며 하나님의 마음과 영적인 의미들을 더듬어봅시다.

1. 창 6:1-3은 노아 홍수가 일어나게 된 직접적인 동기를 알려줍니다. 하나님의 아들은 하나님을 믿고 따르는 사람들이고 사람의 딸들은 가인의 후손 곧 불신자들을 가리키는데 결국 믿는 자들이 불신자들 따라 쾌락을 추구하다가 멸망을 당합니다. 특히 타락한 결혼으로 말미암아 멸망 받는데 우리의 결혼문화는 건강할까요?

2. 그런데 노아는 어떻게 구원을 받았습니까? 노아가 의인, 당대에 완전한 자이며 주님과 동행했다고 하는데 그렇다면 노아가 술을 먹고 불미스런일이 생긴 이유는 무엇일까요? 즉 노아가 의인, 완전한 자라는 것을 어떻게 받아들여야 할까요?

3. 노아의 홍수가 어느 정도의 규모로 일어났을까요? 노아 시대에 인류가 얼마나 살고 있었는지는 알 수 없으나 노아의 홍수가 사실이라는 것을 지정학, 과학적으로 입증할 수 있을까요? 오늘 우리가 사용하는 화석연료 석유는 어떻게 만들어졌을까요?

● **한귀절** 오늘 말씀을 읽으면서 마음이 와 닿는 말씀 한 구절을 적고 되뇌어 봅시다.

● **적용** 말씀을 묵상하면서 나의 삶에 적용할 것과 실제적으로 행동에 옮길 것을 구체적으로 적어봅시다.

● **감사** 감사하는 성도는 더욱 더 풍성한 삶을 살게됩니다. 오늘 하루를 돌아보며 한 줄로 감사를 적어봅시다.

● **기도** 글로 쓰는 기도는 영원히 보존되는 기도입니다. 한 줄에 마음을 담아 기도를 주님께 올려드립시다.

(제 1 주 토요일)　　　　　　　　　　　　　　　오늘의 말씀 : 창 10-11장

하나님의 도전장 바벨탑

● **배경**　먼저 배경을 읽고 오늘의 성경을 읽읍시다. 읽은 뒤 배경을 한 번 더 읽어도 좋습니다.

10-11장은 바벨탑이 어떻게 왜 세워지게 되었는지 그것이 하나님께 얼마나 큰 도전인지를 보여주고 있습니다. 니므롯이라는 강력한 영웅호걸이 나타나 하나님에게서 사람들의 마음을 휘어잡아 자기 왕국을 건설하려고 하나님께 도전했던 사건입니다.

● **묵상**　아래의 질문들을 여유있는 마음으로 두 번 세 번 생각하며 하나님의 마음과 영적인 의미들을 더듬어봅시다.

1. 저주를 받은 함의 후손인 니므롯이 레센이라는 큰 성읍을 건설하고 나라를 세우고 바벨땅에 탑을 쌓습니다. 니므롯이 "여호와 앞에서 용감한 사냥꾼" 이라고 말하는 이유가 무엇일까요? 하나님에게서 사람들의 마음을 어떻게 도둑질 했을까요?(10:9)

2. 바벨탑을 쌓으려는 직접적인 동기는 1) 우리의 이름을 내자 2) 흩어짐을 면하자고 했는데 이 두 가지 동기가 왜 나쁜 것일까요? 하나님께 영광돌려야 할 인간의 기본적인 마인드와 창 1:28의 명령에 정면으로 충돌하고 있습니다. 우리는 어떻습니까?

3. 하나님은 이 사건을 통하여 언어를 혼란케 하심으로 탑 건설을 중지시키고 인류를 언어별로 흩어 놓으십니다. 그래서 세계에 흩어져 살게 됩니다. 그런데 언제 이 언어가 하나로 통일되었습니까? (행 2:8-11) 그리고 천국에 가면 언어가 필요할까요?

● **한귀절**　오늘 말씀을 읽으면서 마음이 와 닿는 말씀 한 구절을 적고 되뇌어 봅시다.

● **적용**　말씀을 묵상하면서 나의 삶에 적용할 것과 실제적으로 행동에 옮길 것을 구체적으로 적어봅시다.

● **감사**　감사하는 성도는 더욱 더 풍성한 삶을 살게됩니다. 오늘 하루를 돌아보며 한 줄로 감사를 적어봅시다.

● **기도**　글로 쓰는 기도는 영원히 보존되는 기도입니다. 한 줄에 마음을 담아 기도를 주님께 올려드립시다.

20 . . .   (제 2 주 월요일)   오늘의 말씀 : 창 12장

아브라함을 통한 하나님의 구원계획

● **배경**   먼저 배경을 읽고 오늘의 성경을 읽읍시다. 읽은 뒤 배경을 한 번 더 읽어도 좋습니다.

창 12장은 앞서 있었던 2천년 동안의 사건의 결론으로 하나님께서 아브라함을 부르셔서 이스라엘을 통해 1) 세계 만방에 하나님의 뜻과 사랑을 알리고 2) 예수 그리스도를 보내셔서 온 인류를 구원하기 위한 원대한 계획을 실현하는 내용이 담겨있습니다.

● **묵상**   아래의 질문들을 여유있는 마음으로 두 번 세 번 생각하며 하나님의 마음과 영적인 의미들을 더듬어봅시다.

1. 하나님이 불신자인 아브라함을 부르셔서 믿음의 사람으로 쓰시기 위해 그를 부르실 때 요구하신 두 가지는 1) 떠나라 2) (불특정 장소로) 가라고 하신 것은 자기를 부인하고 인생을 주님께 맡기라는 명령입니다. 나는 과연 그렇게 하고 있습니까?

2. 만일 아브라함이 하나님의 부르심에 순종한다면 1) 큰 민족을 이루고 이름을 창대케 2) 땅의 모든 족속이 너로 말미암아 복을 받을 것이라고 약속하시는데 이는 이스라엘을 세워 일하시고 예수 그리스도를 보내심을 말하는데 하나님은 이를 어떻게 이행하셨습니까?

3. 특별히 "너를 축복하는 자에게는 내가 복을 내리고 너를 저주하는 자에게는 내가 저주하겠다"는 것은 무슨 뜻일까요? "복"과 "축복"은 어떻게 다르며 또한 우리 믿는 자들에게 과연 축복권과 저주권이 있을까요?

● **한귀절**   오늘 말씀을 읽으면서 마음이 와 닿는 말씀 한 구절을 적고 되뇌어 봅시다.

● **적용**   말씀을 묵상하면서 나의 삶에 적용할 것과 실제적으로 행동에 옮길 것을 구체적으로 적어봅시다.

● **감사**   감사하는 성도는 더욱 더 풍성한 삶을 살게됩니다. 오늘 하루를 돌아보며 한 줄로 감사를 적어봅시다.

● **기도**   글로 쓰는 기도는 영원히 보존되는 기도입니다. 한 줄에 마음을 담아 기도를 주님께 올려드립시다.

20 . . . (제 2 주 화요일)　　　　　　　　　　　　　　　　오늘의 말씀 : 창 13-15장

믿음의 여정 1

● **배경**　먼저 배경을 읽고 오늘의 성경을 읽읍시다. 읽은 뒤 배경을 한 번 더 읽어도 좋습니다.

부르심을 받은 아브라함은 40여년이나 밍기적 거리면서 하나님의 부르심에 응하지 않았고 계속해서 넘어지고 자빠집니다. 이것은 아브라함을 통해서 믿음없는 사람이 어떻게 믿음을 가지고 일어서는 가를 보여줍니다. 결국은 하나님의 사랑입니다.

● **묵상**　아래의 질문들을 여유있는 마음으로 두 번 세 번 생각하며 하나님의 마음과 영적인 의미들을 더듬어봅시다.

1. 13장은 롯과 아브라함과의 다툼에 대한 이야기인데, 롯은 아브라함의 동생 하란의 아들 즉 조카입니다. 그렇다면 고향, 친척, 아비집을 떠나라고 했는데 문제의 원인은 어디에 있었을까요? 아브라함은 사람을 의지하다 시험에 빠집니다. 혹시 나는?

2. 그런데 아브라함은 네가 좌하면 내가 우하고 제가 우하면 내가 좌를 선택하겠다고 조카 롯에게 제안합니다. 나 같으면 아브라함처럼 제안 할 수 있었겠습니까? 또한 여호와의 동산같고 애급땅과 같았던 소돔과 고모라땅을 선택한 롯과 모든 것을 양보한 아브라함의 결과는 어찌되었습니까?(13:14-18, 14장)

3. 15장, 하나님께서 아브라함에게 나는 네 방패, 상급이라는 것은 자식을 주신다는 것인데 왜 아브라함은 코웃음을 치고 있을까요? 아브라함이 바라본 것은 현실이고 육신적 상황이었습니다. 믿음의 눈으로 바라보지 못하는 것이지요. 나는 어떨까요?

● **한귀절**　오늘 말씀을 읽으면서 마음이 와 닿는 말씀 한 구절을 적고 되뇌어 봅시다.

● **적용**　말씀을 묵상하면서 나의 삶에 적용할 것과 실제적으로 행동에 옮길 것을 구체적으로 적어봅시다.

● **감사**　감사하는 성도는 더욱 더 풍성한 삶을 살게됩니다. 오늘 하루를 돌아보며 한 줄로 감사를 적어봅시다.

● **기도**　글로 쓰는 기도는 영원히 보존되는 기도입니다. 한 줄에 마음을 담아 기도를 주님께 올려드립시다.

(제 2 주 수요일) 오늘의 말씀 : 창 16-17장

믿음의 여정 2

배경 먼저 배경을 읽고 오늘의 성경을 읽읍시다. 읽은 뒤 배경을 한 번 더 읽어도 좋습니다.

계속되는 아브라함의 신앙여정입니다. 넘어지고 시험들 때마다 하나님께서 구원하지 않으셨다면 아브라함이라는 믿음의 위인은 탄생하지 못했을 것입니다. 어떤 사건들이 일어나는지 그리고 이 사건들은 나와 어떤 연관이 있는지 세심히 살펴야 합니다.

● **묵상** 아래의 질문들을 여유있는 마음으로 두 번 세 번 생각하며 하나님의 마음과 영적인 의미들을 더듬어봅시다.

1. 그런데 자식을 기다리다 지친 아브라함은 어떤 방법을 시도합니까? 아내 사라한테 제안한 것을 당신이라면 어떻게 하였을까요? 때로 우리는 믿음으로 기다리기보다는 이성적인 판단을 하고 행동할 때가 있습니다. 결과는 어찌 되었을까요? 오늘의 중동의 모든 문제는 이스마엘의 후손들로 인하여 갈등을 초래하지 않습니까?

2. 17장, 99세에 하나님은 아브라함과 사라에게 이름을 바꾸라고 요구하십니다. 왜 그러셨을까요? 고귀한 아버지로부터 열국의 아비라는 아브라함, 열국의 어미라는 사라로 바꾸라고 하시는데 이것은 이제 단순한 한 사람의 삶을 넘어서 하나님 손에 붙들려 한민족의 조상이 되는 것을 의미합니다. 주님께 붙들린 나의 이름은 무엇입니까?

3. 그런데 하나님은 이름만 바꾸는 것으로 그치지 않으시고 할례를 받으라고 하십니다. 할례는 몸에 언약의 백성이라는 표식 즉, 언약의 증표인데 오늘 우리들의 세례와 같은 의미입니다. 과연 나는 언약의 증표를 가지고 있으며 세례의 의미로서 내 죄와 욕심을 주님과 함께 죽었으며 주님이 주신 영적 생명으로 살아가고 있습니까?

● **한귀절** 오늘 말씀을 읽으면서 마음이 와 닿는 말씀 한 구절을 적고 되뇌어 봅시다.

● **적용** 말씀을 묵상하면서 나의 삶에 적용할 것과 실제적으로 행동에 옮길 것을 구체적으로 적어봅시다.

● **감사** 감사하는 성도는 더욱 더 풍성한 삶을 살게됩니다. 오늘 하루를 돌아보며 한 줄로 감사를 적어봅시다.

● **기도** 글로 쓰는 기도는 영원히 보존되는 기도입니다. 한 줄에 마음을 담아 기도를 주님께 올려드립시다.

(제 2 주 목요일)   오늘의 말씀 : 창 18-19장

믿음의 여정 3

배경   먼저 배경을 읽고 오늘의 성경을 읽읍시다. 읽은 뒤 배경을 한 번 더 읽어도 좋습니다.

이제 하나님께서 아브라함에게 자식을 주실 때가 되었습니다. 하나님은 아브라함의 아내 사라가 아기를 낳을 능력을 잃을 때를 기다리셨고 아브라함은 그 전에 아기를 갖기를 원하였습니다. 이렇게 하나님의 생각과 내 생각은 다릅니다. 인간의 끝은 하나님의 시작입니다.

● **묵상**   아래의 질문들을 여유있는 마음으로 두 번 세 번 생각하며 하나님의 마음과 영적인 의미들을 더듬어봅시다.

1. 만일 사라가 생리 중에 아기를 낳았다면 아브라함은 하나님이 주신 자식이라고 믿지 못했을 것입니다. 그러나 생리가 한참 지나 생산능력을 잃었을 때 자식을 얻음으로써 하나님이 주신 자식임을 믿게 되었습니다. 이런 하나님을 경험해 보셨습니까?

2. 그런데 하나님은 왜 하필 아들을 주시는 때를 나그네를 중심으로 푸짐하게 접대한 뒤 바로 그 시점에 자식을 주시는 복을 선언하실까요? 이 시점이 과연 우연일까요? 아브라함이 이 나그네 접대가 나의 삶에 어떤 영향을 줄 것 같습니까?

3. 롯이 선택하여 간 소돔,고모라는 극도로 타락하여 마침내 불 심판을 받고 역사의 뒤안길로 사라집니다. 그런데 롯이 어떻게 구출 받게 되었습니까? 아브라함이 롯을 의식하고 중보기도를 어떻게 드렸습니까? 그리고 나의 중보기도는 어떻습니까?

● **한귀절**   오늘 말씀을 읽으면서 마음이 와 닿는 말씀 한 구절을 적고 되뇌어 봅시다.

● **적용**   말씀을 묵상하면서 나의 삶에 적용할 것과 실제적으로 행동에 옮길 것을 구체적으로 적어봅시다.

● **감사**   감사하는 성도는 더욱 더 풍성한 삶을 살게됩니다. 오늘 하루를 돌아보며 한 줄로 감사를 적어봅시다.

● **기도**   글로 쓰는 기도는 영원히 보존되는 기도입니다. 한 줄에 마음을 담아 기도를 주님께 올려드립시다.

(제 2 주 금요일)　　　　　　　　　　　　　오늘의 말씀 : 창 20-23장

드디어 아브라함, 자식도 얻고 믿음도 합격하다

배경　먼저 배경을 읽고 오늘의 성경을 읽읍시다. 읽은 뒤 배경을 한 번 더 읽어도 좋습니다.

약속에 신실한 하나님은 아브라함의 100살에 전능하신 하나님의 방법대로 아들 이삭을 안겨주십니다. 그리고 그 아이를 달라고 시험하시고 아브라함은 그 무지막지한 시험에서 흔들림 없이 시험에 합격합니다. 전능하신 하나님을 체험했기 때문에 전적으로 순종합니다.

● **묵상**　아래의 질문들을 여유있는 마음으로 두 번 세 번 생각하며 하나님의 마음과 영적인 의미들을 더듬어봅시다.

1. 사라의 생리가 끝나자 이제 하나님의 일하실 때가 되었습니다. 그래서 그동안 기다리셨던 하나님은 자식을 주시지만, 아내를 남방왕에서 누이라고 속여 빼앗김으로써 하나님의 계획이 어그러지지만 화내지 않으시고 구원하십니다. 하나님은 사랑이십니다!

2. 약속의 하나님은 그 약속을 신실하게 지키십니다. 아브라함은 전능하신 하나님을 체험하고 신앙이 성숙하게 자라게 됩니다. 그러나 자식을 얻자 아브라함의 아내 사라는 하갈과 아들을 미워합니다. 만일 이스마엘을 잘 품었다면 어떻게 되었을까요? 느끼는 게 없습니까?

3. 만일 당신에게 100살에 얻은 아들을 산에 가서 토막내어 불태워 번제로 드리라고 했다면 그 명령에 순종하였을까요? 생리가 끝나기 전에 자식을 얻을 줄 알았던 아브라함이 생리 후에 자식을 얻자 전능하신 하나님을 체험한 것입니다. 체험적인 신앙이 왜 중요할까요?

● **한귀절**　오늘 말씀을 읽으면서 마음이 와 닿는 말씀 한 구절을 적고 되뇌어 봅시다.

● **적용**　말씀을 묵상하면서 나의 삶에 적용할 것과 실제적으로 행동에 옮길 것을 구체적으로 적어봅시다.

● **감사**　감사하는 성도는 더욱 더 풍성한 삶을 살게됩니다. 오늘 하루를 돌아보며 한 줄로 감사를 적어봅시다.

● **기도**　글로 쓰는 기도는 영원히 보존되는 기도입니다. 한 줄에 마음을 담아 기도를 주님께 올려드립시다.

(제 2 주 토요일)　　　　　　　　　　　　오늘의 말씀 : 창 24-25:18

노년을 어떻게 보내야

배경　먼저 배경을 읽고 오늘의 성경을 읽읍시다. 읽은 뒤 배경을 한 번 더 읽어도 좋습니다.

아브라함에게 주어진 복은 이제 대물림되어 이삭에게로 연결됩니다. 아브라함은 노년에 복을 받았습니다. 그리고 자녀들이 서로 다툼없이 살아가고 특히 장자 상속에 대한 영적 축복이 자연스럽게 흘러가도록 안전장치를 만듭니다. 이 지혜를 배워야 합니다.

● **묵상**　아래의 질문들을 여유있는 마음으로 두 번 세 번 생각하며 하나님의 마음과 영적인 의미들을 더듬어봅시다.

1. 이삭은 40이 되도록 장가를 가지 못했습니다. 아버지 아브라함이 이를 보고 믿을 만한 종을 보내 신붓감을 데리고 옵니다. 그런데 엘리에셀이라는 종은 어떤 방법으로 리브가를 찾습니까? 하나님의 인도를 받겠다는 간절함이 나에게도 있습니까?

2. 아브라함은 자신이 죽은 후에 서자들과의 갈등과 분열을 사전에 막기 위해 죽기 전에 재산을 다 분배해 주고 분가를 시켜 주므로 혼란을 예방합니다. 우리들에게도 이러한 지혜가 필요합니다. 믿음 위에 이런 지혜를 얻도록 구하여야 하지 않을까요?

3. 하나님이 아브라함에게 주신 복은 다음 세대에 연결되는 복이었고 이것은 예수 그리스도께서 오시기까지 연결되었습니다. 이것을 장자상속권이라고 부릅니다. 하나님은 아브라함에게 주신 복을 어떻게 아들에게로 대물림 하십니까?(25:11)

● **한귀절**　오늘 말씀을 읽으면서 마음이 와 닿는 말씀 한 구절을 적고 되뇌어 봅시다.

● **적용**　말씀을 묵상하면서 나의 삶에 적용할 것과 실제적으로 행동에 옮길 것을 구체적으로 적어봅시다.

● **감사**　감사하는 성도는 더욱 더 풍성한 삶을 살게됩니다. 오늘 하루를 돌아보며 한 줄로 감사를 적어봅시다.

● **기도**　글로 쓰는 기도는 영원히 보존되는 기도입니다. 한 줄에 마음을 담아 기도를 주님께 올려드립시다.

(제 3 주 월요일)　　　　　　　　　오늘의 말씀 : 창 25:19-27장

이삭을 통해 복이 흘러갑니다

배경　먼저 배경을 읽고 오늘의 성경을 읽읍시다. 읽은 뒤 배경을 한 번 더 읽어도 좋습니다.

이제 이삭의 시대입니다. 이삭을 통해서 아브라함에게 주신 복이 어떻게 주변 사람들에게 나타나고 또한 이삭이 어떤 행동을 함으로써 인정을 받게 되는지 우리는 배울 필요가 있습니다. 또한 아브라함에게 주신 복이 어떻게 대물림되는지도 보십시오.

● **묵상**　아래의 질문들을 여유있는 마음으로 두 번 세 번 생각하며 하나님의 마음과 영적인 의미들을 더듬어봅시다.

1. 이삭이 40살이 넘어 늦장가를 가고서도 20년이 지나도록 자식이 없었습니다. 외아들로 태어나 제물로 바쳐질 뻔 했던 이삭이 작정 기도를 한 끝에 쌍둥이를 얻게 되는데 이들이 복중에서 싸우는 것은 무엇을 말해주고 있습니까?(25:19-26)

2. 이삭은 성품이 온순하고 다투지 않고 양보하는 사람이었습니다. 세상적으로는 힘없고 자기 밥도 못 찾아 먹는 사람으로 보이기 쉽지만, 사실은 온유한 자가 땅을 소유한다는 말처럼 나중에는 다 되찾게 되고 인정도 받습니다. 나에게 이것이 있습니까?

3. 야곱이 둘째로 태어나 장자상속권을 빼앗긴 것을 한이 맺힌 사람처럼 마음에 품고 축복받기를 사모합니다. 그리고 그것을 받게 됩니다. 과연 야곱이 거짓과 술수를 써가면서까지 행동하므로 얻은 것일까요? (히 12:16)

● **한귀절**　오늘 말씀을 읽으면서 마음이 와 닿는 말씀 한 구절을 적고 되뇌어 봅시다.

● **적용**　말씀을 묵상하면서 나의 삶에 적용할 것과 실제적으로 행동에 옮길 것을 구체적으로 적어봅시다.

● **감사**　감사하는 성도는 더욱 더 풍성한 삶을 살게됩니다. 오늘 하루를 돌아보며 한 줄로 감사를 적어봅시다.

● **기도**　글로 쓰는 기도는 영원히 보존되는 기도입니다. 한 줄에 마음을 담아 기도를 주님께 올려드립시다.

(제 3 주 화요일)　　　　　　　　　　　오늘의 말씀 : 창 28-33장

야곱을 통해 흘러가는 축복

배경　먼저 배경을 읽고 오늘의 성경을 읽읍시다. 읽은 뒤 배경을 한 번 더 읽어도 좋습니다.

이제는 야곱의 시대입니다. 그러나 야비한 방법으로 얻는 축복은 고난과 함께 받게 됩니다. 속이고 얻은 복은 또 속임을 당하고 이용도 당합니다. 그러나 그 속에서도 하나님은 야곱에게 복을 주시고 야곱을 통해 그 복이 번져 나갑니다.

● **묵상**　아래의 질문들을 여유있는 마음으로 두 번 세 번 생각하며 하나님의 마음과 영적인 의미들을 더듬어봅시다.

1. 야곱이 아버지의 집을 떠나 외롭고 두려운 가운데 벧엘의 한 광야에서 잠을 청하다가 꾼 꿈은 야곱의 생애를 바꿔놓습니다. 야곱에게 주신 3가지의 약속은 어떤 것이며 지금 나는 야곱이 받은 복을 받고 누리고 있습니까?

2. 삼촌 라반의 집에 살게 된 야곱은 라헬과 레아 그리고 두 여종을 통해 12 아들을 얻습니다. 도대체 이런 이야기들이 어떻게 성경에 기록된 것일까요? 장자상속권을 보지 못하면 결코 풀 수 없습니다

3. 야곱은 삼촌 라반과 속이고 속임 당하는 일들이 반복됩니다. 레아와의 결혼, 품삯에 대한 번복 그리고 야곱의 꾀를 생각하면서 아버지 이삭과는 판이하게 다른 삶의 방식을 보면서 뿌린 것을 그대로 거두는 원칙이 나의 삶에는 어떻게 적용되고 있습니까?

4. 철천지원수 같은 동생 야곱을 죽이기 위해 400명의 장정들을 데리고 오는 에서를 야곱은 어떻게 대처하고 있습니까? 인간적인 방법이 유효했을까요? 나는 힘들고 어려운 일들을 만날 때 얍복강의 기도를 얼마나 드려보았습니까?

● **한귀절**　오늘 말씀을 읽으면서 마음이 와 닿는 말씀 한 구절을 적고 되뇌어 봅시다.

● **적용**　말씀을 묵상하면서 나의 삶에 적용할 것과 실제적으로 행동에 옮길 것을 구체적으로 적어봅시다.

● **감사**　감사하는 성도는 더욱 더 풍성한 삶을 살게됩니다. 오늘 하루를 돌아보며 한 줄로 감사를 적어봅시다.

● **기도**　글로 쓰는 기도는 영원히 보존되는 기도입니다. 한 줄에 마음을 담아 기도를 주님께 올려드립시다.

(제 3 주 수요일) 　　　오늘의 말씀 : 창 34-36장

약속의 땅으로 부르시는 하나님

배경　먼저 배경을 읽고 오늘의 성경을 읽읍시다. 읽은 뒤 배경을 한 번 더 읽어도 좋습니다.

이제 형 에서와의 문제를 해결한 야곱은 한 숨 돌리고 세겜땅으로 갔습니다. 야곱은 그곳에서 어려움을 겪게 되고 하나님의 말씀을 따라 벧엘로 돌아가는 과정을 그려지고 있다. 그 과정에서 라헬도 막내 베냐민을 낳다가 죽게 됩니다.

● **묵상**　아래의 질문들을 여유있는 마음으로 두 번 세 번 생각하며 하나님의 마음과 영적인 의미들을 더듬어봅시다.

1. 야곱의 딸 디나가 세겜땅의 딸들을 보러 갔다가 큰 봉변을 당합니다. 이 일로 인하여 야곱 가정 전체가 어려움에 휩싸이게 됩니다. 성도가 세상을 사랑하고 세상을 기웃거리는 것이 얼마나 위험하고 손실되는 일인지 생각하여야 하지 않을까요?

2. 하나님은 이런 곤경에 처한 야곱을 찾아오시고 벧엘로 올라가라고 말씀하십니다. 하나님은 왜 벧엘로 부르셨을까요? 창 28:10-22을 참고하고 혹시 지금 내가 첫사랑을 잃어버리고 세상에 기웃거리고 있는 것은 아닙니까?

3. 장자상속권 축복에서 제외된 에서는 어떤 삶을 살았습니까? 에서는 에돔의 조상이 되며 후일에 이스라엘 백성들이 출애굽하는 과정에서 이스라엘이 가는 길을 막았습니다. 에서는 육으로 살아간 사람들을 대표합니다. 무엇을 깨달아야 할까요?

● **한귀절**　오늘 말씀을 읽으면서 마음이 와 닿는 말씀 한 구절을 적고 되뇌어 봅시다.

● **적용**　말씀을 묵상하면서 나의 삶에 적용할 것과 실제적으로 행동에 옮길 것을 구체적으로 적어봅시다.

● **감사**　감사하는 성도는 더욱 더 풍성한 삶을 살게됩니다. 오늘 하루를 돌아보며 한 줄로 감사를 적어봅시다.

● **기도**　글로 쓰는 기도는 영원히 보존되는 기도입니다. 한 줄에 마음을 담아 기도를 주님께 올려드립시다.

(제 3 주 목요일)   오늘의 말씀 : 창 37-41장

요셉이야기

배경   먼저 배경을 읽고 오늘의 성경을 읽읍시다. 읽은 뒤 배경을 한 번 더 읽어도 좋습니다.

요셉은 야곱의 12아들 중 11번째 아들이며 야곱이 사랑했던 라헬이 낳은 아들입니다. 요셉은 그래서 남달리 아버지 사랑을 독차지했고 그것이 형제들의 미움을 사게 되는 일까지 벌어지지만, 하나님은 그것을 합력하여 선을 이루게 하셨습니다.

● **묵상**   아래의 질문들을 여유있는 마음으로 두 번 세 번 생각하며 하나님의 마음과 영적인 의미들을 더듬어봅시다.

1. 야곱가정의 문제는 야곱의 편애였습니다. 그 편애는 오히려 사랑하는 아들 요셉을 잃어버리는 결과가 되고 말았습니다. 그러나 문제는 요셉에게도 있습니다. 요셉이 형들을 도왔더라면 상황이 달랐을 것입니다. 남을 탓하기 전에 내가 먼저 잘해야 하지 않을까요?

2. 요셉의 이야기는 어떤 상황 속에서도 하나님과 사람 앞에 부끄럽지 않고 진실할 때 오히려 쓰임 받게 된다는 귀한 교훈을 얻게 합니다. 만일 나였다면 보디발의 아내의 유혹을 견디낼 수 있었을까요? 또한 감옥 안에서도 신실할 수 있었을까요?

3. 유다와 다말의 사건은 참으로 인간 내면의 죄를 보여주고 나아가 다말의 자녀를 얻기 위한 처절한 몸부림도 만납니다. 다말이 얻으려고 모험하여 유다에게서 얻어낸 아들은 결국 다윗의 할머니, 예수님의 족보에 올라갑니다. 누구를 욕할 수 있을까요?

● **한귀절**   오늘 말씀을 읽으면서 마음이 와 닿는 말씀 한 구절을 적고 되뇌어 봅시다.

● **적용**   말씀을 묵상하면서 나의 삶에 적용할 것과 실제적으로 행동에 옮길 것을 구체적으로 적어봅시다.

● **감사**   감사하는 성도는 더욱 더 풍성한 삶을 살게됩니다. 오늘 하루를 돌아보며 한 줄로 감사를 적어봅시다.

● **기도**   글로 쓰는 기도는 영원히 보존되는 기도입니다. 한 줄에 마음을 담아 기도를 주님께 올려드립시다.

(제 3 주 금요일)   오늘의 말씀 : 창 42-45장

요셉과 하나님의 일 하심

배경   먼저 배경을 읽고 오늘의 성경을 읽읍시다. 읽은 뒤 배경을 한 번 더 읽어도 좋습니다.

요셉으로 인한 야곱의 이집트로의 이사는 출애굽의 원초를 제공하는 역사적인 사건입니다. 이는 인간의 선택과 행동이 자유의지에 의해 일어나지만, 역사의 주인이신 하나님께서 당신의 뜻을 펼쳐나가시는 섭리와 경륜의 역사라는 것을 보여줍니다.

● **묵상**   아래의 질문들을 여유있는 마음으로 두 번 세 번 생각하며 하나님의 마음과 영적인 의미들을 더듬어봅시다.

1. 요셉이 총리대신이 되는 이야기는 마치 소설과도 같습니다. 황당하기도 하지만 이일은 역사적 사실이며 사건입니다. 결국 야곱식구 70명이 이집트로 이사를 가게 되므로 출애굽이 있게 만든 것입니다. 나는 역사적으로 어떻게 쓰임을 받고 있을까요?

2. 요셉은 흉년으로 곡식이 떨어져 곡식을 사러 온 형제들에게 호령하기도 하고 은잔을 집어넣고 볼모로 형제를 붙잡아 놓기도 하고 베냐민을 데려오라고 생떼를 부리기도 합니다. 요셉이 이런 행동을 하는 것은 복수를 하기 위해서일까요?

3. 요셉이 자기가 누구인가를 밝힘으로써 눈물겨운 이산가족 상봉이 되었지만, 형들은 요셉을 팔았다는 자책감에 두려워할 때 요셉은 안심을 시키면서 하나님의 뜻과 섭리가 있었음을 밝힙니다. 성숙한 신앙의 아름다운 장면 아닙니까?(45:5-8)

● **한귀절**   오늘 말씀을 읽으면서 마음이 와 닿는 말씀 한 구절을 적고 되뇌어 봅시다.

● **적용**   말씀을 묵상하면서 나의 삶에 적용할 것과 실제적으로 행동에 옮길 것을 구체적으로 적어봅시다.

● **감사**   감사하는 성도는 더욱 더 풍성한 삶을 살게됩니다. 오늘 하루를 돌아보며 한 줄로 감사를 적어봅시다.

● **기도**   글로 쓰는 기도는 영원히 보존되는 기도입니다. 한 줄에 마음을 담아 기도를 주님께 올려드립시다.

(제 3 주 토요일)   오늘의 말씀 : 창 46-50장

야곱의 유언과 축복

배경 먼저 배경을 읽고 오늘의 성경을 읽읍시다. 읽은 뒤 배경을 한 번 더 읽어도 좋습니다.

흉년을 만난 야곱의 가족은 모두 이집트로 이사를 왔고 고센 땅에서 살도록 허락을 받아 살길이 열렸습니다. 그리고 족장들의 이야기가 마칩니다. 특히 야곱의 유언적인 12형제들을 향한 축복과 요셉의 시신을 고향을 옮겨달라는 부탁이 중요합니다.

● **묵상** 아래의 질문들을 여유있는 마음으로 두 번 세 번 생각하며 하나님의 마음과 영적인 의미들을 더듬어봅시다.

1. 이집트 왕이 야곱에게 나이를 묻자 내 나이가 130살이지만 험악한 세월을 보냈다고 회상합니다. 그리고 죽을 날이 임박하자 자신의 시신을 조상의 묘지에 장사해 달라고 요청합니다. 약속의 땅을 기억하고 있는 겁니다. 주의 나라를 사모하십니까?

2. 야곱은 12아들을 불러 놓고 한 사람씩 축복기도를 합니다. 그런데 평생에 자녀들 각자가 살아오면서 그들이 행한 행동들을 다 회상하면서 축복도 하지만 르우벤은 장자권을 잃고 레위와 시므온에게는 저주를 선언하며 요셉은 실질적인 장자가 됩니다. 마치 하나님의 심판대 앞에서 각각 심판받는 것 같지 않습니까?(49장)

3. 요셉의 형들은 이제 아버지마저 돌아가셨기 때문에 정말 요셉이 자기들을 해할 것이라고 염려하고 있을 때 요셉은 진실로 신앙고백을 하면서 형제들을 위로합니다. 혹시 내가 원수갚을 수 있는 기회가 왔지만 은혜를 베풀 기회는 없습니까?(50:19-21)

● **한귀절** 오늘 말씀을 읽으면서 마음이 와 닿는 말씀 한 구절을 적고 되뇌어 봅시다.

● **적용** 말씀을 묵상하면서 나의 삶에 적용할 것과 실제적으로 행동에 옮길 것을 구체적으로 적어봅시다.

● **감사** 감사하는 성도는 더욱 더 풍성한 삶을 살게됩니다. 오늘 하루를 돌아보며 한 줄로 감사를 적어봅시다.

● **기도** 글로 쓰는 기도는 영원히 보존되는 기도입니다. 한 줄에 마음을 담아 기도를 주님께 올려드립시다.

20 . . .   (제 4 주 월요일)   오늘의 말씀 : 출 1-4장

사단과의 영적 전투

배경   먼저 배경을 읽고 오늘의 성경을 읽읍시다. 읽은 뒤 배경을 한 번 더 읽어도 좋습니다.

세기와 출애굽기의 갭은 약 200여 년이 지나간 뒤입니다. 그간 이스라엘 백성들의 숫자가 불어나면서 노예로 전락했고 삶에는 희망이 없었지만, 하나님은 이들을 통해 전 인류의 구속역사를 모델처럼 실현하고 계시고 있습니다.

● **묵상**   아래의 질문들을 여유있는 마음으로 두 번 세 번 생각하며 하나님의 마음과 영적인 의미들을 더듬어봅시다.

1. 이집트의 왕 바로가 산파들에게 이스라엘 민족이 아들을 낳으면 죽이고 딸을 낳으면 살려서 종으로 부리라고 한 이 전략은 단순한 정치적 압제가 아니라 예수 그리스도를 보내시려는 길을 막으려는 사단의 전략입니다. 혹시 이처럼 겉으로 보기에는 법적이거나 육신적인 일처럼 보이지만 사단이 주장하고 방해하는 일들은 없습니까?

2. 모세를 3개월 동안 기르다가 울음소리가 커지자 바구니에 담아 나일강에 띄우는데 바로왕의 공주가 그 아이를 데려다가 자기 아들로 키웁니다. 이것이 실제로 가능한 일일까요? 절망적 상황에서도 하나님의 일 하심을 진실로 믿고 계십니까?

3. 하나님은 불타는 딸기나무 속에서 모세를 부르시고 이스라엘 백성들에게 가서 그들을 해방시키라고 보내시며 두려워하는 모세에게 지팡이를 손에 들려주십니다. 그리고 그 지팡이는 모세의 닉네임이 됩니다. 하나님이 당신을 부르지는 않으십니까?

● **한귀절**   오늘 말씀을 읽으면서 마음이 와 닿는 말씀 한 구절을 적고 되뇌어 봅시다.

● **적용**   말씀을 묵상하면서 나의 삶에 적용할 것과 실제적으로 행동에 옮길 것을 구체적으로 적어봅시다.

● **감사**   감사하는 성도는 더욱 더 풍성한 삶을 살게됩니다. 오늘 하루를 돌아보며 한 줄로 감사를 적어봅시다.

● **기도**   글로 쓰는 기도는 영원히 보존되는 기도입니다. 한 줄에 마음을 담아 기도를 주님께 올려드립시다.

20 . . . (제 4 주 화요일)   오늘의 말씀 : 출 5-10장

모세를 준비시키신 하나님

배경 먼저 배경을 읽고 오늘의 성경을 읽읍시다. 읽은 뒤 배경을 한 번 더 읽어도 좋습니다.

하나님은 아브라함에게 약속하신 대로 이스라엘을 해방시키시기 위해 모세와 아론을 바로에게 보내십니다. 그들을 하나님의 백성으로 삼으시고 예배의 공동체로 부르시며 이것은 또한 세계를 구원하시기 위한 구속사의 모델이 됩니다.

● **묵상** 아래의 질문들을 여유있는 마음으로 두 번 세 번 생각하며 하나님의 마음과 영적인 의미들을 더듬어봅시다.

1. 하나님께서 이스라엘 백성들을 이집트의 노예생활에서 해방시키시는 이유는 아브라함과 이삭과 야곱에게 약속하신 것을 성취하시기 위함입니다. 하나님은 약속에 신실하신 분이십니다(6:2-5). 하나님이 나에게는 어떤 약속을 하셨습니까?

2. 모세는 하나님의 명대로 바로에게 가서 하나님께서 이스라엘 백성들을 부르시고 해방시키는 이유는 무엇일까요? 제사, 절기는 곧 하나님을 예배하기 위한 공동체로 이스라엘 백성들을 부르셨습니다. 나는 과연 부르심의 목적이 예배임을 알고 있습니까?

3. 출애굽을 시키시는 하나님의 목적은 지난 2000년 동안 에덴동산에서 추방당하고 노아시대에는 홍수심판을 받으며 바벨탑을 쌓은 인생들에게 다시 한번 잃어버린 천국을 되찾아 주시려 젖과 꿀이 흐르는 가나안땅으로 인도하십니다. 이것은 인류를 사랑하시는 하나님의 구속사의 가장 뜨거운 실험이시고 열정이지 않습니까?

● **한귀절** 오늘 말씀을 읽으면서 마음이 와 닿는 말씀 한 구절을 적고 되뇌어 봅시다.

● **적용** 말씀을 묵상하면서 나의 삶에 적용할 것과 실제적으로 행동에 옮길 것을 구체적으로 적어봅시다.

● **감사** 감사하는 성도는 더욱 더 풍성한 삶을 살게됩니다. 오늘 하루를 돌아보며 한 줄로 감사를 적어봅시다.

● **기도** 글로 쓰는 기도는 영원히 보존되는 기도입니다. 한 줄에 마음을 담아 기도를 주님께 올려드립시다.

20 . . . (제 4 주 수요일)　　　　　　　　　　　　오늘의 말씀 : 출 11-15장

어린양의 피로 해방받는 이스라엘

배경　먼저 배경을 읽고 오늘의 성경을 읽읍시다. 읽은 뒤 배경을 한 번 더 읽어도 좋습니다.

유월절의 기원적 사건입니다. 이스라엘 백성들이 해방받기 전에 실시한 어린양과 대문에 피를 바르는 사건은 전 인류의 구원을 위한 시작점을 알리는 순간입니다. 예수님이 어린양 되셔서 온 인류를 구원하심으로 이 구원은 완성되었습니다.

● **묵상**　아래의 질문들을 여유있는 마음으로 두 번 세 번 생각하며 하나님의 마음과 영적인 의미들을 더듬어봅시다.

1. 하나님은 모세를 통하여 10가지 재앙을 내리셨습니다. 이 재앙은 이집트 사람들이 섬기는 신들을 심판하고 하나님의 주되심을 드러내는 사건이었습니다. 태양신을 섬기는 그들에게 태양이 빛을 잃었고 이제 이집트의 장자들이 죽은 것이 사실일까요?

2. 왜 하나님은 이스라엘 백성들의 대문에 어린양의 피를 바르게 하고 양을 굽되 서서 급히 먹으라고 명령하셨을까요? 아마도 이스라엘 백성들이 이 명령을 받고 어떻게 생각하였을까요? 그럼에도 불구하고 순종하므로 구원받은 것을 어떻게 받아들여야 할까요? 예수님께서 내 죄를 대신하여 죽으신 것을 믿는 믿음이 나에게 있습니까?

3. 마침내 해방은 이루어지고 홍해바다는 갈라집니다. 그러나 그것도 참지못하고 원망하는 이들이 있었습니다. 모세의 누이 미리암은 이스라엘 백성들과 함께 춤을 추며 기뻐하고 감사 찬양을 올립니다. 나에게는 구속받은 은혜가 얼마나 넘칩니까?

● **한귀절**　오늘 말씀을 읽으면서 마음이 와 닿는 말씀 한 구절을 적고 되뇌어 봅시다.

● **적용**　말씀을 묵상하면서 나의 삶에 적용할 것과 실제적으로 행동에 옮길 것을 구체적으로 적어봅시다.

● **감사**　감사하는 성도는 더욱 더 풍성한 삶을 살게됩니다. 오늘 하루를 돌아보며 한 줄로 감사를 적어봅시다.

● **기도**　글로 쓰는 기도는 영원히 보존되는 기도입니다. 한 줄에 마음을 담아 기도를 주님께 올려드립시다.

20 . . . (제 4 주 목요일)　　　　　　　　　　　　　　　오늘의 말씀 : 출 16-18장

원망하고 불평하는 이스라엘

배경　먼저 배경을 읽고 오늘의 성경을 읽읍시다. 읽은 뒤 배경을 한 번 더 읽어도 좋습니다.

이제 출애굽한 이스라엘 백성들은 젖과 꿀이 흐르는 가나안 땅을 그리며 구원을 향한 광야의 훈련을 받게 됩니다. 이들에게는 광야학교인 셈이었는데 이들은 감사와 찬양을 잊어버리고 원망하고 불평하는 사람들로 변모해 버립니다.

● **묵상**　아래의 질문들을 여유있는 마음으로 두 번 세 번 생각하며 하나님의 마음과 영적인 의미들을 더듬어봅시다.

1. 이스라엘 백성들에게는 노예근성이 있었고 그때를 아직 버리지 못했습니다. 이제는 노예가 아닌데 그들은 애굽 땅에서 고기가마 곁에서 먹던 고기와 마늘, 상추가 그리워 울고 있는 모습에 하나님은 만나와 메추라기를 공급하십니다. 나는 신앙생활을 하는데 원망과 불평이 많은 사람입니까? 감사와 찬양이 많은 성도입니까?

2. 에서의 후손인 아멜렉 사람들이 출애굽한 이스라엘을 공격하므로 하나님은 진노하시고 이 아말렉과 대대로 싸우시겠다고 선언하시는데 이때의 싸움은 희한합니다. 모세가 팔을 들면 이기고 내리면 집니다. 이 싸움은 대체 어떤 싸움일까요?

3. 모세는 하루 종일 백성들의 삶 가운데서 벌어지는 갈등과 다툼을 조정하느라 리더쉽을 제대로 발휘할 수 없었습니다. 장인 이드로가 추천한 방법은 무엇이며 지금 우리가 가진 위원회와 부서, 선교회가 어떻게 활용하면 좋을까요?

● **한귀절**　오늘 말씀을 읽으면서 마음이 와 닿는 말씀 한 구절을 적고 되뇌어 봅시다.

● **적용**　말씀을 묵상하면서 나의 삶에 적용할 것과 실제적으로 행동에 옮길 것을 구체적으로 적어봅시다.

● **감사**　감사하는 성도는 더욱 더 풍성한 삶을 살게됩니다. 오늘 하루를 돌아보며 한 줄로 감사를 적어봅시다.

● **기도**　글로 쓰는 기도는 영원히 보존되는 기도입니다. 한 줄에 마음을 담아 기도를 주님께 올려드립시다.

20 . . .   (제 4 주 금요일)   오늘의 말씀 : 출 19장

제사장 나라로 부르시는 하나님

● **배경**   먼저 배경을 읽고 오늘의 성경을 읽읍시다. 읽은 뒤 배경을 한 번 더 읽어도 좋습니다.

출애굽기는 1-18장 출애굽과정, 19-24장 하나님과의 언약맺음, 25-40장 성막제조로 나뉘어집니다. 특히 19장은 하나님의 제사장 나라로 부르시는 하나님의 원대한 구원계획이 꽉 채워져 있습니다. 특히 하나님과 결혼하는 이스라엘 백성으로 표현합니다.

● **묵상**   아래의 질문들을 여유있는 마음으로 두 번 세 번 생각하며 하나님의 마음과 영적인 의미들을 더듬어봅시다.

1. 이스라엘 백성들이 출애굽을 한지 만 3개월 만에 안전지대인 시내산에 도착하게 됩니다. 여기까지 오게 된 것은 전적인 하나님의 은혜였습니다. 광야에서의 인간의 한계능력이 3일이라고 했는데 하나님께서 독수리 날개로 업어 인도하셨기 때문입니다. 지난날 내가 아니라 하나님이 나를 업어 인도하신 추억거리는 없습니까?(4절)

2. 하나님께서 이스라엘 백성들에게 제안하신 것이 무엇입니까? 1) 네 소유 2) 제사장 나라 3) 거룩한 백성이라는 이 세 가지 제안은 실로 어마어마하지 않습니까? 그런데 놀랍게도 지금 우리가 이런 제안을 받은 사람들임을 알고 계십니까?(벧전 2:9)

3. 하나님께서 이스라엘 백성들에게 요구하신 언약맺기 전의 요구사항은 무엇입니까? 이스라엘 백성들을 성결케 하고 옷을 빨며 시내산에 가까이 하지 말 것을 명하였고 주님은 두렵고 떨린 모습으로 임하셨습니다. 지금 내가 구별할 것은 무엇입니까?

● **한귀절**   오늘 말씀을 읽으면서 마음이 와 닿는 말씀 한 구절을 적고 되뇌어 봅시다.

● **적용**   말씀을 묵상하면서 나의 삶에 적용할 것과 실제적으로 행동에 옮길 것을 구체적으로 적어봅시다.

● **감사**   감사하는 성도는 더욱 더 풍성한 삶을 살게됩니다. 오늘 하루를 돌아보며 한 줄로 감사를 적어봅시다.

● **기도**   글로 쓰는 기도는 영원히 보존되는 기도입니다. 한 줄에 마음을 담아 기도를 주님께 올려드립시다.

20 . . .　　(제 4 주 토요일)　　　　　　　　　　　오늘의 말씀 : 출 20-24장

하나님의 백성들이 지켜야 할 법

● **배경**　먼저 배경을 읽고 오늘의 성경을 읽읍시다. 읽은 뒤 배경을 한 번 더 읽어도 좋습니다.

하나님과 이스라엘 백성들과 맺은 언약의 핵심은 십계명(20장)에 들어 있습니다. 십계명은 이스라엘 백성들이 지켜야 할 삶의 규칙이었습니다. 이것은 또한 신약의 복음서로 완성되며 마 5-7장의 산상수훈에 수록되어 있습니다.

● **묵상**　아래의 질문들을 여유있는 마음으로 두 번 세 번 생각하며 하나님의 마음과 영적인 의미들을 더듬어봅시다.

1. 십계명은 모세가 40일 금식기도 끝에 하나님이 친히 새겨주신 돌판을 받아온 것인데 첫 번째의 돌판에는 1-4계명으로 하나님을 사랑하라는 것이고 두 번째의 돌판은 5-10째의 계명으로 이웃을 사랑하라는 것입니다. 이 계명은 신약백성들에게도 동일하게 유효합니다. 마22:37-40의 명령을 과연 나는 얼마나 지키고 있습니까?

2. 21-23장까지는 실천법입니다. 십계명은 헌법과 같은 어머니법이고 21-23장은 십계명을 구체화한 것이라고 할 수 있습니다. 그러므로 자세히 보면 하나님의 마음을 읽을 수 있습니다. 21-23장까지 살펴보며 하나님의 마음을 읽읍시다

3. 24:1-11은 하나님과 언약을 피로써 세우는 일입니다. 인간의 생명을 걸고 언약을 맺은 것입니다. 생명의 주인이 하나님이시니 죄의 결과는 사망이므로 두렵고 떨린 계약입니다. 그런데 예수님은 이 언약에 관련하여 무슨 말씀을 하셨을까요?(마 26:28)

● **한귀절**　오늘 말씀을 읽으면서 마음이 와 닿는 말씀 한 구절을 적고 되뇌어 봅시다.

● **적용**　말씀을 묵상하면서 나의 삶에 적용할 것과 실제적으로 행동에 옮길 것을 구체적으로 적어봅시다.

● **감사**　감사하는 성도는 더욱 더 풍성한 삶을 살게됩니다. 오늘 하루를 돌아보며 한 줄로 감사를 적어봅시다.

● **기도**　글로 쓰는 기도는 영원히 보존되는 기도입니다. 한 줄에 마음을 담아 기도를 주님께 올려드립시다.

20 . . .   (제 5 주 월요일)   오늘의 말씀 : 출 25-27장

성막의 설계도를 주신 하나님

배경   먼저 배경을 읽고 오늘의 성경을 읽읍시다. 읽은 뒤 배경을 한 번 더 읽어도 좋습니다.

성막이란 하나님을 예배하는 예배처소입니다. 그러나 단순한 예배처소가 아니라 하나님이 임재하시고 하나님의 백성들과 함께 계시는 주님의 거처입니다. 성막은 오늘의 교회입니다. 주님은 교회 가운데 계시고 교회를 통해서 말씀하고 계십니다.

● **묵상**   아래의 질문들을 여유있는 마음으로 두 번 세 번 생각하며 하나님의 마음과 영적인 의미들을 더듬어봅시다.

1. 하나님은 성막을 왜 건축하라고 명령하셨을까요? 성막이란 단순한 예배 장소를 넘어 하나님을 만나는 곳이며 주님이 임재, 거주하시는 곳입니다. 그래서 성막이 이스라엘 거주지 정 중앙에 있습니다. 나의 삶과 교회는 어떤 연관성이 있습니까?(25:22)

2. 그런데 이 성막은 하나님이 친히 설계도를 주신것이며 기구들과 재료들을 일일이 명하셨습니다. 성막의 구조는 성소와 지성소 그리고 번제단과 물두명이 있는 뜰이 있습니다. 지성소에는 주님의 보좌가 있습니다. 이는 하늘 성전의 모형이기도 합니다. 기구하나 하나에도 영적의미가 담겨있습니다. 성막을 얼마나 이해하고 있습니까?

3. 그런데 성막을 짓는 재료는 모두 최상급의 아름다운 것으로 구성되어 있습니다. 하나님은 이를 위해 출애굽 상황에서 풍성하게 준비하도록 예비하셨습니다. 그러므로 주신 것을 요구하시는 주님이심을 나는 어떻게 반응하고 있습니까?(25:1-7)

● **한귀절**   오늘 말씀을 읽으면서 마음이 와 닿는 말씀 한 구절을 적고 되뇌어 봅시다.

● **적용**   말씀을 묵상하면서 나의 삶에 적용할 것과 실제적으로 행동에 옮길 것을 구체적으로 적어봅시다.

● **감사**   감사하는 성도는 더욱 더 풍성한 삶을 살게됩니다. 오늘 하루를 돌아보며 한 줄로 감사를 적어봅시다.

● **기도**   글로 쓰는 기도는 영원히 보존되는 기도입니다. 한 줄에 마음을 담아 기도를 주님께 올려드립시다.

20 . . . (제 5 주 화요일)　　　　　　　　　　　오늘의 말씀 : 출 28-29장

제사장을 세우시는 하나님

● **배경**　먼저 배경을 읽고 오늘의 성경을 읽읍시다. 읽은 뒤 배경을 한 번 더 읽어도 좋습니다.

28-29장은 하나님이 성막을 명하신 뒤 이어 그 성막에서 섬길 제사장의 옷과 제사장이 되기 위한 위임식을 명하고 계십니다. 죄인이 주님을 만날 수 없기에 성결케하시고 에봇으로 가려 하나님과 사람 중간에서 사람들을 주님께 인도하게 하셨습니다.

● **묵상**　아래의 질문들을 여유있는 마음으로 두 번 세 번 생각하며 하나님의 마음과 영적인 의미들을 더듬어봅시다.

1. 제사장의 옷의 특징은 거룩하고, 영화롭고 아름답습니다. 왜냐하면 하나님 앞에 서는 역할을 하기 때문입니다. 그러므로 죄인된 인생을 불러 철저히 성결케하고 그 죄를 가림으로 하나님 앞에 서게하신 것입니다. 그런데 신약시대에는 우리 모두가 주님을 직접적으로 뵙는 거룩한 제사장임을 알고 계십니까?(벧전 2:9, 42-43)

2. 하나님은 제사장이 되기 위해 먼저 위임식을 행하게 하셨습니다. 위임식이란 이제 한 인생으로서가 아니라 하나님께 바쳐지는 사람 곧 하나님을 위한 사람으로 위임식을 행하는데 오른 귀, 엄지손과 발가락에 피를 발라 주님의 말씀만 듣고 주의 일만하고 주님이 가라는 곳으로 가야함을 말해줍니다. 나는 하나님의 사람입니까?

3. 신약시대의 제사장은 구약과 많이 다릅니다. 구약은 성막, 성전 안에서 하나님과 백성사이에서 역할을 했다면 신약은 하나님과 세상사이에서 역할을 합니다. 과연 나는 불신자들에게 제사장역할을 잘하고 있나요?(벧전 2:9)

● **한귀절**　오늘 말씀을 읽으면서 마음이 와 닿는 말씀 한 구절을 적고 되뇌어 봅시다.

● **적용**　말씀을 묵상하면서 나의 삶에 적용할 것과 실제적으로 행동에 옮길 것을 구체적으로 적어봅시다.

● **감사**　감사하는 성도는 더욱 더 풍성한 삶을 살게됩니다. 오늘 하루를 돌아보며 한 줄로 감사를 적어봅시다.

● **기도**　글로 쓰는 기도는 영원히 보존되는 기도입니다. 한 줄에 마음을 담아 기도를 주님께 올려드립시다.

20　.　.　.　　(제 5 주 수요일)　　　　　　　　　　　　　오늘의 말씀 : 출 30-31장

향과 향단, 성막의 기구들

배경　먼저 배경을 읽고 오늘의 성경을 읽읍시다. 읽은 뒤 배경을 한 번 더 읽어도 좋습니다.

성막의 기구하나 하나와 사용되는 향과 모든 재료들은 다 영적인 의미를 담고 있습니다. 그냥 고급재료나 아름다운 것으로만 만드는 것이 아닙니다. 하나님을 상징하고 또 우주의 주인이신 하나님께 올려드리는 예배재료들이기 때문입니다.

● **묵상**　아래의 질문들을 여유있는 마음으로 두 번 세 번 생각하며 하나님의 마음과 영적인 의미들을 더듬어봅시다.

1. 향단은 향을 피워 주님께 올려드리는 단으로서 향은 밤과 낮으로 한 시라도 끊어지면 안됩니다. 거룩하게 만들어야 하고 하나님께 드리는 향을 사람이 사용해선 안됩니다. 이 끊어져선 결코 안되는 이 향은 신약백성들에게 무엇을 의미할까요?(계 5:8)

2. 하나님은 이스라엘 백성들에게 각 사람이 속전을 주님께 드려야 함을 규정합니다. 속전이란 자기 생명을 부여하신 하나님께 드리는 헌금입니다. 이것은 하나님이 생명의 주인이심을 인정케 하는 행위입니다. 헌금의 기본 마인드를 느끼십니까?

3. 하나님은 안식일을 어기는 자들 죽이라고 명하십니다. 하나님은 왜 이렇게 안식일에 대하여 민감하실까요? 하나님은 안식일을 주님과 이스라엘 백성사이에 표징으로 삼으시고 거룩을 요구하셨는데 과연 나는 안식일을 그렇게 소중히 여기고 있나요?

● **한귀절**　오늘 말씀을 읽으면서 마음이 와 닿는 말씀 한 구절을 적고 되뇌어 봅시다.

● **적용**　말씀을 묵상하면서 나의 삶에 적용할 것과 실제적으로 행동에 옮길 것을 구체적으로 적어봅시다.

● **감사**　감사하는 성도는 더욱 더 풍성한 삶을 살게됩니다. 오늘 하루를 돌아보며 한 줄로 감사를 적어봅시다.

● **기도**　글로 쓰는 기도는 영원히 보존되는 기도입니다. 한 줄에 마음을 담아 기도를 주님께 올려드립시다.

20 . . .　(제 5 주 목요일)　　　　　　　　　　　　오늘의 말씀 : 출 32-34장

송아지를 만든 이스라엘 백성들

● **배경**　먼저 배경을 읽고 오늘의 성경을 읽읍시다. 읽은 뒤 배경을 한 번 더 읽어도 좋습니다.

이스라엘 백성들은 모세가 시내산에 올라가 내려오지 않자 혼란에 빠집니다. 급기야 금송아지를 만들어 놓고 이 금송아지가 우리를 애급에서 해방시키신 하나님이라고 외치게 됩니다. 인간이 이렇게 어리석을 수 있는가를 생각하게 합니다.

● **묵상**　아래의 질문들을 여유있는 마음으로 두 번 세 번 생각하며 하나님의 마음과 영적인 의미들을 더듬어봅시다.

1. 모세가 돌아오지 않는다고 기다리지 못한 이스라엘 백성들은 아론에게 요구하여 금송아지를 만들게 됩니다. 그런데 그들은 어떻게 금송아지를 가리켜 너희를 애급땅에서 인도하여낸 하나님이라고 소리칠 수 있을까요? 인간의 문제는 무엇일까요?

2. 모세는 이스라엘 백성들의 부패소식을 듣고 하나님 앞에 중보기도를 드리므로 하나님의 진노를 가라앉히고 내려와서 레위인들로 하여금 3천여 명에 대한 살육에 가까운 하나님의 진노를 대신하여 폭발합니다. 이것을 본 하나님의 마음을 어떠셨을까요?

3. 모세가 다시 시내산에 올라가 두 번째 돌판을 받아서 내려옵니다만 이 사건으로 하나님의 마음이 닫히셨습니다. 하나님은 내가 너희들과 함께 가나안땅에 가지 않겠다고 말씀하시지만, 모세의 뜨거운 중보기도로 하나님께서 그것도 거두십니다. 만일 모세가 없었다면 이스라엘의 운명은 어찌 되었을까요? 중보기도를 생각해 봅시다

● **한귀절**　오늘 말씀을 읽으면서 마음이 와 닿는 말씀 한 구절을 적고 되뇌어 봅시다.

● **적용**　말씀을 묵상하면서 나의 삶에 적용할 것과 실제적으로 행동에 옮길 것을 구체적으로 적어봅시다.

● **감사**　감사하는 성도는 더욱 더 풍성한 삶을 살게됩니다. 오늘 하루를 돌아보며 한 줄로 감사를 적어봅시다.

● **기도**　글로 쓰는 기도는 영원히 보존되는 기도입니다. 한 줄에 마음을 담아 기도를 주님께 올려드립시다.

20   (제 5 주 금요일)   오늘의 말씀 : 출 35-38장

성막을 제작합니다

> **배경**   먼저 배경을 읽고 오늘의 성경을 읽읍시다. 읽은 뒤 배경을 한 번 더 읽어도 좋습니다.
>
> 성막을 만드는 재료는 자원하여 기쁨으로 드리는 예물을 연일 가져왔고 성막의 기구들을 만드는 사람들은 하나님이 지명하셔서 성령충만한 사람들로 만들게 합니다. 하나님의 일은 자원하여 기쁨으로 하고 성령님의 인도를 받아야 하기 때문입니다.

● **묵상**   아래의 질문들을 여유있는 마음으로 두 번 세 번 생각하며 하나님의 마음과 영적인 의미들을 더듬어봅시다.

1. 하나님은 이스라엘 백성들이 자원하여 성막 만들 물건들을 가져오게 하였는데 이스라엘 백성들은 어떻게 반응하였습니까? 또 그들이 가져온 재료들은 어떤 것들이었습니까?35:4-9, 20-29) 하나님의 나라를 위해 나는 얼마나 기꺼이 드렸습니까?

2. 성막은 브살렐과 오홀리압을 부르셔서 이들에게 성령으로 충만하게 하심으로 지혜와 지식, 총명으로 일을 하게하셨습니다. 그렇습니다 하나님나라의 일은 세상일과 달리 성령님의 인도를 받아야 합니다. 과연 나는 어떻게 일하고 있습니까?

3. 그런데 이스라엘 백성들이 예물을 드리는 일이 매일 아침마다 날마다 가져오므로 너무 많이 가져와 남게 되었고 결국 모세는 이제 그만 가져오라고 명하게 됩니다. 우리는 과연 하나님께 드리는 예물을 이렇게 넘치게 드리고 있는지요?

● **한귀절**   오늘 말씀을 읽으면서 마음이 와 닿는 말씀 한 구절을 적고 되뇌어 봅시다.

● **적용**   말씀을 묵상하면서 나의 삶에 적용할 것과 실제적으로 행동에 옮길 것을 구체적으로 적어봅시다.

● **감사**   감사하는 성도는 더욱 더 풍성한 삶을 살게됩니다. 오늘 하루를 돌아보며 한 줄로 감사를 적어봅시다.

● **기도**   글로 쓰는 기도는 영원히 보존되는 기도입니다. 한 줄에 마음을 담아 기도를 주님께 올려드립시다.

20 　　　(제 5 주 토요일)　　　　　　　　　　　　　오늘의 말씀 : 출 39-40장

성막에 하나님의 영광이 넘쳤습니다

배경　먼저 배경을 읽고 오늘의 성경을 읽읍시다. 읽은 뒤 배경을 한 번 더 읽어도 좋습니다.

마침내 성막은 완공되었고 드디어 주님께서 임재하셨는데 하나님의 영광이 성막에 충만하였습니다. 주님의 우리의 삶의 터전인 가정, 일터, 내가 일하는 모든 곳에 임재하신 다면 거기가 바로 궁전이요 천국일 것입니다.

● **묵상**　아래의 질문들을 여유있는 마음으로 두 번 세 번 생각하며 하나님의 마음과 영적인 의미들을 더듬어봅시다.

1. 제사장의 옷은 속옷과 겉옷을 에봇을 만들고 에봇위에 어깨에는 견장에 호마노 보석, 가슴에는 12개의 보석에 판결흉패, 머리에는 여호와께 성결이라고 쓴 패를 붙여 예물이 하나님께 올려지게 했습니다. 왜 제사장의 어깨, 가슴, 머리일까요?

2. 39:32 말씀을 보면 성막은 하나님이 모세에게 명령하신 대로 만들었다고 보고 하고 있습니다. 하나님의 설계도를 따라 만드는 것 즉 하나님의 뜻과 계획과 마음을 알아 그것을 이루어 드리는 것이 믿는 사람들의 삶이라면 나는 어떠합니까?

3. 성막이 완공되자 마침내 주님이 임재하셨는데 하나님의 영광이 얼마나 가득했던지 모세가 들어갈 수 없었다고 말합니다. 나의 삶의 현장, 우리의 교회 예배시에 하나님의 임재와 영광의 가득함을 상상하며 이를 위해 기도하신 적이 있습니까?

● **한귀절**　오늘 말씀을 읽으면서 마음이 와 닿는 말씀 한 구절을 적고 되뇌어 봅시다.

● **적용**　말씀을 묵상하면서 나의 삶에 적용할 것과 실제적으로 행동에 옮길 것을 구체적으로 적어봅시다.

● **감사**　감사하는 성도는 더욱 더 풍성한 삶을 살게됩니다. 오늘 하루를 돌아보며 한 줄로 감사를 적어봅시다.

● **기도**　글로 쓰는 기도는 영원히 보존되는 기도입니다. 한 줄에 마음을 담아 기도를 주님께 올려드립시다.

20 . . .   (제 6 주 월요일)   오늘의 말씀 : 레 1-7장

예배는 하나님과 사랑을 나누는 행위입니다

> **배경**   먼저 배경을 읽고 오늘의 성경을 읽읍시다. 읽은 뒤 배경을 한 번 더 읽어도 좋습니다.
>
> 레위기는 1-10 제사법, 11-26 성결법에 대해 기록된 법전입니다. 레위사람들은 성전에서 예배를 도왔습니다. 예배는 곧 하나님을 만나 하나님과 사랑을 나누는 행위입니다. 당연히 행복하고 환상적이며 기쁨이 충만하여만 하겠지요?

● **묵상**   아래의 질문들을 여유있는 마음으로 두 번 세 번 생각하며 하나님의 마음과 영적인 의미들을 더듬어봅시다.

1. 레 1장은 번제 곧 매일 드리는 상번제로 아침과 저녁으로 제물을 불로 태워 향을 주님께 올려 드리는 제사를 소개합니다. 번제는 우리가 매일 산제사로 주님께 드려야 하는 예배드리는 삶을 이야기합니다. 과연 나는 삶을 통해 하나님을 예배합니까?

2. 제사에는 죄를 속하는 속죄제, 성물이나 사람간의 물질적인 일들로 인한 속건제, 하나님께 기쁨으로 감사나 서원을 하는 화목제가 있습니다. 죄를 사함받거나 문제를 해결하거나 감사를 드리는 것에 따라 다른 제물과 제사법이 있습니다. 이 세 가지 제사가 무엇을 의미하는지 이해가 되십니까?

3. 제물을 드리는데 생명을 의미하는 피와 기름은 반드시 주님께 드려져야 하고, 꿀과 누룩과 같은 첨가물을 넣어서는 안되며 소금은 반드시 넣어야 합니다. 오늘 우리 예배가 얼마나 순수하고 삶이 거룩하여야 하는지 말해줍니다. 나는 어떠합니까?

● **한귀절**   오늘 말씀을 읽으면서 마음이 와 닿는 말씀 한 구절을 적고 되뇌어 봅시다.

● **적용**   말씀을 묵상하면서 나의 삶에 적용할 것과 실제적으로 행동에 옮길 것을 구체적으로 적어봅시다.

● **감사**   감사하는 성도는 더욱 더 풍성한 삶을 살게됩니다. 오늘 하루를 돌아보며 한 줄로 감사를 적어봅시다.

● **기도**   글로 쓰는 기도는 영원히 보존되는 기도입니다. 한 줄에 마음을 담아 기도를 주님께 올려드립시다.

20 . . .   (제 6 주 화요일)   오늘의 말씀 : 레 8-10장

제사장의 위임식

> **배경**   먼저 배경을 읽고 오늘의 성경을 읽읍시다. 읽은 뒤 배경을 한 번 더 읽어도 좋습니다.
>
> 제사장은 하나님께 바쳐진 사람들로서 그냥 바쳐질 수 없습니다. 물로 씻는 과정부터 온전히 주님께 드리는 과정을 거쳐 비로소 하나님 앞에 설 수 있습니다. 하나님이 까다로우신게 아니라 우리가 죄인이기 때문이며 하나님의 특별한 배려입니다.

● **묵상**   아래의 질문들을 여유있는 마음으로 두 번 세 번 생각하며 하나님의 마음과 영적인 의미들을 더듬어봅시다.

1. 한 사람이 제사장으로 직임을 받으려 하면 물로 씻고, 속옷과 겉옷 즉 에봇을 입히고 어깨에 견장, 가슴에 판결흉패, 머리에 관을 씌웁니다. 특히 관유를 머리에 붓고 그를 위한 속죄제 번제, 위임식 제사를 드린 후에 오른 귀, 엄지 손, 발가락에 피를 바르고 에봇위에 피를 뿌려 성결하게 하므로 주님것이 됩니다. 이해가 되나요?

2. 신약시대에는 모든 성도들이 하나님께 등지고 원수된 세상 사람들을 주님앞에 인도하는 제사장으로서 사명을 가지지만 교회안에서 목회자를 세운 것은 구약의 직분개념이 하나로 통합된 것을 보여줍니다. 목회자를 어떻게 알고 대하여야 할까요?

3. 그런데 아론의 아들 중 나답과 아비후가 하나님께서 명하시지 않은 다른 불을 사용함으로써 하나님께서 진노하사 즉사하게 됩니다. 이때 하나님은 나를 가까이하는 자중에서 내 거룩함을 나타내겠다고 말씀하십니다. 나는 어떤 삶을 살았습니까?

● **한귀절**   오늘 말씀을 읽으면서 마음이 와 닿는 말씀 한 구절을 적고 되뇌어 봅시다.

● **적용**   말씀을 묵상하면서 나의 삶에 적용할 것과 실제적으로 행동에 옮길 것을 구체적으로 적어봅시다.

● **감사**   감사하는 성도는 더욱 더 풍성한 삶을 살게됩니다. 오늘 하루를 돌아보며 한 줄로 감사를 적어봅시다.

● **기도**   글로 쓰는 기도는 영원히 보존되는 기도입니다. 한 줄에 마음을 담아 기도를 주님께 올려드립시다.

(제 6 주 수요일)　　　　오늘의 말씀 : 레 11-15장

성결법 - 구별하고 살아야 합니다

배경　먼저 배경을 읽고 오늘의 성경을 읽읍시다. 읽은 뒤 배경을 한 번 더 읽어도 좋습니다.

하나님은 내가 거룩하니 너희도 거룩하라고 말씀하셨습니다. 이스라엘 백성들을 불러내신 이유는 그들을 거룩하게 하기 위해서라고 말씀하셨습니다. 그렇다면 무엇에 거룩하여야 할까요? 삶의 모든 영역에서 거룩하기 위해 구별해야 할 것들이 있습니다.

● **묵상**　아래의 질문들을 여유있는 마음으로 두 번 세 번 생각하며 하나님의 마음과 영적인 의미들을 더듬어봅시다.

1. 무엇보다 먼저 우리는 먹거리에 대한 구별이 있어야 할 것입니다. 레11장은 우리가 먹어도 되는 정결한 짐승과 먹어선 안될 부정한 짐승을 구별합니다. 우리는 이들을 통해 그 의미와 상징성을 찾아야 합니다. 내가 버려야 할 것은 어떤 것입니까?

2. 특히 하나님은 주검에 대한 남다른 정결개념을 가지고 계십니다. 어떤 주검이든 만지거나 맞닥뜨렸을 경우는 부정하다고 판결하고 이를 정결하게 하기 위한 장치를 마련해 주시는데 죄의 결과가 죽음이라고 볼 때 하나님이 죄를 얼마나 싫어하십니까?

3. 피부병이나 유출병과 같은 질병들은 깨끗지 못한 생활습관에서 찾아옵니다. 하나님은 이런 병에 걸렸을 때 어떻게 분별, 제거, 다스릴 것인지를 규정하고 있는데 이것을 우리에게 적용해 보자면 그만큼 성결하게 살 것을 요구하고 계십니다. 과연 나는 매사에 어떻게 정결한 삶을 살고 있습니까? 버려야 하는 습관은 무엇입니까?

● **한귀절**　오늘 말씀을 읽으면서 마음이 와 닿는 말씀 한 구절을 적고 되뇌어 봅시다.

● **적용**　말씀을 묵상하면서 나의 삶에 적용할 것과 실제적으로 행동에 옮길 것을 구체적으로 적어봅시다.

● **감사**　감사하는 성도는 더욱 더 풍성한 삶을 살게됩니다. 오늘 하루를 돌아보며 한 줄로 감사를 적어봅시다.

● **기도**　글로 쓰는 기도는 영원히 보존되는 기도입니다. 한 줄에 마음을 담아 기도를 주님께 올려드립시다.

20 . . . (제 6 주 목요일)   오늘의 말씀 : 레 16-20장

성(性) 생활이 깨끗해야 합니다

> **배경**   먼저 배경을 읽고 오늘의 성경을 읽읍시다. 읽은 뒤 배경을 한 번 더 읽어도 좋습니다.
>
> 거룩한 삶을 위한 하나님의 요구는 지나칠 정도입니다. 한 개인의 삶에도 성결이 있어야 하지만 한 민족이나 공동체 단위로 가져온 풍속이나 문화도 거룩하지 못하다면 과감히 제거하여야 한다는 사실을 가르쳐 주고 계십니다.

● **묵상**   아래의 질문들을 여유있는 마음으로 두 번 세 번 생각하며 하나님의 마음과 영적인 의미들을 더듬어봅시다.

1. 하나님은 사람의 생명의 근원이 피에 있음을 가르쳐 주시면서 이 생명을 의미하는 피를 먹지말아야 하고 짐승의 피라고 할지라도 피를 먹으면 죽을 것을 말씀하셨습니다. 육체의 생명은 피에 있다는 말씀이 무슨 뜻일까요?

2. 하나님은 문화와 풍속에 대한 성결을 요구하시면서 하나님을 따르는 사람들은 이방인들의 문란한 성문화를 따라선 안된다고 가르쳐 줍니다. 곧 성적생활의 순결함을 강조합니다. 오늘처럼 성적으로 문란해진 시대에 이 말씀을 어떻게 받아야 할까요?(18장)

3. 성결법 안에 특별히 반드시 죽여야만 하는 죄들이 열거됩니다. 그것은 그런 죄들이 이스라엘 공동체에게 영향을 줄 근원을 아예 제거하여야 한다는 것입니다. 보십시오. 어떤 행위들이 죽여야만 하는지! 그리고 신약시대에는 성령의 훼방하는 죄는 사하심을 받지 못한다는 것도 마음에 새기고 두려야 하여야 합니다(마 12:31)

● **한귀절**   오늘 말씀을 읽으면서 마음이 와 닿는 말씀 한 구절을 적고 되뇌어 봅시다.

● **적용**   말씀을 묵상하면서 나의 삶에 적용할 것과 실제적으로 행동에 옮길 것을 구체적으로 적어봅시다.

● **감사**   감사하는 성도는 더욱 더 풍성한 삶을 살게됩니다. 오늘 하루를 돌아보며 한 줄로 감사를 적어봅시다.

● **기도**   글로 쓰는 기도는 영원히 보존되는 기도입니다. 한 줄에 마음을 담아 기도를 주님께 올려드립시다.

20 . . . (제 6 주 금요일) 오늘의 말씀 : 레 21-23장

매년 지켜야 할 절기

배경 먼저 배경을 읽고 오늘의 성경을 읽읍시다. 읽은 뒤 배경을 한 번 더 읽어도 좋습니다.

절기란 잊어선 안될 것들을 매년 정기적으로 지키도록 하여 잊지 않게하는 것입니다. 절기에는 유월절, 맥추절, 수장절 세가지가 대표적이고 여기에 나팔절과 속죄일이 첨가됩니다. 우리가 잊어서는 안될 것이 무엇인가를 생각하게 해 줍니다.

● **묵상** 아래의 질문들을 여유있는 마음으로 두 번 세 번 생각하며 하나님의 마음과 영적인 의미들을 더듬어봅시다.

1. 하나님께 영광돌려 드리기 위해 제물을 드릴 때 특히 서원이나 자원예물을 번제와 더불어 드리고자 할 때에는 반드시 흠없는 양이나 염소의 수컷을 드려야 합니다. 흠없는 온전한 예물이란 오늘 우리에게는 어떤 예물이며 나는 어떻게 드리고 있습니까?

2. 유월절은 이스라엘 백성들이 대문에 어린양의 피를 바르고 죽음의 천사가 그 집을 뛰어넘어 생명을 얻었고 이를 통해 해방을 받은 것에 감사하는 절기입니다. 과연 나는 예수 그리스도의 보혈로 구원받은 것을 늘 잊지말고 감사하고 감격하고 있습니까?

3. 유월절은 예수님의 십자가 사건으로, 맥추절은 봄농사에 대한 추수감사로서 예수님의 부활과 성령강림으로 완성되었습니다. 그러나 가을 추수를 하고 드리는 추수감사절은 아직 미완성입니다. 나는 주님께서 우리를 추수하러 오신 그날을 기다립니까?

● **한귀절** 오늘 말씀을 읽으면서 마음이 와 닿는 말씀 한 구절을 적고 되뇌어 봅시다.

● **적용** 말씀을 묵상하면서 나의 삶에 적용할 것과 실제적으로 행동에 옮길 것을 구체적으로 적어봅시다.

● **감사** 감사하는 성도는 더욱 더 풍성한 삶을 살게됩니다. 오늘 하루를 돌아보며 한 줄로 감사를 적어봅시다.

● **기도** 글로 쓰는 기도는 영원히 보존되는 기도입니다. 한 줄에 마음을 담아 기도를 주님께 올려드립시다.

20 . . .   (제 6 주 토요일)   오늘의 말씀 : 레 24-27장

효력을 발생하는 계약서

배경 먼저 배경을 읽고 오늘의 성경을 읽읍시다. 읽은 뒤 배경을 한 번 더 읽어도 좋습니다.

레위기는 법적 구속력이 있는 계약서입니다. 24-27장은 그 끝부분으로 매일 실천하여야 할 것과 특히 유념할 것을 다룬 뒤 이 계약서를 실천하는 사람과 실천하지 않는 사람에 대한 축복과 저주가 엄하게 법적으로 다뤄주고 있습니다. 두렵습니다.

● **묵상** 아래의 질문들을 여유있는 마음으로 두 번 세 번 생각하며 하나님의 마음과 영적인 의미들을 더듬어봅시다.

1. 24:1-9은 날마다 하지 않으면 안되는 것을 말씀합니다. 곧 성막안의 향단에 항상 불을 꺼트리지 말고 불을 켜 놓아야 한다는 것과 진설병상에 떡을 매일 새떡으로 올려놓아야 한다는 것입니다. 나는 기도의 불을 지피고 말씀을 먹고 있습니까?

2. 하나님은 인생들로 쉼과 회복을 법적으로 명하셨습니다. 안식일은 6일 일하고 하루 쉬며 영적으로 충전하고 안식년은 6년 땅을 갈고 7년째는 쉬며 희년은 50년째 되는 해는 땅주인에게 돌려주고 종들도 해방하고 모든 채무를 탕감합니다. 참으로 환상적인 법입니다. 이렇게 하면 공의로운 사회가 될 것입니다. 어떻게 생각하십니까?

3. 26장은 무시무시한 장입니다. 법을 지키면 상을 받지만 지키지 않으면 벌을 받는다는 것입니다. 특히 불순종할 때에는 벌이 7배로 강해지는데 이는 하나님의 벌이 단계별로 있음을 말해줍니다. 이스라엘 역사는 이 계약서대로 집행된 것 같지 않습니까?

● **한귀절** 오늘 말씀을 읽으면서 마음이 와 닿는 말씀 한 구절을 적고 되뇌어 봅시다.

● **적용** 말씀을 묵상하면서 나의 삶에 적용할 것과 실제적으로 행동에 옮길 것을 구체적으로 적어봅시다.

● **감사** 감사하는 성도는 더욱 더 풍성한 삶을 살게됩니다. 오늘 하루를 돌아보며 한 줄로 감사를 적어봅시다.

● **기도** 글로 쓰는 기도는 영원히 보존되는 기도입니다. 한 줄에 마음을 담아 기도를 주님께 올려드립시다.

20 . . .   (제 7 주 월요일)   오늘의 말씀 : 민 1-4장

백성들의 숫자를 헤아려라

● **배경**   먼저 배경을 읽고 오늘의 성경을 읽읍시다. 읽은 뒤 배경을 한 번 더 읽어도 좋습니다.

민수기는 이스라엘 백성들의 인구를 조사한 보고서입니다. 가나안복지를 향해 출발하기 전과 40년이 지난 후 요단강 건너기 전 가나안땅에 들어가기 전에 조사한 결과 불순종한 사람들은 모두 다 죽었습니다. 후대사람들이 깨달으라고 주신 것입니다.

● **묵상**   아래의 질문들을 여유있는 마음으로 두 번 세 번 생각하며 하나님의 마음과 영적인 의미들을 더듬어봅시다.

1. 첫 번째 인구조사는 시내산에서 출애급 후 2년 2월 1일에 만20세 이상으로 남자를 조사한 결과 603,550명이었습니다. 이때는 이집트에서 해방받아 시내산 밑에서 성막을 건축하고 율법을 배운 후였습니다. 이때는 가나안 복지를 바라보고 출발하기 직전인데 얼마나 꿈에 부풀었을까요? 이제 막 신앙생활 시작하는 사람같지 않습니까?

2. 그런데 하나님은 이스라엘 모든 지파의 첫아들을 조사하게 하니 22,273명이었습니다. 이들은 출애급시 애급인 장자가 죽은 것을 생각하고 이들이 하나님 것이지만 레위지파를 대신 하나님께 드리게 하여 남은 273명에 대한 속전을 레위지파에게 주게하였습니다. 즉 첫 열매든 첫아들이든 첫 것은 하나님의 것임을 알고 계십니까?

3. 두 번째 인구조사는 40년이 마쳐지고 했는데 그 603,550이 다 죽고 여호수아, 갈렙만 남았습니다. 이는 불순종의 결과가 얼마나 무서운가를 보여줍니다. 나는 과연 하나님의 말씀에 불순종하는 것이 얼마나 두려운 것인가를 느끼고 있습니까?

● **한귀절**   오늘 말씀을 읽으면서 마음이 와 닿는 말씀 한 구절을 적고 되뇌어 봅시다.

● **적용**   말씀을 묵상하면서 나의 삶에 적용할 것과 실제적으로 행동에 옮길 것을 구체적으로 적어봅시다.

● **감사**   감사하는 성도는 더욱 더 풍성한 삶을 살게됩니다. 오늘 하루를 돌아보며 한 줄로 감사를 적어봅시다.

● **기도**   글로 쓰는 기도는 영원히 보존되는 기도입니다. 한 줄에 마음을 담아 기도를 주님께 올려드립시다.

20 . . . (제 7 주 화요일) 오늘의 말씀 : 민 5-8장

다시 강조하는 정결한 삶

배경 먼저 배경을 읽고 오늘의 성경을 읽읍시다. 읽은 뒤 배경을 한 번 더 읽어도 좋습니다.

민수기는 제2세를 가리키기 위한 교훈서입니다. 왜 출애굽한 1세대가 40년 동안 광야에서 죽었어야만 하는가를 보여주고 있습니다. 그러므로 이스라엘 백성들이 지켜야 할 것들을 제2세들에게 가르쳐 주고 있습니다. 곧 우리들에게 주시는 말씀입니다.

● **묵상** 아래의 질문들을 여유있는 마음으로 두 번 세 번 생각하며 하나님의 마음과 영적인 의미들을 더듬어봅시다.

1. 인구조사를 마친 이스라엘 백성들에게 주님이 강조하는 것은 정결, 순결한 삶입니다. 그래서 여러 가지 모습으로 부정한 사람들을 진 밖으로 보내라고 했고 하나님께나 사람들에게 죄를 범한 사람들은 반드시 속죄제와 보상을 하게 했으며 부정한 여인을 분별하여 공동체 전체가 정결해지도록 했습니다. 나는 얼마나 정결할까요?

2. 자원해서 구별된 삶을 살기 원하는 사람들에게는 그 작정한 것을 주님께 서원제를 드리고 포도주와 독주를 마시지 아니하며 머리를 자르지 않아 쾌락의 도구로 삼지 않고 주님의 뜻을 따라 살게하였습니다. 신약백성들은 모두가 나실인이 아닐까요?

3 하나님은 제사장으로 하여금 이스라엘 백성들을 축복하게 하였습니다. 축복이란 하나님께서 이스라엘 백성들에게 복을 주시기를 비는 것입니다. 신약백성들은 이 복을 빌기 위해 부름받았다고 한 사실을 알고 또 행하고 있습니까?(벧전 3:8-9)

● **한귀절** 오늘 말씀을 읽으면서 마음이 와 닿는 말씀 한 구절을 적고 되뇌어 봅시다.

● **적용** 말씀을 묵상하면서 나의 삶에 적용할 것과 실제적으로 행동에 옮길 것을 구체적으로 적어봅시다.

● **감사** 감사하는 성도는 더욱 더 풍성한 삶을 살게됩니다. 오늘 하루를 돌아보며 한 줄로 감사를 적어봅시다.

● **기도** 글로 쓰는 기도는 영원히 보존되는 기도입니다. 한 줄에 마음을 담아 기도를 주님께 올려드립시다.

20 . . . (제 7 주 수요일)   오늘의 말씀 : 민 9-12장

유월절을 지키지 않으면?

배경 먼저 배경을 읽고 오늘의 성경을 읽읍시다. 읽은 뒤 배경을 한 번 더 읽어도 좋습니다.

출애굽은 하나님의 특별하신 방법으로 이스라엘을 구원하셨는데 이것을 이스라엘 백성들이 잊어서는 안될 것이고 이 유월절 어린양이 되셔서 유월절을 완성하시므로 구원받은 신약백성들도 구속의 은총을 잊지말고 늘 그 은혜에 감사하여야 합니다.

● **묵상** 아래의 질문들을 여유있는 마음으로 두 번 세 번 생각하며 하나님의 마음과 영적인 의미들을 더듬어봅시다.

1. 하나님은 출애굽하여 1년이 지난 그 유월절을 지키라고 명령하시면서 만일 그 명령을 지키지 않으면 구원 백성의 공동체에서 끊겨질 것이라고 하셨습니다. 그만큼 하나님은 구속받은 은혜를 잊지말라고 하십니다. 나는 과연 얼마나 느끼고 있습니까?

2. 드디어 성막이 완성되고 드디어 구름기둥이 움직여 이스라엘은 구름기둥을 따라 약속의 땅을 향해 행진하게 되었습니다. 오직 구름기둥만 바라보며 가고 서는 행진을 하였고(9:15-23) 모세가 아니라 언약궤가 그들의 길을 인도하였습니다(10:33). 나는 모세처럼 출발할 때나 머무를 때 늘 기도하고 있습니까?(10:35-36)

3. 자, 이스라엘의 여정은 무척 쉬울 것 같습니다. 왜냐하면 구름기둥에 따라 순종하기만 하면 되기 때문입니다. 그러나 인간의 탐욕이 노예근성을 버리지 못하고 원망하고 불평하다가 진노를 받고 맙니다. 또한 지도자를 향한 미리암의 비판과 비방으로 하나님이 진노하셨습니다. 나는 과연 순종의 사람입니까?(11-12장)

● **한귀절** 오늘 말씀을 읽으면서 마음이 와 닿는 말씀 한 구절을 적고 되뇌어 봅시다.

● **적용** 말씀을 묵상하면서 나의 삶에 적용할 것과 실제적으로 행동에 옮길 것을 구체적으로 적어봅시다.

● **감사** 감사하는 성도는 더욱 더 풍성한 삶을 살게됩니다. 오늘 하루를 돌아보며 한 줄로 감사를 적어봅시다.

● **기도** 글로 쓰는 기도는 영원히 보존되는 기도입니다. 한 줄에 마음을 담아 기도를 주님께 올려드립시다.

20 . . .   (제 7 주 목요일)   오늘의 말씀 : 민 13-14장

메뚜기와 밥

배경   먼저 배경을 읽고 오늘의 성경을 읽읍시다. 읽은 뒤 배경을 한 번 더 읽어도 좋습니다.

우여곡절 끝에 이스라엘 백성들이 목적지에 도착합니다. 그리고는 가야할 약속의 땅에 정탐꾼들을 보내게 되고 돌아온 그들은 부정적 평가를 내리고 이에 따라 온 백성이 함몰되는 사건이며 하나님의 진노가 극에 달하시게 됩니다.

● **묵상**   아래의 질문들을 여유있는 마음으로 두 번 세 번 생각하며 하나님의 마음과 영적인 의미들을 더듬어봅시다.

1. 드디어 이스라엘 백성들은 목적지에 도착합니다. 이제 정복만 하면 됩니다. 그러나 이스라엘은 정탐꾼들을 보냅니다. 이는 하나님께서부터 나온 명령이 아니라 백성들이 요구한 것입니다. 만일 그대로 믿음으로 공격했다면 얻을 수 있었는데 아쉽지 않습니까?(신1:19-23)

2. 정탐꾼은 각 지파에서 1명씩 대표단을 뽑아 12명이 구성되었는데 40일을 정탐하고 난 결과보고는 무엇이었습니까? 12명 모두는 과연 젖과 꿀이 흐르는 땅이라고 했습니다. 그러나 하나님의 전능하심을 바라보는가 아니면 현실, 즉 사람을 바라보는가에 따라 메뚜기와 밥(먹이)으로 보게되었습니다. 나는 믿음의 눈으로 매사를 봅니까?

3. 이제는 우리는 다 죽었다, 우리는 그 땅에 못 들어간다. 차라리 광야에서 죽었으면 좋았을 것이라고 하면서 차라리 한 장관을 세워 애급으로 돌아가자고 원망하여 하나님이 진노하셨지만, 모세의 중보기도로 하나님이 죄를 사하십니다. 나는 얼마나 중보기도합니까?

● **한귀절**   오늘 말씀을 읽으면서 마음이 와 닿는 말씀 한 구절을 적고 되뇌어 봅시다.

● **적용**   말씀을 묵상하면서 나의 삶에 적용할 것과 실제적으로 행동에 옮길 것을 구체적으로 적어봅시다.

● **감사**   감사하는 성도는 더욱 더 풍성한 삶을 살게됩니다. 오늘 하루를 돌아보며 한 줄로 감사를 적어봅시다.

● **기도**   글로 쓰는 기도는 영원히 보존되는 기도입니다. 한 줄에 마음을 담아 기도를 주님께 올려드립시다.

20 . . .　(제 7 주 금요일)　　　　　　　　　　　　오늘의 말씀 : 민 15-18장

지도자에 도전하는 사람들

● **배경**　먼저 배경을 읽고 오늘의 성경을 읽읍시다. 읽은 뒤 배경을 한 번 더 읽어도 좋습니다.

민수기는 출애굽한 이스라엘 백성들이 왜 가나안복지에 들어가지 못했는가를 보여주는 보고서입니다. 광야에서 이스라엘 백성들이 한 행동들을 보면서 우리가 그것을 교훈삼고, 우리의 삶을 추스르면 신앙이 성숙해지고 성장하게 될 것입니다.

● **묵상**　아래의 질문들을 여유있는 마음으로 두 번 세 번 생각하며 하나님의 마음과 영적인 의미들을 더듬어봅시다.

1. 15:32-36에 보면 안식일에 나무한 사람을 돌로 쳐 죽이는 하나님의 명령을 듣습니다. 무섭고 떨리는 일입니다. 신약시대를 살아가는 우리들과는 전혀 관계가 없을까요? 창 2장에 창조시 말씀하셨고 십계명으로 주신 말씀은 지금 우리들과도 절대적 관계에 있지 않습니까?

2. 16장, 고라와 다단, 온 이 세사람이 당을 짓고 모세와 아론의 지도력에 항거합니다. 이들은 레위 자손들로서 하나님이 하나님의 일만하게하신 은총을 잃어버리고 모세와 아론과 같은 일을 하지 못한다고 거부하고 항거하다가 큰 화를 당합니다. 오늘 우리 시대는 지도력을 존중하지 않는 시대입니다. 나는 어떤 마음, 태도를 가지고 있나요?

3. 17장, 당을 짓고 지도력에 항거했던 사람들을 심판하신 하나님은 각 지파 족장들의 지팡이를 증거장막 안에 두게하였는데 다음날 보니 아론의 지팡이에 싹이 나고 꽃이 피며 살구열매까지 맺게 하심으로써 하나님께서 세운 지도자임을 보여주셨습니다. 오늘 우리들은 이 사건을 어떻게 받아들여야 할까요? 교회를 생각해 봅시다

● **한귀절**　오늘 말씀을 읽으면서 마음이 와 닿는 말씀 한 구절을 적고 되뇌어 봅시다.

● **적용**　말씀을 묵상하면서 나의 삶에 적용할 것과 실제적으로 행동에 옮길 것을 구체적으로 적어봅시다.

● **감사**　감사하는 성도는 더욱 더 풍성한 삶을 살게됩니다. 오늘 하루를 돌아보며 한 줄로 감사를 적어봅시다.

● **기도**　글로 쓰는 기도는 영원히 보존되는 기도입니다. 한 줄에 마음을 담아 기도를 주님께 올려드립시다.

20 . . .   (제 7 주 토요일)   오늘의 말씀 : 민 19-21장

여전히 불평하는 이스라엘 백성들

● **배경**   먼저 배경을 읽고 오늘의 성경을 읽읍시다. 읽은 뒤 배경을 한 번 더 읽어도 좋습니다.

고라, 다단, 아비람의 지도자들에 대한 지도력의 항거를 하나님이 심판하시고 아론의 지팡이를 통해 하나님이 세우신 지도자임을 증거하셨으나 백성들은 여전히 불평과 원망을 버리지 못하고 있음을 보면서 우리가 깨달을 바를 얻어야 할 것입니다.

● **묵상**   아래의 질문들을 여유있는 마음으로 두 번 세 번 생각하며 하나님의 마음과 영적인 의미들을 더듬어봅시다.

1. 하나님은 아론과 레위지파를 제사장과 성전섬기는 특별한 직책을 주신 후 먼저 속죄제를 행하게 하십니다. 아직 멍에 메지 못한 붉은 암송아지를 진영 밖으로 끌고 나가 잡아 그 피를 일곱 번 뿌리고 백향목, 우슬초와 함께 불살라 성결을 준비케 합니다. 성결이 우선입니다

2. 20장, 인간의 몸 70%가 물이므로 물은 곧 생명과 직결됩니다. 이 물이 떨어지자 또 이스라엘 백성들은 원망하고 불평하며 이에 모세가 그들과 다투듯이 지팡이를 휘둘러 쳐 반석에서 물을 내게 하므로 하나님의 거룩함을 드러내지 못해 모세 역시 꾸중을 받습니다. 나는 원망과 불평이 없습니까?

3. 에서의 후손들인 에돔족속들이 길을 내 주기를 거절하자 돌아가게 되므로 고생을 하게되자 수고하지도 않고 얻는 만나까지도 하찮은 것으로 여기고 원망하고 불평하다가 하나님이 보낸 불뱀에 물려 죽게되는데, 하나님은 구리뱀을 장대 끝에 매달아 보게합니다. 이를 믿고 순종하는 사람들은 구원을 받았습니다. 과연 나 같으면 이 말도 안되는 명령에 믿고 순종했을까요?

● **한귀절**   오늘 말씀을 읽으면서 마음이 와 닿는 말씀 한 구절을 적고 되뇌어 봅시다.

● **적용**   말씀을 묵상하면서 나의 삶에 적용할 것과 실제적으로 행동에 옮길 것을 구체적으로 적어봅시다.

● **감사**   감사하는 성도는 더욱 더 풍성한 삶을 살게됩니다. 오늘 하루를 돌아보며 한 줄로 감사를 적어봅시다.

● **기도**   글로 쓰는 기도는 영원히 보존되는 기도입니다. 한 줄에 마음을 담아 기도를 주님께 올려드립시다.

20 . . .   (제 8 주 월요일)   오늘의 말씀 : 민 22-25장

모압왕과 발람선지자의 탐욕

배경 먼저 배경을 읽고 오늘의 성경을 읽읍시다. 읽은 뒤 배경을 한 번 더 읽어도 좋습니다.

이스라엘을 두려워한 모압왕이 발람선지자를 꾀어 자기 나라가 위험에 빠지지 않도록 축복하도록 하였으나 발람선지자는 축복하지 않았지만 탐욕의 마음을 다스리지 못했고 이로 인해 이스라엘은 모압여자들과 음행하다 큰 심판을 받게 됩니다. 맺고 끊음이 확실해야 합니다.

● **묵상** 아래의 질문들을 여유있는 마음으로 두 번 세 번 생각하며 하나님의 마음과 영적인 의미들을 더듬어봅시다.

1. 22장, 모압왕이 이스라엘의 출현에 겁을 먹고 신하를 시켜 복채를 주어 발람이라는 선지자에게 주며 이스라엘을 저주케 합니다. 이때 발람선지자가 제대로 된 하나님의 사람이라면 단호히 거절해야 함에도 유숙하게 합니다. 나 같으면 한마디로 거절했을까요?

2. 23장, 발람선지는 하나님이 분명한 답을 주셨음에도 불구하고 그들을 모압의 신하들을 유숙하게 하고 하나님께 또 물어봅니다. 그것은 이미 마음에 가고싶다는 것을 말해줍니다. 그런 발람을 하나님은 말못하는 나귀의 입을 열어 깨닫게 해 주십니다. 짐승만도 못했던 겁니다. 하나님이 싫어하시는데도 미련을 가지고 있는 것이 있습니까?

3. 발람선지는 끝까지 이스라엘을 저주하지는 않았으나 이일로 인하여 모압여자들과 음행을 함으로써 하나님이 진노하심으로 전염병이 일어나게 됩니다. 그런데 25:6-9에서 비느하스처럼 나도 거룩한 분노를 가지고 악을 처단하고, 죄를 제거할 용기가 있습니까?

● **한귀절** 오늘 말씀을 읽으면서 마음이 와 닿는 말씀 한 구절을 적고 되뇌어 봅시다.

● **적용** 말씀을 묵상하면서 나의 삶에 적용할 것과 실제적으로 행동에 옮길 것을 구체적으로 적어봅시다.

● **감사** 감사하는 성도는 더욱 더 풍성한 삶을 살게됩니다. 오늘 하루를 돌아보며 한 줄로 감사를 적어봅시다.

● **기도** 글로 쓰는 기도는 영원히 보존되는 기도입니다. 한 줄에 마음을 담아 기도를 주님께 올려드립시다.

20 . . . (제 8 주 화요일)					오늘의 말씀 : 민 26-30장

두 번째 인구조사

● **배경**   먼저 배경을 읽고 오늘의 성경을 읽읍시다. 읽은 뒤 배경을 한 번 더 읽어도 좋습니다.

첫 번째 인구조사는 시내산에 도착하여 율법을 받고 성막을 완성한 뒤 출발하면서 했고 두 번째 인구조사는 40년이 지난뒤 합니다. 그 사이에 첫 번째 출애굽한 사람들은 원망하고 불평하다가 다 죽고 여호수아와 갈렙만 남습니다. 그것을 보여주는 인구조사입니다.

● **묵상**   아래의 질문들을 여유있는 마음으로 두 번 세 번 생각하며 하나님의 마음과 영적인 의미들을 더듬어봅시다.

1. 26:1의 염병이란 미디안 여자들과 음행한 결과로 24,000명이 죽고 난 뒤라는 뜻입니다. 광야 40년을 지내는 동안 원망과 불평하다가 출애굽 제 1세대는 다 죽고 여호수아와 갈렙만 남습니다. 이는 약속의 땅에는 약속을 믿고 순종하는 사람들이 들어간다는 뜻입니다. 나는 과연 하나님 나라의 약속을 믿고 있습니까?

2. 28-29장, 하나님은 신앙의 제2세대들에게 반드시 지켜야 할 예배와 절기들을 기억시켜 줍니다. 매일 아침저녁으로 예배를 드리며, 안식일과 매월 첫날에 예배하며 나아가 해방절기인 유월절, 봄농사의 감사 칠칠절, 늦농사의 감사 장막절과 나팔절과 속죄일을 지정해 주십니다. 이것은 감사를 생활화하는 명령입니다.

3. 30장, 하나님께 서원한 것을 다루고 있습니다. 서원이란 하나님께 헌신을 약속하거나 신앙적 결단이나 하나님의 영광을 위해 봉사와 섬김을 위한 작정 또는 서원, 약속을 할 경우 반드시 지켜야 합니다. 그러나 아내의 일은 남편이, 어린 자녀의 경우는 아버지가 그 서원을 허락하여야 합니다. 신중해야 한다는 겁니다.

● **한귀절**   오늘 말씀을 읽으면서 마음이 와 닿는 말씀 한 구절을 적고 되뇌어 봅시다.

● **적용**   말씀을 묵상하면서 나의 삶에 적용할 것과 실제적으로 행동에 옮길 것을 구체적으로 적어봅시다.

● **감사**   감사하는 성도는 더욱 더 풍성한 삶을 살게됩니다. 오늘 하루를 돌아보며 한 줄로 감사를 적어봅시다.

● **기도**   글로 쓰는 기도는 영원히 보존되는 기도입니다. 한 줄에 마음을 담아 기도를 주님께 올려드립시다.

20 . . .   (제 8 주 수요일)   오늘의 말씀 : 민 31-34장

배려와 공평이 있는 나눔

> **배경** 먼저 배경을 읽고 오늘의 성경을 읽읍시다. 읽은 뒤 배경을 한 번 더 읽어도 좋습니다.
>
> 이제 출애굽의 여정이 끝나가고 있습니다. 하나님이 이스라엘에게 주신 땅의 나라들을 다 정복하고 주어진 땅을 지파별로 제비뽑아 분배해 줌으로써 다툼과 분열없이 삶의 조건과 경계를 마련해 줍니다. 사람이 살아가면서 다툼없이 분배를 한다는 것은 꼭 필요한 일입니다.

● **묵상** 아래의 질문들을 여유있는 마음으로 두 번 세 번 생각하며 하나님의 마음과 영적인 의미들을 더듬어봅시다.

1. 31:1-18, 하나님은 미디안족속들을 진멸할 것을 명하십니다. 미디안은 발락을 통해 이스라엘을 성적으로 영적으로 타락하게 함으로써 하나님을 진노케 한 민족입니다. 그래서 하나님은 그들을 진멸하게 하신 것입니다. 나는 그만큼 죄와 타락에 대해 경계합니까?

2. 31:19-54, 하나님은 미디안 전쟁에 참여하여 사람을 죽이고 죽음과 가까이한 병사들은 물론이고 포로들까지도 성결케 하라고 명하시고 나아가 전리품을 군인이나 회중들에게 골고루 돌아가도록 명하셨습니다. 하나님께서 무엇을 소중히 여기시는지 깨닫고 계십니까?

3. 32-34, 하나님은 정복한 땅들 중 먼저 가축이 많은 르우벤, 갓, 므낫세의 절반 지파에 대하여 요단강 이편 땅을 분배해 주고 나머지 땅을 분배해 주는 원칙으로 제비를 뽑게 하십니다. 우리의 삶의 현장에서 상황을 배려하고 공평하며 다툼의 소지를 없애는 것이 얼마나 중요합니까? 나는 과연 배려하고 평화를 사랑하고 있습니까?

● **한귀절** 오늘 말씀을 읽으면서 마음이 와 닿는 말씀 한 구절을 적고 되뇌어 봅시다.

● **적용** 말씀을 묵상하면서 나의 삶에 적용할 것과 실제적으로 행동에 옮길 것을 구체적으로 적어봅시다.

● **감사** 감사하는 성도는 더욱 더 풍성한 삶을 살게됩니다. 오늘 하루를 돌아보며 한 줄로 감사를 적어봅시다.

● **기도** 글로 쓰는 기도는 영원히 보존되는 기도입니다. 한 줄에 마음을 담아 기도를 주님께 올려드립시다.

20 (제 8 주 목요일) 오늘의 말씀 : 민 35-36장

진정한 인권보호

배경 먼저 배경을 읽고 오늘의 성경을 읽습시다. 읽은 뒤 배경을 한 번 더 읽어도 좋습니다.

하나님은 정복한 땅을 분배하면서 재산이 없는 레위 사람들에는 각 지파별로 준 땅 중에서 도피성을 분배해 주는데 이는 부지중 또는 고의가 아닌 살인을 저지른 사람들을 구제해 주기 위한 성들입니다. 하나님은 진정 인권보호자이십니다.

● **묵상** 아래의 질문들을 여유있는 마음으로 두 번 세 번 생각하며 하나님의 마음과 영적인 의미들을 더듬어봅시다.

1. 35:1-8, 하나님은 레위지파에게는 땅을 분배해 주지 않았습니다. 그러나 각 지파에게 나눠준 땅들 중에서 도피성들을 지정해 주어 부지중 또는 고의성이 없는 살인을 한 경우 이 성으로 도망하여 정식 재판을 받을 때까지 보호해 주는 제도적 장치입니다. 하나님의 은혜 아닙니까?

2. 35:9-34, 도피성에 들어가도 고의적으로 살인한 사람은 법적, 제도적 보호를 받지 못합니다. 다만 의도적이지 않고 부지중 또는 악의 없는 범죄의 경우 복수자들에게서 보호해 주자는 것입니다. 우리는 타인의 처지, 의도와 관계없이 판단하고 정죄하고 왕따시키고 있지 않습니까?

3. 36장, 므낫세 지파 중 수령들이 모세에게 찾아와 남자가 없이 여자들만 있다가 시집가므로 므낫세에게 준 땅이 타 지파에게 넘어가는 불균형을 잡아달라고 하여 바로 잡아주는 것을 보면서 소외된 사람들을 돕고 섬기는 일이 얼마나 필요한지 생각해 보았습니까?

● **한귀절** 오늘 말씀을 읽으면서 마음이 와 닿는 말씀 한 구절을 적고 되뇌어 봅시다.

● **적용** 말씀을 묵상하면서 나의 삶에 적용할 것과 실제적으로 행동에 옮길 것을 구체적으로 적어봅시다.

● **감사** 감사하는 성도는 더욱 더 풍성한 삶을 살게됩니다. 오늘 하루를 돌아보며 한 줄로 감사를 적어봅시다.

● **기도** 글로 쓰는 기도는 영원히 보존되는 기도입니다. 한 줄에 마음을 담아 기도를 주님께 올려드립시다.

20 . . . (제 8 주 금요일)　　　　　　　　　　　　　　　　　오늘의 말씀 : 신 1-3장

모세의 설교

배경　먼저 배경을 읽고 오늘의 성경을 읽읍시다. 읽은 뒤 배경을 한 번 더 읽어도 좋습니다.

신명기는 모세의 설교입니다. 그 대상은 출애굽하고 가나안복지에 들어가려고 준비중인 2세들입니다. 1세대는 원망하고 불평하다가 광야에서 다 죽었기 때문입니다. 그래서 모세는 2세대가 이런 죄를 다시 반복해선 안되므로 2세들에게 설교하는 형태로 가르치고 있습니다.

● **묵상**　아래의 질문들을 여유있는 마음으로 두 번 세 번 생각하며 하나님의 마음과 영적인 의미들을 더듬어봅시다.

1. 1:1, 모세가 선포한 장소는 요단 저쪽 즉 요단강을 건너기 전으로서 출애굽한지 40년이 넘은 시점입니다. 설교는 가르침의 의미를 담은 디다케와 하나님의 말씀을 전하는 선포로 구성됩니다. 나는 과연 설교를 내게 주시는 하나님의 말씀으로 받아들이고 있습니까?

2. 1:2, 가데스 바네아는 이스라엘에게 주신 약속의 땅 바로 옆 지역입니다. 그러므로 이스라엘 백성들이 목적지에 오는데 걸린 시간은 시내산에서 떠나 단지 11일 걸렸습니다. 그런데 원망하고 불평하여 40년동안 다 죽고 반대편 요단지역으로 온 것입니다. 나도 말씀대로 살지 못하면 인생을 허비할 수 있지 않겠습니까?

3. 이스라엘 백성들이 정탐꾼을 보낸 이유가 무엇입니까? 사실은 두려움과 염려라는 불신 때문에 정탐꾼을 보내게 되었고 젖과 꿀이 흐르는 땅임을 보고서도 거인족 사람들을 보고 믿음을 저버렸습니다. 그러나 하나님은 다 준비했으니 믿고 가라, 정복하라고 하셨습니다. 지금도 하나님은 예비하고 주셨는데 내가 못 받는 것은 아닙니까?

● **한귀절**　오늘 말씀을 읽으면서 마음이 와 닿는 말씀 한 구절을 적고 되뇌어 봅시다.

● **적용**　말씀을 묵상하면서 나의 삶에 적용할 것과 실제적으로 행동에 옮길 것을 구체적으로 적어봅시다.

● **감사**　감사하는 성도는 더욱 더 풍성한 삶을 살게됩니다. 오늘 하루를 돌아보며 한 줄로 감사를 적어봅시다.

● **기도**　글로 쓰는 기도는 영원히 보존되는 기도입니다. 한 줄에 마음을 담아 기도를 주님께 올려드립시다.

20 . . .　(제 8 주 토요일)　　　　　　　　　　　　　오늘의 말씀 : 신 4-6장

지혜와 지식의 말씀

배경　먼저 배경을 읽고 오늘의 성경을 읽읍시다. 읽은 뒤 배경을 한 번 더 읽어도 좋습니다.

지금 설교를 듣고 있는 사람들은 출애굽 제2세들입니다. 1세대는 원망하고 불평하다가 다 죽었기 때문입니다. 그러므로 모세는 온 힘을 다하여 약속의 땅에 들어가기 전에 약속 즉 하나님의 말씀을 지켜야 됨을 전하고 있습니다. 이것은 곧 우리에게 주시는 말씀입니다.

● **묵상**　아래의 질문들을 여유있는 마음으로 두 번 세 번 생각하며 하나님의 마음과 영적인 의미들을 더듬어봅시다.

1. 4장, 모세는 지키라고 선포하고 있는 하나님의 말씀들은 여러 민족들 앞에서 지혜와 지식이 되며 공의로운 말씀이라고 강조하고 있습니다. 즉, 최고의 말씀을 주시고 있다는 뜻입니다. 지금 우리에게 선포되고 있는 말씀들도 최고의 말씀이라고 생각하고 받고 있습니까?

2. 5장, 하나님께서 직접 돌에 새겨주신 십계명입니다. 하나님은 이 십계명을 주시면서 " 항상 이같은 마음을 품어 나를 경외하며 내 모든 명령을 지켜서 그들과 그 자손이 영원히 복받기를 원하노라"(29절)고 하셨습니다. 이 십계명은 지금 우리에게도 유효할까요?

3. 6장의 말씀은 지금도 이스라엘 사람들이 암기하며 매일 아침과 저녁으로 되뇌이며 집에 들어가고 나올 때 마다 기도하고 있는 내용입니다. 6장을 다시 한번 읽되 지금 하나님께서 나에게 주시는 음성으로 생각하고 받아봅시다. 그리고 실천하면 어떤 일이 일어날까요?

● **한귀절**　오늘 말씀을 읽으면서 마음이 와 닿는 말씀 한 구절을 적고 되뇌어 봅시다.

● **적용**　말씀을 묵상하면서 나의 삶에 적용할 것과 실제적으로 행동에 옮길 것을 구체적으로 적어봅시다.

● **감사**　감사하는 성도는 더욱 더 풍성한 삶을 살게됩니다. 오늘 하루를 돌아보며 한 줄로 감사를 적어봅시다.

● **기도**　글로 쓰는 기도는 영원히 보존되는 기도입니다. 한 줄에 마음을 담아 기도를 주님께 올려드립시다.

20 . . .   (제 9 주 월요일)   오늘의 말씀 : 신 7-11장

네 행복을 위하여

> **배경**   먼저 배경을 읽고 오늘의 성경을 읽읍시다. 읽은 뒤 배경을 한 번 더 읽어도 좋습니다.
>
> 이제 눈 앞에 보이는 저 강(요단)만 건너면 젖과 꿀이 흐르는 약속의 땅입니다. 그러나 거기에는 이미 기존에 살던 부족, 민족들이 많습니다. 이스라엘 백성들은 하나님의 백성들이기 때문에 그들과 구별된 삶을 살아야 합니다. 그래서 모세는 애절하게 가르치고 있습니다

● **묵상**   아래의 질문들을 여유있는 마음으로 두 번 세 번 생각하며 하나님의 마음과 영적인 의미들을 더듬어봅시다.

1. 7장, 하나님은 요단강을 건너가서 이미 거기서 살고있는 타민족과 어떤 조약도 맺지 말고 아들, 딸들을 주어서 결혼시키지 말며 그들이 섬기는 우상을 섬기지 말라고 가르치십니다. 만일 이 가르침을 지키면 어떤 결과가 됩니까? 또는 지키지 않는다면 어떤 일이?

2. 8장, 하나님께서 이스라엘 백성들을 광야에서 40년을 지내게 하신 것은 그들을 낮추시며 시험하셔서 이들이 어떤 마음을 가지고 있는지 말씀을 지키는지 아닌지 알기를 원하셨고, 사람이 떡으로만 사는게 아니라 말씀으로 산다는 것을 알게 해 주시기 위해서였지만 이스라엘은 불합격했습니다. 나는 합격할 것 같습니까?

3. 10:12-22, 하나님께서 이스라엘 백성들에게 요구하신 것은 단 한가지 하나님을 사랑하라는 것이고 그렇게 하신 이유는 이스라엘 즉 모든 인생들의 행복을 위해서라고 말씀하십니다. 그렇습니다. 주님께서 주신 계명은 무겁고 어려운 것이 아닌 사랑하라는 계명입니다. 과연 나는 사랑을 실천하여 행복합니까? 다시 한번 읽어봅시다

● **한귀절**   오늘 말씀을 읽으면서 마음이 와 닿는 말씀 한 구절을 적고 되뇌어 봅시다.

● **적용**   말씀을 묵상하면서 나의 삶에 적용할 것과 실제적으로 행동에 옮길 것을 구체적으로 적어봅시다.

● **감사**   감사하는 성도는 더욱 더 풍성한 삶을 살게됩니다. 오늘 하루를 돌아보며 한 줄로 감사를 적어봅시다.

● **기도**   글로 쓰는 기도는 영원히 보존되는 기도입니다. 한 줄에 마음을 담아 기도를 주님께 올려드립시다.

20 . . .　　(제 9 주 화요일)　　　　　　　　　　　　　오늘의 말씀 : 신 12-16장

절기들과 희년

배경　먼저 배경을 읽고 오늘의 성경을 읽읍시다. 읽은 뒤 배경을 한 번 더 읽어도 좋습니다.

모세는 계속해서 이스라엘 백성들이 약속의 땅에 들어가서 행해야 할 말씀들을 주시고 있습니다. 이 장에서는 절기들과 안식년, 희년에 대하여 가르쳐 주고 있습니다. 구약은 이미 지나간 법이 아니오. 신약을 통해 완성합니다. 그러므로 구약의 법도 우리들의 법입니다

● **묵상**　아래의 질문들을 여유있는 마음으로 두 번 세 번 생각하며 하나님의 마음과 영적인 의미들을 더듬어봅시다.

1. 12장, 하나님은 이스라엘 백성들이 어디서 살든지 무엇을 하든지 주님이 주신 것을 성전에 와서 예배를 드리며 주님이 주신 복을 가난한 자들, 소외된 자들, 레위인들과 나누라고 가르쳐 주십니다. 곧 성전중심을 강조하십니다. 교회가 나의 삶의 중심이 되고 있습니까?

2. 13장, 선지자, 꿈꾸는 자가 있다면 용서없이 반드시 죽이라고 엄명합니다. 여기서 말하는 이들은 하나님이 보내지 않은 선지자 즉 오늘 우리시대로 말한다면 점쟁이나 무당 같은 사람들을 가리킨 것입니다. 그것은 하나님을 믿는 사람들을 혼란시키는 일이기 때문입니다. 오늘 교회 안과 밖에 거짓 은사자들을 경계하고 있습니까?

3. 십일조와 절기, 안식년과 희년에 관한 법입니다. 정기적으로 지켜야 할 법들입니다. 구약의 절기는 모두 신약에 와서 완성됩니다. 그러므로 하나도 버릴 게 없습니다. 절기의 목적은 잊지말고 기억하라는 것이고 구약의 절기는 직접 몸으로 보여주는 모델입니다. 이런 절기들을 나는 진정 소중히 여기고, 잊지 않고 지키고 있습니까?

● **한귀절**　오늘 말씀을 읽으면서 마음이 와 닿는 말씀 한 구절을 적고 되뇌어 봅시다.

● **적용**　말씀을 묵상하면서 나의 삶에 적용할 것과 실제적으로 행동에 옮길 것을 구체적으로 적어봅시다.

● **감사**　감사하는 성도는 더욱 더 풍성한 삶을 살게됩니다. 오늘 하루를 돌아보며 한 줄로 감사를 적어봅시다.

● **기도**　글로 쓰는 기도는 영원히 보존되는 기도입니다. 한 줄에 마음을 담아 기도를 주님께 올려드립시다.

20 . . .   (제 9 주 수요일)   오늘의 말씀 : 신 17-19장

온전을 향한 삶

배경   먼저 배경을 읽고 오늘의 성경을 읽읍시다. 읽은 뒤 배경을 한 번 더 읽어도 좋습니다.

하나님께서 이스라엘 백성들에게 요구하시는 삶은 중심을 다하여 주님을 사랑하고 이웃을 사랑하는 삶입니다. 그러므로 주님께 예물을 드리든지 사람들과의 관계를 가지든지 구별된 삶을 살아야 합니다. 본문들은 그런 예들을 여러 주제로 보여주고 있습니다.

● **묵상**   아래의 질문들을 여유있는 마음으로 두 번 세 번 생각하며 하나님의 마음과 영적인 의미들을 더듬어봅시다.

1. 17장, 주님께 드리는 예물은 흠이 없어야 합니다. 질병에 걸리거나 흠 즉, 불구가 된 것을 드려서는 안됩니다. 우상을 숭배한 사람이 발견되면 그 악을 제거하여야 합니다. 그리고 모든 삶의 기준은 말씀입니다. 이에서 벗어나면 그 악을 제거하라고 명합니다. 이는 온전한 삶을 살게 하기 위한 주님의 마음인데 나는 어떠합니까?

2. 18:1-8, 하나님은 레위사람들에게 땅과 성 즉 재산을 분배해 주지 않으셨습니다. 도피성에서 살게 하셨고 먹거리는 백성들이 주님께 드린 제물의 일부를 먹게하셨습니다. 왜냐하면 하나님의 것이기 때문입니다. 지금 우리는 목회자들을 어떻게 바라보아야 할까요

3. 18:9-14, 하나님은 이스라엘 백성들이 요단강 건너가 약속의 땅에 들어가면 이미 거기서 살고 있던 사람들, 주변 민족의 문화나 풍속 특히 점쟁이나 무당에게 묻거나 우상을 숭배하지 말라고 엄명하십니다. 그런데 성도들은 세상 사람들 가운데 섞여서 삽니다. 그러면 나는 어떻게 세상을 본받지 않고 말씀을 따라 살수 있을까요?

● **한귀절**   오늘 말씀을 읽으면서 마음이 와 닿는 말씀 한 구절을 적고 되뇌어 봅시다.

● **적용**   말씀을 묵상하면서 나의 삶에 적용할 것과 실제적으로 행동에 옮길 것을 구체적으로 적어봅시다.

● **감사**   감사하는 성도는 더욱 더 풍성한 삶을 살게됩니다. 오늘 하루를 돌아보며 한 줄로 감사를 적어봅시다.

● **기도**   글로 쓰는 기도는 영원히 보존되는 기도입니다. 한 줄에 마음을 담아 기도를 주님께 올려드립시다.

20 . . .   (제 9 주 목요일)   오늘의 말씀 : 신 20-23장

함께 하시는 하나님

배경   먼저 배경을 읽고 오늘의 성경을 읽읍시다. 읽은 뒤 배경을 한 번 더 읽어도 좋습니다.

계속해서 믿음의 사람들이 어떻게 살아야 하는가를 자세한 조항으로 깨우쳐 주십니다. 하나님은 아주 세밀하신 분입니다. 경우 경우마다 사람들을 생각하고 배려하며 비록 포로들이라 할지라도 윤리를 생각하고 있는 하나님이십니다. 하나님은 인권을 소중히 여기셨습니다.

● **묵상**   아래의 질문들을 여유있는 마음으로 두 번 세 번 생각하며 하나님의 마음과 영적인 의미들을 더듬어봅시다.

1. 20장, 이스라엘 백성들이 전쟁에 참여할 때 두려워하지 말라, 내가 너희와 함께하고 너희를 위해 적군과 친히 싸우시고 구원하시겠다고 말씀하십니다. 이는 우리가 이 세상에 살아가는 동안 모든 삶을 돌보시고 보호하신다는 것입니다. 과연 믿고 감사하고 있습니까?

2. 22장 순결법, 순결이란 우선 성적으로 깨끗하여야 함을 여러 사례를 들어 가르치고 나아가 의복도 남녀가 구별되도록 입고, 섞어서 짠 옷을 입지말고, 밭에 두 종자를 섞어 심지 말며 새끼와 어미새를 같이 취하지 말라고 하십니다. 삶의 모든 영역에서 순결하고 사람과 피조세계를 함께 사랑하라고 하십니다. 나는 어떻게 살고 있습니까?

3. 23:15-25, 하나님의 법은 윤리적이고 평화를 소중히 여기고 약자들을 생각하십니다. 재산으로 여겼던 종들까지고 배려하고 그렇지 않아도 어려운 사람들이 돈을 빌릴 때 이자를 받지 말 것이며 정말 배고프면 이웃집 과일, 곡식을 먹어도 되지만 가지고 가면 안된다고까지 가르칩니다. 이런 마음을 가지고 살면 세상이 어떻게 될까요?

● **한귀절**   오늘 말씀을 읽으면서 마음이 와 닿는 말씀 한 구절을 적고 되뇌어 봅시다.

● **적용**   말씀을 묵상하면서 나의 삶에 적용할 것과 실제적으로 행동에 옮길 것을 구체적으로 적어봅시다.

● **감사**   감사하는 성도는 더욱 더 풍성한 삶을 살게됩니다. 오늘 하루를 돌아보며 한 줄로 감사를 적어봅시다.

● **기도**   글로 쓰는 기도는 영원히 보존되는 기도입니다. 한 줄에 마음을 담아 기도를 주님께 올려드립시다.

20 . . .　（제 9 주 금요일）　　　오늘의 말씀 : 신 24-26장

인권을 소중히 여기시는 하나님

● **배경**　먼저 배경을 읽고 오늘의 성경을 읽읍시다. 읽은 뒤 배경을 한 번 더 읽어도 좋습니다.

이스라엘 백성들이 지켜야 할 말씀과 법들을 계속해서 주고 계십니다. 다양한 주제, 여러 상황들을 맞을 때 어떻게 하여야 하는가를 아주 세심하게 주고 계십니다. 하나님의 공의, 정의, 사랑과 거룩을 그대로 담은 내용들입니다. 바로 지금 우리에게 주시는 말씀들입니다.

● **묵상**　아래의 질문들을 여유있는 마음으로 두 번 세 번 생각하며 하나님의 마음과 영적인 의미들을 더듬어봅시다.

1. 24장, 수많은 사례들을 열거하고 있습니다. 그런데 분명한 게 있습니다. 공통점이 있습니다. 가난하고 어려운 이들을 생각하며 정의와 공의가 이루어져야 한다는 사실입니다. 여러 상황들을 어떻게 대처하라는 말씀들을 읽으면서 나의 삶을 비교하며 나의 것으로 삼읍시다

2. 신 25:17-19, 하나님은 아말렉 족속을 진멸하고 기억조차 없도록 하게 하셨습니다. 하나님은 왜 그렇게 아말렉 족속을 싫어하실까요? 출애굽여정에서 뒤에서 공격하였고 에서의 후손으로 하나님을 두려워하지 않았기 때문입니다. 우리는 무엇을 싫어하여야 할까요?

3. 26장, 하나님은 토지소산의 첫 열매를 하나님께 드려 감사를 잊지말고 하나님 앞에 와서 그 복을 누리라고 말씀하시면서 십일조 예물을 레위인, 객, 고아, 과부에게 주어 함께 나누라고 말씀하십니다. 레위인들에게는 재산을 나누어주지 않았기 때문이고 소외되고 어려운 사람들을 사랑으로 보살피라는 것입니다. 그렇게 살고 있습니까?

● **한귀절**　오늘 말씀을 읽으면서 마음이 와 닿는 말씀 한 구절을 적고 되뇌어 봅시다.

● **적용**　말씀을 묵상하면서 나의 삶에 적용할 것과 실제적으로 행동에 옮길 것을 구체적으로 적어봅시다.

● **감사**　감사하는 성도는 더욱 더 풍성한 삶을 살게됩니다. 오늘 하루를 돌아보며 한 줄로 감사를 적어봅시다.

● **기도**　글로 쓰는 기도는 영원히 보존되는 기도입니다. 한 줄에 마음을 담아 기도를 주님께 올려드립시다.

20 . . .　(제 9 주 토요일)　　　　　　　　　　　오늘의 말씀 : 신 27-30장

축복을 선택하여야 한다

● **배경**　먼저 배경을 읽고 오늘의 성경을 읽읍시다. 읽은 뒤 배경을 한 번 더 읽어도 좋습니다.

하나님은 지금까지 주신 말씀, 법들을 돌에 새기고 말씀을 지키기 위해 축복과 저주를 선언하게 하시고 지킬 경우와 지키지 못할 경우에 어떤 결과가 되는지를 두렵게 들려주십니다. 생명과 사망, 복과 저주가 되는 말씀이 있으니 순종하여 복을 받아야 합니다.

● **묵상**　아래의 질문들을 여유있는 마음으로 두 번 세 번 생각하며 하나님의 마음과 영적인 의미들을 더듬어봅시다.

1. 27장, 하나님은 말씀들을 돌에 새기라고 말씀하십니다. 그리고 그것을 에발산과 그리심산에 이스라엘 12지파가 반씩 나누어 서서 축복과 저주를 선언하고 이를 아멘으로 화답하게 하십니다. 두렵고 떨린 일이지요. 과연 나는 말씀을 이렇게 새기고 실천하고 있습니까?

2. 28장, 하나님의 말씀을 지키게 되면 어떤 복들이 임하게 됩니까? 또한 불순종하면 어떤 저주가 임하게 됩니까? 불순종할 때 하나님은 가벼운 징계로부터 강한 매에 이르기까지 그 매가 점점 더 강해지고 있습니다. 하나님의 징계를 받아본 적이 있습니까?

3. 29-30장, 지금까지 주신 말씀들은 시내산에서 출애굽 한 뒤 주신 것인데 29-30장은 모압땅 즉 요단강 건너기 전 약속의 땅을 목전에 두고 주시는 말씀들입니다. 30:15-20의 말씀은 천지를 불러 증인으로 세우면서까지 주고 계십니다. 생명, 복을 선택해야 하지 않겠습니까?

● **한귀절**　오늘 말씀을 읽으면서 마음이 와 닿는 말씀 한 구절을 적고 되뇌어 봅시다.

● **적용**　말씀을 묵상하면서 나의 삶에 적용할 것과 실제적으로 행동에 옮길 것을 구체적으로 적어봅시다.

● **감사**　감사하는 성도는 더욱 더 풍성한 삶을 살게됩니다. 오늘 하루를 돌아보며 한 줄로 감사를 적어봅시다.

● **기도**　글로 쓰는 기도는 영원히 보존되는 기도입니다. 한 줄에 마음을 담아 기도를 주님께 올려드립시다.

20 . . .   (제 10 주 월요일)   오늘의 말씀 : 신 31-34장

여호수아에게 지도력을 이양하는 모세

배경   먼저 배경을 읽고 오늘의 성경을 읽읍시다. 읽은 뒤 배경을 한 번 더 읽어도 좋습니다.

이제 모세는 120살이 되어 하나님께서 지도력을 여호수아에게 이양하라고 말씀하십니다. 그래서 지도력은 이양되었고 모세는 죽습니다. 이제 출애굽시대가 끝났고 약속의 땅 가나안땅을 정복할 때가 이른 것입니다.

● **묵상**   아래의 질문들을 여유있는 마음으로 두 번 세 번 생각하며 하나님의 마음과 영적인 의미들을 더듬어봅시다.

1. 하나님의 말씀대로 모세는 여호수아에게 지도력을 이양하면서 강하고 담대할 것을 주문합니다. 왜냐하면 이스라엘 백성들이 불순종하고 타협하며 우상을 숭배할 것이기 때문입니다. 세상이 다 타락할 때 말씀을 지켜야 하는 지도자의 마음이 어떨까요?

2. 32-33장, 모세의 찬양과 이스라엘 각 지파에 대한 축복이 담겨있습니다. 후손들에게 들려주는 모세의 노래는 무겁고 가슴이 아픕니다. 지난날들을 더듬어 보면서 이방의 문화를 따르지 말라는 권고 들어있습니다. 12지파에 대한 축복도 결국 다 각자 뿌린 대로 거두게 됩니다. 나는 무엇을 심고 무엇을 거둬야 할까요?

3. 32:48-52, 34장, 하나님은 모세에게 느보산에 올라 이스라엘 백성들이 가야 할 축복의 땅을 보게는 하시고 들어가지는 못하게 하셨습니다. 물론 므리바에서 혈기를 낸 죄도 있지만, 사실은 모세는 율법을 대표하기에 율법을 지켜서 천국 갈 사람이 없음을 보여줍니다. 그렇습니다. 여호수아 곧 예수님을 통해 천국가는게 이해가 됩니까?

● **한귀절**   오늘 말씀을 읽으면서 마음이 와 닿는 말씀 한 구절을 적고 되뇌어 봅시다.

● **적용**   말씀을 묵상하면서 나의 삶에 적용할 것과 실제적으로 행동에 옮길 것을 구체적으로 적어봅시다.

● **감사**   감사하는 성도는 더욱 더 풍성한 삶을 살게됩니다. 오늘 하루를 돌아보며 한 줄로 감사를 적어봅시다.

● **기도**   글로 쓰는 기도는 영원히 보존되는 기도입니다. 한 줄에 마음을 담아 기도를 주님께 올려드립시다.

20 . . .   (제 10 주 화요일)   오늘의 말씀 : 수 1-5장

모세가 죽은 후에

배경   먼저 배경을 읽고 오늘의 성경을 읽읍시다. 읽은 뒤 배경을 한 번 더 읽어도 좋습니다.

출애굽기는 종살이하던 이스라엘 백성들이 하나님의 은혜로 해방받아 약속의 땅 가나안으로 가는 여정을 그린 것이고 여호수아는 드디어 그 축복의 땅을 정복하고 입성하는 것을 그린 것입니다. 이것은 마치 죄악된 세상에서 천국으로 가는 순례자인 우리의 걸음인 것입니다.

● **묵상**   아래의 질문들을 여유있는 마음으로 두 번 세 번 생각하며 하나님의 마음과 영적인 의미들을 더듬어봅시다.

1. 1장, "여호와의 종 모세가 죽은 후에", "내 종 모세가 죽었으니" 왜 하나님은 모세가 죽기를 기다리신 것 같이 말씀하실까요? 모세는 율법을 대표하고 율법을 지켜 천국갈 사람은 없습니다. 오히려 우리는 여호수아 곧 예수님을 통해 천국에 갑니다. 그래서 모세가 죽었으니 이젠 예수님인 것입니다. 구약이 모델임이 이해되십니까?

2. 3장, 출애굽할 때에는 홍해바다를 건넜으며 이스라엘은 아무것도 한 것이 없이 모세의 지팡이 즉 하나님의 기적으로 건넜는데 요단강은 언약궤를 멘 제사장들의 발이 닿자 물이 갈라져 건넙니다. 이는 구원은 은혜로 받지만 구원받은 후는 말씀에 순종할 때 역사가 일어남을 보여줍니다. 말씀을 믿고 순종할 때 역사가 일어남을 믿습니까?

3. 5장, 하나님은 이스라엘 백성들이 가나안을 정복하기 전에 먼저 광야 40년 동안 행하지 못한 할례를 행하라고 말씀하시고 여호수아에게는 신발을 벗으라고 함으로서 언약을 새롭게 하고 여호수아에게 부르심에 거룩함으로 준비하라고 하십니다. 나는 과연 하나님의 약속의 말씀을 믿고 거룩함으로 준비되어 있습니까?(출4:24-26)

● **한귀절**   오늘 말씀을 읽으면서 마음이 와 닿는 말씀 한 구절을 적고 되뇌어 봅시다.

● **적용**   말씀을 묵상하면서 나의 삶에 적용할 것과 실제적으로 행동에 옮길 것을 구체적으로 적어봅시다.

● **감사**   감사하는 성도는 더욱 더 풍성한 삶을 살게됩니다. 오늘 하루를 돌아보며 한 줄로 감사를 적어봅시다.

● **기도**   글로 쓰는 기도는 영원히 보존되는 기도입니다. 한 줄에 마음을 담아 기도를 주님께 올려드립시다.

20 . . .   (제 10 주 수요일)   오늘의 말씀 : 수 6-9장

신앙은 전투다

배경 먼저 배경을 읽고 오늘의 성경을 읽읍시다. 읽은 뒤 배경을 한 번 더 읽어도 좋습니다.

이제 드디어 정복전쟁에 돌입합니다. 여리고성, 아이성, 기브온 연합과의 이 세 전투는 영적생활은 곧 전투임을 보여줍니다. 영적전투는 어떻게 하는 것인지 그 원리와 방법을 알아야 합니다. 여호수아서는 지금 우리가 신앙생활을 어떻게 해야하는 지를 보여줍니다.

● **묵상** 아래의 질문들을 여유있는 마음으로 두 번 세 번 생각하며 하나님의 마음과 영적인 의미들을 더듬어봅시다.

1. 6장, 첫 번째 전투는 철벽 여리고성입니다. 그런데 하나님은 이스라엘 백성들에게 언약궤가 앞서고 하루에 한바퀴, 마지막 날 7바퀴를 조용히 도는 것인데 이는 곧 영적전투는 오직 하나님의 말씀을 믿고 순종할 때 승리할 수 있음을 보여줍니다. 나는 말씀이 기준입니까?

2. 두 번째 성은 아주 조그만 아이성이었는대 대패합니다. 그것은 첫 번째 전투인 여리고성에서 나온 모든 것은 첫 열매이기 때문에 하나님께 드렸어야 하는데 아간 한사람이 금과 외투를 숨겨 하나님이 진노하셨습니다. 영적전투는 성결, 순결해야 함을 보여줍니다. 하나님은 작은 죄도 간과하지 않으십니다. 나는 온전히 순종합니까?

3. 9장, 세 번째 성은 기브온성과의 전투인데 기브온 사람들이 자기들이 이기지 못할 것을 알고 거짓으로 꾸며 화친을 맺어 생명을 보존시키고자 한 것인데 이는 화친 맺지 말라는 말씀을 어긴것이고 만일 여호수아가 기도로 하나님께 물었다면 쉽게 분별했을텐데 교만함에 도취되어 타협했습니다. 나는 매사에 현실과 타협하지는 않습니까?

● **한귀절** 오늘 말씀을 읽으면서 마음이 와 닿는 말씀 한 구절을 적고 되뇌어 봅시다.

● **적용** 말씀을 묵상하면서 나의 삶에 적용할 것과 실제적으로 행동에 옮길 것을 구체적으로 적어봅시다.

● **감사** 감사하는 성도는 더욱 더 풍성한 삶을 살게됩니다. 오늘 하루를 돌아보며 한 줄로 감사를 적어봅시다.

● **기도** 글로 쓰는 기도는 영원히 보존되는 기도입니다. 한 줄에 마음을 담아 기도를 주님께 올려드립시다.

20 . . .　(제 10 주 목요일)　　　　　　　　　　　오늘의 말씀 : 수 10-13장

대적자가 없다

배경　먼저 배경을 읽고 오늘의 성경을 읽읍시다. 읽은 뒤 배경을 한 번 더 읽어도 좋습니다.

영적전투의 모델을 이어서 보여주고 있는데 이스라엘 백성들은 무기를 들고 직접 죽고 죽이는 전투를 벌였는데 그들이 모델이고 모형이기 때문입니다. 우리는 이들의 전투의 성격을 파악하여 영적전투의 삶에 적용하여야 합니다. 이것이 구약성경을 주신 이유입니다.

● **묵상**　아래의 질문들을 여유있는 마음으로 두 번 세 번 생각하며 하나님의 마음과 영적인 의미들을 더듬어봅시다.

1. 10장, 기브온 족속들이 자진해서 항복하고 종이 되자 주변 여러 민족들이 연합군을 결성하고 기브온을 쳐옵니다. 영적전투도 그렇습니다. 영적으로 성장하면 사단의 역사도 큽니다. 그러나 그럴수록 성령의 역사도 강합니다. 역사 이래 처음으로 태양과 달이 머무르고 대승을 거둡니다. 혹시 나는 사단의 역사가 강하면 거기서 희망을 봅니까?

2. 11-12장, 이제 아무리 적국이 강해도 승리는 이스라엘 편입니다. 우리 믿음의 전투는 이미 승리를 얻은 싸움을 싸우고 있음을 알고 있습니까? 그렇습니다. 천국은 이미 우리의 것이지만 지금 여기 이 광야같은 세상에서는 그러나 아직 싸워야 함을 알고 계십니까?

3. 13장, 여호수아는 나이가 많아 늙었는데도 아직 정복하지 못한 땅이 많았습니다. 그러나 하나님은 그 땅들을 분배해 주라고 하십니다. 그것은 이미 출애굽시 이스라엘에게 정해준 약속의 땅입니다. 하나님은 지금도 우리에게 천국을 이미 주셨지만, 그것은 영적전투를 통해서 승리를 맛보라고 하는 것 같지 않습니까?

● **한귀절**　오늘 말씀을 읽으면서 마음이 와 닿는 말씀 한 구절을 적고 되뇌어 봅시다.

● **적용**　말씀을 묵상하면서 나의 삶에 적용할 것과 실제적으로 행동에 옮길 것을 구체적으로 적어봅시다.

● **감사**　감사하는 성도는 더욱 더 풍성한 삶을 살게됩니다. 오늘 하루를 돌아보며 한 줄로 감사를 적어봅시다.

● **기도**　글로 쓰는 기도는 영원히 보존되는 기도입니다. 한 줄에 마음을 담아 기도를 주님께 올려드립시다.

20 . . .　　（제 10 주 금요일）　　　　　　　　　오늘의 말씀 : 수 14-19장

이 산지를 내게 주소서 !

배경　먼저 배경을 읽고 오늘의 성경을 읽읍시다. 읽은 뒤 배경을 한 번 더 읽어도 좋습니다.

아직 정복하지도 못했지만 그럼에도 불구하고 하나님은 각 지파에게 땅을 분배해 주라고 말씀하셔서 여호수아는 지도를 그리게 하고 그것을 나눠줍니다. 나눠줄테니 남아있는 원주민들은 싸워서 몰아내 너희 것으로 삼으라고 하십니다. 이게 영적전투의 특성입니다.

● **묵상**　아래의 질문들을 여유있는 마음으로 두 번 세 번 생각하며 하나님의 마음과 영적인 의미들을 더듬어봅시다.

1. 14장, 제일 먼저 유다지파의 갈렙이 여호수아에게 청합니다. 내 나이 85세인데 40세에 부름받던 때와 같이 강건하다고 저 거인족들이 살고 있는 헤브론 산지를 유다지파에게 달라고 요청합니다. 모두들 쉽고 편한 일을 찾는데 갈렙과 같이 남이 하지 않는 일을 해야 되겠지요?

2. 17:14-18, 요셉지파가 여호수아에게 교만한 마음으로 나와 인구수에 비해 분배해 준 땅이 좁다고 넓은 땅을 요청합니다. 그러나 여호수아는 더 달라고 하지 말고 네가 스스로 개척하라고 명합니다. 이 개척정신이 나에게도 있습니까? 더 달라고 아우성치는 사람은 아닙니까?

3. 18장, 아직도 분배받지 못한 지파가 일곱이었습니다. 여호수아는 지체하고 있는 일곱지파 족장들에게 사람을 파송하여 차지할 수 있는 땅을 탐색하고 지도를 그리라고 명합니다. 우리도 우리 스스로 내가 해야 할 일들을 찾고 자원해서 해야 하지 않겠습니까?

● **한귀절**　오늘 말씀을 읽으면서 마음이 와 닿는 말씀 한 구절을 적고 되뇌어 봅시다.

● **적용**　말씀을 묵상하면서 나의 삶에 적용할 것과 실제적으로 행동에 옮길 것을 구체적으로 적어봅시다.

● **감사**　감사하는 성도는 더욱 더 풍성한 삶을 살게됩니다. 오늘 하루를 돌아보며 한 줄로 감사를 적어봅시다.

● **기도**　글로 쓰는 기도는 영원히 보존되는 기도입니다. 한 줄에 마음을 담아 기도를 주님께 올려드립시다.

20 . . .　　(제 10 주 토요일)　　　　　　　　　　　　　오늘의 말씀 : 수 20-22장

레위지파와 도피성

> **배경**　먼저 배경을 읽고 오늘의 성경을 읽읍시다. 읽은 뒤 배경을 한 번 더 읽어도 좋습니다.
>
> 하나님은 야곱의 12아들을 이스라엘의 12지파로 삼으셨는데 그 중 레위지파는 하나님을 섬기므로 빼고 요셉의 두 아들인 에브라임과 므낫세를 넣어 12지파가 되었습니다. 그렇게 해서 레위지파는 목회자들처럼 전적으로 하나님의 성전에서 하나님의 일만 하게 된 것입니다.

● **묵상**　아래의 질문들을 여유있는 마음으로 두 번 세 번 생각하며 하나님의 마음과 영적인 의미들을 더듬어봅시다.

1. 20장, 도피성은 하나님이 공의와 정의의 하나님이실 뿐 아니라 자비와 사랑의 주님이심을 보여줍니다. 의도적인 살인이 아닌 실수나 부지중 살인한 자들을 보호하기 위해 도피성을 요단강 좌우에 6개를 설치합니다. 나는 내 주변 억울한 사람들을 얼마나 배려하고 있습니까?

2. 21장, 레위사람들에게는 각 지파와 동일하게 지역을 분배해 주지 않았습니다. 다만 도피성과 각 지파 중에서 레위인이 거주할 성읍과 가축을 키우는 목초지만 주었습니다. 하나님이 그들의 기업이기 때문입니다(수 13:32-33, 14:4). 오늘날의 목회자가 직업을 갖지 않는 것도 같은 원리입니다. 하나님의 종이라는 것이 이해되십니까?

3. 22장, 모세는 요단강을 건너기전 정복한 땅을 르우벤, 갓, 므낫세 절반 지파에게 이미 나눠주고 전쟁이 끝나면 돌아가라고 하여 돌아가면서 기념비를 세운 것이 문제가 되었지만, 그 의도를 듣고 화해를 합니다. 다툼이나 오해가 너무나 많은 세상에 교훈이 되지 않습니까?

● **한귀절**　오늘 말씀을 읽으면서 마음이 와 닿는 말씀 한 구절을 적고 되뇌어 봅시다.

● **적용**　말씀을 묵상하면서 나의 삶에 적용할 것과 실제적으로 행동에 옮길 것을 구체적으로 적어봅시다.

● **감사**　감사하는 성도는 더욱 더 풍성한 삶을 살게됩니다. 오늘 하루를 돌아보며 한 줄로 감사를 적어봅시다.

● **기도**　글로 쓰는 기도는 영원히 보존되는 기도입니다. 한 줄에 마음을 담아 기도를 주님께 올려드립시다.

20 . . .   (제 11 주 월요일)   오늘의 말씀 : 수 23-24장

여호수아의 고별설교

> **배경**   먼저 배경을 읽고 오늘의 성경을 읽읍시다. 읽은 뒤 배경을 한 번 더 읽어도 좋습니다.
>
> 이제 여호수아가 백성들을 분배하여 준 땅으로 흩어 보내기 전에 그들에게 두 번의 설교를 합니다. 물론 그 내용은 말씀을 붙잡고 하나님을 배반하지 말라는 내용입니다. 결연한 의지를 가진 여호수아의 설교가 가슴아프게 들리지 않습니까?

● **묵상**   아래의 질문들을 여유있는 마음으로 두 번 세 번 생각하며 하나님의 마음과 영적인 의미들을 더듬어봅시다.

1. 23장, 여호수아는 이스라엘 백성들이 말씀대로 살고 이방신을 섬기지 않으면 한 사람이 천을 쫓겠지만 이방인들과 교제, 혼인하고 우상숭배하면 옆구리에 채찍이 되고 눈엣가시가 될 것이라고 했습니다. 내가 말씀대로 살지 못해 늘 어려움에 처해 있지는 않습니까?

2. 24장, 여호수아는 지난 날 있었던 하나님의 도우심, 인도하심을 떠올리게 하면서 하나님이 모든 왕들을 쫓아내시고 수고하지 않은 땅과 건설하지 않은 성읍들을 주셨으니 이제는 하나님을 경외하고 온전함과 진실함으로 섬기라고 했습니다. 나는 진실함과 온전함으로 하나님을 경외하고 있습니까?

3. 24:19-28, 여호수아는 하나님이 질투하시는 하나님이신 것을 가르쳐 줍니다. 그러므로 이방신을 섬기면 하나님이 멸절시키실 것을 경고하면서 지금 당장 가지고 있는 이방신들을 버리라고 요구합니다. 지금 당장 내가 버려야 할 것은 무엇입니까?

● **한귀절**   오늘 말씀을 읽으면서 마음이 와 닿는 말씀 한 구절을 적고 되뇌어 봅시다.

● **적용**   말씀을 묵상하면서 나의 삶에 적용할 것과 실제적으로 행동에 옮길 것을 구체적으로 적어봅시다.

● **감사**   감사하는 성도는 더욱 더 풍성한 삶을 살게됩니다. 오늘 하루를 돌아보며 한 줄로 감사를 적어봅시다.

● **기도**   글로 쓰는 기도는 영원히 보존되는 기도입니다. 한 줄에 마음을 담아 기도를 주님께 올려드립시다.

20 . . . (제 11 주 화요일)   오늘의 말씀 : 삿 1-5장

남아있는 원주민

배경 먼저 배경을 읽고 오늘의 성경을 읽읍시다. 읽은 뒤 배경을 한 번 더 읽어도 좋습니다.

이제 여호수아 시대는 끝났고 사사시대로 진입합니다. 사사란 말은 구원자라는 뜻으로 위기에서 나라를 건지고 정치와 종교를 통합적으로 이끌었던 이스라엘 백성들의 지도자입니다. 약 삼사백년 동안 사사시대로 이어지는데 이스라엘 역사상 혼란했던 시기입니다.

● **묵상** 아래의 질문들을 여유있는 마음으로 두 번 세 번 생각하며 하나님의 마음과 영적인 의미들을 더듬어봅시다.

1. 1장, 여호수아는 아직 다 정복하지 못한 땅까지도 포함하여 분배해 줌으로써 남은 과제는 정해준 내 영토 안에 남아있는 원주민을 쫓아내야 하지만 쫓아내지 못합니다. 이 원주민은 영적으로 죄성을 가진 본성을 의미합니다. 나는 과연 죄의 본성을 다스리고 있습니까?

2. 2장, 사사시대의 근본적인 문제는 다음세대에 믿음이 전수되지 못한데 있습니다. 여호수아는 정복전쟁에 몰두함으로써 다음세대에 까지 믿음을 계승하지 못했습니다. 그래서 1세대들이 다 죽고 나서 2세대는 믿음을 저버립니다. 다음세대는 다른세대가 됩니다. 따라서 우상숭배를 할 수밖에 없었습니다. 나는 과연 자녀세대에게 믿음을 계승하는데 성공했습니까?

3. 3-5장, 사사 곧 위기에 빠진 나라를 구한 사사인 구원자가 있을 동안에는 믿음을 지키다가 사사가 죽으면 또 우상을 숭배함으로써 하나님이 진노하시고 그래서 이웃나라를 통해서 고통을 받으면 다시 부르짖어 사사를 보내시면 구원받아 평화가 도래합니다. 나 역시 이런 삶의 패턴을 반복하고 있는 것은 아닙니까?

● **한귀절** 오늘 말씀을 읽으면서 마음이 와 닿는 말씀 한 구절을 적고 되뇌어 봅시다.

● **적용** 말씀을 묵상하면서 나의 삶에 적용할 것과 실제적으로 행동에 옮길 것을 구체적으로 적어봅시다.

● **감사** 감사하는 성도는 더욱 더 풍성한 삶을 살게됩니다. 오늘 하루를 돌아보며 한 줄로 감사를 적어봅시다.

● **기도** 글로 쓰는 기도는 영원히 보존되는 기도입니다. 한 줄에 마음을 담아 기도를 주님께 올려드립시다.

20 . . .　(제 11 주 수요일)　　　　　　　　　　　　　　오늘의 말씀 : 삿 6-9장

기드온의 300 용사

● **배경**　먼저 배경을 읽고 오늘의 성경을 읽읍시다. 읽은 뒤 배경을 한 번 더 읽어도 좋습니다.

나라가 하나님의 진노로 징계를 받아 고통을 받을 때 이스라엘이 부르짖으면 하나님은 다시 긍휼을 베푸사 사사 곧 구원자를 보내시는데 모두 12명의 사사가 언급된다는 사실은 12번이나 반복해서 우상을 섬겼다는 것을 보여줍니다. 이제 기드온이라는 사사를 관찰해봅시다.

● **묵상**　아래의 질문들을 여유있는 마음으로 두 번 세 번 생각하며 하나님의 마음과 영적인 의미들을 더듬어봅시다.

1. 6장, 하나님은 우상숭배를 하는 이스라엘에 징계를 내리시는데 이번에는 미디안을 통해 7년동안 고통을 주십니다. 그런데 사사 기드온을 통해 구원한 뒤 40년의 평화의 기간을 주십니다(8:28). 즉 징계는 짧고 은혜는 깁니다. 이런 하나님의 사랑을 맛보셨습니까?

2. 7장, 하나님은 이스라엘의 군대를 모집하는데 다 돌려보내고 오직 300명의 용사들 만을 모집하십니다. 하나님의 역사하심, 승리는 숫자에 있지 않습니다(삼상14:6). 그러나 인생들은 숫자에 연연합니다. 나는 하나님의 역사하심에 순수하게 온 몸을 던져 받아들이십니까?

3. 8-9장, 기드온은 미디안과의 승리에서 대승을 거둔 뒤 금을 모아 에봇을 만들어 이스라엘로 하여금 음란하게 섬기게 하였고 여러 부인을 두어 자녀 70을 낳으므로 그것이 화근이 되어 아비멜렉의 반란사건이 일어납니다. 쓰임 받는 것과 자기를 깨끗이 하는 것이 얼마나 중요할까요? 나 자신을 돌아보고 교훈으로 삼읍시다.

● **한귀절**　오늘 말씀을 읽으면서 마음이 와 닿는 말씀 한 구절을 적고 되뇌어 봅시다.

● **적용**　말씀을 묵상하면서 나의 삶에 적용할 것과 실제적으로 행동에 옮길 것을 구체적으로 적어봅시다.

● **감사**　감사하는 성도는 더욱 더 풍성한 삶을 살게됩니다. 오늘 하루를 돌아보며 한 줄로 감사를 적어봅시다.

● **기도**　글로 쓰는 기도는 영원히 보존되는 기도입니다. 한 줄에 마음을 담아 기도를 주님께 올려드립시다.

20 . . .　　(제 11 주 목요일)　　　　　　　　　　　　오늘의 말씀 : 삿 10-12장

사사들이 12명이나 되는 것은

배경　먼저 배경을 읽고 오늘의 성경을 읽읍시다. 읽은 뒤 배경을 한 번 더 읽어도 좋습니다.

이스라엘 백성들은 그렇게 반복해서 매를 맞아도 또다시 우상숭배로 돌아갑니다. 사사시대에 사사가 12명 있었다는 것은 12번이나 반복해서 죄를 범했음을 말해줍니다. 그러니 하나님의 마음이 얼마나 아프셨을까요? 사사기는 곧 우리의 삶을 대변해 줍니다.

● **묵상**　아래의 질문들을 여유있는 마음으로 두 번 세 번 생각하며 하나님의 마음과 영적인 의미들을 더듬어봅시다.

1. 10:6-16절 말씀을 보면 다시 범죄하는데 이제는 아예 주변국들의 우상들을 대 놓고 섬깁니다. 아예 하나님을 버렸습니다. 그러니 어찌 하나님의 진노가 없을까요? 그래서 암몬족속을 통해 이스라엘을 공격하여 고난이 찾아오자 다시 회개하는데 이때 이를 보시는 하나님의 마음이 찢어집니다. 정말 나의 이야기를 하는 것은 아닐까요?

2. 11장, 하나님은 이스라엘 사람들이 기생의 아들이라고 버린 입다와 그에게 모인 잡류를 통해 이스라엘을 구원하십니다. 하나님은 이처럼 구원자를 보내주시되 버린자를 통해서도 역사하십니다. 예수님은 굴러다니는 돌들을 통해서도 하나님을 찬양하게 하실 수 있다고 했습니다(눅 19:40, 고전 1:27-28) 우리가 갖추어야 할 덕목은 겸손 아닐까요?

3. 11:29-, 입다는 하나님께 잘못된 서원을 합니다. 자기가 전쟁에서 승리하고 돌아올 때 가장 먼저 영접하러 나오는 사람을 하나님께 제물로 드리겠다고 서원을 함으로써 딸의 생명이 스러지게 됩니다. 혹시 우리는 이 입다와 같이 섣부른 감정적 서원을 하지는 않습니까?(마5:34)

● **한귀절**　오늘 말씀을 읽으면서 마음이 와 닿는 말씀 한 구절을 적고 되뇌어 봅시다.

● **적용**　말씀을 묵상하면서 나의 삶에 적용할 것과 실제적으로 행동에 옮길 것을 구체적으로 적어봅시다.

● **감사**　감사하는 성도는 더욱 더 풍성한 삶을 살게됩니다. 오늘 하루를 돌아보며 한 줄로 감사를 적어봅시다.

● **기도**　글로 쓰는 기도는 영원히 보존되는 기도입니다. 한 줄에 마음을 담아 기도를 주님께 올려드립시다.

20 . . .   (제 11 주 금요일)   오늘의 말씀 : 삿 13-16장

천하장사 삼손

배경   먼저 배경을 읽고 오늘의 성경을 읽읍시다. 읽은 뒤 배경을 한 번 더 읽어도 좋습니다.

사사들 중에 그 유명한 삼손의 이야기입니다. 삼손은 천하장사이면서 마치 중국의 항우를 보는 것 같습니다. 여하튼 하나님은 별 사람을 다 통해서라도 당신의 백성들을 구원하십니다. 주님은 오늘도 당신의 백성들을 돌보시고 인도하십니다.

● **묵상**   아래의 질문들을 여유있는 마음으로 두 번 세 번 생각하며 하나님의 마음과 영적인 의미들을 더듬어봅시다.

1. 이스라엘은 계속해서 매를 맞으면서도 또다시 죄를 범합니다. 그러자 하나님은 징계와 벌은 작게 내리시고 은혜와 평강은 크고 길게 허락하시는데(예: 18☞80, 20☞40) 그러나 이제 블레셋에게 40년의 고난을 허락하시고 삼손을 통해서는 절반밖에 안 되는 20년의 평화를 주십니다(13:1☞16:31). 하나님도 화나시면 무섭습니다

2. 16장, 삼손은 여자 때문에 무너졌습니다. 술과 여자 그리고 사랑이 그의 출생의 비밀에 대한 진실을 알려주고 마침내 붙잡혀 웃음거리가 되고 맙니다. 나를 넘어뜨리고 일어서지 못 하게 하는 나만의 약점이 혹시 있으십니까? 삼손을 보고 교훈을 얻어야 하지 않겠습니까?

3. 16:23-, 그러나 머리가 다시 자라자 그는 하나님 앞에 회개하고 마지막으로 단 한 번만이라도 힘을 달라고 간구하고 블레셋의 모든 지도자들이 다 모인 자리에서 눈이 뽑힌 삼손이 그간 블레셋 사람을 죽인 숫자보다 더 많은 적들을 죽이게 됩니다. 회개와 간절하고도 처절한 기도를 우리 주님은 외면하지 않으시는 분 아니십니까?

● **한귀절**   오늘 말씀을 읽으면서 마음이 와 닿는 말씀 한 구절을 적고 되뇌어 봅시다.

● **적용**   말씀을 묵상하면서 나의 삶에 적용할 것과 실제적으로 행동에 옮길 것을 구체적으로 적어봅시다.

● **감사**   감사하는 성도는 더욱 더 풍성한 삶을 살게됩니다. 오늘 하루를 돌아보며 한 줄로 감사를 적어봅시다.

● **기도**   글로 쓰는 기도는 영원히 보존되는 기도입니다. 한 줄에 마음을 담아 기도를 주님께 올려드립시다.

20 . . .　(제 11 주 토요일)　　　　　　　　　　　　오늘의 말씀 : 삿 17-21장

엉망진창이 된 이스라엘

배경　먼저 배경을 읽고 오늘의 성경을 읽읍시다. 읽은 뒤 배경을 한 번 더 읽어도 좋습니다.

이제 반복하던 죄악상은 삶이 되어버렸고 이스라엘은 제멋대로 사는 나라가 되었습니다. 영적질서도 무너지고 윤리도 상실했으며 무엇이 옳은지 그른지도 잃어버렸습니다. 하나님을 버리면 나라가 이렇게 됩니다. 지금 우리나라를 보면 괴롭고 두렵습니다.

● **묵상**　아래의 질문들을 여유있는 마음으로 두 번 세 번 생각하며 하나님의 마음과 영적인 의미들을 더듬어봅시다.

1. 17장, 미가와 그의 어머니는 한 개인이 신상 즉 우상과 에봇, 드라빔을 만들고 아들들 중에서 제사장을 세웁니다. 이것은 영적질서가 아주 무너져 버린 모습을 보여줍니다. 17:6에서 그 이유는 사람마다 자기 소견에 옳은대로 행하기 때문이라고 가르쳐주었습니다. 지금 내가 사는 것은 내가 하고 싶은대로 살아가고 있지 않습니까?

2. 19장, 이제는 레위사람인데 첩을 두고 또 그 첩이 음행을 하고 친정으로 도망갑니다. 그리고 데리고 오는 중에 벤야민 지파사람들이 사는 동네에서 해괴망측한 일을 합니다. 어떻게 이런 일이 일어날까요?(22-26절) 동성애를 지지하는 지금 우리가 사는 세상과 무엇이 다를까요?

3. 20-21장, 이 사건으로 말미암아 11지파가 연합하여 벤야민 지파와 싸워 600명이 남고 다 죽습니다. 한 지파가 이번에는 어떻게 그 600명에게 아내를 가지게 합니까? 그 역시 해괴망측한 방법을 사용합니다. 역시 제멋대로 사는 세상입니다. 하나님을 잃어서입니다. 지금 우리가 사는 이 세상이 왜 이 모습이 되었습니까?

● **한귀절**　오늘 말씀을 읽으면서 마음이 와 닿는 말씀 한 구절을 적고 되뇌어 봅시다.

● **적용**　말씀을 묵상하면서 나의 삶에 적용할 것과 실제적으로 행동에 옮길 것을 구체적으로 적어봅시다.

● **감사**　감사하는 성도는 더욱 더 풍성한 삶을 살게됩니다. 오늘 하루를 돌아보며 한 줄로 감사를 적어봅시다.

● **기도**　글로 쓰는 기도는 영원히 보존되는 기도입니다. 한 줄에 마음을 담아 기도를 주님께 올려드립시다.

20 . . .　(제 12 주 월요일)　　　　　　　　　　　　오늘의 말씀 : 룻 1-4장

이방여인 룻의 신앙

배경　먼저 배경을 읽고 오늘의 성경을 읽읍시다. 읽은 뒤 배경을 한 번 더 읽어도 좋습니다.

룻기는 룻이라는 한 여인에 관한 이야기입니다. 룻은 누구이며 왜 성경에 기록되었을까요? 사사시대에 사람들은 자기가 옳은대로 행동합니다. 그러나 동시대의 이방여인인 룻은 하나님을 사모하여 주님뜻을 찾아 약속의 땅으로 들어가 다윗의 할머니가 됩니다. 모델이 될만합니다.

● **묵상**　아래의 질문들을 여유있는 마음으로 두 번 세 번 생각하며 하나님의 마음과 영적인 의미들을 더듬어봅시다.

1. 1:1-5, 이 짧은 5절 속에 엘리멜렉의 가정이 흉년을 맞아 먹을 것을 찾으려고 모압땅으로 이사와 10년 어간에 세 남자가 다 죽습니다. 왜 서론이 이렇게 시작될까요? 그것은 약속의 땅, 생명의 땅을 떠났기 때문입니다. 이방땅에 와서 이방여인과 결혼하고 살길을 찾았으니 마땅한 결론입니다. 나도 핑계대며 그렇게 행동하지 않습니까?

2. 그러나 룻은 이방여인으로 시어머니를 따라가 봐야 송장 밖에 치를 것이 없는데 어머니를 따라 약속의 땅, 생명의 땅으로 들어갑니다. 그러니 살 수밖에 없고 복을 받을 수밖에 없겠지요. 결국 다윗의 할머니가 되어 예수님의 뿌리를 이어갑니다. 당장 육신과 세상살이 어렵다고 생명되는 신앙의 길을 버리면 안 되지 않겠습니까?

3. 룻은 어머니의 말씀에 순종하고 차분하고 신실하게 행동하며 어머니를 생각하고 효도하는 며느리의 삶을 삽니다. 어머니의 충고대로 순종하여 보아스를 만나고 결혼하여 예수님의 족보에 올라갑니다. 룻이 없었으면 족보는 끊어졌을 것입니다. 순종, 효도라는 루트를 통해 복을 주시는 것을 보고 무엇을 깨달았습니까?

● **한귀절**　오늘 말씀을 읽으면서 마음이 와 닿는 말씀 한 구절을 적고 되뇌어 봅시다.

● **적용**　말씀을 묵상하면서 나의 삶에 적용할 것과 실제적으로 행동에 옮길 것을 구체적으로 적어봅시다.

● **감사**　감사하는 성도는 더욱 더 풍성한 삶을 살게됩니다. 오늘 하루를 돌아보며 한 줄로 감사를 적어봅시다.

● **기도**　글로 쓰는 기도는 영원히 보존되는 기도입니다. 한 줄에 마음을 담아 기도를 주님께 올려드립시다.

20 . . . (제 12 주 화요일)   오늘의 말씀 : 삼상 1-3장

한나의 기도와 응답

> **배경**   먼저 배경을 읽고 오늘의 성경을 읽읍시다. 읽은 뒤 배경을 한 번 더 읽어도 좋습니다.
>
> 이제 사사시대가 끝나고 왕정시대, 선지자시대를 맞게 됩니다. 그 전환점이 바로 사무엘입니다. 하나님은 사무엘을 통해 사사시대를 끝내고 왕정시대를 열게 되는데 초대왕 사울을 세우게 되지요. 이 사무엘은 어떻게 탄생하게 될까요? 잘 관찰해 봅시다.

● **묵상**   아래의 질문들을 여유있는 마음으로 두 번 세 번 생각하며 하나님의 마음과 영적인 의미들을 더듬어봅시다.

1. 1장, 제사장 엘가나에게 두 아내 곧 한나와 브닌나인데 아마도 자식을 갖지 못해 둘째 아내를 얻지 않았나 생각됩니다. 그러니 첫째부인 한나의 삶이 얼마나 괴로웠겠습니까? 그런 한나는 그의 힘들고 어려운 것을 하나님 앞에 와서 몸부림치고 울며 기도하여 응답받은 아들이 바로 사무엘입니다. 고난에는 이유가 있지 않습니까?

2. 2장, 그런데 엘리 제사장은 자식이 둘(홉니,비느하스)이 있었는데 망나니 같은 아들들입니다. 하나님께 드리는 제물을 멸시하고 농락하고 섬기는 여자들과 음행하였음에도 아버지 엘리 제사장이 이를 다스리지 못해 책망을 받습니다. 자세히 읽어보며 나는 과연 내 자녀들을 믿음의 사람으로 양육하고 있는지 돌아보십시다.

3. 3장, 아이 사무엘에 관한 말씀입니다. 하나님께 드려진 사무엘은 성전에서 살게되는데 하나님께서 그에게 말씀하셨고 자라면서 더욱더 주님과의 관계가 깊어져 하나님이 그와 함께 계셔서 그의 말이 하나도 땅에 떨어지지 않게하셨다고(3:19)합니다. 제가 제일 부러워하는 말씀인데 당신도 이 말씀을 사모하지 않습니까?

● **한귀절**   오늘 말씀을 읽으면서 마음이 와 닿는 말씀 한 구절을 적고 되뇌어 봅시다.

● **적용**   말씀을 묵상하면서 나의 삶에 적용할 것과 실제적으로 행동에 옮길 것을 구체적으로 적어봅시다.

● **감사**   감사하는 성도는 더욱 더 풍성한 삶을 살게됩니다. 오늘 하루를 돌아보며 한 줄로 감사를 적어봅시다.

● **기도**   글로 쓰는 기도는 영원히 보존되는 기도입니다. 한 줄에 마음을 담아 기도를 주님께 올려드립시다.

(제 12 주 수요일)　　　　　　　　　　오늘의 말씀 : 삼상 4-7장

미스바와 에벤에셀

배경　먼저 배경을 읽고 오늘의 성경을 읽읍시다. 읽은 뒤 배경을 한 번 더 읽어도 좋습니다.

이런 상황에서 전쟁이 일어납니다. 주변국 블레셋과의 전투에서 그만 언약궤를 빼앗기게 되고 이방나라 여러 도시를 돌게 되고 결국 소를 통해 되돌아오게 되는데 하나님의 영광이 땅에 떨어지고 하나님 스스로 회복하게 하시는 모습에 가슴이 전해져 옵니다.

● **묵상**　아래의 질문들을 여유있는 마음으로 두 번 세 번 생각하며 하나님의 마음과 영적인 의미들을 더듬어봅시다.

1. 4장, 이스라엘과 블레셋의 전쟁이 일어났는데 열세에 있었던 이스라엘은 하나님의 임재를 상징하는 언약궤를 전쟁터를 가지고 나가지만 엘리제사장의 두 아들이 죽고 언약궤를 빼앗깁니다. 언약궤 자체에 신비한 능력이 있는 게 아닌데 이들을 하나님 자신보다 언약궤를 더 미신처럼 여겼습니다. 내게 미신적 믿음의 요소는 없습니까?

2. 5-6장, 블레셋 사람들이 언약궤를 가져다가 자기들이 섬기는 신전에 두는데 아침에 보니 다곤신상이 넘어지고, 팔다리, 목이 부러져 쓰러져있을 뿐만 아니라 언약궤를 가지고 가는 도시마다 독종과 재앙이 일어나자 그들은 의논한 끝에 소 두 마리의 수레에 실어 돌려보냅니다. 하나님은 말 못하는 소를 통해서도 일하시는 분 아닙니까?

3. 7장, 신비로 알았던 까닭에 법궤를 들여다보려고 모였다가 70명이 죽게 되자 언약궤를 두려워하며 산에 옮겨다 놓고 수십년이 흘러가자 사모함이 생겨 미스바에 모여 회개하자 이를 블레셋이 듣고 쳐들어왔으나 사무엘의 기도로 하나님이 친히 그들을 물리치십니다. 제대로 된 지도자 한 사람의 영향력이 얼마나 큰지요?(13절)

● **한귀절**　오늘 말씀을 읽으면서 마음이 와 닿는 말씀 한 구절을 적고 되뇌어 봅시다.

● **적용**　말씀을 묵상하면서 나의 삶에 적용할 것과 실제적으로 행동에 옮길 것을 구체적으로 적어봅시다.

● **감사**　감사하는 성도는 더욱 더 풍성한 삶을 살게됩니다. 오늘 하루를 돌아보며 한 줄로 감사를 적어봅시다.

● **기도**　글로 쓰는 기도는 영원히 보존되는 기도입니다. 한 줄에 마음을 담아 기도를 주님께 올려드립시다.

20 . . .   (제 12 주 목요일)   오늘의 말씀 : 삼상 8-12장

우리에게도 왕을 세워주소서!

배경 먼저 배경을 읽고 오늘의 성경을 읽읍시다. 읽은 뒤 배경을 한 번 더 읽어도 좋습니다.

이스라엘 백성들은 주변 나라들을 보며 왕이 있음을 부러워합니다. 그래서 왕을 세워달라고 하는데 이는 단순한 문제가 아닙니다. 왜냐하면 하나님이 이스라엘의 왕 되시기 때문입니다. 사람이 통치하는 것과 하나님이 통치해주신다는 것을 생각하면 답이 보입니다.

● **묵상** 아래의 질문들을 여유있는 마음으로 두 번 세 번 생각하며 하나님의 마음과 영적인 의미들을 더듬어봅시다.

1. 8장, 문제의 원인은 지도자가 되는 사무엘의 아들들이 뇌물을 받고 판결을 굽게하는 등 모범이 되지 못하자 그렇지 않아도 신앙이 약해진 백성들이 주변국의 늠름한 왕들을 보면서 왕을 요청하고 사무엘은 이를 슬퍼하시지만 백성들의 마음을 아시는 하나님이 그 요구를 들어주십니다. 사무엘의 심정이 이해가 됩니까?(삼상8:5)

2. 9장, 그런데 하나님은 사울이라는 기스의 아들을 추천하시는데 사울은 어떤 사람입니까? 잃어버린 나귀를 찾는 동안에 보여주는 사울의 모습은 괜찮은 사람입니다. 성실, 배려, 신앙, 겸손하게 자기도 부인하며 외모가 출중한 사람이었습니다. 나는 사울만한 인격을 구비하고 있습니까?

3. 10-11장, 그런데 하나님은 사무엘에게 왜 사울에게 하나님의 영이 크게 임하며 변하여 새사람이 될 것을 알려주었을까요? 이것은 사울이라는 사람이 인격적으로 또 외모로도 훌륭하지만 죄성을 가진 인간이 자신의 것이 아닌 성령께서 주시는 힘으로 일해야 한다는 것을 보여주었습니다. 나는 내 힘으로 삽니까? 성령의 인도를 받습니까?

● **한귀절** 오늘 말씀을 읽으면서 마음이 와 닿는 말씀 한 구절을 적고 되뇌어 봅시다.

● **적용** 말씀을 묵상하면서 나의 삶에 적용할 것과 실제적으로 행동에 옮길 것을 구체적으로 적어봅시다.

● **감사** 감사하는 성도는 더욱 더 풍성한 삶을 살게됩니다. 오늘 하루를 돌아보며 한 줄로 감사를 적어봅시다.

● **기도** 글로 쓰는 기도는 영원히 보존되는 기도입니다. 한 줄에 마음을 담아 기도를 주님께 올려드립시다.

(제 12 주 금요일)　　　　　　　　　　　　　　오늘의 말씀 : 삼상 13-15장

사울왕이 삶을 사는 방법

배경　먼저 배경을 읽고 오늘의 성경을 읽읍시다. 읽은 뒤 배경을 한 번 더 읽어도 좋습니다.

사울왕에게 하나님은 성령님을 보내셔서 변하여 새사람이 되게 하셔서 주님이 주신 힘으로 왕으로서의 사역을 감당하라고 하셨지만 사울은 왕이 된 뒤 자기 방법, 자기 생각대로 살아 하나님의 버림을 받게 됩니다. 이 사울이 혹시 나는 아닌지 생각하고 읽어야 합니다.

● **묵상**　아래의 질문들을 여유있는 마음으로 두 번 세 번 생각하며 하나님의 마음과 영적인 의미들을 더듬어봅시다.

1. 13장, 나 같으면 어떻게 했을까요? 바닷가의 모래알처럼 대군을 이끌고 온 블레셋을 겁먹고 다 도망가고 단지 600명 밖에 남지 않았는데 항오를 벌이고 일주일이 지났는데도 사무엘이 오지 않는다면 어떻게 했을까요? 어쩔 수 없는 상황, 현실적으로 부득불했지요? 내가 지금까지 살아온 방식이 늘 이렇게 살아온 것은 아닙니까?

2. 14장은 맹세에 대한 것을 생각하게 합니다. 사울왕은 왜 맹세를 하였을까요? 그 맹세는 결국 모르고 꿀을 먹은 요나단이 곤경에 처해졌습니다. 맹세는 간절하고 강한 마음을 표현하는 큰 결단이지만 예수님은 아무것도 맹세하지 말라고 마5장에서 말씀하셨습니다. 우리는 겸손히 주님의 뜻을 생각하면 최선을 다하기만 하면 되지 않을까요?

3. 15장, 하나님은 사울왕에게 아말렉을 쳐서 사람이든 짐승이든 진멸하라고 했습니다. 그 이유는 에서의 후손인 아말렉이 출애급시 뒤에서 공격하여 이스라엘을 곤경에 빠트리게 했기 때문인데 이때 사무엘이 자기의 생각과 판단으로 짐승들을 살려옵니다. 혹시 나는 매사에 하나님의 뜻 보다는 내 생각과 판단을 더 의지하지 않았습니까?

● **한귀절**　오늘 말씀을 읽으면서 마음이 와 닿는 말씀 한 구절을 적고 되뇌어 봅시다.

● **적용**　말씀을 묵상하면서 나의 삶에 적용할 것과 실제적으로 행동에 옮길 것을 구체적으로 적어봅시다.

● **감사**　감사하는 성도는 더욱 더 풍성한 삶을 살게됩니다. 오늘 하루를 돌아보며 한 줄로 감사를 적어봅시다.

● **기도**　글로 쓰는 기도는 영원히 보존되는 기도입니다. 한 줄에 마음을 담아 기도를 주님께 올려드립시다.

20 . . .   (제 12 주 토요일)   오늘의 말씀 : 삼상 16-18장

기름부음 받은 다윗

배경 먼저 배경을 읽고 오늘의 성경을 읽읍시다. 읽은 뒤 배경을 한 번 더 읽어도 좋습니다.

사울왕의 연속적인 불순종은 결국 하나님은 사울왕을 버리고 이새의 아들인 다윗에게 기름을 붓습니다. 그러나 기름을 부었을 뿐이지 아직 왕은 사울입니다. 어린 다윗의 신앙이 어떤지 그를 주목해 보아야 합니다.

● **묵상** 아래의 질문들을 여유있는 마음으로 두 번 세 번 생각하며 하나님의 마음과 영적인 의미들을 더듬어봅시다.

1. 16장, 하나님은 사무엘 선지자에게 이새의 아들들 중에 왕으로 세울 사람을 정하셨다고 하셔서 이새의 집을 찾아간 사무엘은 외모로 사람을 판단하지만, 하나님은 이미 사울을 외모를 보고 선택하지 않았는가? 그러므로 사람을 외모로 판단하지 말라고 하시면서 하나님은 중심을 보신다고 했습니다. 나는 어떻게 판단합니까? (삼상16:7)

2. 17장, 다윗의 신앙, 이스라엘에 전쟁이 일어나 다윗의 아버지 이새는 군대에 간 아들들이 궁금하여 다윗을 보냈는데 다윗은 그때 이스라엘을 모욕하는 골리앗을 만나 거룩한 분노를 일으키며 골리앗의 목을 벱니다. 신앙의 힘이라는게 대단하지요? 무엇이 다윗을 이렇게 행동하게 했으며 평소에 어떻게 살았기에 이럴 수 가 있었을까요?

3. 18장, 사울왕은 위기에 빠진 이스라엘을 건진 다윗을 군대장관으로 삼았고 다윗은 전투마다 승리를 거두자 백성들의 칭송이 자자하고 이것이 사울왕으로 하여금 질투를 일으켜 결국 이것이 사울왕을 망하게 합니다. 만일 사울이 다윗을 사랑했다면 어떻게 되었을까요?

● **한귀절** 오늘 말씀을 읽으면서 마음이 와 닿는 말씀 한 구절을 적고 되뇌어 봅시다.

● **적용** 말씀을 묵상하면서 나의 삶에 적용할 것과 실제적으로 행동에 옮길 것을 구체적으로 적어봅시다.

● **감사** 감사하는 성도는 더욱 더 풍성한 삶을 살게됩니다. 오늘 하루를 돌아보며 한 줄로 감사를 적어봅시다.

● **기도** 글로 쓰는 기도는 영원히 보존되는 기도입니다. 한 줄에 마음을 담아 기도를 주님께 올려드립시다.

20 . . .   (제 13 주 월요일)   오늘의 말씀 : 삼상 19-22장

다윗을 죽이려는 사울왕

배경   먼저 배경을 읽고 오늘의 성경을 읽읍시다. 읽은 뒤 배경을 한 번 더 읽어도 좋습니다.

다윗의 인기가 치솟자 사울왕은 다윗을 죽이려고 시도합니다. 그러나 사울왕의 아들 요나단이 도와 목숨은 구하지만, 다윗은 결국 견디지 못하고 도망을 갑니다. 이제 사울왕은 오직 다윗을 찾아 죽이는데만 혈안이 됩니다. 가슴아픈 일들이 벌어지고 있습니다.

● **묵상**   아래의 질문들을 여유있는 마음으로 두 번 세 번 생각하며 하나님의 마음과 영적인 의미들을 더듬어봅시다.

1. 19장, 악령에게 사로잡힌 사울왕, 사울왕의 시기와 질투심은 다윗을 죽이는 일에 몰두하게 되는데 바로 이 시기와 질투심을 이용하여 역사하는 존재는 바로 악령입니다. 이렇게 사단은 오늘날에도 인간의 약점을 이용하여 범죄하게 하고 넘어지게 합니다. 만일 사단이 나를 넘어뜨리려고 한다면 어떤 약점을 이용할까요?

2. 20장, 우정이란 이런겁니다. 사울왕의 아들 요나단은 다윗의 사람 됨됨이를 보고 다윗을 진정으로 사랑합니다. 그래서 아버지 사울왕에게서 다윗을 피신하도록 돕습니다. 요나단은 다윗을 자기의 생명처럼 아꼈다고 했는데 이런 우정이 나에게 있습니까?

3. 21-22장, 다윗의 고난, 다윗은 사울왕의 시기, 질투로 도망자가 됩니다. 좁은 이스라엘에서 더 이상 도망갈 곳이 없어 적국에게로 가지만 그 역시 위험스런 일이었습니다. 이렇게 도망자로 사는 다윗의 삶이 어떠했을까요? 다윗은 이렇게 혹독한 훈련을 받으며 신앙이 자랍니다. 시 34, 52편은 이런 상황에서 기도한 내용입니다. 내가 배울점이 무엇일까요?

● **한귀절**   오늘 말씀을 읽으면서 마음이 와 닿는 말씀 한 구절을 적고 되뇌어 봅시다.

● **적용**   말씀을 묵상하면서 나의 삶에 적용할 것과 실제적으로 행동에 옮길 것을 구체적으로 적어봅시다.

● **감사**   감사하는 성도는 더욱 더 풍성한 삶을 살게됩니다. 오늘 하루를 돌아보며 한 줄로 감사를 적어봅시다.

● **기도**   글로 쓰는 기도는 영원히 보존되는 기도입니다. 한 줄에 마음을 담아 기도를 주님께 올려드립시다.

20 . . .　(제 13 주 화요일)　　　　　　　　　오늘의 말씀 : 삼상 23-26장

다윗의 아름다운 마음

> **배경**　먼저 배경을 읽고 오늘의 성경을 읽읍시다. 읽은 뒤 배경을 한 번 더 읽어도 좋습니다.
>
> 적국에서 빠져나온 다윗은 사울왕을 피해 도망다니고 사울왕은 3천명의 정예 군사를 거느리고 이잡듯이 다윗의 목숨을 찾습니다. 그러나 오히려 다윗에게 기회가 찾아오지만 다윗은 하나님을 두려워하며 영적 질서를 존중합니다. 참으로 아름다운 다윗입니다.

● **묵상**　아래의 질문들을 여유있는 마음으로 두 번 세 번 생각하며 하나님의 마음과 영적인 의미들을 더듬어봅시다.

1. 23장, 다윗은 더 이상 도망 다닐 곳이 없을 정도로 여기 저기 피해다닙니다. 정말 위기의 순간을 많이 만납니다. 한 순간 판단을 잘못하면 목숨을 잃습니다. 그런데 그런 위기속에서 다윗은 하나님께 묻고 응답받고 행동합니다. 결국 하나님의 지키심으로 안전하게 됩니다. 나는 위기를 만날 때 어떻게 행동합니까?

2. 24장, 원수의 머리에 숯불을 쌓는 다윗, 다윗이 사울왕을 피해 깊은 굴속으로 들어갔는데 바로 그곳에 사울왕이 들어옵니다. 얼마나 두려웠을까요? 시 57편은 그때의 마음을 전하고 있습니다. 그런데 위기가 변하여 원수를 갚을 절호의 기회가 왔으나 다윗은 하나님의 영적질서를 존중합니다. 내가 무엇을 배워야 할까요?

3. 25장, 아비가일의 지혜, 도망다니는 중에 나발이라는 사람의 양들을 도와주며 양털 깎는 축제의 날에 도움을 요청하였으나 거절하여 분노한 다윗이 진멸하려고 할 때 그이 부인 아비가일이 지혜롭게 처신하여 피흘리는 것을 막게 합니다. 돈이든 명예나 권력을 가졌을 때 겸손하여야 합니다. 아비가일의 지혜가 있습니까?

● **한귀절**　오늘 말씀을 읽으면서 마음이 와 닿는 말씀 한 구절을 적고 되뇌어 봅시다.

● **적용**　말씀을 묵상하면서 나의 삶에 적용할 것과 실제적으로 행동에 옮길 것을 구체적으로 적어봅시다.

● **감사**　감사하는 성도는 더욱 더 풍성한 삶을 살게됩니다. 오늘 하루를 돌아보며 한 줄로 감사를 적어봅시다.

● **기도**　글로 쓰는 기도는 영원히 보존되는 기도입니다. 한 줄에 마음을 담아 기도를 주님께 올려드립시다.

20 . . .　(제 13 주 수요일)　　　　　　　　　오늘의 말씀 : 삼상 27-31장

사울왕의 죽음과 몰락

● **배경**　먼저 배경을 읽고 오늘의 성경을 읽읍시다. 읽은 뒤 배경을 한 번 더 읽어도 좋습니다.

다윗이 더 이상 도망갈 데가 없어 다시 적국 블레셋으로 건너가 불편한 삶을 삽니다. 그리고 사울왕은 마침내 길보아 전투에서 아들 요나단과 함께 전사를 하게 되므로서 다윗을 죽이려고 추격하던 일도 끝납니다. 참으로 안타까운 삶을 산 사울왕입니다.

● **묵상**　아래의 질문들을 여유있는 마음으로 두 번 세 번 생각하며 하나님의 마음과 영적인 의미들을 더듬어봅시다.

1. 28장, 블레셋 대군이 이스라엘을 침략하자 사울왕은 두려움에 시급하여 하나님을 찾았으나 하나님이 버리심으로 응답하지 않으셨고 그래서 신접한 여인을 찾아갑니다. 하나님이 응답하지 않으시고 함께 하지 않으시면 게임 끝난겁니다. 나와 하나님과의 관계는 어떠합니까?

2. 30장, 다윗은 정말 큰 위기를 만납니다. 고국 이스라엘과의 전투에 참여하는 것은 가까스로 면했지만 그 와중에 아말렉이 쳐들어와 다윗의 기거하는 성읍을 불태우고 여자들과 자녀들을 끌고가 최대의 위기를 만납니다. 가까스로 회복하고 다시 찾아오게 되는데 다윗이 행동한 것을 보고 무엇을 깨닫습니까?

3. 31장, 블레셋과 이스라엘의 전투에서 사울왕과 그의 아들 요나단이 전사를 합니다. 이렇게 사울왕의 40년의 통치는 끝납니다. 처음에 겸손하고 아름답게 시작했던 사울이 시기, 질투에 노예가 되어 다윗을 죽이는데 혈안이 되었다가 비참하게 끝난겁니다. 우리가 평생에 추구하여야 할 것이 무엇일까요?

● **한귀절**　오늘 말씀을 읽으면서 마음이 와 닿는 말씀 한 구절을 적고 되뇌어 봅시다.

● **적용**　말씀을 묵상하면서 나의 삶에 적용할 것과 실제적으로 행동에 옮길 것을 구체적으로 적어봅시다.

● **감사**　감사하는 성도는 더욱 더 풍성한 삶을 살게됩니다. 오늘 하루를 돌아보며 한 줄로 감사를 적어봅시다.

● **기도**　글로 쓰는 기도는 영원히 보존되는 기도입니다. 한 줄에 마음을 담아 기도를 주님께 올려드립시다.

20 . . . (제 13 주 목요일)   오늘의 말씀 : 삼하 1-4장

유다의 왕이 되는 다윗

배경   먼저 배경을 읽고 오늘의 성경을 읽읍시다. 읽은 뒤 배경을 한 번 더 읽어도 좋습니다.

사울왕이 죽자 다윗은 이스라엘 지경으로 돌아가게 되고 유다지파가 와서 우리의 왕이 되어 달라고 요청하여 유다지파의 왕이 되었고 왕을 잃은 이스라엘은 잠시동안 혼란을 맞게 됩니다. 그런 와중에 다윗의 집안은 점점 강해지고 사울의 집안은 약해집니다.

● **묵상**   아래의 질문들을 여유있는 마음으로 두 번 세 번 생각하며 하나님의 마음과 영적인 의미들을 더듬어봅시다.

1. 1장, 다윗은 사울의 죽음의 소식을 듣자 아파하고 괴로워합니다. 원수가 죽었으면 기뻐할 수 있었을 텐데 다윗은 그러지 않았습니다. 오히려 사울의 왕관과 팔지를 빼 온 아말렉사람에게 어찌 하나님께 기름부음 받은자 죽이기를 두려워하지 않았는가를 책망하면서 그를 죽입니다. 하나님이 이런 다윗을 좋아하셨습니다

2. 2장, 다윗은 아말렉사람들에게서 아내와 가족들은 찾아왔지만 실던 성이 불타버리자 하나님께 기도하고 이스라엘 땅으로 갑니다. 그리고 자신의 지파인 유다지파의 요청으로 왕이 됩니다. 전체 12지파의 명실상부한 왕이 되지는 못했으나 왕이 됩니다. 다윗의 때가 된 것입니다. 장고의 훈련을 받은 다윗이 때를 얻었습니다

3. 3-4장, 사울왕이 죽자 다윗이 유다지파의 왕이 되고 자연스럽게 사울왕가(家)와 다윗의 집안 사이에 갈등이 일어납니다. 그러나 다윗의 가문은 점점 일어나지만 사울의 집은 약해져 갑니다. 이 와중에 다윗은 결코 탐욕에 빠지지 않고 평정을 유지합니다. 이게 쉬운일이 아닙니다. 탐욕이 나를 지배하지는 않습니까?

● **한귀절**   오늘 말씀을 읽으면서 마음이 와 닿는 말씀 한 구절을 적고 되뇌어 봅시다.

● **적용**   말씀을 묵상하면서 나의 삶에 적용할 것과 실제적으로 행동에 옮길 것을 구체적으로 적어봅시다.

● **감사**   감사하는 성도는 더욱 더 풍성한 삶을 살게됩니다. 오늘 하루를 돌아보며 한 줄로 감사를 적어봅시다.

● **기도**   글로 쓰는 기도는 영원히 보존되는 기도입니다. 한 줄에 마음을 담아 기도를 주님께 올려드립시다.

20 . . .　　(제 13 주 금요일)　　　　　　　　　오늘의 말씀 : 삼하 5-10장

온 이스라엘의 왕이 되는 다윗

● **배경**　먼저 배경을 읽고 오늘의 성경을 읽읍시다. 읽은 뒤 배경을 한 번 더 읽어도 좋습니다.

사울의 집안의 뿌리가 마르면서 이스라엘의 모든 지파가 다윗에게 찾아와 왕이 되어달라고 요청하고 이를 수락함으로써 명실상부한 이스라엘의 왕이 됩니다. 그리고 주변국들을 정복하고 하는 일마다 승승장구합니다. 다윗이 하나님을 의지하고 있기 때문입니다.

● **묵상**　아래의 질문들을 여유있는 마음으로 두 번 세 번 생각하며 하나님의 마음과 영적인 의미들을 더듬어봅시다.

1. 5장, 온 이스라엘의 왕이 된 다윗의 통치와 전쟁, 삶을 한마디로 표현하라고 한다면 " 만군의 여호와 하나님께서 함께 계시니 다윗이 점점 강성하여 가니라(10절)"입니다. 왜 그렇게 하나님은 다윗과 함께 하실까요? 13-25절을 읽고 그 이유를 찾아봅시다. 만일 그렇게 매사에 기도하고 응답받고 행동한다면 어떻게 될까요?

2. 6장, 다윗이 왕이 된 뒤 가장 먼저 언약궤를 자기의 성으로 모십니다. 우여곡절 끝에 모셔온 뒤 춤을 추며 기뻐합니다. 하나님의 임재와 약속이 담긴 언약궤를 모셨다는 것은 하나님께서 나와 함께 하시기를 사모했기 때문입니다. 나는 얼마나 주의 말씀을 사모합니까?

3. 8-10장, 다윗은 주변국을 평정합니다. 그리고 가는 곳마다 승리합니다. 나라가 강해지고 넓어집니다. 그래서 다윗이 중동을 제패하고 조공을 받으며 이스라엘 역사상 가장 넓은 영토를 가지게 됩니다. 8:6절을 읽고 그 승리의 비결의 원인이 무엇인지 알아내게 적용합시다. 그러면 나의 삶도 승승장구할 것입니다.

● **한귀절**　오늘 말씀을 읽으면서 마음이 와 닿는 말씀 한 구절을 적고 되뇌어 봅시다.

● **적용**　말씀을 묵상하면서 나의 삶에 적용할 것과 실제적으로 행동에 옮길 것을 구체적으로 적어봅시다.

● **감사**　감사하는 성도는 더욱 더 풍성한 삶을 살게됩니다. 오늘 하루를 돌아보며 한 줄로 감사를 적어봅시다.

● **기도**　글로 쓰는 기도는 영원히 보존되는 기도입니다. 한 줄에 마음을 담아 기도를 주님께 올려드립시다.

20 . . .   (제 13 주 토요일)   오늘의 말씀 : 삼하 11-15장

다윗의 범죄

> **배경** 먼저 배경을 읽고 오늘의 성경을 읽읍시다. 읽은 뒤 배경을 한 번 더 읽어도 좋습니다.
>
> 그렇게 주님을 사모하고 기도하고 응답받고 행동하며 하나님의 사랑을 받은 다윗이 어쩌자고 악랄한 죄를 범합니까? 그래서 다윗의 삶이 엉망진창이 됩니다. 이는 남의 이야기가 아닙니다. 깨어서 근신하여야 하는 이유가 여기에 있습니다.

● **묵상**   아래의 질문들을 여유있는 마음으로 두 번 세 번 생각하며 하나님의 마음과 영적인 의미들을 더듬어봅시다.

1. 11장, 1-2절을 보면 전쟁하는 철에 왕은 전쟁에 나가지 않고 낮잠을 자고 깨어나 왕궁에서 어슬렁 거리다 목욕하는 여인을 보고 욕정에 이끌려 이중 삼중의 죄를 범합니다. 다윗과 같이 그렇게 주님을 사랑하는 사람이 저렇게 넘어진다면 우리야 오죽하겠습니까? 남의 이야기가 아닙니다. 나를 돌아보는 시간을 갖읍시다.

2. 12장, 다윗은 큰 죄를 범하고도 회개를 하지 않았습니다. 그래서 하나님은 나단선지를 보내 회개를 촉구하자 바로 그 자리에서 회개합니다. 그리고 죄의 열매인 밧세바의 사이에서 낳은 아들을 거두십니다. 그러나 회개 후 아들을 주시는데 이가 지혜의 왕인 솔로몬입니다. 진정한 회개가 무엇이며 은혜가 무엇인지 보여줍니다.

3. 13-15장, 다윗이 우리야를 죽이고 아내 밧세바를 빼앗은 사건 이후의 삶은 아들 암논, 압살롬의 반란이 일어나 쓰디쓴 고통을 당합니다. 15:30을 다시 한번 읽어보십시오. 도망가는 다윗의 모습이 얼마나 고통스럽습니까? 회개는 하고 용서는 받았지만, 죄가 남긴 쓴 열매를 감당합니다. 죄는 어마어마한 고통과 파괴를 인간에게 가져다줌을 알아야합니다.

● **한귀절**   오늘 말씀을 읽으면서 마음이 와 닿는 말씀 한 구절을 적고 되뇌어 봅시다.

● **적용**   말씀을 묵상하면서 나의 삶에 적용할 것과 실제적으로 행동에 옮길 것을 구체적으로 적어봅시다.

● **감사**   감사하는 성도는 더욱 더 풍성한 삶을 살게됩니다. 오늘 하루를 돌아보며 한 줄로 감사를 적어봅시다.

● **기도**   글로 쓰는 기도는 영원히 보존되는 기도입니다. 한 줄에 마음을 담아 기도를 주님께 올려드립시다.

20 . . .   (제 14 주 월요일)   오늘의 말씀 : 삼하 16-20장

모든 것을 잃고 도망가는 다윗

배경 먼저 배경을 읽고 오늘의 성경을 읽읍시다. 읽은 뒤 배경을 한 번 더 읽어도 좋습니다.

다윗이 목욕하는 아름다운 여인과 얼마나 달콤한 사랑을 나누었는지는 모르지만, 그 댓가는 너무나 큰 고통의 연속이었고 모든 것을 잃으며 조롱속에서 도망자가 되고 부끄러움을 당하게 됩니다. 죄의 댓가가 얼마나 큰지를 보여주고 있습니다.

● **묵상** 아래의 질문들을 여유있는 마음으로 두 번 세 번 생각하며 하나님의 마음과 영적인 의미들을 더듬어봅시다.

1. 16장, 도망중에 사울왕의 친족인 시므이가 나타나 온갖 저주를 퍼 붓습니다. 주변 신하들이 저를 죽이겠다고 말하지만, 다윗은 이는 하나님이 나를 저주하시는 것이라고 하면서 하나님께서 선으로 갚아주시기를 간구합니다. 자신의 죗값을 달게 받는 모습에서 진한 감동이 몰려옵니다. 어떻게 받아들이고 있습니까?

2. 17-18장, 압살롬이 다윗의 후궁들과 백주에 동침한 뒤 아버지 다윗을 치고자 전략을 짜는데 아히도벨과 후새의 계략이 맞붙습니다. 그런데 아히도벨의 계략대로 하면 다윗이 죽고 몰락하게 되는데 하나님께서 도우셔서 후새의 계략을 선택하게 하고 결국 압살롬이 전쟁에서 죽습니다. 징계중에도 은혜가 필요합니다.

3. 19-20장, 아들의 군대와 아비의 군대가 맞붙었지만, 하나님의 도우심으로 다윗이 승리를 하자 왕궁으로 돌아가게 되고 회복하게 되지만 남북은 마음이 갈리고 세바가 반역을 일으킵니다. 죄의 댓가는 참으로 큽니다. 우리가 죄를 멀리하고 겸손히 주님의 뜻을 사모하여야 할 이유가 바로 여기에 있습니다.

● **한귀절** 오늘 말씀을 읽으면서 마음이 와 닿는 말씀 한 구절을 적고 되뇌어 봅시다.

● **적용** 말씀을 묵상하면서 나의 삶에 적용할 것과 실제적으로 행동에 옮길 것을 구체적으로 적어봅시다.

● **감사** 감사하는 성도는 더욱 더 풍성한 삶을 살게됩니다. 오늘 하루를 돌아보며 한 줄로 감사를 적어봅시다.

● **기도** 글로 쓰는 기도는 영원히 보존되는 기도입니다. 한 줄에 마음을 담아 기도를 주님께 올려드립시다.

20 . . .　　(제 14 주 화요일)　　　　　　　　　　　　오늘의 말씀 : 삼하 21-24장

다윗과 함께 한 사람들

배경　먼저 배경을 읽고 오늘의 성경을 읽읍시다. 읽은 뒤 배경을 한 번 더 읽어도 좋습니다.

다윗의 말기의 통치상황을 보여줍니다. 그를 도와 전쟁에서 도운 용사들의 명단들을 보면 입이 벌어집니다. 하나님이 함께하심으로 강성한 국가를 이룬 다윗의 통치를 보여주며 나아가 다윗의 찬양 그리고 다윗의 유언과 솔로몬에게로의 계승을 소개합니다.

● **묵상**　아래의 질문들을 여유있는 마음으로 두 번 세 번 생각하며 하나님의 마음과 영적인 의미들을 더듬어봅시다.

1. 21장, 자연재해와 영적생활과는 어떤 관계가 있을까요? 다윗의 통치시대에 3년 연속으로 기근이 찾아와 다윗이 하나님께 기도하니 하나님은 사울이 죄없는 기브온 사람을 죽인 죗값 때문이라고 말씀하십니다. 그래서 다윗이 속죄의 길을 열어놓자 비가 옵니다. 하나님은 이렇게 철저한 회개를 요구하십니다(14절)

2. 22장, 다윗의 찬양, 다윗은 지난날을 돌아보며 고난 중에서 구원하신 하나님, 전쟁에서 승리케 하신 하나님, 지금까지 도우시고 인도하신 하나님을 찬양합니다. 여호와는 나의 반석, 요새, 피할 바위, 망대, 피난처요 구원자이심을 찬양합니다. 이렇게 다윗처럼 진심을 찬양해 보신 적이 있으셨습니까? 지금은?

3. 24장, 다윗이 인구조사를 합니다. 그런데 1절에 보면 하나님이 진노하셔서 치시려고 인구조사를 하게했다고 나옵니다만 역대하 21장 1절에는 사단이 다윗을 충동한 것으로 나옵니다. 사단이 다윗의 무엇을 충동했으며 하나님은 왜 진노하셨을까요? 나는 내가 가진것을 의지하고 있지는 않습니까?

● **한귀절**　오늘 말씀을 읽으면서 마음이 와 닿는 말씀 한 구절을 적고 되뇌어 봅시다.

● **적용**　말씀을 묵상하면서 나의 삶에 적용할 것과 실제적으로 행동에 옮길 것을 구체적으로 적어봅시다.

● **감사**　감사하는 성도는 더욱 더 풍성한 삶을 살게됩니다. 오늘 하루를 돌아보며 한 줄로 감사를 적어봅시다.

● **기도**　글로 쓰는 기도는 영원히 보존되는 기도입니다. 한 줄에 마음을 담아 기도를 주님께 올려드립시다.

20 . . .　(제 14 주 수요일)　　　　　　　　　오늘의 말씀 : 왕상 1-4장

솔로몬이 왕이 되다

● **배경**　먼저 배경을 읽고 오늘의 성경을 읽읍시다. 읽은 뒤 배경을 한 번 더 읽어도 좋습니다.

열왕기상은 이스라엘을 다스린 왕들의 삶을 그려주었는데 11장까지 솔로몬, 12장부터는 분열된 이스라엘의 왕들의 통치에 대하여 보여주고 있습니다. 이들 각 왕들이 하나님 말씀대로 살았는가 그렇지 못했는가를 기준하여 평가하고 있습니다

● **묵상**　아래의 질문들을 여유있는 마음으로 두 번 세 번 생각하며 하나님의 마음과 영적인 의미들을 더듬어봅시다.

1. 1장, 다윗이 늙었고 이를 틈타 다윗의 장자 아도니야가 스스로 왕이 됨을 선포하였지만 나단의 도움으로 다윗은 솔로몬을 왕으로 선포합니다. 그 기준이 무엇일까요? 30절과 역대상 28장1-10, 29:1을 보면 하나님이 이미 택하신 사람을 세운겁니다. 다윗은 매사에 하나님의 뜻을 찾아 순종한 것입니다

2. 2장, 다윗은 유언을 합니다. 솔로몬에게 해가되고 신뢰를 저버린 사람들에 대한 심판을 유언하지만 1-4의 말씀이 유언의 골자입니다. 다윗은 오직 하나님의 말씀을 실천할 것을 유언하면서 이를 실천하면 형통하고 왕의 위가 영원할 것을 말합니다. 이 유언은 솔로몬 만이 아니라 우리가 받아야 할 유언이 아닐까요?

3. 3장, 솔로몬이 왕이 된 뒤 하나님께 일천번제를 드렸고 하나님은 그의 제물을 받으셔서 응답하시는데 솔로몬은 부귀영화를 구하지 않고 백성들을 잘 다스릴 지혜를 요구합니다. 결국 솔로몬은 부귀영화, 지혜 그리고 장수까지 복을 받게 됩니다. 잠 8:17을 읽고 솔로몬을 보면서 지금 내가 취할 것은 무엇입니까?

● **한귀절**　오늘 말씀을 읽으면서 마음이 와 닿는 말씀 한 구절을 적고 되뇌어 봅시다.

● **적용**　말씀을 묵상하면서 나의 삶에 적용할 것과 실제적으로 행동에 옮길 것을 구체적으로 적어봅시다.

● **감사**　감사하는 성도는 더욱 더 풍성한 삶을 살게됩니다. 오늘 하루를 돌아보며 한 줄로 감사를 적어봅시다.

● **기도**　글로 쓰는 기도는 영원히 보존되는 기도입니다. 한 줄에 마음을 담아 기도를 주님께 올려드립시다.

20 . . .   (제 14 주 목요일)   오늘의 말씀 : 왕상 5-9장

솔로몬의 성전건축

배경   먼저 배경을 읽고 오늘의 성경을 읽읍시다. 읽은 뒤 배경을 한 번 더 읽어도 좋습니다.

솔로몬이 왕이 되자 가장 먼저 하는 일이 성전건축입니다. 출애굽 이후에 친막으로 지어진 성막을 이제 제대로된 성전을 건축합니다. 성전은 이스라엘과 하나님이 만나시고 임재하시는 신앙고백의 중심지입니다. 성전은 신약에 와서 교회로 완성됩니다

● **묵상**   아래의 질문들을 여유있는 마음으로 두 번 세 번 생각하며 하나님의 마음과 영적인 의미들을 더듬어봅시다.

1. 5장, 출애굽후 480년 만에 성전은 다윗이 준비한 재료와 유명한 백향목을 산지인 두로에서 운반하고 기술자를 데려오며 채석을 하여 가장 좋은 재료로 건축합니다. 짐꾼이 7만, 채석자가 8만, 감독관이 3천3백명이 동원되어 7년을 건축하는데 예수님이 이 성전의 주인이시며 우리는 주님을 모신 성전임을 기억합시다

2. 8:22-53, 솔로몬의 성전건축을 완료하고 성전에서 사용할 모든 기구를 제작한뒤 언약궤를 정중히 모셔오고 이스라엘 백성들과 함께 하나님께 봉헌예배를 올리며 기도를 드립니다. 그 기도가 얼마나 간절한 지요. 구구절절 내가 드려야 할 기도를 올리고 있습니다. 우리가 교회에서 어떤 기도를 올려가 할까요?

3. 9:1-9, 솔로몬이 봉헌하며 드리는 기도를 하나님이 받으셨습니다. 그래서 하나님은 이 성전을 거룩히 구별하여 주님의 이름을 영원히 두고 주님의 눈길과 마음이 항상 거기있을 것임을 말씀하시면서 만일 주님의 말씀을 지킨다면 다윗과의 약속을 지키시겠다고 약속하십니다. 이런 응답을 받으려면 어떻게 해야 할까요?

● **한귀절**   오늘 말씀을 읽으면서 마음이 와 닿는 말씀 한 구절을 적고 되뇌어 봅시다.

● **적용**   말씀을 묵상하면서 나의 삶에 적용할 것과 실제적으로 행동에 옮길 것을 구체적으로 적어봅시다.

● **감사**   감사하는 성도는 더욱 더 풍성한 삶을 살게됩니다. 오늘 하루를 돌아보며 한 줄로 감사를 적어봅시다.

● **기도**   글로 쓰는 기도는 영원히 보존되는 기도입니다. 한 줄에 마음을 담아 기도를 주님께 올려드립시다.

20 . . .　　(제 14 주 금요일)　　　　　　　　　오늘의 말씀 : 왕상 10-11장

솔로몬의 영광과 우상숭배

배경　먼저 배경을 읽고 오늘의 성경을 읽읍시다. 읽은 뒤 배경을 한 번 더 읽어도 좋습니다.

솔로몬의 지혜와 부귀영화는 극에 달합니다. 전대미문한 이스라엘 역사입니다. 그래서 스바(이디오피아)의 여왕도 지혜의 소문을 듣고 찾아오지만 나이들면서 끌어들인 이방여인들로 인해 우상숭배에 빠지게 되어 하나님을 진노케 합니다. 사람이란 참으로 …

● **묵상**　아래의 질문들을 여유있는 마음으로 두 번 세 번 생각하며 하나님의 마음과 영적인 의미들을 더듬어봅시다.

1. 10장, 스바 곧 당시 강국이었던 이디오피아의 여왕이 솔로몬의 명성과 지혜의 소식을 듣고 찾아와 어려운 문제들을 내놓지만 다 대답합니다. 그리고 스바의 여왕은 이 지혜가 하나님으로부터 왔음을 알고 하나님께 영광을 올려 드립니다. 나를 통해서 하나님께 주변사람들이 어떻게 영광을 돌려 드리고 있습니까?

2. 10:14-29, 솔로몬이 얼마나 많고 어마어마한 부귀영화를 누렸는지 보여주는 보고서입니다. 모든 그릇은 금으로 만들정도로 금이 넘쳤으며 성경은 여타의 나라들도 이와같지 못했다고 말합니다. 그래서 그 지혜를 들으려고 몰려들었다고 했는데 24-25을 읽고 하나님의 은총을 받는 것이 어떤 것인지 생각해 봅시다.

3. 11장, 그런데 솔로몬에게 문제가 생깁니다. 이집트 공주를 비롯하여 주변 이방나라들의 여자들을 부인이나 후궁으로 일천명을 거느렸으니 어찌됩니까? 젊어서는 다스렸으나 나이들어 그들의 요청을 받아들여 우상신전을 지어주고 자기도 가서 절을 하여 하나님의 진노를 삽니다. 유종의 미를 거두려면 어떻게 해야 할까요?

● **한귀절**　오늘 말씀을 읽으면서 마음이 와 닿는 말씀 한 구절을 적고 되뇌어 봅시다.

● **적용**　말씀을 묵상하면서 나의 삶에 적용할 것과 실제적으로 행동에 옮길 것을 구체적으로 적어봅시다.

● **감사**　감사하는 성도는 더욱 더 풍성한 삶을 살게됩니다. 오늘 하루를 돌아보며 한 줄로 감사를 적어봅시다.

● **기도**　글로 쓰는 기도는 영원히 보존되는 기도입니다. 한 줄에 마음을 담아 기도를 주님께 올려드립시다.

20 . . . (제 14 주 토요일) 오늘의 말씀 : 왕상 12-16장

나라의 분열

> **배경** 먼저 배경을 읽고 오늘의 성경을 읽읍시다. 읽은 뒤 배경을 한 번 더 읽어도 좋습니다.
>
> 이스라엘은 전 세계 나라와 인생들을 위한 모델입니다. 한 나라가 흥하고 망하는 것, 분열되는 것에 하나님의 개입하심이 있음을 봅니다. 우리는 이스라엘 역사를 읽어 나가면서 저들을 보며 지금 내가 어떻게 살아야 하는지를 모델로 삼아야 할 것입니다.

● **묵상** 아래의 질문들을 여유있는 마음으로 두 번 세 번 생각하며 하나님의 마음과 영적인 의미들을 더듬어봅시다.

1. 12장, 솔로몬이 죽고 아들 르호보암이 뒤를 이어 왕이 됩니다. 그러나 르호보암이 악정을 합니다. 이미 아버지 솔로몬이 매를 벌어놓아 하나님이 진노하신 상태에서 아들까지 악정을 하자 나라가 분열됩니다. 만일 르호보암이 바른 길을 선택했더라면 어떻게 되었을까요? 하나님은 나의 삶과 선택을 존중하십니다.

2. 14장, 여로보암은 10지파를 데리고 북쪽으로 올라가 나라를 세웁니다. 그리고 하나님의 명을 따라 심판을 행합니다. 그러나 백성들이 남쪽 예루살렘으로 내려갈 우려가 있어 사방에 우상들을 만들어 놓고 우상을 숭배하게 하므로 더욱더 악한 왕이 됩니다. 여로보암은 하나님 보다 자신의 안위를 더 생각했습니다(6-16).

3. 15-16장, 북쪽으로 간 이스라엘은 대를 이어 왕들이 악정을 하고 하나님이 싫어하시는 일들을 합니다. 그래서 왕들의 수명이 짧고 모반에 의해 살해당하기 일쑤입니다. 아합왕때에 이르러는 극렬하게 우상을 숭배하고 하나님의 진노는 극에 달하게 됩니다. 그러니 어찌 평안을 바라겠습니까? 모든 것에는 원인이 있습니다.

● **한귀절** 오늘 말씀을 읽으면서 마음이 와 닿는 말씀 한 구절을 적고 되뇌어 봅시다.

● **적용** 말씀을 묵상하면서 나의 삶에 적용할 것과 실제적으로 행동에 옮길 것을 구체적으로 적어봅시다.

● **감사** 감사하는 성도는 더욱 더 풍성한 삶을 살게됩니다. 오늘 하루를 돌아보며 한 줄로 감사를 적어봅시다.

● **기도** 글로 쓰는 기도는 영원히 보존되는 기도입니다. 한 줄에 마음을 담아 기도를 주님께 올려드립시다.

20 . . .   (제 15 주 월요일)   오늘의 말씀 : 왕상 17-22장

엘리야 선지자를 보내시는 하나님

● **배경**   먼저 배경을 읽고 오늘의 성경을 읽읍시다. 읽은 뒤 배경을 한 번 더 읽어도 좋습니다.

이스라엘의 왕들이 악하고 극렬하게 우상숭배를 할 때 하나님은 선지자 엘리야를 보내십니다. 기사와 이적을 통해서라도 하나님께로 돌아오라고 촉구를 하십니다. 선지자들의 촉구마저도 거절하며 이스라엘은 멸망을 재촉하고 있습니다.

● **묵상**   아래의 질문들을 여유있는 마음으로 두 번 세 번 생각하며 하나님의 마음과 영적인 의미들을 더듬어봅시다.

1. 17장, 하나님이 진노하시고 3년동안 비를 내리지 않아 가뭄이 찾아오는데 선지자 엘리야는 이방땅 시돈에 속한 사르밧에 사는 한 가난한 과부에게 가서 살게됩니다. 몰상식한 요청에도 과부의 순종은 기근 동안 먹거리를 공급받게 되며 죽은 아이도 살아나게 됩니다. 왜 하나님은 부자가 아닌 가난한 과부에게 가라고 했을까요?

2. 18장, 엘리야는 하나님의 명에 따라 풍요의 남신 바알과 여신 아세라 선지자들과의 영적전투를 벌입니다. 불을 붙여야하는데 엘리야는 오히려 물을 붓고 기도를 드립니다. 이는 회개를 상징하며 하나님의 영광을 위하여 간구하자 불이 내려오고 우상숭배 선지자들을 진멸합니다. 오늘 이런 영적전투가 필요한 시대입니다.

3. 19장, 대승을 거두고 이방의 우상 숭배 선지자들을 다 처단한 엘리야는 아합왕의 부인 이세벨에게 미움을 받고 죽음의 위협을 받게 됩니다. 그러자 엘리야가 약해져 로뎀나무 그늘에 앉아 죽기를 간청합니다. 한때는 신앙이 뜨겁다가도 어느 순간 약해져 주저앉아 있는 우리 모습이지만 주님은 도우시고 힘주십니다.

● **한귀절**   오늘 말씀을 읽으면서 마음이 와 닿는 말씀 한 구절을 적고 되뇌어 봅시다.

● **적용**   말씀을 묵상하면서 나의 삶에 적용할 것과 실제적으로 행동에 옮길 것을 구체적으로 적어봅시다.

● **감사**   감사하는 성도는 더욱 더 풍성한 삶을 살게됩니다. 오늘 하루를 돌아보며 한 줄로 감사를 적어봅시다.

● **기도**   글로 쓰는 기도는 영원히 보존되는 기도입니다. 한 줄에 마음을 담아 기도를 주님께 올려드립시다.

20 . . .　　(제 15 주 화요일)　　　　　　　　　　　　오늘의 말씀 : 왕하 1-3장

엘리야선지자의 후계자 엘리사

배경　먼저 배경을 읽고 오늘의 성경을 읽읍시다. 읽은 뒤 배경을 한 번 더 읽어도 좋습니다.

역사서란 사람들이 살아간 발자취를 기록한 것인데 이는 후대사람들에게 교훈이 됩니다. 특히 성경의 역사서는 왕들이나 당시 사람들이 말씀대로 살았는가 그렇지 못한가 흥하고 망하는 일이 어떻게 하나님과 직결되는가를 보여주고 있습니다. 살펴봅시다.

● **묵상**　아래의 질문들을 여유있는 마음으로 두 번 세 번 생각하며 하나님의 마음과 영적인 의미들을 더듬어봅시다.

1. 1장, 이스라엘 왕 아하시야라는 사람의 이야기입니다. 아하시야가 병들자 바알세불이라는 이방사람들이 섬기는 우상에게로 가서 물어봅니다. 이때 엘리야가 이스라엘에 하나님이 없어서 우상에게 묻는가 당신은 죽을 것이라고 선언합니다. 우리가 어려운 일이 생길 때 누구를 먼저 찾아가고 해결하려고 합니까?

2. 2장, 선지자 엘리야가 죽음을 보지 않고 하나님의 나라로 불말을 타고 올라갑니다. 그런데 이를 보는 엘리사는 그에게 임한 하나님의 능력을 사모하여 끝까지 따라가므로 능력을 받게 됩니다. 우리가 전능하시고 살아계신 하나님을 믿고 따르고 있는데 능력의 삶을 살려면 엘리사와 같은 열정이 있어야 하지 않겠습니까?

3. 3장, 유다왕 여호사밧은 하나님을 신뢰하고 신실하여 하나님께 인정받은 왕이었는데 이스라엘 왕 여호람이 모압과의 전쟁을 도와달라고 하여 출전을 하는데 위기에 빠지지만, 하나님께서 여호사밧을 보셔서 구원해 주십니다. 과연 이런 일을 만나면 하나님께서 나를 보시고 구원해 주실까요? 나를 돌아봅시다.

● **한귀절**　오늘 말씀을 읽으면서 마음이 와 닿는 말씀 한 구절을 적고 되뇌어 봅시다.

● **적용**　말씀을 묵상하면서 나의 삶에 적용할 것과 실제적으로 행동에 옮길 것을 구체적으로 적어봅시다.

● **감사**　감사하는 성도는 더욱 더 풍성한 삶을 살게됩니다. 오늘 하루를 돌아보며 한 줄로 감사를 적어봅시다.

● **기도**　글로 쓰는 기도는 영원히 보존되는 기도입니다. 한 줄에 마음을 담아 기도를 주님께 올려드립시다.

20 . .   (제 15 주 수요일)   오늘의 말씀 : 왕하 4-7장

엘리사 선지를 통해 영광받으시는 하나님

● **배경** 먼저 배경을 읽고 오늘의 성경을 읽읍시다. 읽은 뒤 배경을 한 번 더 읽어도 좋습니다.

선지자 엘리사를 통해 많은 일들이 일어납니다. 선지자는 하나님이 보내신 사람으로 하나님의 기사와 이적들을 동반합니다. 이를 통해 하나님이 살아계심을 드러내고 영광을 받으십니다. 지금 우리시대는 진정한 하나님의 사람들이 필요한 때입니다.

● **묵상** 아래의 질문들을 여유있는 마음으로 두 번 세 번 생각하며 하나님의 마음과 영적인 의미들을 더듬어봅시다.

1. 4장, 선지자 생도의 아내가 부채로 위기를 만났을 때 엘리사가 그릇을 준비하라고 하여 준비한 만큼 기름을 얻어 문제를 해결합니다. 준비한 만큼 받았다는 것은 무엇을 의미할까요?

2. 5장, 아람왕의 군대장관 나아만이 나병에 걸려 엘리사에게 오지만 교만하여 돌아가려다가 고침받게 되는데 왜 엘리사는 일곱번씩이나 씻으라고 했을까요? 완전한 순종을 요구하고 계십니다. 나는 과연 겸손하게 말씀에 순종하고 있습니까?

3. 6장, 아람왕이 침실에서 모의를 하여도 엘리사가 다 알고 대처를 하고 이스라엘왕이 안전합니다. 한 사람만 제대로 깨어있어도 모두가 안전합니다. 그 한 사람이 되지 않겠습니까?

4. 6:24-7장, 아람의 대군이 쳐들어와 사마리아성을 포위하여 자식을 먹는 비참한 상태에 이르렀습니다. 하나님은 선지자를 통해 은혜를 베푸시는데 장관처럼 불신하거나 나병환자들처럼 자기 것 먼저 챙기는 삶이 되어서는 안될겁니다. 깨달음이 필요합니다.

● **한귀절** 오늘 말씀을 읽으면서 마음이 와 닿는 말씀 한 구절을 적고 되뇌어 봅시다.

● **적용** 말씀을 묵상하면서 나의 삶에 적용할 것과 실제적으로 행동에 옮길 것을 구체적으로 적어봅시다.

● **감사** 감사하는 성도는 더욱 더 풍성한 삶을 살게됩니다. 오늘 하루를 돌아보며 한 줄로 감사를 적어봅시다.

● **기도** 글로 쓰는 기도는 영원히 보존되는 기도입니다. 한 줄에 마음을 담아 기도를 주님께 올려드립시다.

20 . . . (제 15 주 목요일)　　　　　　　　　　　　　오늘의 말씀 : 왕하 8-11장

타락과 하나님의 심판

배경　먼저 배경을 읽고 오늘의 성경을 읽읍시다. 읽은 뒤 배경을 한 번 더 읽어도 좋습니다.

북방 이스라엘은 계속해서 우상숭배하고 악의 길로 빠져들며 이를 보다 못해 하나님이 예후를 세워 심판하십니다. 가슴아픈 일들입니다. 그 와중에 남방 유다에서는 여호야다의 개혁과 요아스가 하나님을 기쁘시게 합니다.

● **묵상**　아래의 질문들을 여유있는 마음으로 두 번 세 번 생각하며 하나님의 마음과 영적인 의미들을 더듬어봅시다.

1. 8:16-19, 여호람이 왕이 유다의 왕이 되는데 그의 삶이 우상을 숭배하고 악한 길로 가는데 그 이유가 우상숭배로 유명한 이스라엘의 아합왕의 딸을 아내로 맞이하였기 때문입니다. 믿음의 사람과 결혼해야 합니다. 집안과 그와 관계된 모든 일에 관계되기 때문입니다. 믿는 사람들은 배우자를 정하는 일에 유념해야 합니다.

2. 9-10장, 예후라는 사람이 기름부음을 받고 왕이 되는데 그는 우상을 극렬하게 섬긴 아합의 아들 요람 그리고 아합의 딸을 아내로 맞아 우상숭배하는 유다의 왕 아하시야와 아합의 부인 이세벨과 그의 후손들을 진멸함으로써 하나님의 심판을 행합니다. 하나님의 말씀은 반드시 이행됩니다. 두려운 마음을 가져야 합니다.

3. 11장, 유다의 왕 아하시야가 예후에 의해 죽자 어머니인 아달랴가 왕의 자손을 멸절시키고 왕 노릇을 하지만 그 중에 유모가 숨겨 키운 요아스가 자라가 제사장 여호야다가 바로잡습니다. 여호야다의 순전한 충성이 하나님께 인정함을 받아 왕실에 묘에 안장됩니다(대하 24ㅣ15-16). 우리도 이렇게 인정받는 삶을 삽시다.

● **한귀절**　오늘 말씀을 읽으면서 마음이 와 닿는 말씀 한 구절을 적고 되뇌어 봅시다.

● **적용**　말씀을 묵상하면서 나의 삶에 적용할 것과 실제적으로 행동에 옮길 것을 구체적으로 적어봅시다.

● **감사**　감사하는 성도는 더욱 더 풍성한 삶을 살게됩니다. 오늘 하루를 돌아보며 한 줄로 감사를 적어봅시다.

● **기도**　글로 쓰는 기도는 영원히 보존되는 기도입니다. 한 줄에 마음을 담아 기도를 주님께 올려드립시다.

20 . . .   (제 15 주 금요일)   오늘의 말씀 : 왕하 12-17장

앗시리아에 멸망당하는 이스라엘

배경   먼저 배경을 읽고 오늘의 성경을 읽읍시다. 읽은 뒤 배경을 한 번 더 읽어도 좋습니다.

역사가 흘려가면서 우상숭배의 모델인 여로보암의 뒤를 따른 왕들이 많아지고 결국은 이스라엘이 앗수르(앗시리아)에 의해 호세아 왕때 멸망당하고 앗수르에 포로로 끌려갑니다. 이스라엘이나 유다의 왕들이 한 사람씩 평가되고 있습니다. 깨달아야 합니다.

● **묵상**   아래의 질문들을 여유있는 마음으로 두 번 세 번 생각하며 하나님의 마음과 영적인 의미들을 더듬어봅시다.

1. 13:1-2, 10-11, 14:1-4, 23-24,15:1-4, 8-10, 17-18, 상기의 구절들은 왕이 바뀔 때 마다 그 왕에 대한 평가가 이루어지는데 신앙의 사람 다윗의 길을 따랐는가 우상의 사람 여로보암의 길을 따라 살았는가가 평가되고 이에 따라 나라의 흥망이 좌우됩니다. 하나님은 우리도 하나님의 심판대에 각각 설 것을 말씀하셨습니다

2. 17장, 결국 북 이스라엘은 호세아왕 제 9년에 앗수르가 쳐들어와 3년을 포위한 끝에 멸망을 당하고 모두 포로로 끌려가며 그 지역에 앗수르사람들을 이주시키는데 이들은 그들의 신인 우상도 섬기고 하나님도 섬기는 해괴한 일이 벌어지기도 합니다. 축복의 땅에서 살 자격을 잃은 것입니다. 본보기를 보며 바른 삶을 삽시다

3. 13:14-19, 선지자 엘리사가 나이들어 죽게 됩니다. 이때 이스라엘 왕이 병문안을 하자 화살을 쏘게하고 땅바닥을 치게 하는데 세 번만치는 것을 보고 아쉬어합니다. 우리의 꿈이 커야 하고 열심은 뜨거워야 하며, 우리의 기도가 하나님 앞에서 입을 크게 벌려 부르짖어야 합니다.(시 81:10-11).

● **한귀절**   오늘 말씀을 읽으면서 마음이 와 닿는 말씀 한 구절을 적고 되뇌어 봅시다.

● **적용**   말씀을 묵상하면서 나의 삶에 적용할 것과 실제적으로 행동에 옮길 것을 구체적으로 적어봅시다.

● **감사**   감사하는 성도는 더욱 더 풍성한 삶을 살게됩니다. 오늘 하루를 돌아보며 한 줄로 감사를 적어봅시다.

● **기도**   글로 쓰는 기도는 영원히 보존되는 기도입니다. 한 줄에 마음을 담아 기도를 주님께 올려드립시다.

20 . . . (제 15 주 토요일)   오늘의 말씀 : 왕하 18-20장

히스기야 왕의 삶

> **배경**   먼저 배경을 읽고 오늘의 성경을 읽읍시다. 읽은 뒤 배경을 한 번 더 읽어도 좋습니다.
>
> 이제 12지파 중 10지파가 북쪽으로 가 세운 이스라엘이 앗수르에 의해 멸당당하고 포로로 끌려갔고 유다와 베냐민 지파로 구성된 남방 유다만 남았습니다. 이들은 130년 뒤 바벨론에 의해 멸망당합니다. 왕하 18-20장은 유다왕 히스기야왕의 삶을 조명합니다.

● **묵상**   아래의 질문들을 여유있는 마음으로 두 번 세 번 생각하며 하나님의 마음과 영적인 의미들을 더듬어봅시다.

1. 18장, 남북으로 나라가 분열된 후 유다의 13번째로 25살에 왕이 된 히스기야는 1) 하나님 보시기에 정직 2) 우상을 타파 3) 하나님을 의지 4) 하나님께 연합하여 떠나지 않았고 5) 계명을 지키므로 하나님께서 그와 함께 하셨고 어디를 가든지 형통했다고 했습니다. 내가 어떤 점을 본받아야 할까요?

2. 19장, 앗수르왕 산헤립이 이스라엘을 멸망시키고 포로로 끌고 간 뒤 유다마저 삼키려고 유다를 공격했는데 온갖 조롱을 퍼부으며 히스기야를 공략하자 히스기야가 하나님 앞에 편지를 펼쳐놓고 기도할 때 하나님께서 친히 역사하셔서 185,000명이 송장이 됩니다. 주님은 주님을 의지하는 사람을 외면하지 않으십니다.

3. 20장, 히스기야 왕이 죽을 병이 걸립니다. 그러나 히스기야가 삶을 걸고 기도하자 하나님이 감동하셔서 태양이 거꾸로 도는(10도) 기적을 동반한 15년의 생명을 연장받게 됩니다. 그러나 이 일로 바벨론 사신들에게 자랑하다가 역사적인 화근을 가져다줍니다. 겸손히 자기를 부인함이 얼마나 소중한지요?

● **한귀절**   오늘 말씀을 읽으면서 마음이 와 닿는 말씀 한 구절을 적고 되뇌어 봅시다.

● **적용**   말씀을 묵상하면서 나의 삶에 적용할 것과 실제적으로 행동에 옮길 것을 구체적으로 적어봅시다.

● **감사**   감사하는 성도는 더욱 더 풍성한 삶을 살게됩니다. 오늘 하루를 돌아보며 한 줄로 감사를 적어봅시다.

● **기도**   글로 쓰는 기도는 영원히 보존되는 기도입니다. 한 줄에 마음을 담아 기도를 주님께 올려드립시다.

20 . . .   (제 16 주 월요일)   오늘의 말씀 : 왕하 21-23장

므낫세 ~ 요시야 왕까지

> **배경**   먼저 배경을 읽고 오늘의 성경을 읽읍시다. 읽은 뒤 배경을 한 번 더 읽어도 좋습니다.
>
> 히스기야가 죽고 므낫세가 왕이 되며 그 다음은 아몬, 그리고 그 다음 왕이 요시야입니다. 나라를 이끄는 지도자 한 사람으로 인하여 하나님의 진노를 사기도 하고 강건하고 부국하게도 됩니다. 지도자들을 생각하며 왕들의 삶을 관찰하고 나에게 적용합시다.

● **묵상**   아래의 질문들을 여유있는 마음으로 두 번 세 번 생각하며 하나님의 마음과 영적인 의미들을 더듬어봅시다.

1. 21장, 히스기야가 죽고 그 아들 므낫세가 왕이 되는데 12살에 왕이 되어 55년 동안 왕노릇하는데 유다의 왕들 가운데 가장 격렬하게 우상을 숭배합니다. 하나님의 진노가 극에 달해 유다가 멸망하는데 결정적 계기를 제공합니다(22:26-27). 아니, 어떻게 히스기야 왕의 아들로서 이런 사람이 나올 수 있었을까요?

2. 22장, 그런데 오히려 므낫세 다음, 다음 왕인 요시야는 아버지와 할아버지가 극렬하게 우상을 숭배하였는데도 유다 역사상 가장 깨끗하고 우상을 타파하고 예배를 회복합니다. 성전을 수리하다가 발견한 율법책을 발견하고 읽을 때 옷을 찢으며 회개하고 아파할 때 하나님은 요시야 왕에게 유다의 멸망을 보지 않게 하십니다

3. 23장. 요시야 왕에 대한 평가는 전무후무하게 하나님을 기쁘시게 하였습니다(24-25). 그러나 므낫세 때 쌓아놓은 우상숭배와 죄가 너무 커(26절) 하나님의 진노가 식지 않아 요시야는 어이없게 죽습니다. 유다의 많은 왕들이 우상을 숭배하여 많은 진노를 쌓았기 때문입니다. 매를 벌어 놓으면 절대로 안 됩니다.

● **한귀절**   오늘 말씀을 읽으면서 마음이 와 닿는 말씀 한 구절을 적고 되뇌어 봅시다.

● **적용**   말씀을 묵상하면서 나의 삶에 적용할 것과 실제적으로 행동에 옮길 것을 구체적으로 적어봅시다.

● **감사**   감사하는 성도는 더욱 더 풍성한 삶을 살게됩니다. 오늘 하루를 돌아보며 한 줄로 감사를 적어봅시다.

● **기도**   글로 쓰는 기도는 영원히 보존되는 기도입니다. 한 줄에 마음을 담아 기도를 주님께 올려드립시다.

20 . . . (제 16 주 화요일)   오늘의 말씀 : 왕하 24-25장

남방 유다의 멸망

배경   먼저 배경을 읽고 오늘의 성경을 읽읍시다. 읽은 뒤 배경을 한 번 더 읽어도 좋습니다.

솔로몬과 르호보암의 범죄로 다윗의 나라가 두 쪽으로 나뉘어져 북쪽에 10지파로 이스라엘, 남쪽에 예루살렘을 중심으로 2지파로 유다로 나뉘게 되지만 우상숭배와 범죄로 이스라엘은 BC 722년에 앗수르에 망하고 유다는 136년 뒤인 BC 586년에 바벨로니아에 멸망하게 됩니다.

● **묵상**   아래의 질문들을 여유있는 마음으로 두 번 세 번 생각하며 하나님의 마음과 영적인 의미들을 더듬어봅시다.

1. 24:1-7, 여호야김왕은 25세에 왕이 되어 11년간 유다를 통치하는데 바벨론이 쳐들어와 항복하고 3년을 섬기다가 이집트를 의지하여 배반하여 바벨론에게 공격을 당합니다. 하나님은 예레미야 선지자를 통해 바벨론에게 항복하고 섬겨 징계를 달게 받으라고 했으나 사람을 의지하다 망합니다. 하나님의 뜻을 알아야합니다.

2. 24:8-17, 다음 왕이 여호야긴인데 11살에 왕이 되어 단지 3개월 다스리다가 바벨론왕에게 포로로 끌려가 바벨론에서 37년 감옥에 갇혔다가 자유함을 얻게 됩니다. 그런데 여호야김이나 여호야긴이나 모두 하나님 보시기에 악을 행했다고 평가됩니다. 이 평가는 중요합니다. 하나님께서 나는 어떻게 평가하고 계실까요?

3. 25장, 바벨론왕은 여호야긴왕의 숙부인 시드기야를 왕으로 세우지만, 그가 또 바벨론왕을 배반하여 바벨론이 쳐들어와 2년동안 토성을 쌓아 예루살렘성과 성전을 완파하고 백성모두 바벨론으로 끌려가 70년간 종살이 하게 됩니다. 예레미야를 통해 살길을 열어주지만 미련한 왕과 백성들이 알아차리지 못한 겁니다.

● **한귀절**   오늘 말씀을 읽으면서 마음이 와 닿는 말씀 한 구절을 적고 되뇌어 봅시다.

● **적용**   말씀을 묵상하면서 나의 삶에 적용할 것과 실제적으로 행동에 옮길 것을 구체적으로 적어봅시다.

● **감사**   감사하는 성도는 더욱 더 풍성한 삶을 살게됩니다. 오늘 하루를 돌아보며 한 줄로 감사를 적어봅시다.

● **기도**   글로 쓰는 기도는 영원히 보존되는 기도입니다. 한 줄에 마음을 담아 기도를 주님께 올려드립시다.

20 　．．．　(제 16 주 수요일)　　　　　　　　　오늘의 말씀 : 대상 1-3장

다시 정리하는 역사

배경　먼저 배경을 읽고 오늘의 성경을 읽읍시다. 읽은 뒤 배경을 한 번 더 읽어도 좋습니다.

역대상하는 열왕기상하와 동일한 역사를 다루고 있지만 기록시기가 다르다. 역대상하는 바벨론 포로 70년의 징계를 받고 해방되어 돌아와서 축복받은 선민들이 왜 포로로 끌려가 징계를 받았는가를 깨닫고 새로운 마음으로 언약의 역사를 재조명한 것입니다.

● **묵상**　아래의 질문들을 여유있는 마음으로 두 번 세 번 생각하며 하나님의 마음과 영적인 의미들을 더듬어봅시다.

1. 1장, 족보란 그 가문의 뿌리를 정리한 것입니다. 그렇다면 누구의 족보를 정리하고 있는가? 다윗 왕가의 족보입니다. 이 족보는 곧 예수 그리스도가 오시게 된 것을 보여줍니다. 다른 핏줄도 다 다뤄주는 것 같지만 아브라함, 이삭, 야곱의 줄기를 보여주려고 정리하는 겁니다. 역사의 주인이신 하나님을 시인하는 겁니다.

2. 2장, 에서는 언약의 줄기에서 빠지고 야곱으로 연결됩니다. 12아들 중에서 장자 르우벤이 있지만, 유다의 족보가 집중되고 있는 것은 예수 그리스도를 보내시는 장자의 명분이 야곱에서 유다로 넘어가고 있음을 보여줍니다(창49:1-10). 핑계 댈 게 없습니다. 뿌린 대로 거두기 때문입니다. 그러니 우리는 어떻게 살아야 합니까?

3. 3장, 이제 그 언약의 족보는 다윗에게 연결되고 그 다음은 솔로몬으로 연결됩니다. 보십시오. 다윗에게도 장자도 있고 많은 자녀들이 있습니다. 그들 모두가 자격이 있습니다만 솔로몬에게로 넘어갑니다. 하나님의 선택이시기도 하지만 그 이전에 사람인 우리들의 행동을 보시고 행동하십니다. 지금 나의 삶이 중요합니다.

● **한귀절**　오늘 말씀을 읽으면서 마음이 와 닿는 말씀 한 구절을 적고 되뇌어 봅시다.

● **적용**　말씀을 묵상하면서 나의 삶에 적용할 것과 실제적으로 행동에 옮길 것을 구체적으로 적어봅시다.

● **감사**　감사하는 성도는 더욱 더 풍성한 삶을 살게됩니다. 오늘 하루를 돌아보며 한 줄로 감사를 적어봅시다.

● **기도**　글로 쓰는 기도는 영원히 보존되는 기도입니다. 한 줄에 마음을 담아 기도를 주님께 올려드립시다.

20 . . .　(제 16 주 목요일)　　　　　　　　　　　　　오늘의 말씀 : 대상 4-8장

의미있는 족보

배경　먼저 배경을 읽고 오늘의 성경을 읽읍시다. 읽은 뒤 배경을 한 번 더 읽어도 좋습니다.

대상1-9장에 언급되고 있는 족보는 객관적인 족보가 아닙니다. 장자상속권을 물려받은 유다지파에 집중되어 있습니다. 그리고 성전을 돌보는 레위지파도 소상하게 다뤄줍니다. 그런데 우상숭배한 단지파는 아예 빠졌습니다. 뼈있는 족보입니다. 잘 알아야합니다.

● **묵상**　아래의 질문들을 여유있는 마음으로 두 번 세 번 생각하며 하나님의 마음과 영적인 의미들을 더듬어봅시다.

1. 4:9-10, 2장에서 유다지파를 보여주었는데도 또 자세하게 보여줍니다. 이는 예수님의 혈통을 지니고 있기 때문입니다. 그런데 느닷없이 야베스라는 이름이 튀어나옵니다. 아버지나 족보가 소개되지 않는데 다뤄준 것은 그 지파 중에 심한 고난속에서도 기도하고 응답받아 성공한 삶을 살았기 때문입니다. 모델입니다.

2. 6장, 레위지파에 대한 자세한 족보를 기록합니다. 다른 지파에 비해 소상하게 다뤄줍니다. 이는 포로후 깨닫고 성전회복에 대한 갈망이 매우 컸기 때문입니다. 레위지파는 성전관리, 예배를 담당하고 있었기 때문입니다. 무엇이 소중한지를 깨닫고 나서 이것을 놓치고 싶지 않기 때문입니다. 나에게 예배가 소중합니까?

3. 8장, 베냐민 지파를 다루는데 특히 사울왕의 족보를 자세히 보여주고 있습니다. 사울왕은 유다지파가 아님에도 백성들이 왕을 세워달라고 해서 세워준 것이기 때문에 포로귀환후 정체성을 찾아 유다와 다윗의 혈통을 영적줄기로 인정하게 된 것입니다. 어디서 줄기를 잃어버렸는지 찾은 겁니다. 중요하지만 어렵지요?

● **한귀절**　오늘 말씀을 읽으면서 마음이 와 닿는 말씀 한 구절을 적고 되뇌어 봅시다.

● **적용**　말씀을 묵상하면서 나의 삶에 적용할 것과 실제적으로 행동에 옮길 것을 구체적으로 적어봅시다.

● **감사**　감사하는 성도는 더욱 더 풍성한 삶을 살게됩니다. 오늘 하루를 돌아보며 한 줄로 감사를 적어봅시다.

● **기도**　글로 쓰는 기도는 영원히 보존되는 기도입니다. 한 줄에 마음을 담아 기도를 주님께 올려드립시다.

20 . . . (제 16 주 금요일)   오늘의 말씀 : 대상 9-12장

사울의 몰락과 다윗

> **배경** 먼저 배경을 읽고 오늘의 성경을 읽읍시다. 읽은 뒤 배경을 한 번 더 읽어도 좋습니다.
>
> 이스라엘 백성들이 바벨론 포로 생활을 하면서 신앙의 타락이 고난을 불러일으켰음을 발견하고 언약의 뿌리를 더듬어 가는 중에 약속의 줄기와 관계없는 사울왕의 등장이 실패의 원인이라 보고 역사를 정리하며 원줄기인 다윗의 역사를 조명하기 시작합니다.

● **묵상** 아래의 질문들을 여유있는 마음으로 두 번 세 번 생각하며 하나님의 마음과 영적인 의미들을 더듬어봅시다.

1. 9장, 이스라엘이 포로로 끌려간 것은 범죄함 때문임을 깨달아 포로로부터 돌아와 가장 먼저 성전을 회복해야 했습니다. 그래서 성전과 관련된 사람들이 제일 먼저 옵니다. 제사장, 레위사람, 문지기를 비롯한 사람들입니다. 나는 과연 교회중심의 사람입니까?

2. 9:35-10장, 그런데 느닷없이 사울의 족보가 나옵니다. 아니 성전회복을 하는데 왜 사울 족보와 사울왕이 죽은 사건이 튀어나올까요? 그것은 백성들이 무지하여 왕되신 하나님을 저버리고 왕을 세워달라고 하여 언약과 관계없이 뽑힌 왕이 사울입니다. 그래서 이 부분을 정리합니다. 나의 신앙의 문제는 무엇입니까?

3. 11-12장, 드디어 다윗이 등극합니다. 사울이 여러 가지로 범죄하여 제거됨을 밝힌뒤 약속의 뿌리인 다윗이 왕이 되며 왕을 둘러싼 대단한 용사들을 보여주고 있습니다. 대조적입니다. 사울은 몰락하고 다윗은 든든합니다. 그래서 엄청난 용사들부터 소개하고 있습니다.
나는 하나님 나라를 위한 이런 믿음의 용사입니까?

● **한귀절** 오늘 말씀을 읽으면서 마음이 와 닿는 말씀 한 구절을 적고 되뇌어 봅시다.

● **적용** 말씀을 묵상히면서 니의 삶에 적용할 것과 실제적으로 행동에 옮길 것을 구체적으로 적어봅시다.

● **감사** 감사하는 성도는 더욱 더 풍성한 삶을 살게됩니다. 오늘 하루를 돌아보며 한 줄로 감사를 적어봅시다.

● **기도** 글로 쓰는 기도는 영원히 보존되는 기도입니다. 한 줄에 마음을 담아 기도를 주님께 올려드립시다.

20 . . .   (제 16 주 토요일)   오늘의 말씀 : 대상 13-16장

언약궤를 모시는 다윗

배경   먼저 배경을 읽고 오늘의 성경을 읽읍시다. 읽은 뒤 배경을 한 번 더 읽어도 좋습니다.

다윗이 왕이 된뒤 가장 먼저 하는 일은 법궤를 다윗성으로 모셔오는 일이었습니다. 이는 다윗의 신앙이 하나님 중심임을 보여줍니다. 하나님의 약속이 담긴 법궤(= 언약궤, 증거궤)를 모셔오는데 어려운 일을 격지만 마침내 성으로 모시고 기뻐합니다.

● **묵상**   아래의 질문들을 여유있는 마음으로 두 번 세 번 생각하며 하나님의 마음과 영적인 의미들을 더듬어봅시다.

1. 13장, 다윗이 법궤를 모셔오는 것은 하나님을 모시고 살고 기도하는 삶을 살겠다는 지극히 옳은 일이었습니다. 그런데 다윗은 이 일을 차분히 신하들과 백성들과 의논한 뒤 모셔오는데 온 백성들과 함께 가서 모셔옵니다. 다윗의 이와같은 하나님 중심의 신앙을 본받아야 합니다. 무엇을 깨달으셨습니까?

2. 14:1-2, 다윗이 자기를 이스라엘의 왕으로 세우신 것은 신앙의 나락으로 떨어진 나라를 회복하고 높여주시기 위함을 깨닫게 됩니다. 사람은 누구나 자기 정체성이 있어야 합니다. 나는 누구이며 하나님이 나를 어떻게 생각하시는지, 왜 내가 무엇 때문에 존재하는지를 깨닫는 것은 대단히 중요합니다. 정리해 봅시다

3. 15-16장, 왜 첫 번째 법궤를 모셔올 때에 웃사가 죽게 되고 소들이 뛰며 실패하였습니까? 법궤를 운반하는 방법에 문제가 있었습니다. 거룩한 하나님의 임재의 상징이요, 약속의 말씀을 제사장들의 어깨위에 두렵고 떨린마음으로 존중하며 모셨어야 하지 않겠습니까?(수레가 아닌) 나는 그런 마음으로 주님을 모십니까?

● **한귀절**   오늘 말씀을 읽으면서 마음이 와 닿는 말씀 한 구절을 적고 되뇌어 봅시다.

● **적용**   말씀을 묵상하면서 나의 삶에 적용할 것과 실제적으로 행동에 옮길 것을 구체적으로 적어봅시다.

● **감사**   감사하는 성도는 더욱 더 풍성한 삶을 살게됩니다. 오늘 하루를 돌아보며 한 줄로 감사를 적어봅시다.

● **기도**   글로 쓰는 기도는 영원히 보존되는 기도입니다. 한 줄에 마음을 담아 기도를 주님께 올려드립시다.

20 . . .   (제 17 주 월요일)　　　　　　　　　　　오늘의 말씀 : 대상 17-20장

다윗의 승승장구

● **배경**　먼저 배경을 읽고 오늘의 성경을 읽읍시다. 읽은 뒤 배경을 한 번 더 읽어도 좋습니다.

다윗은 하는일마다 하나님을 기쁘시게 합니다. 성막과 성전건축 그리고 그의 신앙중심의 삶과 통치가 하나님을 기쁘시게 하자 다윗은 하는 일, 하는 전쟁마다 승승장구합니다. 사람보다 먼저 하나님과의 관계가 우선임을 일깨워줍니다. 다윗은 신앙의 모델입니다.

● **묵상**　아래의 질문들을 여유있는 마음으로 두 번 세 번 생각하며 하나님의 마음과 영적인 의미들을 더듬어봅시다.

1. 17장, 다윗이 자신의 궁전을 건축한 뒤 하나님께 송구스러운 마음을 가집니다. 하나님의 궤는 휘장 즉 천막 속에 있는데 나는 백향목궁전에서 산다고 아파합니다. 비록 그가 많은 전쟁으로 피를 많이 흘려 성전건축은 솔로몬에게 넘겨지지만, 하나님은 너무너무 기뻐하십니다. 어떻게 하면 주님을 기쁘시게 할 수 있을까요?

2. 17장, 다윗의 마음을 읽으신 하나님이 다윗에게 내리신 말씀은 네가 어디로 가든지 내가 너와 함께 있어 승리하게 하고 그 이름을 높이겠다는 말씀입니다. 그래서 다윗은 어디를 가든지 승승장구합니다. 이것이 바로 성공의 비결입니다. 나는 먼저 하나님을 기쁘시게 하고 하나님의 일을 합니까? 아니면 나와 세상 일을 먼저합니까?

3. 18-20장, 다윗이 전쟁을 치르는 것마다 승리한다는 승전의 보고들을 담고 있습니다. 우리의 인생사도 이렇게 기록되었으면 좋겠습니다. 그러나 이런 승리의 이면에는 하나님의 도우심과 인도하심이 있음을 알아야 합니다. 영적원리입니다. 하나님이 주셔야 받을 수 있습니다. 어떻게 하면 하나님의 사랑을 받을 수 있을까요?

● **한귀절**　오늘 말씀을 읽으면서 마음이 와 닿는 말씀 한 구절을 적고 되뇌어 봅시다.

● **적용**　말씀을 묵상하면서 나의 삶에 적용할 것과 실제적으로 행동에 옮길 것을 구체적으로 적어봅시다.

● **감사**　감사하는 성도는 더욱 더 풍성한 삶을 살게됩니다. 오늘 하루를 돌아보며 한 줄로 감사를 적어봅시다.

● **기도**　글로 쓰는 기도는 영원히 보존되는 기도입니다. 한 줄에 마음을 담아 기도를 주님께 올려드립시다.

20 . . . (제 17 주 화요일)   오늘의 말씀 : 대상 21-22장

다윗의 인구조사

배경 먼저 배경을 읽고 오늘의 성경을 읽읍시다. 읽은 뒤 배경을 한 번 더 읽어도 좋습니다.

포로후 깨닫고 잃어버린 신앙과 역사를 정리하는데 사울은 빼고 다윗을 크게 다루는데 다윗의 개인적인 밧세바의 범죄내용은 다루지 않습니다. 그러나 칠만명을 죽게한 인구조사만 소개합니다. 역대기를 기록하는 저자들의 마음이 담겨있습니다.

● **묵상** 아래의 질문들을 여유있는 마음으로 두 번 세 번 생각하며 하나님의 마음과 영적인 의미들을 더듬어봅시다.

1. 21:1-8, 다윗이 인구조사를 하게되는데 이게 뭐 그리 큰 죄가 될까요? 우리는 아예 정기적으로 실시하는데요. 다윗의 인구조사 동기는 우리 군대의 수가 이만큼 된다는 자랑 또는 자기를 드러냄에 있었습니다. 요압의 충고는 진심어린 충고입니다. 그 충고를 받기만 했었으면... 나의 삶을 돌아 볼게 매우 많지요?

2. 21:9-30, 하나님은 다윗에게 세가지 벌 중에 하나를 선택하라고 하시고 다윗은 사람에게 당하는 것보다 하나님께 직접 매를 맞겠다고 하여 염병이 내리게 되고 7만명이 죽게됩니다. 다윗은 굵은 베옷을 입고 회개하자 재앙이 멈춥니다. 지도자가 바로 서야 할 것을 가르쳐줍니다. 그리고 이 타작마당에 성전이 세워집니다.

3. 22장, 성전건축을 준비하는 다윗을 만납니다. 이미 하나님께서 다윗은 피를 많이 흘려 평화의 성전을 건축하는 일은 불가하다고 했기 때문에 다윗은 마음을 닫아도 되지만 하나님의 영광을 생각하는 다윗은 자신이 못해도 솔로몬에게 부탁하며 성전건축의 재료를 모으는데 남은 생을 바칩니다. 바로 이 중심이 필요합니다.

● **한귀절** 오늘 말씀을 읽으면서 마음이 와 닿는 말씀 한 구절을 적고 되뇌어 봅시다.

● **적용** 말씀을 묵상하면서 나의 삶에 적용할 것과 실제적으로 행동에 옮길 것을 구체적으로 적어봅시다.

● **감사** 감사하는 성도는 더욱 더 풍성한 삶을 살게됩니다. 오늘 하루를 돌아보며 한 줄로 감사를 적어봅시다.

● **기도** 글로 쓰는 기도는 영원히 보존되는 기도입니다. 한 줄에 마음을 담아 기도를 주님께 올려드립시다.

20 . . .　(제 17 주 수요일)　　　　　　　　　오늘의 말씀 : 대상 23-26장

예배를 풍성케한 다윗

● **배경**　먼저 배경을 읽고 오늘의 성경을 읽읍시다. 읽은 뒤 배경을 한 번 더 읽어도 좋습니다.

다윗은 이제 나이 많아 늙었고 왕위를 아들 솔로몬에게 넘겨주고 자신은 성전건축의 준비와 성전에서의 예배의 회복을 위해 레위지파를 일으켜 세우고 정비하며 예배를 풍성케합니다. 정말 다윗은 하나님이 기뻐하실 만한 사람이었습니다. 자세히 살피십시요

● **묵상**　아래의 질문들을 여유있는 마음으로 두 번 세 번 생각하며 하나님의 마음과 영적인 의미들을 더듬어봅시다.

1. 23장, 다윗은 레위지파를 일으켜 세웁니다. 이스라엘은 모두 12지파중에 레위지파를 오직 성전에서 예배와 성전을 관리하는 일에만 전념하게 합니다. 그래서 인구조사를 하고 사람을 세웁니다. 24-32절을 보면 얼마나 세밀하게 다 세우는지 알 수 있습니다. 우리는 과연 하나님의 일을 얼마나 성실히 감당하고 있습니까?

2. 24장, 이제는 아론의 자손 즉 제사장들을 세우는 일을 합니다. 다윗은 제사장들이 서로 경쟁하거나 일이 치우치지 않도록 아론의 아들들을 조사하고 제비뽑아 일을 맡깁니다. 그리고 이는 하나님이 명하신 일입니다(19). 하나님의 일에는 질서가 있음을 봅니다. 우리는 이런 질서를 존중하고 있는지 살펴봅시다.

3. 25장, 성전의 성가대, 다윗은 레위인들을 구별할 때 특별히 성가대를 구별하여 세웁니다. 이들은 주님을 찬양하는 일에 전념하는 사람들입니다. 각종 악기와 목소리로 주님께 영광돌려드리는 사람들을 따로 세운 것입니다. 시편에 나오는 찬양들은 이들을 통해 지어졌습니다. 나는 찬양하는 삶을 살고 있습니까?

● **한귀절**　오늘 말씀을 읽으면서 마음이 와 닿는 말씀 한 구절을 적고 되뇌어 봅시다.

● **적용**　말씀을 묵상하면서 나의 삶에 적용할 것과 실제적으로 행동에 옮길 것을 구체적으로 적어봅시다

● **감사**　감사하는 성도는 더욱 더 풍성한 삶을 살게됩니다. 오늘 하루를 돌아보며 한 줄로 감사를 적어봅시다.

● **기도**　글로 쓰는 기도는 영원히 보존되는 기도입니다. 한 줄에 마음을 담아 기도를 주님께 올려드립시다.

20 . . .   (제 17 주 목요일)   오늘의 말씀 : 대상 27-29장

노년까지 최선을 다하는 다윗

> **배경**   먼저 배경을 읽고 오늘의 성경을 읽읍시다. 읽은 뒤 배경을 한 번 더 읽어도 좋습니다.
>
> 다윗의 말기 사역을 소개하고 있습니다. 다윗은 백성들을 질서있게 다스렸으며 남은 기간은 성전을 건축하기위하여 설계도를 작성하고 필요한 재료들을 모으는데 전심을 다 쏟습니다. 세상 떠날때까지 변함없이 섬기는 다윗의 삶이 아름답습니다.

● **묵상**   아래의 질문들을 여유있는 마음으로 두 번 세 번 생각하며 하나님의 마음과 영적인 의미들을 더듬어봅시다.

1. 27장, 다윗의 인구조사, 비록 인구조사의 목적이 자기의 영광을 드러내려는 의도가 있어 하나님이 진노하시고 염병으로 7만명이 죽는 참사가 있었지만, 인구조사를 보면 얼마나 질서있고 균형있게 이스라엘 백성들을 다스렸는지 알수 있습니다. 이 다윗의 주도면밀한 질서와 균형이 나의 삶에는 얼마나 있습니까?

2. 28장, 다윗은 백성들의 지도자들과 솔로몬에게 성전건축을 명합니다. 그런데 사실은 건축행위만 솔로몬이 하는 것이지 모든 준비는 다윗이 다 준비합니다. 성전 안의 구조와 모든 기물, 부자재까지 다 설계하였습니다. 솔로몬은 지정한 것도 하나님의 명령이 있었기 때문입니다. 이 정도의 열정이 있어야 하지 않겠습니까?

3. 29장, 다윗은 성전에 쓸 재료를 준비하는데 "내 마음이 내 하나님의 성전을 사모하므로", "힘을 다하여" 자신의 사유물 즉 금, 은과 같은 재산을 주님께 드리면서 누가 즐거이 주님께 성전건축을 위해 드리겠냐고 묻자 지도자들과 백성들이 자원하여 성심으로 드립니다. 우리가 주님께 예물드릴 때 이런 자세가 필요합니다(참고, 고후 9:1-8).

● **한귀절**   오늘 말씀을 읽으면서 마음이 와 닿는 말씀 한 구절을 적고 되뇌어 봅시다.

● **적용**   말씀을 묵상하면서 나의 삶에 적용할 것과 실제적으로 행동에 옮길 것을 구체적으로 적어봅시다.

● **감사**   감사하는 성도는 더욱 더 풍성한 삶을 살게됩니다. 오늘 하루를 돌아보며 한 줄로 감사를 적어봅시다.

● **기도**   글로 쓰는 기도는 영원히 보존되는 기도입니다. 한 줄에 마음을 담아 기도를 주님께 올려드립시다.

20 . . . (제 17 주 금요일)　　　　　　　　　오늘의 말씀 : 대하 1-2장

솔로몬의 초기 열정

배경　먼저 배경을 읽고 오늘의 성경을 읽읍시다. 읽은 뒤 배경을 한 번 더 읽어도 좋습니다.

이제 다윗의 시대는 지나갔고 그 아들 솔로몬이 뒤를 이어 왕이 됩니다. 솔로몬의 초기는 그 누구도 하지못한 순수함과 열정이 있어 일천번제를 드리고 성전을 건축합니다. 우리 모두가 솔로몬의 초기와 같은 순수함만 유지한다면 늘 만사형통일 것입니다.

● **묵상**　아래의 질문들을 여유있는 마음으로 두 번 세 번 생각하며 하나님의 마음과 영적인 의미들을 더듬어봅시다.

1. 1:1-6, 일천번제를 드리는 솔로몬, 아직 성전이 건축되지 않았을 때였으므로 법궤는 기브온의 산당에 있는 성막에 보존되어 있었는데 솔로몬이 하나님께 드린 일천번제는 일천마리의 동물로 주님께 제사를 드린겁니다. 사실 값으로 계산하면 어마어마할 것입니다. 이것은 주님을 사랑하는 마음이 진정하여 드린 것입니다.

2. 1:7-17, 그런데 이런 솔로몬의 진정한 기도와 제물을 받으신 하나님은 솔로몬에게 마음을 활짝 열어 응답하시는데 솔로몬이 부귀영화를 구하지 않고 백성들을 이끌 지혜와 지식을 달라고 함으로써 두 가지 다 받습니다. 만일 내가 솔로몬이었다면 무엇을 구하였을까요?

3. 2장, 솔로몬이 드디어 성전을 건축하는데 어떤 마음으로 건축합니까? 솔로몬은 "여호와의 이름을 위하여", "구별하여 드리고", "모든 신들보다 크신 하나님을 위하여", "하늘과 하늘들의 하늘이라도 주를 용납하지 못하겠거늘 내가 누구이기에 성전을 건축하겠는가" 겸손히 고백합니다. 주의 일을 하는 사람의 자세입니다.

● **한귀절**　오늘 말씀을 읽으면서 마음이 와 닿는 말씀 한 구절을 적고 되뇌어 봅시다.

● **적용**　말씀을 묵상히면서 나의 삶에 적용할 것과 실제적으로 행동에 옮길 것을 구체적으로 적어봅시다.

● **감사**　감사하는 성도는 더욱 더 풍성한 삶을 살게됩니다. 오늘 하루를 돌아보며 한 줄로 감사를 적어봅시다.

● **기도**　글로 쓰는 기도는 영원히 보존되는 기도입니다. 한 줄에 마음을 담아 기도를 주님께 올려드립시다.

20 . . .   (제 12 주 토요일)   오늘의 말씀 : 대하 3-5장

드디어 성전을 건축하다

> **배경**   먼저 배경을 읽고 오늘의 성경을 읽읍시다. 읽은 뒤 배경을 한 번 더 읽어도 좋습니다.
>
> 솔로몬은 진실하고 간절한 마음, 겸손한 마음으로 성전을 건축합니다. 이미 부왕 다윗이 설계하고 많은 재료를 모아놓은 것을 활용하고 솔로몬이 두로왕의 도움을 받으면서 질서정연하게 성전을 건축합니다. 그리고 주님의 영광이 그곳에 임재하십니다.

● **묵상**   아래의 질문들을 여유있는 마음으로 두 번 세 번 생각하며 하나님의 마음과 영적인 의미들을 더듬어봅시다.

1. 3:1, 성전건축의 장소, 솔로몬은 지금의 예루살렘 무슬림성전이 있는 모리아산에 성전을 건축합니다. 이곳은 아브라함의 아들 이삭이 제물로 드려졌던 곳이고 또한 다윗이 인구조사를 하여 염병이 와 7만명이 죽을 때 재앙이 멈춘 오르난의 타작마당입니다. 순종과 은혜가 있는 곳입니다. 고난이 변하여 축복이 되었습니다.

2. 3:2-4장, 성전의 모양과 기구들은 성막을 모델로 하여 설계하고 지었습니다. 성소와 지성소로 구성되어 있고 놋제단과 물두멍 그리고 각종 기구들을 만들었습니다. 성전을 다음은 돌과 손으로 두드려 장인의 손을 통해 기구들을 만들었습니다. 재료를 드리는 과정이나 건축하는 과정 모두가 하나님을 향한 신앙고백이었습니다.

3. 5장, 드디어 성전과 기구들이 완성되자 제사장들이 법궤를 어깨에 메어 옮겨 지성소에 배치하고 나팔부는 제사장 120명과 성가대가 하나님을 찬양하자 하나님의 영광이 새 성전에 임재하셔서 영광의 구름이 성전에 가득하여 제사장들이 섬기지 못할 정도였습니다. 이런 하나님의 영광이 가정과 교회에 임하도록 기도합시다.

● **한귀절**   오늘 말씀을 읽으면서 마음이 와 닿는 말씀 한 구절을 적고 되뇌어 봅시다.

● **적용**   말씀을 묵상하면서 나의 삶에 적용할 것과 실제적으로 행동에 옮길 것을 구체적으로 적어봅시다.

● **감사**   감사하는 성도는 더욱 더 풍성한 삶을 살게됩니다. 오늘 하루를 돌아보며 한 줄로 감사를 적어봅시다.

● **기도**   글로 쓰는 기도는 영원히 보존되는 기도입니다. 한 줄에 마음을 담아 기도를 주님께 올려드립시다.

20 . . .   (제 18 주 월요일)   오늘의 말씀 : 대하 6-7장

성전을 봉헌하는 솔로몬

배경   먼저 배경을 읽고 오늘의 성경을 읽읍시다. 읽은 뒤 배경을 한 번 더 읽어도 좋습니다.

모세 때 만들어진 성막이 이제 솔로몬을 통해 성전으로 완성된 것입니다. 성막은 하나님이 이스라엘을 만나시고 이스라엘 백성들 가운데 거주하시겠다고 한 곳입니다. 그런데 그 성막은 천막속에 있었지만 솔로몬이 완전한 성전으로 완성하고 봉헌합니다.

● **묵상**   아래의 질문들을 여유있는 마음으로 두 번 세 번 생각하며 하나님의 마음과 영적인 의미들을 더듬어봅시다.

1. 6:1-2, 하나님이 출애굽한 이스라엘 백성들에게 내가 너와 만날 집, 너희들 가운데 거할 집을 지으라고 말씀하신 것이 성막입니다. 그런데 성막은 그 크기가 사방 5미터 정도이고 창문도 하나 없는 방입니다. 그러니 캄캄할 수 밖에 없습니다. 성막은 주님이 우리와 함께 계신다는 것을 현실적으로 보여주신 것입니다.

2. 6:18, 솔로몬은 봉헌하며 기도를 올립니다. " 하나님이 참으로 사람과 함께 땅에 계시리이까? 하늘과 하늘들의 하늘이라도 주를 용납하지 못하겠거든 하물며..." 그렇습니다. 주님이 우리와 함께 계신다는 것을 눈으로 보여주신 것인데 이는 지금 눈에 안보이시지만 하나님께서 우리와 함께 계심을 말씀하고 있는 것입니다.

3. 7장, 봉헌기도가 마쳐지자 하늘에서 불이 내려와 제물들을 다 태우고 하나님의 영광이 가득하였으며 하나님은 솔로몬에게 나타나 너희가 전심으로 회개하고 돌이켜 겸손하게 기도하면 죄를 사하며 치유해 주실 것을 약속해 주셨습니다. 그러나 만일 하나님을 버린다면 하나님도 그들을 버리실 것을 말씀하십니다. 두렵지요.

● **한귀절**   오늘 말씀을 읽으면서 마음이 와 닿는 말씀 한 구절을 적고 되뇌어 봅시다.

● **적용**   말씀을 묵상하면서 나의 삶에 적용할 것과 실제적으로 행동에 옮길 것을 구체적으로 적어봅시다.

● **감사**   감사하는 성도는 더욱 더 풍성한 삶을 살게됩니다. 오늘 하루를 돌아보며 한 줄로 감사를 적어봅시다.

● **기도**   글로 쓰는 기도는 영원히 보존되는 기도입니다. 한 줄에 마음을 담아 기도를 주님께 올려드립시다.

20 . . .   (제 18 주 화요일)   오늘의 말씀 : 대하 8-9장

솔로몬이 누리는 부귀영화

● **배경**   먼저 배경을 읽고 오늘의 성경을 읽읍시다. 읽은 뒤 배경을 한 번 더 읽어도 좋습니다.

솔로몬이 성전건축을 하고 봉헌을 하자 하늘에서 불이 내려오고 하나님의 응답이 내려옵니다. 그리고 솔로몬의 부귀영화는 극에 달하게 됩니다. 그러나 역대상하에서는 솔로몬의 우상숭배를 다루지 않습니다. 그래서 열왕기상하와 구별이 됩니다.

● **묵상**   아래의 질문들을 여유있는 마음으로 두 번 세 번 생각하며 하나님의 마음과 영적인 의미들을 더듬어봅시다.

1. 8:11 솔로몬은 주변국과의 정치적 관계로 정략결혼을 하게되고 여러나라의 공주들과 결혼하는데 그 중에는 이집트의 공주도 있었지만 솔로몬은 이방여인들을 자기의 성에 함께 살게하지 않습니다. 왜냐하면 하나님의 임재를 상징하는 언약궤를 모시고 있었기 때문입니다. 우리의 삶도 이런 거룩, 성별이 있어야 합니다.

2. 8:12-15 성전이라는 건물보다 더 중요한 것은 신앙생활이겠지요? 솔로몬은 건물보다 예배에 핵심을 둡니다. 그래서 모세가 명령한 것을 따라 매일 드리는 제사로부터 절기에 이르기까지 철저하게 지킵니다. 그리고 이를 위해 제사장과 레위인의 역할도 정합니다. 건물이 아니라 신령과 진정으로 드리는 예배가 소중합니다.

3. 9:1-12 당시 큰 영향력을 가진 스바 곧 이디오피아의 여왕이 솔로몬의 지혜와 성전을 구경하려고 옵니다. 그리고는 감탄합니다. 하나님은 믿는자의 삶이 세상 사람들에게 빛과 소금이 되기를 원합니다. 우리는 하나님의 얼굴이어야 하고 향기여야 합니다. 혹시 주변에서 나를 보고 하나님을 믿게된 분이 있습니까?

● **한귀절**   오늘 말씀을 읽으면서 마음이 와 닿는 말씀 한 구절을 적고 되뇌어 봅시다.

● **적용**   말씀을 묵상하면서 나의 삶에 적용할 것과 실제적으로 행동에 옮길 것을 구체적으로 적어봅시다.

● **감사**   감사하는 성도는 더욱 더 풍성한 삶을 살게됩니다. 오늘 하루를 돌아보며 한 줄로 감사를 적어봅시다.

● **기도**   글로 쓰는 기도는 영원히 보존되는 기도입니다. 한 줄에 마음을 담아 기도를 주님께 올려드립시다.

20 . . .   (제 18 주 수요일)   오늘의 말씀 : 대하 10-12장

르호보암과 나라의 분열

배경   먼저 배경을 읽고 오늘의 성경을 읽읍시다. 읽은 뒤 배경을 한 번 더 읽어도 좋습니다.

사실은 르호보암이 아니라 솔로몬왕의 우상숭배로 말미암아 나라가 분열되게 되는데 하나님께서 다윗의 신실함을 보아 참으시고 솔로몬의 아들 르호보암 때에 나라를 나누십니다. 역사의 주인은 하나님이십니다. 사람에게가 아니라 하나님께 삶이 달려있습니다.

● **묵상**   아래의 질문들을 여유있는 마음으로 두 번 세 번 생각하며 하나님의 마음과 영적인 의미들을 더듬어봅시다.

1. 10장, 솔로몬왕때 성전과 왕궁을 건축하느라 백성들이 많이 힘들어했는데 이런 멍에를 가볍게 해 달라고 요청하지만 르호보암은 거절합니다. 그런데 왜 이렇게 되었을까요? 이것은 하나님께로부터 말미암았다고 15절은 말해줍니다. 하나님 마음에 합한 사람이 되어야 그 삶이 형통해 짐을 깨닫게 됩니다.

2. 11:13-17, 북쪽으로 열지파를 이끌고 올라간 여로보암이 제사장들을 추방하고 우상을 만듭니다. 왜냐하면 북 이스라엘의 자기 백성들이 예배드리러 남쪽 유다지역 예루살렘 성전에 가면 백성들이 돌이켜 돌아갈까 염려되기 때문입니다. 이 인간의 욕심, 자기 중심적인 삶이 패망을 일으킵니다. 나를 돌아봐야 합니다.

3. 12장, 언제나 사람들은 강성해지고, 평안해지면 문제가 생깁니다. 사사시대에도 그랬고 왕들의 시대도 그렇습니다. 르호보암이 나라가 견고하고 강해지니까 하나님의 말씀을 버립니다. 지금 우리도 그렇습니다. 경제가 부흥하면 하나님을 버립니다. 혹시 내가 그런 것 아닙니까? 더 겸손히 순수하게 바로 서야합니다.

● **한귀절**   오늘 말씀을 읽으면서 마음이 와 닿는 말씀 한 구절을 적고 되뇌어 봅시다.

● **적용**   말씀을 묵상하면서 나의 삶에 적용할 것과 실제적으로 행동에 옮길 것을 구체적으로 적어봅시다.

● **감사**   감사하는 성도는 더욱 더 풍성한 삶을 살게됩니다. 오늘 하루를 돌아보며 한 줄로 감사를 적어봅시다.

● **기도**   글로 쓰는 기도는 영원히 보존되는 기도입니다. 한 줄에 마음을 담아 기도를 주님께 올려드립시다.

20　　　(제 18 주 목요일)　　　　　　　　　오늘의 말씀 : 대하 13-16장

아비야, 아사왕의 신앙고백

배경　먼저 배경을 읽고 오늘의 성경을 읽읍시다. 읽은 뒤 배경을 한 번 더 읽어도 좋습니다.

인간의 행복과 승리, 평화는 철저히 하나님과의 관계에 정비례합니다. 아비야와 아사왕이 하나님을 신뢰하고 하나님 보시기에 합당한 삶을 살자 아무리 어려운 일이 몰려와도 하나님께서 친히 문제의 해결자가 되심을 생생하게 보게 됩니다.

● **묵상**　아래의 질문들을 여유있는 마음으로 두 번 세 번 생각하며 하나님의 마음과 영적인 의미들을 더듬어봅시다.

1. 13장, 이스라엘이 80만명의 군사로 유다에게 전쟁을 걸어옵니다. 이때 유다왕 아비야는 이스라엘과 여로보암이 하나님을 버리고 우상숭배하였으므로 하나님이 우리와 함께 계시니 하나님과 싸우지 말라고 하지만 복병까지 세우며 강력한 전략을 구사합니다. 그러나 하나님이 친히 싸우시므로 50만명이 죽습니다. 상황이 어떠냐 보다 하나님을 향한 신앙고백이 더욱 중요합니다.

2. 14장, 아사가 아비야의 뒤를 이어 유다의 왕이 되는데 아사는 하나님 보시기에 선과 정의를 행하고 우상을 타파합니다. 구스(이디오피아)가 100만명을 거느리고 공격하지만 힘이 강한자와 약한자의 사이에 도와줄 이는 오직 하나님이라고 기도하며 하나님을 의지할 때 살아 남은자가 없었습니다. 신앙고백이 중요합니다.

3. 16장, 그런데 그런 아사왕이 왕이 된지 36째에 가서 어쩌자고 이스라엘왕 바아사가 쳐들어 왔을 때 하나님을 의지하지 않고 아람왕 벤하닷에게 지원을 요청합니다. 그리고 병이 들었을 때 하나님을 찾지 않고 의사를 먼저 찾았습니다. 바른말을 하는 선지자도 옥게 가둡니다. 유종의 미가 얼마나 중요한가를 깨닫습니다.

● **한귀절**　오늘 말씀을 읽으면서 마음이 와 닿는 말씀 한 구절을 적고 되뇌어 봅시다.

● **적용**　말씀을 묵상하면서 나의 삶에 적용할 것과 실제적으로 행동에 옮길 것을 구체적으로 적어봅시다.

● **감사**　감사하는 성도는 더욱 더 풍성한 삶을 살게됩니다. 오늘 하루를 돌아보며 한 줄로 감사를 적어봅시다.

● **기도**　글로 쓰는 기도는 영원히 보존되는 기도입니다. 한 줄에 마음을 담아 기도를 주님께 올려드립시다.

20 . . .   (제 18 주 금요일)   오늘의 말씀 : 대하 17-20장

신앙의 사람 여호사밧

> **배경**   먼저 배경을 읽고 오늘의 성경을 읽읍시다. 읽은 뒤 배경을 한 번 더 읽어도 좋습니다.
>
> 유다왕 여호사밧왕에 대한 기록입니다. 구약의 역사서는 신약백성들에게는 귀감이 되는 모델입니다. 우리는 그들의 삶 하나 하나를 관찰하면서 삶의 지혜를 얻고 과거 사람들의 실패를 거울삼아 성숙한 삶, 하나님이 기뻐하시는 삶을 살아야 합니다.

● **묵상**   아래의 질문들을 여유있는 마음으로 두 번 세 번 생각하며 하나님의 마음과 영적인 의미들을 더듬어봅시다.

1. 17장, 유다왕 여호사밧은 하나님을 신뢰하고 기도하며 말씀을 실천할 뿐 아니라 백성들에게 제사장들을 보내 하나님의 말씀을 가르치기까지 합니다. 그러니 "여호와께서 유다 사방의 모든 나라에 두려움을 주사 여호사밧과 싸우지 못하게" 하십니다. 평안과 승리, 부요의 길이 무엇인지 아시겠지요?

2. 18장, 그런데 여호사밧왕은 우상숭배를 극렬히 하는 이스라엘왕 아합왕의 가문과 혼인을 합니다. 단지 한 핏줄, 한 민족이라는 이성적인 판단만 한겁니다. 아합왕의 권유로 쓸데없는 전쟁에 휘둘려 죽을 수 밖에 없는 위기를 만나지만 하나님이 보호해 주셔서 겨우 목숨을 건지고 돌아옵니다. 신앙이 좋은 것과 영들을 분별하고 하나님의 뜻을 분별하는 것은 다른 분야 같지 않습니까?

3. 20장, 여호사밧왕이 매사에 말씀 중심의 삶을 살 때 세나라가 연합하여 대군을 이끌고 쳐들어왔습니다. 이에 왕은 유다백성들 모두를 성전에 불러 금식을 청하고 갓난아이들까지 다 모여 금식하며 우리가 어찌할 줄 모르고 오직 주님만 바라본다고 기도하며 하나님을 신뢰할 때 완전한 승리를 거둡니다. 이유를 아시겠죠?

● **한귀절**   오늘 말씀을 읽으면서 마음이 와 닿는 말씀 한 구절을 적고 되뇌어 봅시다.

● **적용**   말씀을 묵상하면서 나의 삶에 적용할 것과 실제적으로 행동에 옮길 것을 구체적으로 적어봅시다.

● **감사**   감사하는 성도는 더욱 더 풍성한 삶을 살게됩니다. 오늘 하루를 돌아보며 한 줄로 감사를 적어봅시다.

● **기도**   글로 쓰는 기도는 영원히 보존되는 기도입니다. 한 줄에 마음을 담아 기도를 주님께 올려드립시다.

20 . . .　　(제 18 주 토요일)　　　　　　　　　오늘의 말씀 : 대하 21-24장

다음세대가 생명입니다

> **배경**　먼저 배경을 읽고 오늘의 성경을 읽읍시다. 읽은 뒤 배경을 한 번 더 읽어도 좋습니다.
>
> 여호사밧은 하나님 앞에서 신실하여 인정받은 사람이었습니다만 자녀들에게 믿음을 전수시키지 못했고 영적 분별이 약해 아들을 아합왕의 딸과 결혼하게 하므로 화근을 불러옵니다. 이것은 남방 유다가 이어서 죄를 짓게 하는 원인이 되었습니다.

● **묵상**　아래의 질문들을 여유있는 마음으로 두 번 세 번 생각하며 하나님의 마음과 영적인 의미들을 더듬어봅시다.

1. 21장, 여호사밧왕이 죽고 아들 여호람이 왕이 되어 8년을 통치하지만 우상숭배의 대명사인 이스라엘의 아합왕의 딸을 부인으로 맞아들이고 아버지가 버린 우상을 숭배하였고 자기보다 착한 아우 왕자들을 죽이므로 하나님께서 징계를 내리심으로 창자가 튀어나와 죽게됩니다. 아버지 만도 못한 아들이었습니다.

2. 22장, 여호람왕의 아들 아하시야에게 왕위가 물려지지만 그의 어머니 곧 아합왕의 딸의 꼬임으로 우상을 섬기게 됩니다. 결국 아하사시야는 아합왕의 아들인 요람왕이 아람과 싸우는 전투에 함께 참여하러 갔다가 예후를 만나 죽임을 당하게 됨으로 일년 밖에 왕이 되지 못합니다. 우상숭배는 패망을 초래합니다.

3. 23-24장, 아하시야왕의 어머니 아달랴가 왕이 죽자 왕자들의 씨를 모두 말리고 자기가 왕노릇합니다만 제사장 여호야다의 아내인 아하시야왕의 누이가 왕자중 요시야를 살려 숨겨 키웠다가 7살이 되자 왕으로 세우고 여호야다의 도움으로 하나님 보시기에 정직한 왕이 됩니다. 사람은 누구를 만나느냐가 중요합니다.

● **한귀절**　오늘 말씀을 읽으면서 마음이 와 닿는 말씀 한 구절을 적고 되뇌어 봅시다.

● **적용**　말씀을 묵상하면서 나의 삶에 적용할 것과 실제적으로 행동에 옮길 것을 구체적으로 적어봅시다.

● **감사**　감사하는 성도는 더욱 더 풍성한 삶을 살게됩니다. 오늘 하루를 돌아보며 한 줄로 감사를 적어봅시다.

● **기도**　글로 쓰는 기도는 영원히 보존되는 기도입니다. 한 줄에 마음을 담아 기도를 주님께 올려드립시다.

20 . . .   (제 19 주 월요일)   오늘의 말씀 : 대하 25-28장

하나님을 신뢰하는 만큼

> **배경** 먼저 배경을 읽고 오늘의 성경을 읽읍시다. 읽은 뒤 배경을 한 번 더 읽어도 좋습니다.
>
> 유다왕 아마샤, 웃시야, 요담, 아하스에 이르는 네 왕들에 대한 보고서입니다. 이들이 하나님과의 관계를 어떻게 맺는가에 따라 흥망성쇠가 결정됩니다. 정비례합니다. 곧 하나님을 신뢰하고 사랑하는 만큼 평안과 부요가 찾아옵니다. 살펴보십시오.

● **묵상**   아래의 질문들을 여유있는 마음으로 두 번 세 번 생각하며 하나님의 마음과 영적인 의미들을 더듬어봅시다.

1. 25장, 25살에 왕이 된 아마샤가 하나님보시기에 정직하였으나 온전한 마음으로는 행하지 않았다고 역사서는 평가합니다. 놀랍지요? 하나님은 한 왕, 한 사람을 평가하시는데 그 마음의 동기까지 읽으시는 분이십니다. 두렵고 떨립니다. 돈주고 사람사서 전쟁하려는 아마샤를 보며 나의 인간적인 노력은 어떠합니까?

2. 26장, 웃시야가 16살에 왕이되어 52년간 다스려 길게 왕 노릇하지만 나라가 강성해지자 교만하여 성전에 들어가 향단에 분향하려다가 나병이 걸리고 맙니다. 그래서 그 이후 아들 요담이 실제적인 치리를 하게 됩니다. 요담은 아버지를 닮지 않아 하나님 앞에 정직하여 점점 강성해 졌습니다. 영적원리가 있습니다.

3. 28장, 아하스가 20살에 왕이 되어 16년을 통치하지만 역대왕들이 하지 못한 우상숭배를 극렬히 하고 산당에서 분향하고 자녀들을 우상에게 드리기 위해 불사릅니다. 그러니 어찌 나라가 온전하겠습니까? 아람왕이 12만명을 죽이고 20만명을 포로로 끌고가며 또 에돔이 쳐들어 옵니다. 영적원리가 확실합니다.

● **한귀절**   오늘 말씀을 읽으면서 마음이 와 닿는 말씀 한 구절을 적고 되뇌어 봅시다.

● **적용**   말씀을 묵상하면서 나의 삶에 적용할 것과 실제적으로 행동에 옮길 것을 구체적으로 적어봅시다.

● **감사**   감사하는 성도는 더욱 더 풍성한 삶을 살게됩니다. 오늘 하루를 돌아보며 한 줄로 감사를 적어봅시다.

● **기도**   글로 쓰는 기도는 영원히 보존되는 기도입니다. 한 줄에 마음을 담아 기도를 주님께 올려드립시다.

20 . . .   (제 19 주 화요일)   오늘의 말씀 : 대하 29-32장

히스기야왕을 통하여

> **배경** 먼저 배경을 읽고 오늘의 성경을 읽읍시다. 읽은 뒤 배경을 한 번 더 읽어도 좋습니다.
>
> 히스기야왕의 삶은 우리의 본보기가 됩니다. 하나님 앞에서 정직했고 진실하여 기적도 체험하고 수명도 연장하지만 그게 되레 화가 되어 이스라엘에 엄청난 화를 불러일으키게 됩니다. 사람이 유종의 미를 거두기가 쉽지 않은가 봅니다.

● **묵상**   아래의 질문들을 여유있는 마음으로 두 번 세 번 생각하며 하나님의 마음과 영적인 의미들을 더듬어봅시다.

1. 29-31장, 히스기야가 25살에 유다의 왕이 되어 29년간을 통치하는데 남달리 성전을 수리하고 종교 개혁을 일으켜 우상을 타파하고 백성들에게 그간의 죄들을 열거하며 회개를 촉구하며 잃어버린 예배와 절기들을 회복합니다. 그러니 어찌 하나님이 기뻐하지 않으셨겠습니까? 왕이 하는 일을 주께서 도우셨습니다.

2. 32장, 히스기야왕에게 큰 환란이 닥칩니다. 앗수르가 쳐들어 와 하나님을 모독하고 이스라엘을 조롱합니다만 히스기야가 하나님을 의지하고 금식하며 기도할 때 하나님께서 천사를 보내 멸하시므로 앗수르왕 산헤립이 수치를 당하고 도망갔다가 시해를 당합니다. 하나님은 기도를 들으시며 응답해 주시는 분입니다.

3. 32:24-26, 히스기야가 병들어 죽게 되었을 때 하나님이 수명도 15년을 연장시키고 해시계의 기적을 허락하셨습니다만 교만하여 받은 은혜를 보답하지 않았습니다. 너무 아쉽습니다. 나중에라도 교만을 뉘우치고 회개함으로 히스기야의 생전에는 내리지 않으셨습니다. 받은바 은혜를 감사하고 보답할 줄 알아야합니다.

● **한귀절**   오늘 말씀을 읽으면서 마음이 와 닿는 말씀 한 구절을 적고 되뇌어 봅시다.

● **적용**   말씀을 묵상하면서 나의 삶에 적용할 것과 실제적으로 행동에 옮길 것을 구체적으로 적어봅시다.

● **감사**   감사하는 성도는 더욱 더 풍성한 삶을 살게됩니다. 오늘 하루를 돌아보며 한 줄로 감사를 적어봅시다.

● **기도**   글로 쓰는 기도는 영원히 보존되는 기도입니다. 한 줄에 마음을 담아 기도를 주님께 올려드립시다.

20　． ． ． （제 19 주 수요일）　　　　　　　　　　　　오늘의 말씀 : 대하 33장

유다의 최악 므낫세

배경　먼저 배경을 읽고 오늘의 성경을 읽읍시다. 읽은 뒤 배경을 한 번 더 읽어도 좋습니다.

므낫세는 성군 히스기야의 아들로서 유다의 왕이 되는데 최장 55년을 통치합니다. 그러나 유다의 20명의 왕들 중 최악의 왕입니다. 우상숭배를 그 어느때 보다 극렬하게 섬깁니다. 이 므낫세가 유다의 종말을 확정짓게 됩니다. 역사에 이런 사람이 없어야 합니다.

● **묵상**　아래의 질문들을 여유있는 마음으로 두 번 세 번 생각하며 하나님의 마음과 영적인 의미들을 더듬어봅시다.

1. 33:1-9, 어떻게 이럴수가 있을까요? 유다역사 중 우상을 대대적으로 척결하고 예배와 절기를 회복한 왕이 히스기야인데 그 아들이 어떻게 아버지가 버리고 파괴한 우상을 다시 종합적으로 불러들입니까? 아버지에 대한 원한이 있거나 히스기야의 아들 교육이 잘못되었거나 일 것입니다. 신앙의 전수는 생명입니다.

2. 33:10-20. 므낫세의 우상숭배로 하나님은 앗수르로 하여금 징계하셔서 포로가 되어 쇠사슬로 결박당해 바벨론으로 끌려가게 되는데 므낫세가 환난을 당하고 나서 회개합니다. 겸손히 주님께 회개하며 기도하므로 하나님께서 그 기도를 들으시고 본국으로 돌아가 남은 삶을 평안히 살게하십니다. 은혜의 하나님이십니다.

3. 33:21-25, 므낫세가 죽고 그의 아들 아몬이 22살에 왕이 되는데 22살이면 아버지의 고난과 회개, 겸손과 하나님께 돌아서는 것을 다 보았을터인데 아들이 또 우상숭배를 합니다. 유다전체가 우상숭배해서 그럴까요? 자식교육이 안돼서 그럴까요? 여하튼 아몬은 왕이 된 후 2년에 신하가 살해합니다.

● **한귀절**　오늘 말씀을 읽으면서 마음이 와 닿는 말씀 한 구절을 적고 되뇌어 봅시다.

● **적용**　말씀을 묵상하면서 나의 삶에 적용할 것과 실제적으로 행농에 옮길 것을 구세직으로 적이븝시디.

● **감사**　감사하는 성도는 더욱 더 풍성한 삶을 살게됩니다. 오늘 하루를 돌아보며 한 줄로 감사를 적어봅시다.

● **기도**　글로 쓰는 기도는 영원히 보존되는 기도입니다. 한 줄에 마음을 담아 기도를 주님께 올려드립시다.

(제 19 주 목요일) 　　　　　오늘의 말씀 : 대하 34-36장

유다의 멸망

배경　먼저 배경을 읽고 오늘의 성경을 읽읍시다. 읽은 뒤 배경을 한 번 더 읽어도 좋습니다.

북방 이스라엘은 BC 722년에 앗수르에 망해 포로로 끌려갔고 유다는 135년 뒤인 BC 586년에 바벨론에 의해 망해 포로로 끌려갑니다. 축복의 땅에서 쫓겨나게 된겁니다. 세상사랑과 우상숭배가 멸망을 초래합니다. 하나님과의 관계는 인간에게 생명선입니다.

● **묵상**　아래의 질문들을 여유있는 마음으로 두 번 세 번 생각하며 하나님의 마음과 영적인 의미들을 더듬어봅시다.

1. 34장, 요시아는 히스기야의 손자이자 아몬왕의 아들입니다. 8살에 왕이 되는데 왕이 된 뒤 8년 즉 16살에 하나님을 찾습니다. 그리고 대대적으로 우상을 제거하고 제단을 헐기를 8년에 걸쳐서 강행합니다. 그리고 성전을 정결케하고 수리하다 발견한 율법책을 읽고 크게 회개합니다. 그래서 하나님께서 감동하십니다.

2. 35:20-27, 그러나 하나님의 유다에 대한 진노는 식지 않으십니다. 그동안 너무도 많은 죄를 쌓아놓았기 때문입니다. 그럼에도 불구하고 요시아의 생명을 구해주시려고 애굽왕을 통해 말씀하시지만 그것을 분별하지 못한 요시아왕은 어이없는 죽임을 당합니다. 하나님의 진노가 크시면 눈을 감고 계심도 알아야합니다.

3. 36장, 유다의 남은 왕들도 바로서지 못해 결국 벌어놓은 매와 우상숭배가 시드기야왕을 끝으로 바벨론에 의해 멸망을 당합니다. 축복의 땅에서 추방당한 것입니다. 그리고 70년후 하나님이 바벨론을 무너뜨린 페르시아 고레스왕의 마음을 감동시켜 유다백성들을 해방시켜 줍니다. 하나님은 약속에 신실하신 분입니다.

● **한귀절**　오늘 말씀을 읽으면서 마음이 와 닿는 말씀 한 구절을 적고 되뇌어 봅시다.

● **적용**　말씀을 묵상하면서 나의 삶에 적용할 것과 실제적으로 행동에 옮길 것을 구체적으로 적어봅시다.

● **감사**　감사하는 성도는 더욱 더 풍성한 삶을 살게됩니다. 오늘 하루를 돌아보며 한 줄로 감사를 적어봅시다.

● **기도**　글로 쓰는 기도는 영원히 보존되는 기도입니다. 한 줄에 마음을 담아 기도를 주님께 올려드립시다.

20 . . . (제 19 주 금요일)　　　　　　　　　　　　　오늘의 말씀 : 스 1-3장

포로로 부터의 귀환

배경 먼저 배경을 읽고 오늘의 성경을 읽읍시다. 읽은 뒤 배경을 한 번 더 읽어도 좋습니다.

70년의 징계의 기간이 끝나고 하나님의 은혜로 이스라엘은 해방을 받아 귀국합니다. 이들은 회개하고 새로운 마음으로 돌아와 성전을 재건하고 말씀신앙을 회복하는데 주력합니다. 여기에 스룹바벨과 에스라가 쓰임받습니다.

● **묵상** 아래의 질문들을 여유있는 마음으로 두 번 세 번 생각하며 하나님의 마음과 영적인 의미들을 더듬어봅시다.

1. 1:1-4, 페르시아는 중동의 나라들을 제패하고 제국을 건설합니다. 그런데 어떻게 이방나라의 왕이 통치하는 전 지역에 조서를 내려 하나님이 내게 주권을 주셨고 성전을 건축하라고 말씀하셨다고 선포할 수 있었을까요? 하나님께서 고레스의 마음을 감동시키셨다고 말씀하십니다. 성령의 역사가 사람을 변화시킵니다.

2. 1:5-2장, 고레스의 해방선언으로 유다백성들은 42,360명이 귀국하게 되는데 이들의 귀국목적은 성전건축입니다. 곧 신앙회복이 최우선이라 여겨 가장 먼저 성전을 재건하는 일에 관심을 집중합니다. 고레스는 부왕이 빼앗아간 성전의 기명들도 다 돌려줍니다. 신앙회복, 말씀회복, 예배회복이 최 우선 과제입니다.

3. 3장, 귀국한 사람들은 제 각기 고향으로 돌아갔다가 7개월 만에 성전재건을 위해 일제히 한 마음으로 모입니다. 스룹바벨과 예수아라는 제사장을 중심으로 예배를 회복하고 귀국후 1년2개월 만에 성전을 재건합니다. 성전의 기초를 쌓고 대성통곡하며 울고 또 기쁨으로 함성을 지릅니다. 신앙회복이 기쁨의 회복입니다.

● **한귀절** 오늘 말씀을 읽으면서 마음이 와 닿는 말씀 한 구절을 적고 되뇌어 봅시다.

● **적용** 말씀을 묵상하면서 나의 삶에 적용할 것과 실제적으로 행동에 옮길 것을 구체적으로 적어봅시다.

● **감사** 감사하는 성도는 더욱 더 풍성한 삶을 살게됩니다. 오늘 하루를 돌아보며 한 줄로 감사를 적어봅시다.

● **기도** 글로 쓰는 기도는 영원히 보존되는 기도입니다. 한 줄에 마음을 담아 기도를 주님께 올려드립시다.

20 . . .　　(제 19 주 토요일)　　　　　　　　　　　　　　오늘의 말씀 : 스 4-6장

언제나 부흥에는 사단의 역사가!

배경　먼저 배경을 읽고 오늘의 성경을 읽읍시다. 읽은 뒤 배경을 한 번 더 읽어도 좋습니다.

그렇습니다. 언제나 부흥하려고 하면 사단이 불을 끄고 역사합니다. 성전재건의 방해가 일어나고 법적 공방이 오고가며 성전 재건은 16년이 지체됩니다. 가슴 아픈 일입니다. 그러나 하나님은 포기하지 않고 일을 성취하게 하시는 하나님이십니다.

● **묵상**　아래의 질문들을 여유있는 마음으로 두 번 세 번 생각하며 하나님의 마음과 영적인 의미들을 더듬어봅시다.

1. 4장, 성전 재건의 소식이 대적들에게 들립니다. 대적들 곧 사단의 세력들은 언제나 회복과 부흥의 길을 막는 자들입니다. 이들은 돕는척하면서 방해하고 뜻대로 안되니까 감언이설로 고발을 합니다. 사단의 전략입니다. 왕은 바뀌고 세월은 16년이 흘러갑니다. 영적전투는 이렇듯 시대를 초월하여 항상 일어납니다.

2. 5:1-5, 성전재건이 중지되고 세월이 흘러가자 하나님은 학개와 스가랴 선지자를 보내 성전재건을 속히 하라는 명령을 내리셨고 이에 스룹바벨과 예수아 제사장이 힘을 내어 성전재건을 시작하고 고레스왕의 명령을 조사케 요청하여 성전재건이 순적히 완공되게 됩니다. 선지자를 통한 음성에 귀 기울여야 합니다.

3. 6장, 결국 페르시아의 다리오왕이 고레스왕의 조서를 찾아내 확인하고는 오히려 성전재건을 힘있게 하라고 권면하고 누구든 방해하는 자는 그 집에서 들보를 빼내고 그 위에 매어달게하고 그 집은 거름더미가 되게 하라고 엄명을 내립니다. 사단의 방해에 겁먹지 말고 하나님의 일하심을 기대하며 힘을 내야합니다.

● **한귀절**　오늘 말씀을 읽으면서 마음이 와 닿는 말씀 한 구절을 적고 되뇌어 봅시다.

● **적용**　말씀을 묵상하면서 나의 삶에 적용할 것과 실제적으로 행동에 옮길 것을 구체적으로 적어봅시다.

● **감사**　감사하는 성도는 더욱 더 풍성한 삶을 살게됩니다. 오늘 하루를 돌아보며 한 줄로 감사를 적어봅시다.

● **기도**　글로 쓰는 기도는 영원히 보존되는 기도입니다. 한 줄에 마음을 담아 기도를 주님께 올려드립시다.

20 . . . (제 20 주 월요일)　　　　　　　　　　　오늘의 말씀 : 스 7-10장

에스라를 통한 말씀회복

배경　먼저 배경을 읽고 오늘의 성경을 읽읍시다. 읽은 뒤 배경을 한 번 더 읽어도 좋습니다.

이제 성전이 재건되었으니 다음 단계는 말씀의 회복입니다. 그래서 하나님은 학사이면서 제사장인 에스라를 보내십니다. 에스라가 와서 말씀회복을 일으키는데 땅에 떨어진 말씀을 다시 끌어 올리고 전국적으로 이 말씀회복 운동을 일으키게 됩니다.

● **묵상**　아래의 질문들을 여유있는 마음으로 두 번 세 번 생각하며 하나님의 마음과 영적인 의미들을 더듬어봅시다.

1. 7장, 하나님은 에스라라는 사람을 들어 쓰십니다. 에스라는 페르시아왕의 신임을 받아 무엇을 구하든지 다 받는 사람이라고 했으니 하나님이 예비시켜 주신 사람입니다. 왕의 조서를 받아와 왕의 보호아래 말씀을 회복하도록 명 받습니다. 하나님께서 징계 후 회복을 위하여 하늘문을 여셨습니다. 할렐루야!

2. 8장, 에스라가 4개월 걸려 귀환할 때 사람들을 모았으나 성전을 위해 섬길 레위자손들이 한 사람도 없었습니다. 그래서 에스라는 레위인들을 찾아 데려오게 합니다. 그래서 함께 온 사람들은 제사장을 비롯해 노래하는 자(성가대), 문지기와 성전을 섬기는 느디님 사람들, 레위인들이 함께 올라옵니다. 리더쉽입니다.

3. 9-10장, 에스라가 도착하여 예배를 드리고 나서 귀환, 귀국한 사람들의 영적상황을 보고 들으니 기가차서 할 말을 잃습니다. 포로생활을 하는 동안 이방여인들과 버젓이 결혼하고 함께 귀국한 것입니다. 통곡하며 회개하며 기도할 때 백성들이 함께 회개하며 이방여인들을 돌려보내기로 작정합니다. 결단이 필요합니다.

● **한귀절**　오늘 말씀을 읽으면서 마음이 와 닿는 말씀 한 구절을 적고 되뇌어 봅시다.

● **적용**　말씀을 묵상하면서 나의 삶에 적용할 것과 실제저으로 핸동에 옮길 것을 구체적으로 적어봅시다.

● **감사**　감사하는 성도는 더욱 더 풍성한 삶을 살게됩니다. 오늘 하루를 돌아보며 한 줄로 감사를 적어봅시다.

● **기도**　글로 쓰는 기도는 영원히 보존되는 기도입니다. 한 줄에 마음을 담아 기도를 주님께 올려드립시다.

20 . . .　　(제 20 주 화요일)　　　　　　　　　　　오늘의 말씀 : 느 1-3장

이제는 성벽재건

배경　먼저 배경을 읽고 오늘의 성경을 읽읍시다. 읽은 뒤 배경을 한 번 더 읽어도 좋습니다.

성전이 재건되고 말씀회복운동이 일어나니까 이제 성벽 곧 울타리를 치는 작업이 기다립니다. 이를 위해 하나님은 느헤미야라는 사람을 준비시켜 탁월한 리더쉽으로 백성들과 단합하여 성벽을 재건. 보수하게 되는데 신앙의 경계선, 울타리를 의미합니다.

● **묵상**　아래의 질문들을 여유있는 마음으로 두 번 세 번 생각하며 하나님의 마음과 영적인 의미들을 더듬어봅시다.

1. 1장, 하나님께서 예비하신 사람은 느헤미야였습니다. 느헤미야는 왕의 술맡은 관원인데 이는 신뢰하는 사람에게 주어지는 직책입니다. 하나님의 선택하신 예루살렘 도성을 생각하는 간절한 열망을 품었기에 성벽재건의 사명을 맡기십니다. 주님을 사랑하는 마음이 없었다면 이렇게 쓰임받을 수 있었을까요?

2. 2장, 하나님께서 아닥사스다 왕의 마음을 움직여 느헤미야의 소원을 듣게하고 자리를 비울수 없는 신뢰하는 느헤미야를 장기간에 걸친 일임에도 불구하고 모든 도움과 보호를 보장하며 보냅니다. 하나님의 하시는 일에는 이처럼 순적하게 예비하신 일을 하게 하십니다. 주님 사랑하는 마음이 있으면 쓰임을 받습니다.

3. 3장, 유다백성들은 10개의 성문과 4개의 망대로 구성된 옛 예루살렘 성벽을 재건하기 시작합니다. 느헤미야는 전 구역을 귀환한 유다백성들을 구역별로 나누어 일시에 분업화하여 40여명의 책임자를 배정하여 공사를 시작하므로 시간을 벌고 조직적으로 재건을 합니다. 하나님의 일은 이렇게 함께 나누어 해야합니다.

● **한귀절**　오늘 말씀을 읽으면서 마음이 와 닿는 말씀 한 구절을 적고 되뇌어 봅시다.

● **적용**　말씀을 묵상하면서 나의 삶에 적용할 것과 실제적으로 행동에 옮길 것을 구체적으로 적어봅시다.

● **감사**　감사하는 성도는 더욱 더 풍성한 삶을 살게됩니다. 오늘 하루를 돌아보며 한 줄로 감사를 적어봅시다.

● **기도**　글로 쓰는 기도는 영원히 보존되는 기도입니다. 한 줄에 마음을 담아 기도를 주님께 올려드립시다.

20 . . . (제 20 주 수요일)   오늘의 말씀 : 느 4-7장

느헤미야의 리더쉽

배경 먼저 배경을 읽고 오늘의 성경을 읽읍시다. 읽은 뒤 배경을 한 번 더 읽어도 좋습니다.

느헤미야는 성벽 전 구간을 나누어 동시에 쌓아 올라가게 하였고 재건하는 중에 일어나는 방해자들과 무너뜨리려는 사람들의 도모를 무력화합니다. 그래서 52일 만에 성벽을 재건하고 사명을 완수합니다. 우리시대에도 이런 탁월한 리더쉽이 필요합니다.

● **묵상** 아래의 질문들을 여유있는 마음으로 두 번 세 번 생각하며 하나님의 마음과 영적인 의미들을 더듬어봅시다.

1. 4장, 산발랏은 성벽재건에 분노하고 조롱하며 공사를 저지시키며 내부적으로는 힘이 다 빠져 더 이상을 못한다고 불평하며 분위기를 흐립니다. 안밖으로 공격을 받습니다. 그러나 느헤미야는 쟁기와 병기를 양손에 잡고 보초를 세우며 24시간을 가동합니다. 물길러 갈때도 병기를 잡았습니다. 영적전투의 모델입니다.

2. 5장, 성벽 건축은 열정적으로 추진하지만, 백성들의 상황은 너무 힘들었습니다. 중한 세금, 넉넉지 않은 추수로 땅을 저당잡히고 빚을 져 자식들이 종으로 팔리는 등 최악이었습니다. 느헤미야는 지도자와 제사장들을 불러 설득시키고 이자를 없애고 종을 돌려보내 상황을 호전시킵니다. 이런 조율과 개혁이 필요합니다.

3. 6-7장, 대적자들은 자신들의 뜻대로 되지 않자 느헤미야를 여러 구실로 밖으로 불러 죽이려 하지만 이 또한 막아내며 성벽재건을 완성합니다. 문짝을 달고 문지기와 섬길자를 세우고 전 백성이 다 자기지역을 맡아 지킵니다. 그리고는 힘을 다해 하나님께 예물을 드리며 영광을 돌립니다. 느헤미야 리더쉽의 승리입니다.

● **한귀절** 오늘 말씀을 읽으면서 마음이 와 닿는 말씀 한 구절을 적고 되뇌어 봅시다.

● **적용** 말씀을 묵상하면서 나의 삶에 적용할 것과 실제적으로 행동에 옮길 것을 구체적으로 적어봅시다.

● **감사** 감사하는 성도는 더욱 더 풍성한 삶을 살게됩니다. 오늘 하루를 돌아보며 한 줄로 감사를 적어봅시다.

● **기도** 글로 쓰는 기도는 영원히 보존되는 기도입니다. 한 줄에 마음을 담아 기도를 주님께 올려드립시다.

20 . . . (제 20 주 목요일)　　　　　　　　　오늘의 말씀 : 느 8-13장

학사 에스라의 말씀회복운동

배경　먼저 배경을 읽고 오늘의 성경을 읽읍시다. 읽은 뒤 배경을 한 번 더 읽어도 좋습니다.

느헤미야의 리더쉽으로 52일만에 한 마음으로 뭉쳐 대적자들의 방해와 공격, 내부적인 불평과 어려운 상황들을 극복하고 성벽재건을 마친 후 이제 학사 겸 제사장인 에스더를 통한 말씀회복운동을 나라 전체에 실시합니다. 말씀 중심의 부흥회를 합니다.

● **묵상**　아래의 질문들을 여유있는 마음으로 두 번 세 번 생각하며 하나님의 마음과 영적인 의미들을 더듬어봅시다.

1. 8장, 에스라는 강단을 설치하고 말씀을 해석하며 전할 때 백성들이 깨닫고 울며 받습니다. 에스더는 오늘은 성일이니 울지말고 정숙하고 조용하면서도 기뻐하고 먹고 마시며 준비못한 사람들과 함께 나누라고 합니다. 이렇게 일주일을 하고 8일째 날에는 성회를 엽니다. 말씀을 받을때 눈물흘리며 받게 되길 소망합니다.

2. 9장, 백성전체가 다 모여 금식하며 굵은 베옷을 입고 티끌을 무릅쓰고 이방사람들과 절교하고 자기와 조상들의 죄를 서로 자복하고 회개합니다. 지난 시절 이스라엘에게 베푸신 출애굽부터 지금까지의 삶을 돌아보며 하나님께 언약을 맺으며 인을 치면서 결단합니다. 참으로 흐뭇한 광경입니다. 이런 회개가 필요합니다.

3. 13장, 느헤미야가 페르시아로 돌아갔다가 시간을 얻어 이스라엘에 돌아와 보니 많은 부패가 있어 개혁합니다. 섞인 이방인을 분리하고 대적자 도비야를 추방하고, 십일조를 회복하여 레위인들을 대우하며 안식일에 성문을 닫고 제사장들에게서 악을 제거하고 사역을 분담하므로 개혁을 이룹니다. 진정한 개혁입니다.

● **한귀절**　오늘 말씀을 읽으면서 마음이 와 닿는 말씀 한 구절을 적고 되뇌어 봅시다.

● **적용**　말씀을 묵상하면서 나의 삶에 적용할 것과 실제적으로 행동에 옮길 것을 구체적으로 적어봅시다.

● **감사**　감사하는 성도는 더욱 더 풍성한 삶을 살게됩니다. 오늘 하루를 돌아보며 한 줄로 감사를 적어봅시다.

● **기도**　글로 쓰는 기도는 영원히 보존되는 기도입니다. 한 줄에 마음을 담아 기도를 주님께 올려드립시다.

20 . . . (제 20 주 금요일)   오늘의 말씀 : 에 1-4장

페르시아에 남아있는 사람들

● **배경** 먼저 배경을 읽고 오늘의 성경을 읽읍시다. 읽은 뒤 배경을 한 번 더 읽어도 좋습니다.

페르시아에 남아 서럽고 힘겹게 살아가던 사람들에게서 일어난 일들을 보여줍니다. 이방인들 틈에 섞여 사는 유대인들의 이야기는 지금 세상 사람들과 어울려 살아가는 우리들의 이야기입니다. 이런 상황에서도 하나님께서 어떻게 역사하시는지 보아야합니다.

● **묵상** 아래의 질문들을 여유있는 마음으로 두 번 세 번 생각하며 하나님의 마음과 영적인 의미들을 더듬어봅시다.

1. 1-2장, 참으로 옛날 이야기입니다. 왕이 통치하는 페르시아의 아하수에로 왕때 왕의 권위를 무시했다고 왕후 와스디를 폐위하고 새 왕비를 찾는데 전국에서 아름다운 처녀들을 모집합니다. 그리고 모르드개의 소개로 에스더가 피택되고 왕의 은총을 받습니다. 하나님은 일반 역사속에서도 당신의 뜻을 이루어가십니다.

2. 3장, 페르시아의 제2인자 하만은 출애굽시 이스라엘을 공격하므로 하나님이 싫어하셔서 대대로 싸우시겠다는 아말렉사람으로 문지기였던 모르드개가 하만에게 절하지 않자 유대민족 전체를 죽일 음모를 왕에게 뇌물을 주면서까지 도모합니다. 살다보면 믿는 자들이 신앙을 지키다가 어려운일을 당할때가 있습니다.

3. 4장, 모르드개는 이런 민족적 위기를 만나 왕비인 에스더에게 알립니다. 이때를 위해 하나님이 왕비로 세워주신 것이 아니겠는가? 그래서 에스더는 유대민족에게 금식을 요청하며 목숨을 걸고 "죽으면 죽으리라" 는 각오를 하고 결단합니다. 내가 가진 상황과 직분이 하나님이 쓰시기 위함이라는 영적 깨달음이 필요합니다.

● **한귀절** 오늘 말씀을 읽으면서 마음이 와 닿는 말씀 한 구절을 적고 되뇌어 봅시다.

● **적용** 말씀을 묵상하면서 나의 삶에 적용할 것과 실제적으로 행동에 옮길 것을 구체적으로 적어봅시다.

● **감사** 감사하는 성도는 더욱 더 풍성한 삶을 살게됩니다. 오늘 하루를 돌아보며 한 줄로 감사를 적어봅시다.

● **기도** 글로 쓰는 기도는 영원히 보존되는 기도입니다. 한 줄에 마음을 담아 기도를 주님께 올려드립시다.

20 . . . (제 20 주 토요일)   오늘의 말씀 : 에 5-10장

죽으면 죽으리이다

배경 먼저 배경을 읽고 오늘의 성경을 읽읍시다. 읽은 뒤 배경을 한 번 더 읽어도 좋습니다.

에스더는 유대민족을 구하기 위해 목숨을 걸고 불법을 자행합니다. 그러나 그런 자기 목숨을 던지는 에스더를 하나님은 사용하셔서 이스라엘 민족전체가 구원받고 도리어 원수를 갚는 일들이 극적으로 일어납니다. 하나님이 어떻게 일하시는지 보십시다.

● **묵상** 아래의 질문들을 여유있는 마음으로 두 번 세 번 생각하며 하나님의 마음과 영적인 의미들을 더듬어봅시다.

1. 5장, 왕비인 에스더에게는 왕이 먼저 부르기 전에 먼저 왕을 찾아가면 왕의 법을 어겨 목숨이 위태로워집니다. 그러나 죽으면 죽으리라는 신앙으로 왕을 찾아갔으나 하나님의 역사하심으로 나라의 절반이라도 주겠다고 원하는 것을 말하라고 합니다. 목숨을 버리면 도리어 받게 됩니다. 그러나 실천하기가 어렵지요?

2. 6장, 하나님의 섭리와 경륜은 누구도 예상하지 못합니다. 오래전에 모르드개가 왕의 모반을 꾀하는 것을 고발한 적이 있는데 왕이 잠이 오지 않아 지난날에 있었던 역대일기를 읽다가 모르드개가 한 일이 고마워 그에게 어떻게 보답할까하는 마음이 생긴 것은 우연일까요? 하나님의 도우심과 인도하심이 있었을까요?

3. 7-10장, 지혜로운 에스더와 왕궁일기를 읽은 왕의 생각이 조화를 이루어 유다백성들이 해방을 받고 아말렉사람 하만이 처단될 뿐 아니라 원수 갚는 날이 됩니다. 그래서 이날이 이스라엘의 민족적 절기인 부림절로 만들어지고 모르드개는 왕의 총애를 받게됩니다. 세상 한 복판에서 역사하시는 하나님을 보셨습니까?

● **한귀절** 오늘 말씀을 읽으면서 마음이 와 닿는 말씀 한 구절을 적고 되뇌어 봅시다.

● **적용** 말씀을 묵상하면서 나의 삶에 적용할 것과 실제적으로 행동에 옮길 것을 구체적으로 적어봅시다.

● **감사** 감사하는 성도는 더욱 더 풍성한 삶을 살게됩니다. 오늘 하루를 돌아보며 한 줄로 감사를 적어봅시다.

● **기도** 글로 쓰는 기도는 영원히 보존되는 기도입니다. 한 줄에 마음을 담아 기도를 주님께 올려드립시다.

20 . . .　(제 21 주 월요일)　　　　　　　　　　　오늘의 말씀 : 출 욥 1장

욥의 신앙

배경　먼저 배경을 읽고 오늘의 성경을 읽읍시다. 읽은 뒤 배경을 한 번 더 읽어도 좋습니다.

욥은 아브라함과 동시대 사람으로 성경에 기재된 성경인물입니다. 그것은 욥의 신앙이 하나님 앞에 인정을 받았기 때문입니다. 욥이라는 사람에게 찾아온 고난들과 그 고난을 맞이한 욥을 통해 하나님이 원하시는 것이 무엇인지 깨닫게 됩니다. 욥은 누구일까요?

● **묵상**　아래의 질문들을 여유있는 마음으로 두 번 세 번 생각하며 하나님의 마음과 영적인 의미들을 더듬어봅시다.

1. 1:1-5, 욥의 신앙은 "온전하고 정직하여 하나님을 경외하며 악에서 떠난자" 라고 했습니다. 그 한 예를 들자면 자녀들의 생일잔치가 끝나면 혹시 마음으로라도 죄를 범했을까봐 성결하게 하는 제물을 드릴 정도였습니다. 한마디로 죄에 대한 결벽증 증세라고 할 정도입니다. 나의 신앙과 비교를 해 보면 어떤 차이가 날까요?

2. 1:6-12, 도대체 사탄이 어떻게 하나님의 전에 출입하며 하나님과 대화할 수 있을까요? 성경중 이해하기 어려운 난 문제입니다만 사탄의 존재가 있다는 것과 사람들을 흔들어 범죄하게 하는 자라는 사실을 기억하여야 합니다. 사단은 믿는 이들이 행복하고 말씀대로 사는 것을 못 봐 줍니다. 알고 경계해야 합니다.

3. 1:13-22, 사탄이 선택한 것은 질병과 물질적 손실이었습니다. 그 많던 부자의 재산을 한꺼번에 빼앗아 가고 자녀들까지도 칩니다. 그런데 이 소식을 들은 욥은 겉옷을 찢고 머리털을 밀면서도 하나님께는 "내가 모태에서 알몸으로 나왔은즉 알몸이 그리로 돌아가올지라" 고 찬송을 드립니다. 이렇게 할 수 있겠습니까?

● **한귀절**　오늘 말씀을 읽으면서 마음이 와 닿는 말씀 한 구절을 적고 되뇌어 봅시다.

● **적용**　말씀을 묵상하면서 나의 삶에 적용할 것과 실제적으로 행동에 옮길 것을 구체적으로 적어봅시다.

● **감사**　감사하는 성도는 더욱 더 풍성한 삶을 살게됩니다. 오늘 하루를 돌아보며 한 줄로 감사를 적어봅시다.

● **기도**　글로 쓰는 기도는 영원히 보존되는 기도입니다. 한 줄에 마음을 담아 기도를 주님께 올려드립시다.

20 . . . (제 21 주 화요일)　　　　　　　　　　오늘의 말씀 : 욥 2-3장

모든 것을 잃었어도 !

> **배경**　먼저 배경을 읽고 오늘의 성경을 읽읍시다. 읽은 뒤 배경을 한 번 더 읽어도 좋습니다.
>
> 사탄은 이제 아예 욥의 몸까지도 요구하고 있습니다. 욥의 생명만 취하지 말라, 하고 싶은 것을 다 하라고 허락받은 사탄은 욥의 몸에 질병을 주어 죽을 지경으로 만들고 부인마저도 도망가 버리고 맙니다. 그럼에도 불구하고 욥은 입술로 범죄하지 않습니다.

● **묵상**　아래의 질문들을 여유있는 마음으로 두 번 세 번 생각하며 하나님의 마음과 영적인 의미들을 더듬어봅시다.

1. 2장, 욥은 모든 것을 잃고 자기 자신마저도 질병으로 자기 몸을 질그릇 조각으로 긁고 있음에도 불구하고 "우리가 하나님께 복을 받았은즉 화도 받지 아니하겠느냐?" 하면서 입술로 범죄하지 않았다고 합니다. 사실 맞는 말 아닙니까? 그런데 나는 조금만 어려워도 금방 원망하고 불평하고 있는 것은 아닙니까?

2. 2:11-13, 친구들이 찾아옵니다. 엘리바스, 빌닷, 소발이라는 친구들인데 욥에게 와서 닥친 상황을 보고 입을 벌리지 못합니다. 밤낮 7일 동안 욥과 함께 땅바닥에 앉았지만 한마디 말도 못합니다. 때로는 말보다는 그냥 함께 있어주는게 더 낫습니다

3. 3장, 욥이 하나님을 향해서는 입술로 원망하거나 불평하지 않고 범죄하지 않았습니다. 그러나 욥은 자기가 태어난 날을 저주합니다. 차라리 태어나지 않았으면 훨씬 더 좋았을 것이라는 겁니다. 욥의 마음이 느껴집니다. 욥이 일주일 만에 입을 열어 친구들 앞에서 마음의 고통을 호소합니다. 이런 친구는 있습니까?

● **한귀절**　오늘 말씀을 읽으면서 마음이 와 닿는 말씀 한 구절을 적고 되뇌어 봅시다.

● **적용**　말씀을 묵상하면서 나의 삶에 적용할 것과 실제적으로 행동에 옮길 것을 구체적으로 적어봅시다.

● **감사**　감사하는 성도는 더욱 더 풍성한 삶을 살게됩니다. 오늘 하루를 돌아보며 한 줄로 감사를 적어봅시다.

● **기도**　글로 쓰는 기도는 영원히 보존되는 기도입니다. 한 줄에 마음을 담아 기도를 주님께 올려드립시다.

20 . . . (제 21 주 수요일)   오늘의 말씀 : 욥 4-10장

엘리바스와 빌닷의 충고

배경 먼저 배경을 읽고 오늘의 성경을 읽읍시다. 읽은 뒤 배경을 한 번 더 읽어도 좋습니다.

욥이 당한 고난이 너무 커서 말도 못하고 일주일 동안 입을 다물고 한숨만 쉬던 친구들이 입을 열어 이렇게 고난이 찾아오게 된 동기와 이제 어떻게 해야 할 것인가에 대해 자기 생각들을 말하지만 욥에게는 그 친구의 말들이 도움이 되지 않습니다.

● **묵상** 아래의 질문들을 여유있는 마음으로 두 번 세 번 생각하며 하나님의 마음과 영적인 의미들을 더듬어봅시다.

1. 4-5장, 엘리바스가 첫 번째로 충고합니다. 생각해 보라 죄 없이 망한 자가 누구냐? 악을 밭갈고 독을 뿌리면 반드시 망한다. 하나님께 징계받는 자는 복이 있으니 너는 하나님의 징계를 업신여기지 말라는 겁니다. 엘리바스가 한 말은 객관적으로 맞는 말입니다. 그러나 욥에게도 맞을까요? 옳은 말이 다 정답은 아닙니다.

2. 8장, 빌닷이라는 친구가 충고합니다. 하나님이 어찌 정의와 공의를 굽게하시겠는가? 즉 이것은 심판의 결과이니 네가 잘못하지 않았다면 네 자녀들이 죄를 지었기 때문이라는 겁니다. 네가 청결하고 정직하면 하나님은 반드시 너를 돌보신다는 겁니다. 맞습니다. 빌닷의 말도 맞지만 욥에게는 이 말이 맞지 않습니다.

3. 6-7, 9-10장, 욥은 이에 대해 " 옳은 말이 어찌 그리 고통스러운가" 너희는 실로 고아를 제비뽑고 친구를 팔아넘기고 있다고 대답하면서 하나님께는 "하나님이여, 내가 범죄하였던들 주께 무슨 해가 되오리이까? 어찌하여 나를 과녁으로 삼으셔서 나를 고통스럽게 하십니까" 항거합니다. 욥이 점점 힘들어 합니다. 우리와 비슷하지요?

● **한귀절** 오늘 말씀을 읽으면서 마음이 와 닿는 말씀 한 구절을 적고 되뇌어 봅시다.

● **적용** 말씀을 묵상하면서 나의 삶에 적용할 것과 실제적으로 행동에 옮길 것을 구체적으로 적어봅시다.

● **감사** 감사하는 성도는 더욱 더 풍성한 삶을 살게됩니다. 오늘 하루를 돌아보며 한 줄로 감사를 적어봅시다.

● **기도** 글로 쓰는 기도는 영원히 보존되는 기도입니다. 한 줄에 마음을 담아 기도를 주님께 올려드립시다.

20 　．．．　(제 21 주 목요일)　　　　　　　　　　　　오늘의 말씀 : 욥 11-14장

소발의 충고와 욥의 답변

> **배경**　먼저 배경을 읽고 오늘의 성경을 읽읍시다. 읽은 뒤 배경을 한 번 더 읽어도 좋습니다.
>
> 이제 세 번째 친구인 소발이 자기의 의견을 말하고 충고를 하지만 욥에게는 결코 도움이 되지 않습니다. 왜냐하면 세 친구들이 객관적으로는 맞는 말이지만 욥에게는 맞지 않기 때문입니다. 그러니 욥은 점점 더 답답해집니다. 친구의 충고가 도움이 안됩니다.

● **묵상**　아래의 질문들을 여유있는 마음으로 두 번 세 번 생각하며 하나님의 마음과 영적인 의미들을 더듬어봅시다.

1. 11장, 소발의 충고가 계속됩니다. 욥이 말이 많다고 하면서 하나님께서 네 죄를 잊게 해주셔서 네가 지금 기억을 못하고 있는거라고 지적합니다. 네가 만일 마음을 바로 정하고 주를 향하여 손을 들고 회개하면 하나님께서 네 기도를 들으실 것이라고 충고합니다. 두 친구의 충고대로 욥에게 도움이 되지 않습니다.

2. 12-13:19 욥은 친구들을 향하여 "너희만 참으로 백성이로구나 너희만 죽으면 지혜도 죽겠구나" 라고 하면서 너희는 거짓말을 지어내는 자들이고 쓸모없는 의사들이며 너희의 격언은 재 같은 속담 밖에 안 되니 너희는 제발 잠잠하고 나를 내버려두라고 합니다. 아무리 바른 말이라도 사람들에게 모두 똑같지 않습니다.

3. 13:20-14장, 이제 욥은 하나님께 두 가지를 기도합니다. 주의 손을 내게 대지 말아달라는 것과 주의 위엄으로 나를 두렵게 하지 마시라고 하면서 나를 불러달라! 내가 대답하겠습니다고 합니다. 친구들의 충고가 도움이 되지 않자 이제 하나님을 향하여 "어찌하여!" 라고 항의를 시작합니다. 우리도 그럴 때가 있습니다.

● **한귀절**　오늘 말씀을 읽으면서 마음이 와 닿는 말씀 한 구절을 적고 되뇌어 봅시다.

● **적용**　말씀을 묵상하면서 나의 삶에 적용할 것과 실제적으로 행동에 옮길 것을 구체적으로 적어봅시다.

● **감사**　감사하는 성도는 더욱 더 풍성한 삶을 살게됩니다. 오늘 하루를 돌아보며 한 줄로 감사를 적어봅시다.

● **기도**　글로 쓰는 기도는 영원히 보존되는 기도입니다. 한 줄에 마음을 담아 기도를 주님께 올려드립시다.

20 . . .　(제 21 주 금요일)　　　　　　　　　오늘의 말씀 : 욥 15-21장

친구들과의 두 번째 대화

● **배경**　먼저 배경을 읽고 오늘의 성경을 읽읍시다. 읽은 뒤 배경을 한 번 더 읽어도 좋습니다.

이제 한 번씩 주고 받은 대화가 두 번째로 이어집니다. 먼저 엘리바스가 말하고 욥이 대답하고 그 다음엔 빌닷이 말하고 욥이 답변하고 다음은 소발이 말하고 욥이 대답하는 내용입니다. 도대체 두 번째로는 이들이 무슨말들을 하는지 들어봅시다.

● **묵상**　아래의 질문들을 여유있는 마음으로 두 번 세 번 생각하며 하나님의 마음과 영적인 의미들을 더듬어봅시다.

1. 15-17장, 이제 엘리바스는 친구인 욥을 정죄합니다. 네 죄악이 네 입을 가르치고, 너를 정죄한 것은 내가 아니고 네 입이라고 하면서 우리도 너만큼 알건 다 안다고 말합니다. 이런 말에 욥은 너희는 재난을 주는 위로자들이라고 하면서 친구들은 나를 조롱하고 내 눈은 하나님을 향해 눈물흘리고 있다고 호소합니다.

2. 18-19장, 이어서 빌닷이 어째서 우리를 짐승으로 여기며 울분을 터트리며 자신을 찢고 있는가? 너 때문에 땅이 버림을 받느냐고 합니다. 욥은 너희가 내 마음을 괴롭히며 말로 나를 짓부수기를 언제까지 하겠냐고 하면서 하나님이 나를 억울하게 하셨는데 살아계신 대속자가 마침내 보이실 것이라고 응답합니다.

3. 20-21장, 소발은 사람이 생긴 이래로 악인이 이긴다는 자만도 잠시이고 경건하지 못한자의 즐거움도 잠깐이며 그건 꿈같이 지나가고 자기의 똥처럼 영원히 망할것이라고 저주합니다. 이에 욥은 그렇다면 어째서 악인이 생존하고 장수하며 세력이 강하냐? 너희는 나를 헛되이 위로하고 너희 대답은 거짓뿐이라고 답합니다.

● **한귀절**　오늘 말씀을 읽으면서 마음이 와 닿는 말씀 한 구절을 적고 되뇌어 봅시다.

● **적용**　말씀을 묵상하면서 나의 삶에 적용할 것과 실제저으로 행동에 옮길 것을 구체저으로 적어봅시다.

● **감사**　감사하는 성도는 더욱 더 풍성한 삶을 살게됩니다. 오늘 하루를 돌아보며 한 줄로 감사를 적어봅시다.

● **기도**　글로 쓰는 기도는 영원히 보존되는 기도입니다. 한 줄에 마음을 담아 기도를 주님께 올려드립시다.

20 . . .　(제 21 주 토요일)　　　　　　　　　오늘의 말씀 : 욥 22-25장

세 번째 친구들과의 대화

● **배경**　먼저 배경을 읽고 오늘의 성경을 읽읍시다. 읽은 뒤 배경을 한 번 더 읽어도 좋습니다.

이제는 친구들이라기 보다는 다투고 싸우는 사람들처럼 되어 버렸습니다. 친구들은 분명 옳은 말들을 쏟아내는데 욥에게는 맞지도 않을뿐더러 위로도 되지 않습니다. 그 말을 듣는 욥은 점점 더 가슴이 터질 것 같아 하나님께 하소연하게 됩니다.

● **묵상**　아래의 질문들을 여유있는 마음으로 두 번 세 번 생각하며 하나님의 마음과 영적인 의미들을 더듬어봅시다.

1. 22장, 이제 엘리바스는 욥이 죄를 지었다고 죄목들을 열거합니다. 까닭없이 형제를 볼모잡고 헐벗은 자의 의복을 벗기며 목마르고 주린자에게 물과 음식을 주지 않았다고 네 죄악이 끝이 없다고 그러니 너는 하나님과 화목하고 평안하라고 그러면 복이 네게 임할 것이라고 충고를 넘어서서 정죄하기에 이릅니다.

2. 25장, 빌닷은 세 번째로 하나님 앞에서 사람이 어찌 의롭다 하며 여자에게서 난 자가 어찌 깨끗하다고 하겠는가? 하나님의 눈에는 달이라고 빛을 발하지 못하고 별도 빛나지 못하거든 하물며 구더기 같은 사람, 벌레같은 인생이겠느냐? 빌닷의 눈에 비친 욥은 자기가 의롭다고 주장하는 모습이 한심스럽게 보이는 겁니다.

3. 23-24장 욥은 더 이상 친구들과 대화가 되지 않자 이제는 하나님께 하소연합니다. 내가 어찌하면 하나님을 발견하고 그의 처소에 나아가겠는가? 어찌하면 그 앞에서 내가 호소하며 변론할 수 있겠는가? 그러나 어디에도 주님은 보지지 않지만 주님이 나를 단련하신 후에는 내가 정금같이 나올 것이라고 말합니다.

● **한귀절**　오늘 말씀을 읽으면서 마음이 와 닿는 말씀 한 구절을 적고 되뇌어 봅시다.

● **적용**　말씀을 묵상하면서 나의 삶에 적용할 것과 실제적으로 행동에 옮길 것을 구체적으로 적어봅시다.

● **감사**　감사하는 성도는 더욱 더 풍성한 삶을 살게됩니다. 오늘 하루를 돌아보며 한 줄로 감사를 적어봅시다.

● **기도**　글로 쓰는 기도는 영원히 보존되는 기도입니다. 한 줄에 마음을 담아 기도를 주님께 올려드립시다.

20 . . .　(제 22 주 월요일)　　　　　　　　　　오늘의 말씀 : 욥 26-31장

세 친구들에 대한 욥의 항변

배경　먼저 배경을 읽고 오늘의 성경을 읽읍시다. 읽은 뒤 배경을 한 번 더 읽어도 좋습니다.

이제 세 번씩 주고 받으며 세 친구와의 대화는 그쳐지고 욥이 이들에게 봇물 터트리듯 자신의 순결과 결백을 주장하며 자기에게 온 고난과 고통이 어떠한지 지난날에 하나님과 함께 하던 그 영광의 시간들을 생각하며 지혜와 지식을 찬양합니다.

● **묵상**　아래의 질문들을 여유있는 마음으로 두 번 세 번 생각하며 하나님의 마음과 영적인 의미들을 더듬어봅시다.

1. 27장, 욥은 자신의 결백을 주장합니다. 나는 결코 내 입술이 불의를 말하지 아니하며 내 혀가 거짓을 말하지 않을 것이고 나는 결코 너희를 옳다고 인정할 수 없을 뿐아니라 내가 죽기 전에는 나의 온전함을 버리지 않으며 내 공의를 굳게 잡고 내 마음이 내 생애를 비웃지 않을 것이라고 자신의 마음을 견고히 잡습니다.

2. 29장, 욥은 잠시 지난 날 주님의 사랑과 보호를 받으며 살아가던 날들을 더듬습니다. 그때에는 하나님의 등불이 자기 머리에 비치었고 욥은 그 빛을 힘입어 암흑에서도 걸어다녔으며 원기 왕성하게 살며 하나님이 내 장막에 기름을 발라주셨다고 회상합니다. 그리고 정의와 공의, 나눔과 섬김을 어떻게 했는지 돌아봅니다.

3. 31장, 욥은 지난 날 내가 정의와 공의 나눔과 섬김을 살았는데 왜 이런 고통이 왔는가를 하소연합니다. 그러면서 만일 내가 과거 어느때 허위와 속임수, 더러움과 유혹에 나약했거나 남의 유익을 가로채고 가난한 자의 것을 빼앗거나 나혼자만 떡을 먹고 나혼자서 좋은 것을 누렸다면 고소장을 써서 고발하라고 합니다.

● **한귀절**　오늘 말씀을 읽으면서 마음이 와 닿는 말씀 한 구절을 적고 되뇌어 봅시다.

● **적용**　말씀을 묵상하면서 나의 삶에 적용될 것과 실제적으로 행동에 옮길 것을 구체적으로 적어봅시다.

● **감사**　감사하는 성도는 더욱 더 풍성한 삶을 살게됩니다. 오늘 하루를 돌아보며 한 줄로 감사를 적어봅시다.

● **기도**　글로 쓰는 기도는 영원히 보존되는 기도입니다. 한 줄에 마음을 담아 기도를 주님께 올려드립시다.

20 . . .　　(제 22 주 화요일)　　　　　　　　　　　　오늘의 말씀 : 욥 32-37장

네 번째 친구 엘리후의 충고

> **배경**　먼저 배경을 읽고 오늘의 성경을 읽읍시다. 읽은 뒤 배경을 한 번 더 읽어도 좋습니다.
>
> 엘리바스, 빌닷, 소발이라는 세 친구가 욥이 자신을 의로우며 결백하다고 주장하니까 더 이상 말하지 않습니다. 그리고 욥과 더불어 세 차례에 걸쳐 주고 받으며 대화를 나누는 것을 지켜본 젊은 엘리후가 참지 못하고 욥을 향해 포문을 엽니다.

● **묵상**　아래의 질문들을 여유있는 마음으로 두 번 세 번 생각하며 하나님의 마음과 영적인 의미들을 더듬어봅시다.

1. 33장, 젊은 엘리후는 하나님께서 사람의 말에 대답하지 않으신다고 어찌 사람이 하나님과 논쟁할 수 있는가? 인간에게 고난과 질병이 찾아오는 것은 교만과 악한 행실 때문이라고 말합니다. 결국 엘리후도 욥이 죄를 범하지 않았다면 어찌 이런 고난이 왔겠는가? 아니라고 하면서 욥의 죄를 지적하지만 맞지 않습니다.

2. 34장, 욥이 범죄하지 않았음에도 불구하고 하나님께서 고난을 주셨다고 말한 것에 관해 엘리후는 하나님은 결코 선한 사람에게 고난을 주시는 악한 분이 아니라고, 불의를 행하는 분이 아니라고 항변합니다. 사람의 행위를 따라 갚으시고 심판하신다고 주장하면서 세 친구와 동일하게 욥을 악하다고 정죄합니다.

3. 36장, 이제 엘리후는 대놓고 욥을 정죄합니다. 악인이 받을 벌이 욥에게 가득하였고 심판과 정의가 그대를 잡았으니 악으로 치우치지 말라고 권고합니다. 엘리후의 이러한 권고나 충고들은 철저하게 자신의 지식을 옳다고 판단하는 교만에서 나오고 있음을 봅니다. 교만에서 출발한 권고는 유익이 아니라 상처를 줍니다.

● **한귀절**　오늘 말씀을 읽으면서 마음이 와 닿는 말씀 한 구절을 적고 되뇌어 봅시다.

● **적용**　말씀을 묵상하면서 나의 삶에 적용할 것과 실제적으로 행동에 옮길 것을 구체적으로 적어봅시다.

● **감사**　감사하는 성도는 더욱 더 풍성한 삶을 살게됩니다. 오늘 하루를 돌아보며 한 줄로 감사를 적어봅시다.

● **기도**　글로 쓰는 기도는 영원히 보존되는 기도입니다. 한 줄에 마음을 담아 기도를 주님께 올려드립시다.

20 . . .　(제 22 주 수요일)　　　　　　　　　　　　오늘의 말씀 : 욥 38-42장

하나님의 임재와 질문

배경　먼저 배경을 읽고 오늘의 성경을 읽읍시다. 읽은 뒤 배경을 한 번 더 읽어도 좋습니다.

드디어 하나님께서 임재하십니다. 그리고 욥에게 질문하십니다. 무지한 말로 이치를 가리는 자가 누구냐고 물으십니다. 그러나 욥이 하나님을 뵈옵고 전능하심에 부복하며 회개하였을 때 욥을 회복시켜주시고 갑절의 복을 주시며 친구들을 책망하십니다.

● **묵상**　아래의 질문들을 여유있는 마음으로 두 번 세 번 생각하며 하나님의 마음과 영적인 의미들을 더듬어봅시다.

1. 38-41장, 하나님은 욥에게 너는 대장부처럼 허리를 묶고 묻는 말에 대답하라고 하십니다. 내가 땅의 기초를 놓을 때 네가 어디에 있었는가? 하나님의 창조와 역사와 만물을 주관하시고 이끄시는 하나님 앞에서 너는 누구인가를 묻고 있습니다. 그렇습니다. 이 하나님의 질문에 나는 답변할 수 있습니까? 겸손해야 합니다.

2. 40:1-5, 42:1-6, 하나님께 항거하던 욥은 무지한 말로 이치를 가리는 자가 누구이겠습니까? 나는 깨닫지도 못한 일을 말했고 스스로 알지도, 헤아리지도 못한 말을 했다고 그저 내 입을 가릴 뿐이라고 하면서 티끌과 재 가운데서 회개합니다. 지금까지는 귀로 듣기만 했는데 이제는 눈으로 주를 뵙는다고 고백합니다.

3. 42:7-17, 결국 욥의 네 친구들은 하나님의 책망을 받고 욥을 찾아가 사과합니다. 하나님은 욥을 기쁘게 받으시고 욥에게 이전에 가지고 있던 소유물보다 갑절을 주십니다. 그동안 잃어버린 모든 관계를 회복시키셔서 위로를 받게 하십니다. 욥은 140년을 살면서 아들과 손자 4대를 보았습니다. 욥의 신앙을 본받읍시다.

● **한귀절**　오늘 말씀을 읽으면서 마음이 와 닿는 말씀 한 구절을 적고 되뇌어 봅시다.

● **적용**　말씀을 묵상하면서 나의 삶에 적용할 것과 실제적으로 행동에 옮길 것을 구체적으로 적어봅시다.

● **감사**　감사하는 성도는 더욱 더 풍성한 삶을 살게됩니다. 오늘 하루를 돌아보며 한 줄로 감사를 적어봅시다.

● **기도**　글로 쓰는 기도는 영원히 보존되는 기도입니다. 한 줄에 마음을 담아 기도를 주님께 올려드립시다.

20 . . .   (제 22 주 목요일)   오늘의 말씀 : 시 1-10장

신앙 선조들의 신앙고백

> **배경** 먼저 배경을 읽고 오늘의 성경을 읽읍시다. 읽은 뒤 배경을 한 번 더 읽어도 좋습니다.
>
> 시편은 신앙선배들의 기도, 찬양, 간증 등을 묶어 놓은 시가서입니다. 한 편 한 편 속에는 한 영혼의 몸부림, 절망, 아픔, 고난들이 고스란히 담겨있습니다. 그리고 그 경험들은 지금 내가 겪고 있는 경험들입니다. 신앙의 좋은 본보기가 될 것입니다.

● **묵상**   아래의 질문들을 여유있는 마음으로 두 번 세 번 생각하며 하나님의 마음과 영적인 의미들을 더듬어봅시다.

1. 시 1편을 묵상해 봅시다. 복이라고 하는 개념이 다르지요? 우리가 생각하는 복은 철저히 육신이나 물질적 개념인데 시편기자는 하나님의 말씀 안에 있는 사람이 행복한 사람이라고 생각하고 있습니다. 나는 얼마나 말씀 속에 잠겨 있나요?

2. 혹시 사방에서 나를 공격하고 나만 세상에서 고통받고 있다고 생각되는 때는 없었나요? 지금 다윗은 아들 압살롬이 자기의 왕위를 빼앗고 부인들을 겁탈하는 일로 도망가는 중에 기도하고 있습니다. 다윗과 같이 고백하고 기도할 수 있을까요?(3장)

3. 창조주요 인생들의 생사화복을 주관하시는 하나님 앞에서 인생들은 겸손할 필요가 있습니다. 다윗을 보십시오. 얼마나 자기를 부인하며 하나님의 이름을 진심으로 찬양하고 있습니까? 다윗의 심정으로 주님을 마음에서 우러나 찬양해 보십시다(8장).

● **한귀절**   오늘 말씀을 읽으면서 마음이 와 닿는 말씀 한 구절을 적고 되뇌어 봅시다.

● **적용**   말씀을 묵상하면서 나의 삶에 적용할 것과 실제적으로 행동에 옮길 것을 구체적으로 적어봅시다.

● **감사**   감사하는 성도는 더욱 더 풍성한 삶을 살게됩니다. 오늘 하루를 돌아보며 한 줄로 감사를 적어봅시다.

● **기도**   글로 쓰는 기도는 영원히 보존되는 기도입니다. 한 줄에 마음을 담아 기도를 주님께 올려드립시다.

20 . . .   (제 22 주 금요일)   오늘의 말씀 : 시 11-20장

다윗의 영혼이 하나님 앞에 !

> **배경** 먼저 배경을 읽고 오늘의 성경을 읽읍시다. 읽은 뒤 배경을 한 번 더 읽어도 좋습니다.
> 주로 다윗의 기도, 갈망, 호소, 찬양이 담겨있습니다. 사람들은 기쁠 때 노래방을 찾으며 슬플 때 술을 찾고 어디에 호소할지 몰라 방황하고 있습니다. 다윗은 힘들어도 슬퍼도 감사해도 하나님을 찾습니다. 나는 누구를, 어디를 찾고 있습니까?

● **묵상** 아래의 질문들을 여유있는 마음으로 두 번 세 번 생각하며 하나님의 마음과 영적인 의미들을 더듬어봅시다.

1. 기도해도 해도 응답이 되지 않는다고 생각될 때는 없습니까? 마치 하나님이 나를 버리신 것 같고 나의 기도를 듣지 않으신다고 생각될 때도 있습니다. 다윗도 동일한 마음을 가지고 있습니다. 그러나 종래에는 주님을 찾습니다. 나는 어떤가요?

2. 다윗이 생각하는 하나님의 성품이 그려집니다. 주님은 거룩하시고 공의와 정의를 원하시는 분이요 그렇게 통치하시는 분임을 굳게 믿고 있습니다. 그러니 아무렇게나 막 살수가 없습니다. 주님과 동행하며 주의 장막에 머무를자가 누구이겠습니까?(15장)

3. 돌이켜 보면 내 인생의 굴곡이 있을 때마다 주님의 도우심과 인도하심이 있었습니다. 그것을 돌아보면 감사뿐입니다. 그리고 더욱더 주님께 다가가게 됩니다. 다윗은 고백합니다. 하나님은 나의 반석, 요새시라고! 나의 반석, 요새는 누구입니까?(시 18편)

● **한귀절** 오늘 말씀을 읽으면서 마음이 와 닿는 말씀 한 구절을 적고 되뇌어 봅시다.

● **적용** 말씀을 묵상하면서 나의 삶에 적용힐 것과 실제적으로 행동에 옮길 것을 구체적으로 적어봅시다.

● **감사** 감사하는 성도는 더욱 더 풍성한 삶을 살게됩니다. 오늘 하루를 돌아보며 한 줄로 감사를 적어봅시다.

● **기도** 글로 쓰는 기도는 영원히 보존되는 기도입니다. 한 줄에 마음을 담아 기도를 주님께 올려드립시다.

20 . . .   (제 22 주 토요일)   오늘의 말씀 : 시 21-30장

여호와는 나의 목자시니

배경   먼저 배경을 읽고 오늘의 성경을 읽읍시다. 읽은 뒤 배경을 한 번 더 읽어도 좋습니다.

다윗의 삶이 고스란히 묻어 나옵니다. 천근 만근 무거워 견디지 못해 무너지다가도 하나님의 도우심으로 결정적으로 기적적으로 승리를 경험하고 나면 신앙은 한 걸음더 성숙해 집니다. 여호와는 나의 목자시니...

● **묵상**   아래의 질문들을 여유있는 마음으로 두 번 세 번 생각하며 하나님의 마음과 영적인 의미들을 더듬어봅시다.

1. 시 23편은 다윗의 머릿속에서 나온 것이 아니고 전 인생의 삶에서 묻어 나온 것입니다. 8형제 중 막내로 태어나 들과 산을 헤메고 다니며 양들을 돌보고 있을 때 자기가 양의 목자로서 양들을 돌보니 양들이 평안했던 것처럼 만일 하나님이 내 인생의 목자가 되시면 나는 어찌 될까? 생각만 해도 마음이 풍성해지지 않습니까?

2. 시 27편 하나님은 나의 빛이시고 구원이시다! 하나님을 향한 신앙고백이 얼마나 튼튼하면 " 여호와는 나의 빛이요 나의 구원이시니 내가 누구를 두려워하리요? 내 생명의 능력이신데 누구를 무서워하리요" 신앙은 어제나 오늘이나 동일하지 않습니까?

3. 복도 화도 주님이 주셔야 하고 막아 주셔야 합니다. 다윗은 주님이 막으시니 내가 원수 앞에서 패하였고 주님이 가리고 막으시면 내게 근심이 된다는 사실을 고백합니다. 그렇습니다. 주님이 주셔야 받을 수 있습니다. 정말 그럴까요? (시 30편)

● **한귀절**   오늘 말씀을 읽으면서 마음이 와 닿는 말씀 한 구절을 적고 되뇌어 봅시다.

● **적용**   말씀을 묵상하면서 나의 삶에 적용할 것과 실제적으로 행동에 옮길 것을 구체적으로 적어봅시다.

● **감사**   감사하는 성도는 더욱 더 풍성한 삶을 살게됩니다. 오늘 하루를 돌아보며 한 줄로 감사를 적어봅시다.

● **기도**   글로 쓰는 기도는 영원히 보존되는 기도입니다. 한 줄에 마음을 담아 기도를 주님께 올려드립시다.

20 . . .   (제 23 주 월요일)   오늘의 말씀 : 시 31-36장

죄 용서함을 받은 그 기쁨

배경   먼저 배경을 읽고 오늘의 성경을 읽읍시다. 읽은 뒤 배경을 한 번 더 읽어도 좋습니다.

신앙고백은 단순히 즐거워할 때만 나오는 것이 아닙니다. 좌절할 때에는 방황하고 뭔가 얻었을 때에는 온 세상을 다 가진 것처럼 사는 사람은 하나님이 그 인생에 없는 사람입니다. 신앙의 사람은 오직 주 앞에 있는 존재임을 한시도 잊지 않습니다.

● **묵상**   아래의 질문들을 여유있는 마음으로 두 번 세 번 생각하며 하나님의 마음과 영적인 의미들을 더듬어봅시다.

1. 죄란 두려움과 죄책감을 가져다주어 기쁨을 잃어버리고 관계를 끊게 하며 뒤로 숨게 만듭니다. 죄를 고백하지 않고 그 마음에 품고 있을 때 그 순간, 그 시간들은 한마디로 지옥입니다. 시32편과 같이 회개하지 못했을 때 괴로웠던 적이 있습니까?

2. 그러나 그 죄를 주님께 고백하고 그 죄에 대하여 주님이 받아주시고 용서해주심으로 흑암의 고통이 사라지고 광명의 태양이 비치며 기쁨과 감사로 하늘을 날 것 같은 경험을 해 보지 않으셨습니까? 시 32편의 그 기쁨을 누린 적이 있으십니까?

3. 시 34편 다윗이 사울왕의 창을 피하여 남방 블레셋에 피신했을 때 수많은 위기의 순간들이 엄습합니다. 마침내 미친체 하며 침을 흘리며 바보짓을 하여 구사일생으로 살아나왔을 때 얼마나 기쁨이 넘쳤겠습니까?

● **한귀절**   오늘 말씀을 읽으면서 마음이 와 닿는 말씀 한 구절을 적고 되뇌어 봅시다.

● **적용**   말씀을 묵상하면서 나의 삶에 적용할 것과 실제적으로 행동에 옮길 것을 구체적으로 적어봅시다.

● **감사**   감사하는 성도는 더욱 더 풍성한 삶을 살게됩니다. 오늘 하루를 돌아보며 한 줄로 감사를 적어봅시다.

● **기도**   글로 쓰는 기도는 영원히 보존되는 기도입니다. 한 줄에 마음을 담아 기도를 주님께 올려드립시다.

20 . . .　　(제 23 주 화요일)　　　　　　　　　　　　　오늘의 말씀 : 시 37-41장

세상 사람들이 승승장구함을 볼때

배경　먼저 배경을 읽고 오늘의 성경을 읽읍시다. 읽은 뒤 배경을 한 번 더 읽어도 좋습니다.

사람은 사람들 속에 묻혀 그 속에서 기뻐하고 감사하고 살아갑니다. 그러나 모두가 다 정직하고 모두가 다 순수하면 얼마나 좋겠습니까? 그러나 세상은 항상 모순, 부정, 권모술수가 넘쳐납니다. 그러나 다윗은 주님을 바라보며 흔들리지 않습니다.

● **묵상**　아래의 질문들을 여유있는 마음으로 두 번 세 번 생각하며 하나님의 마음과 영적인 의미들을 더듬어봅시다.

1. 나는 성실하게 살고, 정직하게 살며 법을 지키고 살았는데 때로 아부하며 비비기를 잘하는 사람들이 진실하지도 않고 능력 있지도 않은데 먼저 승진하고 잘되는 것을 보면 좌절될 때가 있습니다. 시 37편을 읽으면 공감이 가지 않습니까?

2. 인생을 산다는 것은 좌우를 분별하며 할 말과 하지 말아야 할 말들을 구별하여야 합니다. 또 언제 불행한 일이 갑자기 닥칠지 아무도 모릅니다. 때로는 인생이 너무 약한 존재처럼 보일 때도 있습니다. 시 39편은 그럴 때 지혜를 주지 않습니까?

3. 정말 힘들고 어렵고 앞이 보이지 않을 때가 있습니다. 기다림에 지치고 지쳐 더이상 무엇을 어떻게 해야 할지 용기가 나지 않습니다. 다윗도 그랬습니다. 그런데 다윗은 그럴 때 주님을 찾았습니다. 왜냐하면 주를 신뢰하기 때문입니다. 나는 과연 이런 힘들고 어려울 때 어떻게 하였습니까? 다윗처럼 주님을 찾았습니까?

● **한귀절**　오늘 말씀을 읽으면서 마음이 와 닿는 말씀 한 구절을 적고 되뇌어 봅시다.

● **적용**　말씀을 묵상하면서 나의 삶에 적용할 것과 실제적으로 행동에 옮길 것을 구체적으로 적어봅시다.

● **감사**　감사하는 성도는 더욱 더 풍성한 삶을 살게됩니다. 오늘 하루를 돌아보며 한 줄로 감사를 적어봅시다.

● **기도**　글로 쓰는 기도는 영원히 보존되는 기도입니다. 한 줄에 마음을 담아 기도를 주님께 올려드립시다.

20 . . .　(제 23 주 수요일)　　　　　　　　　　　　오늘의 말씀 : 시 42-50장

고라자손들의 시와 찬미

배경　먼저 배경을 읽고 오늘의 성경을 읽읍시다. 읽은 뒤 배경을 한 번 더 읽어도 좋습니다.

시편은 모두 5부분으로 나뉘어 집니다. 1부는 41편까지이며 주로 다윗의 시, 찬미들입니다. 제2권은 72편까지이며 고라자손과 다윗 그리고 다른 선조들의 신앙고백이 여러 형태로 소개됩니다. 그러나 삶의 무게를 헤쳐나가는 것은 동일합니다.

● **묵상**　아래의 질문들을 여유있는 마음으로 두 번 세 번 생각하며 하나님의 마음과 영적인 의미들을 더듬어봅시다.

1. 고라자손은 구약 출애굽 시절 성막과 솔로몬 성전시대에 찬양을 맡은 가문 중 하나입니다. 시 42편, 고라자손이 얼마나 주님을 사모했는가가 보입니다. 신앙이란 결국 주님을 고난 중에서 얼마나 의지하느냐에 달려있습니다. 나는 어떻습니까?

2. 사람들은 옛날을 돌아보는 습성이 있습니다. 44편의 고라자손은 출애굽 시절에 선조들이 행한 것은 아무것도 없는데 하나님의 도우심으로 구원을 얻었으나 지금은 우리를 왜 이렇게 버려두시는가 의아해합니다. 사실은 자신들의 죄악 때문인데 인생들은 자기의 잘못과 죄는 보지 못하고 하나님 탓만 합니다. 그렇지 않습니까?

3. 47편은 신년 첫날을 맞을 때마다 매해 창조하시고 다스리시는 주님, 그래서 이스라엘 백성들이 주님의 주권을 드높이는 찬양입니다. 새해가 되면 해뜨는 곳에 가서 그것을 바라보며 무슨 생각을 하십니까? 주님을 찬양하여야 하지 않겠습니까?

● **한귀절**　오늘 말씀을 읽으면서 마음이 와 닿는 말씀 한 구절을 적고 되뇌어 봅시다.

● **적용**　말씀을 묵상하면서 나의 삶에 적용할 것과 실제적으로 행동에 옮길 것을 구체적으로 적어봅시다.

● **감사**　감사하는 성도는 더욱 더 풍성한 삶을 살게됩니다. 오늘 하루를 돌아보며 한 줄로 감사를 적어봅시다.

● **기도**　글로 쓰는 기도는 영원히 보존되는 기도입니다. 한 줄에 마음을 담아 기도를 주님께 올려드립시다.

20 . . . (제 23 주 목요일)　　　　　　　　　　　　　오늘의 말씀 : 시 51-60장

내 마음이 확정되고 확정되었사오니

● **배경**　먼저 배경을 읽고 오늘의 성경을 읽읍시다. 읽은 뒤 배경을 한 번 더 읽어도 좋습니다.

주로 다윗이 사울왕을 피하여 도망을 다니는 중 기도하며 드린 시와 찬양입니다. 사울은 3천 정예군사로 다윗을 찾고 다윗은 오합지졸같은 4,5백명의 무리를 이끌고 도망을 다닙니다. 그러나 주님을 신뢰하는 마음과 기도를 결코 늦추지 않습니다.

● **묵상**　아래의 질문들을 여유있는 마음으로 두 번 세 번 생각하며 하나님의 마음과 영적인 의미들을 더듬어봅시다.

1. 시 51장은 다윗이 밧세바와 동침하고 오랜 세월 죄의 고백을 하지 않고 그 죄를 숨기려고 우리야를 불러내며 꾀를 쓰며 뭉그적거릴 때 하나님이 나단 선지자를 보내 그의 죄를 지적합니다. 그런데 다윗은 자기의 죄를 부인하지 않고 정직하게 고백하며 성령이 떠나지 마시기를 간구합니다. 다윗과 같이 정직하게 죄를 시인하십니까?

2. 57편은 참으로 피를 말리는 시간들이고 한 순간 순간이 두려움이 점철되는 시간들입니다. 다윗이 사울을 피해 굴속에 들어가 숨은 때인데 왜 그렇게 밤이 깁니까? 새벽은 왜 이렇게 안 오는 겁니까? 그런데 다윗의 당찬 고백을 들어보지 않겠습니까?

3. 사람이 가장 화가나고 견디지 못할 때에는 나의 허물이나 죄 또는 내가 어려울 때 나를 돕지 않고 원수를 도와 나를 함정에 빠트리는 사람의 소식을 들을 때입니다. 다윗은 도엑이 고자질하는 것을 들을 때 어떤 행동과 말들, 기도를 드렸습니까?

● **한귀절**　오늘 말씀을 읽으면서 마음이 와 닿는 말씀 한 구절을 적고 되뇌어 봅시다.

● **적용**　말씀을 묵상하면서 나의 삶에 적용할 것과 실제적으로 행동에 옮길 것을 구체적으로 적어봅시다.

● **감사**　감사하는 성도는 더욱 더 풍성한 삶을 살게됩니다. 오늘 하루를 돌아보며 한 줄로 감사를 적어봅시다.

● **기도**　글로 쓰는 기도는 영원히 보존되는 기도입니다. 한 줄에 마음을 담아 기도를 주님께 올려드립시다.

20 . . . (제 23 주 금요일)　　　　　　　　　오늘의 말씀 : 시 61-65장

잠잠히 하나님만 바람이여 !

배경　먼저 배경을 읽고 오늘의 성경을 읽읍시다. 읽은 뒤 배경을 한 번 더 읽어도 좋습니다.

아무리 힘들고 어려워도 전능하신 하나님 앞에 엎드리고 섰을 때에는 힘과 용기가 생깁니다. 이것이 믿음의 힘입니다. 무엇을 바라보는가가 그의 삶의 내용을 결정합니다. 다윗은 하나님을 언제나 하나님을 쳐다보고 하나님은 그로 승리케 하십니다.

● **묵상**　아래의 질문들을 여유있는 마음으로 두 번 세 번 생각하며 하나님의 마음과 영적인 의미들을 더듬어봅시다.

1. 시 62편 나의영혼이 잠잠히 하나님만 바람이여! 나의 구원이 그에게서 나오는 도다!. 자신이 왕이면 무슨 소용이 있는가? 사람은 입김이고 인생도 속임수인데! 저울에 인생을 달면 입김보다 가벼울 것이라고 다윗은 겸손히 자기를 부인하고 모든 결정권, 도우심, 권능은 오직 주님께 있음을 고백합니다. 함께 고백하지 않겠습니까?

2. 다윗은 유다 광야에 도망 중에 물이 없어 갈한 지경에서도 물을 마시지 못한 목마름 보다 하나님을 향한 목마름이 훨씬 더 큽니다. 그래서 시 63편과 같은 고백과 기도가 나오는 겁니다. 나에게도 이런 영적인 갈망이 다윗만큼 있습니까?

3. 시 65편, 다윗은 모든 것이 하나님의 은혜라고 고백합니다. 특별한 일이 없어 평안할 때 사람들은 감사할 줄 모릅니다. 특별한 일이나 생겨야 감사하는 것인 줄 압니다. 그러나 다윗은 평안할 때 주님을 찬양합니다. 나에게도 이 고백이 있습니까?

● **한귀절**　오늘 말씀을 읽으면서 마음이 와 닿는 말씀 한 구절을 적고 되뇌어 봅시다.

● **적용**　말씀을 묵상하면서 나의 삶에 적용할 것과 실제적으로 행동에 옮길 것을 구체적으로 적어봅시다.

● **감사**　감사하는 성도는 더욱 더 풍성한 삶을 살게됩니다. 오늘 하루를 돌아보며 한 줄로 감사를 적어봅시다.

● **기도**　글로 쓰는 기도는 영원히 보존되는 기도입니다. 한 줄에 마음을 담아 기도를 주님께 올려드립시다.

20 . . .　(제 23 주 토요일)　　　　　　　　　　　오늘의 말씀 : 시 66-72장

온 백성은 기쁘고 즐겁게 노래할지니

> **배경**　먼저 배경을 읽고 오늘의 성경을 읽읍시다. 읽은 뒤 배경을 한 번 더 읽어도 좋습니다.
>
> 기도는 그 사람의 마음이며 신앙고백이며 믿음의 표출입니다. 기도는 시가되고 찬양이 되며 아우성이 되기도 합니다. 그러나 종래에는 하나님 앞에 서 있음을 발견하고 겸손하게 의지하게 됩니다. 그리고 그 깊이에 따라 기도 내용이 달라집니다.

● **묵상**　아래의 질문들을 여유있는 마음으로 두 번 세 번 생각하며 하나님의 마음과 영적인 의미들을 더듬어봅시다.

1. 시 67편의 기도는 기가막힌 기도입니다. 구약 곧 이스라엘만 선택받고 구원받았다고 편협하게 생각하는 시대에 주의 도가, 구원이 모든 나라, 민족들에게 번져나가고 주를 찬송하게 해달라고 기도합니다. 세계 선교를 마음에 품은 것입니다. 나의 기도의 반경은 얼마나 넓습니까? 주님의 마음을 품으셨습니까? 이기적입니까?

2. 기도는 한 순간의 어려움을 피하기 위한 탈피구가 아닙니다. 기도는 삶입니다. 삶도 주님과 함께 하는 삶입니다. 그러기에 기도는 어린 시절로부터 노년 아니 내가 죽은 그 순간까지도 다 마음에 담고 기도합니다. 시 71편의 기도가 그런기도입니다

3. 시 72편은 솔로몬의 기도입니다. 솔로몬은 지혜를 얻은 왕이요, 부귀영화를 누구보다 더 많이 누린 왕입니다. 노년에 넘어져 우상을 숭배하기도 했지만 시 72편의 기도는 만왕의 왕이신 하나님 앞에 서 겸손하게 드리는 기도입니다. 함께 드립시다

● **한귀절**　오늘 말씀을 읽으면서 마음이 와 닿는 말씀 한 구절을 적고 되뇌어 봅시다.

● **적용**　말씀을 묵상하면서 나의 삶에 적용할 것과 실제적으로 행동에 옮길 것을 구체적으로 적어봅시다.

● **감사**　감사하는 성도는 더욱 더 풍성한 삶을 살게됩니다. 오늘 하루를 돌아보며 한 줄로 감사를 적어봅시다.

● **기도**　글로 쓰는 기도는 영원히 보존되는 기도입니다. 한 줄에 마음을 담아 기도를 주님께 올려드립시다.

20 . . .　(제 24 주 월요일)　　　　　　　　　　　오늘의 말씀 : 시 73-79장

찬양 담당자 아삽의 기도

● **배경**　먼저 배경을 읽고 오늘의 성경을 읽읍시다. 읽은 뒤 배경을 한 번 더 읽어도 좋습니다.

시편은 모두 5권으로 편집되었는데 73편부터 89편까지는 시편 제3권 째의 책입니다. 주로 노래하는 아삽과 고라자손의 시들이 대부분입니다. 이들은 예배드릴 때마다 성가대로 이런 시를 악기와 더불어 화답하며 찬양을 주님께 돌렸습니다. 신앙고백입니다.

● **묵상**　아래의 질문들을 여유있는 마음으로 두 번 세 번 생각하며 하나님의 마음과 영적인 의미들을 더듬어봅시다.

1. 74편, 아삽은 성전에서 찬양을 맡은 사람으로 이스라엘이 앗수르와 바벨론에 의해 나라가 멸망하고 성전이 파괴되고 백성들이 포로로 끌려간 상태에서 하나님을 향해 몸부림치는 기도를 드리고 있습니다. 어찌하여 당신의 기르시는 양들을 버리시느냐고! 그렇습니다. 우리도 힘들때면 어찌하여 버리느냐고 부르짖지 않습니까?

2. 77편, 고난도 길어지면 이제 부르짖을 힘도 없어집니다. 부르짖고, 기도의 손을 들고 내리지 아니하며 영혼이 위로받는 일조차 거부하게 됩니다. 하나님께서 이미 닫으셨고 버리셨다고 느껴질 때처럼 절망되는 때가 없습니다. 그런 경험이 없습니까?

3. 79편, 하나님의 선택받은 선민이 이방민족들에게 멸망을 당하고 성전이 파괴된 모습을 생각하며 주의 백성들이요 목장의 양인 이스라엘을 무너뜨린 저들을 갚아달라고 부르짖고 있습니다. 나 때문에 주님의 이름에 영광이 가려졌을 때는 없었습니까?

● **한귀절**　오늘 말씀을 읽으면서 마음이 와 닿는 말씀 한 구절을 적고 되뇌어 봅시다.

● **적용**　말씀을 묵상하면서 나의 삶에 적용할 것과 실제적으로 행동에 옮길 것을 구체적으로 적어봅시다.

● **감사**　감사하는 성도는 더욱 더 풍성한 삶을 살게됩니다. 오늘 하루를 돌아보며 한 줄로 감사를 적어봅시다.

● **기도**　글로 쓰는 기도는 영원히 보존되는 기도입니다. 한 줄에 마음을 담아 기도를 주님께 올려드립시다.

20 . . . (제 24 주 화요일)   오늘의 말씀 : 시 80-89장

아삽, 고라자손의 시

> **배경** 먼저 배경을 읽고 오늘의 성경을 읽읍시다. 읽은 뒤 배경을 한 번 더 읽어도 좋습니다.
>
> 아삽과 고라는 모두 하나님의 성전에서 찬양을 맡은 사람들입니다. 시편에 나오는 시들은 단순한 시가 아니라 성전에 예배드릴 때 사용하던 찬양의 내용들입니다. 하나님을 향한 기도이고 간구인데 비록 오래전에 찬양과 기도를 올린 것이지만 우리의 삶과 다르지 않습니다.

● **묵상** 아래의 질문들을 여유있는 마음으로 두 번 세 번 생각하며 하나님의 마음과 영적인 의미들을 더듬어봅시다.

1. 80편, 이스라엘을 포도나무에 비유하여 이집트에서 해방하여 가나안땅을 주신 것을 찬양하며 고통 중에 있는 이스라엘을 구원하셔서 기쁨을 회복하게 해달라고 기도하고 있습니다. 왜 이스라엘이 고통 받고 있습니까? 포도나무인 이스라엘이 열매를 맺지 못했기 때문입니다. 포도나무의 가지인 나는 열매가 얼마나 있습니까?

2. 81:10-15, 이집트에서 10가지 재앙을 행하시므로 해방시키신 그 하나님이 "네 입을 크게 열라"고 말씀하셨으나 이스라엘이 구하지 않아 그의 임의대로 행하게 하셨다고 말씀하십니다. 즉 내버려 두셨다는 말입니다. 입을 크게 열라 곧 기도하라고 하시는 주님, 주신다고 말씀하시는 주님께 기도하기 위해 나는 무엇을 결단해야 할까요?

3. 84편, 고라자손의 시이며 기도입니다. 말할수 없이 교회를 사랑하고 주님께 의지하며 기도하므로 주님이 주시는 힘으로 살아가는 삶을 찬양하고 있습니다. 그래서 하나님은 나의 방패시라고 고백합니다. 나는 얼마나 주님을 사모하며 의지하고 있습니까?

● **한귀절** 오늘 말씀을 읽으면서 마음이 와 닿는 말씀 한 구절을 적고 되뇌어 봅시다.

● **적용** 말씀을 묵상하면서 나의 삶에 적용할 것과 실제적으로 행동에 옮길 것을 구체적으로 적어봅시다.

● **감사** 감사하는 성도는 더욱 더 풍성한 삶을 살게됩니다. 오늘 하루를 돌아보며 한 줄로 감사를 적어봅시다.

● **기도** 글로 쓰는 기도는 영원히 보존되는 기도입니다. 한 줄에 마음을 담아 기도를 주님께 올려드립시다.

20 . . . (제 24 주 수요일)　　　　　　　　　　　　　　오늘의 말씀 : 시 90-99장

모세의 인생관

> **배경**　먼저 배경을 읽고 오늘의 성경을 읽읍시다. 읽은 뒤 배경을 한 번 더 읽어도 좋습니다.
>
> 시 90-106편은 시편 제 4권째의 시들입니다. 시편은 여러시대, 여러 사람들의 신앙고백, 기도, 시, 찬양들을 모은 것입니다. 모세로부터, 모세의 누이 미리암을 비롯해 바벨론 포로 이후의 것까지를 편집한 바 모두 다섯 권으로 편집한 것 중 네 번째의 시들을 모은 것입니다.

● **묵상**　아래의 질문들을 여유있는 마음으로 두 번 세 번 생각하며 하나님의 마음과 영적인 의미들을 더듬어봅시다.

1. 90편은 모세의 인생관입니다. 자신은 120년을 살았으나 당시 평균 연령이 70이고 강건하면 80을 살았던 시대에 인생이란 돌아가는 존재, 짧고 빠르게 지나가며 그것도 수고와 슬픔으로 얼룩진 인생입니다. 나는 이런 날들을 어떻게 계산하고 살아가고 있습니까?

2. 95-96편, 91-94편까지 하나님을 향한 간절한 구원을 요청하던 기도가 95-96편에서 감사의 찬양으로 바뀝니다. 우주 만물을 지으시고 다스리시는 왕 되신 주님 앞에 무릎을 굽혀 경배하자고 소리를 높입니다. 우리는 그의 백성이요 돌보시는 양이기 때문에 그에 합당한 예물로 주님께 영광과 권능을 주님께 돌리자고 노래하고 있습니다

3. 98편, 새노래로 여호와께 찬송하라고 합니다. 이스라엘에게는 기사와 이적으로, 우리에게 예수 그리스도의 십자가로 구원을 베푸시는 하나님을 찬양하자고 합니다. 지금도 하나님은 그들에게와 동일하게 우리에게 하나님의 오른손과 거룩한 팔로 구원하시고 붙잡으시며 보호하고 인도하고 계시지 않습니까? 나는 어떻게 감사하고 있습니까?

● **한귀절**　오늘 말씀을 읽으면서 마음이 와 닿는 말씀 한 구절을 적고 되뇌어 봅시다.

● **적용**　말씀을 묵상하면서 나의 삶에 적용할 것과 실제적으로 행동에 옮길 것을 구체적으로 적어봅시다.

● **감사**　감사하는 성도는 더욱 더 풍성한 삶을 살게됩니다. 오늘 하루를 돌아보며 한 줄로 감사를 적어봅시다.

● **기도**　글로 쓰는 기도는 영원히 보존되는 기도입니다. 한 줄에 마음을 담아 기도를 주님께 올려드립시다.

20 . . .   (제 24 주 목요일)   오늘의 말씀 : 시 100-106장

감사와 찬양

> **배경** 먼저 배경을 읽고 오늘의 성경을 읽읍시다. 읽은 뒤 배경을 한 번 더 읽어도 좋습니다.
>
> 시편은 크게 둘로 나뉘어집니다. 고난 중에 부르짖어 기도하고 구원을 요청하는 내용과 우주만물을 지으시고, 구원하시고, 기도에 응답하시는 하나님을 찬양하는 내용에 다 들어 있습니다. 이게 또 인생입니다. 고난속에서도 주님의 은혜를 생각하며 감사하고 있는겁니다.

● **묵상** 아래의 질문들을 여유있는 마음으로 두 번 세 번 생각하며 하나님의 마음과 영적인 의미들을 더듬어봅시다.

1. 100편, 목자와 양의 관점에서 하나님과 인생들을 생각하며 예배중에 드리는 화답시 같지 않습니까? 주님께 나아가며 성도들과 화답하는 이 내용은 환상적입니다. 우리가 예배드릴 때 주님이 양같이 어리석은 내 인생의 목자가 되셔서 돌보시고 인도하시는 주님을 진정으로 시 100편의 저자처럼 감격하며 참여하여야 하지 않겠습니까?

2. 102편, 이제는 울며 불며 주님께 구원을 요청하고 있습니다. 시편 기자처럼 우리도 많은 것으로 인해 인생을 살면서 큰 고통과 환란의 나락에 빠질때가 많습니다. 혹시 그런 상황에 빠져 있습니까? 시 102편을 읽으며 동일한 마음으로 응답하시는 주님께 기도합시다

3. 시 103편, 다윗은 하나님을 찬양하되 "내 속에 있는 것들아 다 그의 거룩한 이름을 송축하라"고 표현합니다. 이는 곧 "all his being" 즉, 전 존재를 다해, 전심으로 찬양하라고 말합니다. 특별히 내 모든 죄를 사하시는 자비와 긍휼이 많으신 하나님을 전심으로 찬양하고 외칩니다. 그렇지 않습니까? 다윗의 고백이 곧 나의 고백 아닙니까?

● **한귀절** 오늘 말씀을 읽으면서 마음이 와 닿는 말씀 한 구절을 적고 되뇌어 봅시다.

● **적용** 말씀을 묵상하면서 나의 삶에 적용할 것과 실제적으로 행동에 옮길 것을 구체적으로 적어봅시다.

● **감사** 감사하는 성도는 더욱 더 풍성한 삶을 살게됩니다. 오늘 하루를 돌아보며 한 줄로 감사를 적어봅시다.

● **기도** 글로 쓰는 기도는 영원히 보존되는 기도입니다. 한 줄에 마음을 담아 기도를 주님께 올려드립시다.

20 . . .　(제 24 주 금요일)　　　　　　오늘의 말씀 : 시 107-116장

상한 영혼으로 기도하는 다윗

● **배경**　먼저 배경을 읽고 오늘의 성경을 읽읍시다. 읽은 뒤 배경을 한 번 더 읽어도 좋습니다.

107-150편까지는 시편을 5번째로 편집한 책으로 44개의 시들 중에서 다윗이 15개, 솔로몬이 한 개 그리고 나머지는 작자 미상입니다. 시편의 저자를 알고 읽으면 더욱 흥미롭지만 관계없습니다. 그 시대나 지금이나 사람 살아가는 것은 그다지 다르지 않으니까요.

● **묵상**　아래의 질문들을 여유있는 마음으로 두 번 세 번 생각하며 하나님의 마음과 영적인 의미들을 더듬어봅시다.

1. 107편, 고통중에 거할 때 부르짖으면 응답하시고 그 고통에서 구원하시는 하나님을 찬양하고 있습니다. 시편 기자는 흑암과 사망, 곤고와 쇠사슬에 매이게 되는 것은 말씀을 거역하고 하나님의 뜻대로 살지 못했기 때문이지만(10-11,17) 그럼에도 불구하고 고통중에 부르짖으면 응답하시는 주님이십니다. 긍휼이 많으신 하나님이십니다

2. 109편, 다윗은 악인들을 향한 저주를 쏟아붓습니다. 왜 이렇게 저주를 퍼부을까요? 그것은 그가 그만큼 많은 악한 자들의 악행으로 인하여 고통을 당했기 때문입니다. 그러나 그런 자들을 향해 저주를 퍼붓는 것은 하나님이 공의의 하나님이기 때문에 심판을 요청하는 겁니다. 또 그만큼 자신의 삶이 깨끗함을 말해주고 있지 않습니까?

3. 112편, 시편 기자는 하나님을 경외하고 하나님의 계명을 즐거워하는 사람들의 후손이 잘되고 부와 재물이 주어지며 공의가 영구히 설 것을 노래합니다. 정직한 자들에게도 빛이 임한다고 합니다. 악을 행하는 사람은 잠시 잘되는 것 같으나 결국 넘어집니다. 하나님께서 살아계시기 때문입니다. 나는 주의 말씀을 소중히 여깁니까?

● **한귀절**　오늘 말씀을 읽으면서 마음이 와 닿는 말씀 한 구절을 적고 되뇌어 봅시다.

● **적용**　말씀을 묵상하면서 나의 삶에 적용할 것과 실제적으로 행동에 옮길 것을 구체적으로 적어봅시다.

● **감사**　감사하는 성도는 더욱 더 풍성한 삶을 살게됩니다. 오늘 하루를 돌아보며 한 줄로 감사를 적어봅시다.

● **기도**　글로 쓰는 기도는 영원히 보존되는 기도입니다. 한 줄에 마음을 담아 기도를 주님께 올려드립시다.

20 . . .　　(제 24 주 토요일)　　　　　　　　　　　오늘의 말씀 : 시 117-119장

성경에서 가장 짧고 긴 장

배경　먼저 배경을 읽고 오늘의 성경을 읽읍시다. 읽은 뒤 배경을 한 번 더 읽어도 좋습니다.

시편 117편은 성경 전체 중에서 가장 짧은 장이고 119편은 가장 긴 장입니다. 무려 176절이나 됩니다. 그러나 시편 119편의 저자는 하나님의 말씀을 엄청 사랑합니다. 그의 마음이 전해지니 길어도 길게 느껴지지 않습니다. 나도 이런 고백을 할 수 있었으면 좋겠습니다.

● **묵상**　아래의 질문들을 여유있는 마음으로 두 번 세 번 생각하며 하나님의 마음과 영적인 의미들을 더듬어봅시다.

1. 119:9-16, 청년이 무엇으로 그 행실을 깨끗하게 할 수 있을까요? 시편기자는 오직 주님의 말씀을 지키는 길 뿐이라고 외칩니다. 청년의 시기는 광풍노도의 시기입니다. 의욕이 넘치고 혈기 왕왕하며 온갖 유혹이 몰려오는 시기입니다. 말씀을 사랑하는 길이 승리의 길입니다

2. 만일 시 119편을 읽으면서 시편기자가 하나님의 말씀을 얼마나 사모했는지 못느꼈다면 정말 심각한 겁니다. 단지 한 장의 성경이 너무 길다는 불평은 너무 유치하지 않습니까? 길고 짧은 것이 문제가 아니라 시편기자의 마음을 느끼지 못하는게 더 큰 문제 아닙니까?

3. 119:97-104, 하나님의 말씀이 인생들에게 가져다 주는 유익이 무엇일까요? 시편기자는 성경말씀이 주는 지혜가 온갖 꾀를 만들어 내는 원수보다 낫고 모든 스승보다 나으며 오랜 세월을 지내며 쌓아 놓은 노인의 지혜보다 더 뛰어나다고 말합니다. 그리고 그렇게 나를 만드는 말씀의 맛이 꿀보다 더 달다고 하는 말이 이해가 됩니까?

● **한귀절**　오늘 말씀을 읽으면서 마음이 와 닿는 말씀 한 구절을 적고 되뇌어 봅시다.

● **적용**　말씀을 묵상하면서 나의 삶에 적용할 것과 실제적으로 행동에 옮길 것을 구체적으로 적어봅시다.

● **감사**　감사하는 성도는 더욱 더 풍성한 삶을 살게됩니다. 오늘 하루를 돌아보며 한 줄로 감사를 적어봅시다.

● **기도**　글로 쓰는 기도는 영원히 보존되는 기도입니다. 한 줄에 마음을 담아 기도를 주님께 올려드립시다.

20 . . .　(제 25 주 월요일)　　　　　　　　　　　오늘의 말씀 : 시 120-136장

성전으로 올라가는 노래

> **배경**　먼저 배경을 읽고 오늘의 성경을 읽읍시다. 읽은 뒤 배경을 한 번 더 읽어도 좋습니다.
>
> 시 120-134편은 성전에 올라가는 노래라고 되어있다. 이스라엘 백성들은 매년 3차례 곧 유월절, 맥추절, 장막절에 반드시 예루살렘에 가 성전에 예물을 드리며 예배를 드리는데 그때 성전에 올라가면서 순례길에서 불렀던 노래들이라는 것이다. 놀라운 신앙고백들입니다.

● **묵상**　아래의 질문들을 여유있는 마음으로 두 번 세 번 생각하며 하나님의 마음과 영적인 의미들을 더듬어봅시다.

1. 121편, 주님께 영광돌려 드리기 위해 예루살렘으로 올라가는 길! 그 길은 걸어서 여러 날 걸리는 길이다. 지루하기도 할 만한데 순례자처럼 주님을 생각하며 걷습니다. 또 함께 가는 자들에게 신앙을 고백합니다. 내가 산을 향하여 눈을 들리라 나의 도움이 어디서 오는가? 나의 도움은 천지를 지으신 여호와께로부터 올 것입니다. 이 아름다운 고백, 주님을 신뢰하는 이 고백을 함께 해 보십시다

2. 126편, 성전으로 올라가면서 감격스러웠던 때의 일들을 더듬습니다. 영원히 나라가 회복되지 못하고 끝나는 줄 알았더니 하나님께서 은혜를 베푸셔서 바벨론 포로생활을 마치고 꿈만 같은 믿어지지 않는 귀국길에 오를 때 얼마나 기뻤던가? 그러나 아직 귀환하지 못한 이들에게도 그런 기쁨의 날이 오기를 기도하고 있습니다. 저 소리가 귓가에 들리지 않습니까?

3. 127-128편, 인간의 노력이라는게 잘 되다가도 망하고 분명히 성공했다고 생각했는데 그 성공이라는게 휴지조각이 될 때가 있습니다. 솔로몬은 하나님이 함께 하지 않으시면 아주 당연히 우리의 땀과 수고가 헛됨을 고백하고 있습니다. 나도 같은 생각이십니까?

● **한귀절**　오늘 말씀을 읽으면서 마음이 와 닿는 말씀 한 구절을 적고 되뇌어 봅시다.

● **적용**　말씀을 묵상하면서 나의 삶에 적용할 것과 실제적으로 행동에 옮길 것을 구체적으로 적어봅시다.

● **감사**　감사하는 성도는 더욱 더 풍성한 삶을 살게됩니다. 오늘 하루를 돌아보며 한 줄로 감사를 적어봅시다.

● **기도**　글로 쓰는 기도는 영원히 보존되는 기도입니다. 한 줄에 마음을 담아 기도를 주님께 올려드립시다.

20 . . . (제 25 주 화요일)　　　　　　　　　　　오늘의 말씀 : 시 137-144장

삶의 한복판에서 나온 기도들

> **배경**　먼저 배경을 읽고 오늘의 성경을 읽읍시다. 읽은 뒤 배경을 한 번 더 읽어도 좋습니다.
>
> 시편은 우리의 삶과 그리 멀지 않습니다. 신앙의 선배들이 산전수전 다 겪으면서 아파하며 괴로워했던 그 삶이 곧 우리의 삶입니다. 그런데 신앙의 사람들은 너무 힘들어 한숨쉬며 꺼이꺼이 소리지르다가도 하나님을 고백하는 자리로 돌아옵니다. 이게 신앙입니다.

● **묵상**　아래의 질문들을 여유있는 마음으로 두 번 세 번 생각하며 하나님의 마음과 영적인 의미들을 더듬어봅시다.

1. 시 137편, 시 90편의 모세의 고백처럼 인생이란 즐거웠을 때의 일 보다도 괴로워하고 아파할때의 기억이 더 많이 납니다. 남의 나라에 끌려가 포로생활하는데 아 글쎄 자신들을 여기로 끌고온 그들이 노래를 청합니다. 그러니 노래가 나오겠습니까? 반대로 눈물을 삼키며 예루살렘을 품습니다. 내가 너를 말하지 않으면 내 혀가 입천장에 붙을지로다. 오직 주와 그 성전을 사모하는 마음입니다

2. 141편, 다윗은 자신의 기도가 저녁제사 때 주님께 올려드리는 향과 같다고 고백합니다. 그렇습니다. 계 5:8, 8:3-4에서 우리의 기도는 천사들의 손에 떠받들어져 하늘보좌 금향로에 담긴다고 했습니다. 고난과 극한 상황에서도 향을 떠올리며 기도하는 다윗의 기도하는 삶을 보며 다윗과 같이 기도하고픈 간절함이 생기지 않습니까?

3. 144편, 돌아보면 모든 것이 하나님의 은혜입니다. 다윗은 자기의 험난한 인생을 돌아보며 고백합니다. "여호와여 사람이 무엇이기에 주께서 그를 알아주시며 인생이 무엇이기에 그를 생각하시나이까?" 나의 삶이 부끄러움에도 도우신 하나님의 은혜가 떠오르지 않습니까?

● **한귀절**　오늘 말씀을 읽으면서 마음이 와 닿는 말씀 한 구절을 적고 되뇌어 봅시다.

● **적용**　말씀을 묵상하면서 나의 삶에 적용할 것과 실제적으로 행동에 옮길 것을 구체적으로 적어봅시다.

● **감사**　감사하는 성도는 더욱 더 풍성한 삶을 살게됩니다. 오늘 하루를 돌아보며 한 줄로 감사를 적어봅시다.

● **기도**　글로 쓰는 기도는 영원히 보존되는 기도입니다. 한 줄에 마음을 담아 기도를 주님께 올려드립시다.

(제 25 주 수요일)　　　　　　　　　오늘의 말씀 : 시 145-150장

찬양하고 찬양하라

배경　먼저 배경을 읽고 오늘의 성경을 읽읍시다. 읽은 뒤 배경을 한 번 더 읽어도 좋습니다.

시편 150편의 묵상이 끝납니다. 다윗을 비롯한 시편기자들은 고난 속에 있거나 평온한 상황에서나 언제나 찬양하는 삶을 잃지 않았습니다. 그리고 우리를 향하여 함께 찬양하자고 손짓합니다. 무뚝뚝하고 무관심한 사랑은 사랑도 아닙니다. 일어나 손뼉치며 찬양합시다.

● **묵상**　아래의 질문들을 여유있는 마음으로 두 번 세 번 생각하며 하나님의 마음과 영적인 의미들을 더듬어봅시다.

1. 145편, 다윗은 하나님을 왕으로 인식합니다. 과거 다윗의 시절의 왕은 절대자나 다름이 없지만 그런 상황 속에서도 하나님을 진정한 왕, 창조주, 전능자로 인식하고 신앙을 고백하는 다윗의 신앙은 순수한 신앙입니다. 그러기에 우리 주님께서 다윗을 사랑하셨습니다.

2. 148편, 시편기자는 인생들만 주님을 찬양하는 것이 아니라고 합니다. 하늘도 찬양하고 천사들도 해, 달과 별들도 찬양하고 바다도 땅도 불과 우박, 안개와 광풍 뿐 아니라 처녀, 총각, 노인과 아이들 할 것 없이 모든 만물이 주님을 찬양하라! 하나님을, 하나님의 이름을 찬양하자는 시편기자의 초청에 일어나 기쁨으로 맞이하지 않겠습니까?

3. 150편, 시편기자는 성소 곧 하나님께 예배드리는 교회에서 무엇으로 찬양하라고 합니까? 나팔, 비파와 수금 그리고 소고치며 춤추고 현악과 퉁소, 높은소리 나는 제금으로 찬양하라 합니다. 호흡이 있다면 하나님을 찬양하랍니다. 주님이 우리에게 베푸신 것들을 진심으로 헤아린다면 어찌 찬양하지 않고 견딜 수 있겠습니까?

● **한귀절**　오늘 말씀을 읽으면서 마음이 와 닿는 말씀 한 구절을 적고 되뇌어 봅시다.

● **적용**　말씀을 묵상하면서 나의 삶에 적용할 것과 실제적으로 행동에 옮길 것을 구체적으로 적어봅시다.

● **감사**　감사하는 성도는 더욱 더 풍성한 삶을 살게됩니다. 오늘 하루를 돌아보며 한 줄로 감사를 적어봅시다.

● **기도**　글로 쓰는 기도는 영원히 보존되는 기도입니다. 한 줄에 마음을 담아 기도를 주님께 올려드립시다.

20 . . .　(제 25 주 목요일)　　　　　　　　　　　　　　오늘의 말씀 : 잠 1-4장

지혜를 얻게하는 잠언

● **배경**　먼저 배경을 읽고 오늘의 성경을 읽읍시다. 읽은 뒤 배경을 한 번 더 읽어도 좋습니다.

잠언의 저자는 아굴이나 다른 사람들도 있지만 거의 대부분은 솔로몬왕이 젊었을 때 지은 것입니다. 하나님께로부터 지혜를 선물로 받아 깨달은 것을 적었는데 후시대 사람들이 정리하여 잠언집을 만들어 주제들이 뒤 섞여 있지만 참으로 귀한 지혜들입니다.

● **묵상**　아래의 질문들을 여유있는 마음으로 두 번 세 번 생각하며 하나님의 마음과 영적인 의미들을 더듬어봅시다.

1. 1장, 솔로몬은 고백합니다. 지혜와 지식의 근본이신 하나님이 주신 말씀들이 지혜와 훈계를 알게 하고 공의, 정의, 정직하게 행할 것을 가르쳐 준다고 가르쳐 줍니다. 잠언의 주제들을 하나 하나 마음을 열고 기울이면 잠언의 지혜들이 우리 인생을 행복으로 안내할 것입니다. 겸손함으로 받음이 은혜를 넘치게 합니다.

2. 2장, 무엇보다 지혜를 구하여야 합니다. 지혜는 우리로 하나님을 알고 깨닫게 하며 영혼을 즐겁게 하고 악으로부터 멀어지게 하는 길잡이가 될 것입니다. 그러고 보면 우리 인생들은 무지하면서도 고집과 고정관념들로 하나님을 거부하고 말씀들을 거부합니다. 그러나 하나님의 말씀들은 불변하고 영원할 것입니다.

3. 3장은 젊은이들에게 행복의 비법을 알려줍니다. 어떻게 해야 장수와 평강, 하나님과 사람들에게서 은총을 받고 형통의 길, 건강과 부귀영화를 누릴 수 있는지 알려줍니다. 청년들만이 아니라 우리 모두 귀담아듣고 받아들여 실천하면 반드시 행복에 이르게 됩니다. 찬찬히 읽고 적으면서 적용합시다.

● **한귀절**　오늘 말씀을 읽으면서 마음이 와 닿는 말씀 한 구절을 적고 되뇌어 봅시다.

● **적용**　말씀을 묵상하면서 나의 삶에 적용할 것과 실제적으로 행동에 옮길 것을 구체적으로 적어봅시다.

● **감사**　감사하는 성도는 더욱 더 풍성한 삶을 살게됩니다. 오늘 하루를 돌아보며 한 줄로 감사를 적어봅시다.

● **기도**　글로 쓰는 기도는 영원히 보존되는 기도입니다. 한 줄에 마음을 담아 기도를 주님께 올려드립시다.

20 . . .　　(제 25 주 금요일)　　　　　　　　　　　　　오늘의 말씀 : 잠 5-9장

실천하여야 할 지혜들

● **배경**　먼저 배경을 읽고 오늘의 성경을 읽읍시다. 읽은 뒤 배경을 한 번 더 읽어도 좋습니다.

솔로몬의 지혜들인 잠언은 교리나 성경의 비밀을 알려주는 것이 아니라 삶의 지혜를 공급해 줍니다. 즉 지식은 정보를 제공하지만, 지혜는 그 지식을 어떻게 효과있게 실천하게 하는가? 방법을 알려주는 것입니다. 그러므로 실천을 목적으로 하고 읽어야 합니다.

● **묵상**　아래의 질문들을 여유있는 마음으로 두 번 세 번 생각하며 하나님의 마음과 영적인 의미들을 더듬어봅시다.

1. 5, 7장은 특별히 성적관계에 대한 성결 즉 성적인 쾌락을 얻기 위해 순결을 잃으면 인생과 집안이 망한다고 가르쳐줍니다. 오히려 15-19절의 말씀처럼 결혼이라는 울타리 안에서 사랑에 흠뻑 취하여야 함을 가르쳐 줍니다. 네 샘물을 집 밖으로 흘러넘치게 하지 말라는 말씀이 무엇인지 부부관계를 생각하여 봅시다.

2. 6장, 보증서고 얼마나 힘들었습니까? 젊었을 때 조금만 더 부지런했더라면? 권모술수 쓰다가 쓴맛을 보기도 했지요? 그래요 솔로몬은 너무나 구체적이고 실제적인 지혜들을 선사하고 있지요? 그냥 읽어서는 안 됩니다. 나의 삶에 적용시켜야 합니다. 적용하는 만큼 성숙해지고 행복에 이르게 됩니다.

3. 9장, 지혜와 반한 어리석음의 폐해에 대하여 가르쳐 줍니다. 어리석고 거만하고 교만하여 남들 앞에 서면 뭔가 된 것 같지만 사실은 패망의 선봉이지요. 말 많은 것도 그렇구요 사기치고 도둑질하여 취하는 것도 그 순간은 짜릿하지만 어리석지요. 지혜가 주는 안전함과 즐거움, 평안이 얼마나 큰지요?

● **한귀절**　오늘 말씀을 읽으면서 마음이 와 닿는 말씀 한 구절을 적고 되뇌어 봅시다.

● **적용**　말씀을 묵상하면서 나의 삶에 적용할 것과 실제적으로 행동에 옮길 것을 구체적으로 적어봅시다.

● **감사**　감사하는 성도는 더욱 더 풍성한 삶을 살게됩니다. 오늘 하루를 돌아보며 한 줄로 감사를 적어봅시다.

● **기도**　글로 쓰는 기도는 영원히 보존되는 기도입니다. 한 줄에 마음을 담아 기도를 주님께 올려드립시다.

20 . . .   (제 25 주 토요일)   오늘의 말씀 : 잠 10-14장

입술도 다스리고 정직하여야 !

배경   먼저 배경을 읽고 오늘의 성경을 읽읍시다. 읽은 뒤 배경을 한 번 더 읽어도 좋습니다.

잠언에는 특별한 주제가 없습니다. 인간사(事)의 모든 주제들을 다 다루고 있습니다. 말과 속이는 저울, 물질, 정직, 자녀교육, 분노, 학대와 같은 문제들을 다 다루고 있습니다. 많은 주제를 다뤄 혼란스럽지만 잠언의 지혜의 말씀을 인생의 스승님으로 삼읍시다.

● **묵상**   아래의 질문들을 여유있는 마음으로 두 번 세 번 생각하며 하나님의 마음과 영적인 의미들을 더듬어봅시다.

1. 말과 언어는 인간이 의사를 소통하는 가장 중요한 통로이자 수단입니다. 그러나 말을 잘못하면 독을 뿜는 것 같고 다툼을 일으키지만 지혜로운 말을 하면 생명을 얻을 뿐 아니라 재물과 사람의 마음을 얻습니다. 흩어져 있는 말과 언어사용에 대한 말씀들을 모아 간추려 보세요. 유익할 것입니다.

2. 11장은 주로 정직한 삶에 관해 가르쳐 줍니다. 속이는 저울, 이웃을 멸시, 험담과 잔인함 반면에 부지런함과 정직, 공의와 배려, 가난한 자를 돌보고 구제하는 삶은 모두를 행복하게 하고 자신을 더욱 부하게 한다고 가르쳐 줍니다. 나는 매사에 정직을 기준으로 하고 있습니까? 아니면 눈 앞에 있는 열매에 집착합니까?

3. 13장 지혜로운 사람은 겸손한 사람입니다. 왜냐하면 교만한 사람은 충고해 줘도 받아들이지 않지만 겸손한 사람은 달게 받아 성숙을 이룹니다. 말씀을 두려워하고 훈계와 책망을 기쁘게 받아야 합니다. 결국 겸손한 사람이 복을 얻고 존경을 얻게 됩니다. 그런데 교만한 사람은 자기가 교만한 줄 모르니 어찌하면 좋을까요?

● **한귀절**   오늘 말씀을 읽으면서 마음이 와 닿는 말씀 한 구절을 적고 되뇌어 봅시다.

● **적용**   말씀을 묵상하면서 나의 삶에 적용할 것과 실제적으로 행동에 옮길 것을 구체적으로 적어봅시다.

● **감사**   감사하는 성도는 더욱 더 풍성한 삶을 살게됩니다. 오늘 하루를 돌아보며 한 줄로 감사를 적어봅시다.

● **기도**   글로 쓰는 기도는 영원히 보존되는 기도입니다. 한 줄에 마음을 담아 기도를 주님께 올려드립시다.

20 . . .　　(제 26 주 월요일)　　　　　　　　　　　　　　오늘의 말씀 : 잠 15-18장

하나도 버릴 수 없는 지혜들

배경　먼저 배경을 읽고 오늘의 성경을 읽읍시다. 읽은 뒤 배경을 한 번 더 읽어도 좋습니다.

잠언의 말씀들은 하나도 버릴게 없습니다. 우리 시대와 많이 다른 것이 있지요? 그런데 생각해 봅시다. 잠언의 말씀들이 시대착오적인 잘못된 말씀인가요? 지금 우리시대의 가치관과 삶의 방식이 잘못된 것일까요? 이걸 분별하지 못하면 어리석은 겁니다.

● **묵상**　아래의 질문들을 여유있는 마음으로 두 번 세 번 생각하며 하나님의 마음과 영적인 의미들을 더듬어봅시다.

1. 15장, 분노와 사랑, 화목, 화평을 다루고 있습니다. 가는 말이 고와야 오는 말도 곱다는 말처럼 과격한 말이 노를 격동하고, 유순하고 온순한 혀는 분노를 누그러트리지요! 대답할 말을 깊이 생각하는 것, 정직한 혀가 필요하구요. 살진 소와 채소는 비교도 안 되지만 풀먹고 사랑 나눔이 좋은데 쉽지는 않지요?

2. 16장은 하나님께 내 삶을 위탁하는 사람의 삶이 얼마나 유익한가를 가르쳐 줍니다. 모두가 자기 잘난 맛에 꼼꼼하고 거대한 계획을 세우지만, 성공자는 적습니다. 그런데 주님께 모든 행사를 맡기는 사람, 의지하는 사람은 결국 성공하게 되어있다는 것입니다. 이런 영적 원칙을 실천에 옮기고 성공을 경험해 보셨습니까?

3. 17:22에서 마음의 즐거움은 양약이라도 심령의 근심은 뼈를 마르게 한다는 말의 뜻이 무엇일까요? 오늘 질병의 원인의 많은 부분을 차지하는 것이 스트레스입니다. 스트레스는 근심과 걱정, 원망과 분노, 갈등과 같은 부정적인 마음입니다. 그렇습니다. 항상 기뻐하라, 범사에 감사하라 그건 기도로 유지됩니다(살전 5:17).

● **한귀절**　오늘 말씀을 읽으면서 마음이 와 닿는 말씀 한 구절을 적고 되뇌어 봅시다.

● **적용**　말씀을 묵상하면서 나의 삶에 적용할 것과 실제적으로 행동에 옮길 것을 구체적으로 적어봅시다.

● **감사**　감사하는 성도는 더욱 더 풍성한 삶을 살게됩니다. 오늘 하루를 돌아보며 한 줄로 감사를 적어봅시다.

● **기도**　글로 쓰는 기도는 영원히 보존되는 기도입니다. 한 줄에 마음을 담아 기도를 주님께 올려드립시다.

20 . . .　(제 26 주 화요일)　　　　　　　　　　　　　오늘의 말씀 : 잠 19-22장

계속되는 지혜의 말씀들

배경　먼저 배경을 읽고 오늘의 성경을 읽읍시다. 읽은 뒤 배경을 한 번 더 읽어도 좋습니다.

잠언을 읽으며 아쉬운게 있습니다. 말, 분노, 재물, 교만 등 많은 주제들을 일목요연하게 주제별로 분류하여 주었다면 훨씬 더 읽기 좋을텐데라는 아쉬움이 남습니다. 그러나 잠언은 레포트나 학위논문이 아닙니다. 잊을 만하면 또 깨우쳐 주니 감사합니다.

● **묵상**　아래의 질문들을 여유있는 마음으로 두 번 세 번 생각하며 하나님의 마음과 영적인 의미들을 더듬어봅시다.

1. 19:11 노하기를 더디하는 것만큼 어려운게 없습니다. 속을 뒤집어 놓는데 어떻게 참습니까? 그러나 그렇다고 해서 느끼는 대로 털어놓으면 그 결과는 참혹해지며 그 보다 내가 더 손해 봅니다. 그러나 용서는 지금 지는 것 같지만 승리자는 나이며 영광을 얻게 됩니다. 19절도 참고하며 용서함을 배웁시다.

2. 20:20 자기의 아비나 어미를 저주하는 자는 그의 등불이 흑암중에 꺼짐을 당한다고 했습니다. 오늘 우리가 사는 시대는 부모나 노년의 삶을 사는 이들이 인정받지 못하는 시대를 삽니다. 필경은 잘못된 것입니다. 부모는 내 생명의 주인이요 하나님의 대리인입니다. 시대가 아무리 바뀌어도 회복해야할 윤리입니다.

3. 22:6, 15 마땅히 행할 길을 아이에게 가르치라고 했고 그 과정에 채찍도 있어야 한다, 그리고 그 채찍은 자녀를 스올 즉 지옥에서 구원하며(23:14), 상하게 때리는 것이 악을 없이하나니 매는 사람 속에 깊이 들어가느니라(20:30)고 했는데 우리의 교육방법은 어떻습니까? 지혜의 말씀과 비교하고 개선점을 찾읍시다.

● **한귀절**　오늘 말씀을 읽으면서 마음이 와 닿는 말씀 한 구절을 적고 되뇌어 봅시다.

● **적용**　말씀을 묵상하면서 나의 삶에 적용할 것과 실제적으로 행동에 옮길 것을 구체적으로 적어봅시다.

● **감사**　감사하는 성도는 더욱 더 풍성한 삶을 살게됩니다. 오늘 하루를 돌아보며 한 줄로 감사를 적어봅시다.

● **기도**　글로 쓰는 기도는 영원히 보존되는 기도입니다. 한 줄에 마음을 담아 기도를 주님께 올려드립시다.

20 . . . (제 26 주 수요일)   오늘의 말씀 : 잠 23-27장

가려뽑은 지혜의 말씀들

배경 먼저 배경을 읽고 오늘의 성경을 읽읍시다. 읽은 뒤 배경을 한 번 더 읽어도 좋습니다.

하나님께서 솔로몬에게 지혜를 주셨고 그것은 히스기야왕(25:1)과 후대의 사람들이 3천여 편이 되는 지혜들 중에 가려 모은 것이 잠언입니다. 시대는 변하여도 하나님의 법과 진리는 변하지 않습니다. 모든 만물의 이치도 그렇습니다. 기준으로 삼아야 합니다.

● **묵상** 아래의 질문들을 여유있는 마음으로 두 번 세 번 생각하며 하나님의 마음과 영적인 의미들을 더듬어봅시다.

1. 23:4-5, 부자되기를 애쓰지 말라고 권고합니다. 무슨 말입니까? 우리의 소원은 통일 보다 부자되는 건데요. 왜 그랬지요? 5절에서 재물은 스스로 날개를 달고 독수리처럼 날아가는 허무한 것이기 때문이라고 가르쳐 줍니다. 그건 그렇습니다. 버는 사람 따로 있고 쓰는 사람 따로 있습니다. 이 권고를 들어야 합니다.

2. 24:33-34, 네가 "좀더 자자, 좀더 졸자, 손을 모으고 좀더 누워있자" 하니 네 빈궁이 강도같이 오며 곤핍이 군사같이 온다고 했습니다. 꼭 새벽에 벨이 울리면 누르고도 조금더 조금더 하는 우리의 새벽기도 모습 아닙니까? 그래서 영적 도둑인 사단 마귀가 내 영혼을 도둑질하고 영적 빈곤에 고생하는 것은 아닌지요?

3. 27:1, 23-27, 자랑하는 것은 인간에게 빼놓을 수 없는 즐거움입니다. 그러나 영원히 자기가 가진 것을 붙잡고 있을 사람이 없습니다. 하루동안에도 무슨 일이 일어날지 모릅니다. 오히려 양떼의 형편을 부지런히 살피고 소떼에게 마음을 두라고 곧 네가 맡은 일들에 대하여 소홀히 하지말고 성실과 신실하라는 겁니다.

● **한귀절** 오늘 말씀을 읽으면서 마음이 와 닿는 말씀 한 구절을 적고 되뇌어 봅시다.

● **적용** 말씀을 묵상하면서 나의 삶에 적용할 것과 실제적으로 행동에 옮길 것을 구체적으로 적어봅시다.

● **감사** 감사하는 성도는 더욱 더 풍성한 삶을 살게됩니다. 오늘 하루를 돌아보며 한 줄로 감사를 적어봅시다.

● **기도** 글로 쓰는 기도는 영원히 보존되는 기도입니다. 한 줄에 마음을 담아 기도를 주님께 올려드립시다.

20 . . .   (제 26 주 목요일)   오늘의 말씀 : 잠 28-31장

아굴과 르무엘 왕의 어머니의 잠언

> **배경**   먼저 배경을 읽고 오늘의 성경을 읽읍시다. 읽은 뒤 배경을 한 번 더 읽어도 좋습니다.
>
> 잠언은 거의 대부분을 솔로몬이 기록했지만 30장은 아굴이, 31장은 르무엘이라는 왕의 어머니가 기록한 것인데 잠언에 편집되었습니다. 동일하게 사람들을 통해 들려준 하나님의 지혜의 말씀들입니다. 무슨 지혜를 던져 주고 있을까요?

● **묵상**   아래의 질문들을 여유있는 마음으로 두 번 세 번 생각하며 하나님의 마음과 영적인 의미들을 더듬어봅시다.

1. 30:7-9, 아굴이 주님께 드리는 평소의 기도입니다. 말도 안 되는 기도를 드리지요? 우리는 많이만 주십시오. 많이 주실수록 좋습니다. 그러면 그것으로 영광을 주님께 돌려 드린다고 말합니다. 그러나 아굴은 오히려 그것이 하나님을 배반하고 욕되게 할 것이라 말합니다. 그렇습니다. 풍요의 우리시대가 그것을 증거합니다.

2. 30: 15-33을 보면 세상에 만족하지 못하는 것, 이해가 안 되는 것, 세상을 견딜 수 없게 만드는 것, 작으면서도 지혜로운 것들 서넛이 있다고 열거합니다. 모두 놀랄 만한 식견이고 관찰력입니다. 단순히 감탄할 것이 아니라 뼈가 있는 통찰력에 감사하면서 그것을 받아 나의 것으로 삼아야 할 것입니다.

3. 31:10-31 현숙한 아내, 19:14에서 " 집과 재물은 조상에게서 상속하거니와 슬기로운 아내는 여호와께로서 말미암느니라"고 했는데 슬기로운 아내는 어떤 사람일까요? 진주보다 더 귀한 아내는 어떤 사람인지 10-31까지 번호를 붙여가며 따로 종이에 정리해 보고 그것을 사방에 붙여 모델로 삼아 현숙한 아내가 됩시다.

● **한귀절**   오늘 말씀을 읽으면서 마음이 와 닿는 말씀 한 구절을 적고 되뇌어 봅시다.

● **적용**   말씀을 묵상하면서 나의 삶에 적용할 것과 실제적으로 행동에 옮길 것을 구체적으로 적어봅시다.

● **감사**   감사하는 성도는 더욱 더 풍성한 삶을 살게됩니다. 오늘 하루를 돌아보며 한 줄로 감사를 적어봅시다.

● **기도**   글로 쓰는 기도는 영원히 보존되는 기도입니다. 한 줄에 마음을 담아 기도를 주님께 올려드립시다.

20 . . . (제 26 주 금요일)   오늘의 말씀 : 전 1-2장

솔로몬의 전도서

배경   먼저 배경을 읽고 오늘의 성경을 읽읍시다. 읽은 뒤 배경을 한 번 더 읽어도 좋습니다.

솔로몬이 기록한 잠언은 젊어서 주신 삶의 지혜를 주신 것이라면 전도서는 솔로몬이 노년의 백발이 되어 인생을 다 살아 본 뒤에 깨달은 것을 적은 인생론입니다. 잠언보다 더 진지하고 깊습니다. 인생을 생각하며 묵상할 때 인생의 질을 높여줄 것입니다.

● **묵상**   아래의 질문들을 여유있는 마음으로 두 번 세 번 생각하며 하나님의 마음과 영적인 의미들을 더듬어봅시다.

1. 1장, 솔로몬은 자신을 전도자로 칭하면서 인생을 다 살고 보니 해 아래서 행하는 일들이 다 헛되다고 5번씩이나 힘주어서 말합니다. 영어로는 "Meaningless! Meaningless!" "Utterly meaningless! Everything is meaningless." 과연 내가 지금 살고 행동하는 것들이 의미와 가치가 있는 것들인가요?

2. 2:1-11, 솔로몬은 인생을 즐길 수 있고 누릴 수 있는 길과 방법이 무엇인가를 찾았으며 그것을 원 없이 다 해 보았는데 허망하다, 의미가 없다고 말합니다. 예수님이 그의 입은 옷을 백합화와 비교할 정도로 누린 사람입니다. 솔로몬이 깨달은 것은 단순히 즐기는 목적의 쾌락은 의미가 없다는 것입니다. 동의하십니까?

3. 2:24-26. 솔로몬이 깨달은 것은 먹고 마시고 즐거워하는 모든 것이 내 마음대로 되는 것이 아니라 하나님이 주셔야 누릴 수 있는데 하나님은 하나님이 기뻐하시는 사람들에게 주신다는 것입니다. 그렇습니다. 복을 누리려면 주님을 기쁘시게 하십시오. 그러면 누릴 것입니다만 죽음이 기다리는 인생들에게는 무의미합니다.

● **한귀절**   오늘 말씀을 읽으면서 마음이 와 닿는 말씀 한 구절을 적고 되뇌어 봅시다.

● **적용**   말씀을 묵상하면서 나의 삶에 적용할 것과 실제적으로 행동에 옮길 것을 구체적으로 적어봅시다.

● **감사**   감사하는 성도는 더욱 더 풍성한 삶을 살게됩니다. 오늘 하루를 돌아보며 한 줄로 감사를 적어봅시다.

● **기도**   글로 쓰는 기도는 영원히 보존되는 기도입니다. 한 줄에 마음을 담아 기도를 주님께 올려드립시다.

20 　． ． ． 　(제 26 주 토요일)　　　　　　　　　　　　　오늘의 말씀 : 전 3-6장

인생과 때

> **배경**　먼저 배경을 읽고 오늘의 성경을 읽읍시다. 읽은 뒤 배경을 한 번 더 읽어도 좋습니다.
>
> 인생을 다 산 노년의 솔로몬이 인생에게 있어서 정말 중요한 것이 무엇인가를 알아보기 위해 인간이 바라는 모든 것을 해 보았으나 무익했다는 것을 말한 뒤 범사에 기한이 있고 인생이 해 아래서 하는 일에 무익함을 하나 하나 증거를 들어 밝히고 있습니다.

● **묵상**　아래의 질문들을 여유있는 마음으로 두 번 세 번 생각하며 하나님의 마음과 영적인 의미들을 더듬어봅시다.

1. 3-4장, 범사와 만사에 때가 있다고 말합니다. 하나님은 때를 따라 아름답게 하셨지만 일의 시종은 알 수 없게 하셨지만 먹고 사는 동안에 기뻐하며 선을 행하는 것보다 더 좋은 것이 없으며 이것은 하나님께로부터 인생들에게 주어진 선물이라고 말합니다. 또한 영원을 사모하는 마음을 주신 하나님을 경외하며 찬양합시다.

2. 4장, 6장, 인생을 사는 것이 마냥 즐거운 일만은 아닙니다. 인생에게는 고난과 고통이 수반됩니다. 죄성을 가진 인간들이 학대하고 시기 질투하며 평생 일하지만 소망이 없습니다. 왕이 되었다고 그의 인생에 유익하다고 할수도 없고 기껏 고생해 놓고 남에게 넘겨주는 불행도 있습니다. 이게 인생입니다. 겸손합시다.

3. 5장, 인생들은 하나님 앞에서 겸손해야 합니다. 하나님이 인생들을 굽어살피시며 심판하심을 알아야 합니다. 아무리 많이 쌓아도 만족도 못하지만 그 재물은 일순간에 사라집니다. 공수래공수거입니다. 그러나 고생하고 얻은 것을 먹고 마시며 즐거워하게 하는 복도 하나님이 주셨음을 아는 것이 지혜로운 사람입니다.

● **한귀절**　오늘 말씀을 읽으면서 마음이 와 닿는 말씀 한 구절을 적고 되뇌어 봅시다.

● **적용**　말씀을 묵상하면서 나의 삶에 적용할 것과 실제적으로 행동에 옮길 것을 구체적으로 적어봅시다.

● **감사**　감사하는 성도는 더욱 더 풍성한 삶을 살게됩니다. 오늘 하루를 돌아보며 한 줄로 감사를 적어봅시다.

● **기도**　글로 쓰는 기도는 영원히 보존되는 기도입니다. 한 줄에 마음을 담아 기도를 주님께 올려드립시다.

20 . . . (제 27 주 월요일)　　　　　　　　　　　　　오늘의 말씀 : 전 7-8장

삶에 유익한 지혜의 보고

배경　먼저 배경을 읽고 오늘의 성경을 읽읍시다. 읽은 뒤 배경을 한 번 더 읽어도 좋습니다.

솔로몬은 인생들이 살아가는 동안 여러 다양한 상황 속에서 어떤 지혜가 필요한가를 다양한 주제들로 다뤄지고 있습니다. 각 지혜들이 서로 체계적으로 연결되는 것은 아닙니다. 솔로몬의 지혜들을 후대에 편집했기 때문입니다. 각 주제들을 잘 관찰합시다.

● **묵상**　아래의 질문들을 여유있는 마음으로 두 번 세 번 생각하며 하나님의 마음과 영적인 의미들을 더듬어봅시다.

1. 7:2-4. 초상집과 잔칫집 중에 어디를 가겠느냐고 묻는다면 대부분 잔칫집에 가겠다고 할 텐데 솔로몬은 초상집에 가라고 권합니다. 왜냐하면 모든 인생들이 죽음에 다다를 것이기 때문입니다. 그래서 웃음도 좋지만 근신하며 자기를 지키는 것도 유익하기 때문에 슬픔이 웃음보다 낫다고 평합니다. 깨달읍시다.

2. 7:8-10. 조급하지 말고 교만하지 말며 참고 다스릴 것을 가르쳐 줍니다. 조급하면 실수하게 되어 있고 특히 분노를 터트리기 쉽습니다. 교만도 그렇습니다. 교만은 자기중심적이며 자기가 높아지기를 원하는 마음이기 때문에 분노를 터트리기 쉽습니다. 그러므로 인내, 참음, 여유, 기다림이 인생들에게는 유익합니다.

3. 8:15. 솔로몬은 사람이 먹고 마시고 즐거워하는 것보다 더 나은 것이 해 아래에 없는데 그 중에서도 수고하는 중에 먹고 마시고 즐거워하는 일은 늘 주어질 것이라 했습니다. 먹고 마시는 것이 인생의 주된 삶이 되면 타락으로 이어지지만 힘쓰고 애써서 일하는 중에 먹고 마시는 것은 인생들에게 주신 하나님의 복입니다.

● **한귀절**　오늘 말씀을 읽으면서 마음이 와 닿는 말씀 한 구절을 적고 되뇌어 봅시다.

● **적용**　말씀을 묵상하면서 나의 삶에 적용할 것과 실제적으로 행동에 옮길 것을 구체적으로 적어봅시다.

● **감사**　감사하는 성도는 더욱 더 풍성한 삶을 살게됩니다. 오늘 하루를 돌아보며 한 줄로 감사를 적어봅시다.

● **기도**　글로 쓰는 기도는 영원히 보존되는 기도입니다. 한 줄에 마음을 담아 기도를 주님께 올려드립시다.

20 . . .　(제 27 주 화요일)　　　　　　　　　　　오늘의 말씀 : 전 9-11장

유한한 인생에게 주어진 삶

● **배경**　먼저 배경을 읽고 오늘의 성경을 읽읍시다. 읽은 뒤 배경을 한 번 더 읽어도 좋습니다.

솔로몬은 사람이 상상할 수 없고, 예측할 수 없는 일들을 만날 것이며 미래의 일을 알지 못할 뿐 아니라 선인과 악인이 당하는 일이 매 일반이라고 깨우쳐 줍니다. 그럼에도 불구하고 인생들에게 주어진 기회와 기쁨들을 누리고 살아야 함도 깨우쳐 줍니다.

● **묵상**　아래의 질문들을 여유있는 마음으로 두 번 세 번 생각하며 하나님의 마음과 영적인 의미들을 더듬어봅시다.

1. 9:7-10, 솔로몬은 왜 헛된 평생의 날에 즐거워하라고 했을까요? 삶이 무가치하다는 말이 아니라 "숨, 증기" 곧 한 순간처럼, 아침 안개처럼 획 지나가버리는 것 같은 짧은 덧없는 인생이지만 그럼에도 불구하고 주어진 삶과 기회, 환경을 최대한 기쁨으로 누리라는 뜻입니다. 그렇습니다. 원망과 불평보다 기뻐하고 사십시다.

2. 10:5-7, 세상에 재난이라고까지 표현할 수 있는 것은 리더가 잘못될 때이며, 우매한자가 높은 지위를 차지했을 때 라고 가르쳐줍니다. 그렇습니다. 그건 재앙입니다. 그런 사람이 나라를 이끌어 가거나 지역을 이끌어 가면 그 지역, 그 나라는 재앙일 수 밖에 없습니다. 그러므로 리더들을 위해서 기도하여야 합니다.

3. 11:1-8은 평안할 때, 여유있을 때 앞으로 어떤 일이 닥칠지 알 수 없으니 준비해야 한다고 가르칩니다. 9-10절은 젊은이들이 어린시절을 노는 것에, 자기가 하고 싶은 일에 몰두하면 인생 망칠뿐 아니라 심판이 있다는 것입니다. 그러므로 하나님이 주시는 꿈과 비젼을 가지고 그것을 위해 사는 사람이 지혜로운 사람입니다.

● **한귀절**　오늘 말씀을 읽으면서 마음이 와 닿는 말씀 한 구절을 적고 되뇌어 봅시다.

● **적용**　말씀을 묵상하면서 나의 삶에 적용할 것과 실제적으로 행동에 옮길 것을 구체적으로 적어봅시다.

● **감사**　감사하는 성도는 더욱 더 풍성한 삶을 살게됩니다. 오늘 하루를 돌아보며 한 줄로 감사를 적어봅시다.

● **기도**　글로 쓰는 기도는 영원히 보존되는 기도입니다. 한 줄에 마음을 담아 기도를 주님께 올려드립시다.

20 . . .　(제 27 주 수요일)　　　　　　　　　　　　　오늘의 말씀 : 전 12장

전도서의 결론

● **배경**　먼저 배경을 읽고 오늘의 성경을 읽읍시다. 읽은 뒤 배경을 한 번 더 읽어도 좋습니다.

12장은 전도서의 결론입니다. 지혜자가 평생 살아 본 다음에 정리해 준 인생성공 지침서의 결론입니다. 노년에 일어날 일들을 노년이 아니고는 표현할 수 없는 현상들을 열거한 뒤에 그러므로 인생이 어떻게 살아야 함을 가르쳐 주고 있습니다.

● **묵상**　아래의 질문들을 여유있는 마음으로 두 번 세 번 생각하며 하나님의 마음과 영적인 의미들을 더듬어봅시다.

1. 12:1-2, 노년이 되면 젊을 때의 그 왕성한 정신과 건강, 여유 있는 시간과 정열들이 다 사라지고 곤고한 날이 오게되는데 젊어서 준비한 사람은 노년을 즐길 수 있지만 젊어서 세월을 허송한 사람은 노년에 아무 낙이 없게 됩니다. 그러므로 노년이 오기 전에 인생을 제대로 살아야 한다는 겁니다. 마음에 새겨야합니다.

2. 12:3-8, 노년에 일어나는 현상들입니다. 젊을 때에는 그 젊음의 상태가 노년까지 아니 영원히 그대로 지속될 것으로 여기고 조금도 의심치 않습니다. 그러나 지혜의 왕인 솔로몬도 어쩔 수 없이 노년에 오는 현상을 다 경험한 것입니다. 예외없습니다. 그러니 젊을 한때를 멋지게 산들 그게 무슨 소용이 있겠습니까?

3. 결론은 무엇입니까? 인생은 빠르게 지나가고 노년이 되며 그 후에는 심판이 있다는 사실을 젊어서부터 알고 대비하고 살라는 겁니다. " 일의 결국을 다 들었으니 하나님을 경외하고 그의 명령을 지킬지어다 이것이 모든 사람의 본분이니라 " 아멘! 하나님의 심판이 없다면 막 살아도 되는지 모르지만 심판이 있습니다.

● **한귀절**　오늘 말씀을 읽으면서 마음이 와 닿는 말씀 한 구절을 적고 되뇌어 봅시다.

● **적용**　말씀을 묵상하면서 나의 삶에 적용할 것과 실제적으로 행동에 옮길 것을 구체적으로 적어봅시다.

● **감사**　감사하는 성도는 더욱 더 풍성한 삶을 살게됩니다. 오늘 하루를 돌아보며 한 줄로 감사를 적어봅시다.

● **기도**　글로 쓰는 기도는 영원히 보존되는 기도입니다. 한 줄에 마음을 담아 기도를 주님께 올려드립시다.

20 . . . (제 27 주 목요일) 오늘의 말씀 : 아 1-3장

솔로몬의 연가

배경 먼저 배경을 읽고 오늘의 성경을 읽읍시다. 읽은 뒤 배경을 한 번 더 읽어도 좋습니다.

아가서는 표면적으로는 솔로몬의 연가입니다. 솔로몬과 술람미 여인과의 연민과 사랑을 노래합니다. 그러나 이것은 인생들을 사랑하시는 하나님과 그 하나님을 사랑하면서도 말씀대로 살지 못하고 피해 도망 다니는 인생들과의 관계를 유비적으로 그린 겁니다.

● **묵상** 아래의 질문들을 여유있는 마음으로 두 번 세 번 생각하며 하나님의 마음과 영적인 의미들을 더듬어봅시다.

1. 1장, 사랑하는 사람들의 눈은 콩깍지로 씌워져 있습니다. 그래서 사랑하는 사람의 모든 것이 아름답습니다. 단점까지도 아름다움으로 승화합니다. 1장을 읽으면서 서로를 향한 사랑으로 최고의 행복을 맛보고 있음을 느낍니다. 그렇습니다. 이처럼 하나님은 우리들을 사랑스러워하십니다. 하나님은 사랑이십니다.

2. 2:1-2, 그런데 솔로몬이 사랑하는 연인은 포도원에서 일하는 햇볕에 그을린 시골 처녀로 샤론의 수선화라고 표현합니다. 이게 듣기 좋은 말이지 사실은 아주 평범한 어디서나 볼 수 있는 흔한 꽃입니다. 골짜기의 백합화도 그렇습니다. 낮은 곳, 별 볼일 없는 우리를 사랑하시는 주님이십니다. 그런 우리를 사랑하십니다.

3. 3장, 솔로몬과 술람미 여인과의 관계는 이제 유비적으로 그리스도와 교회가 됩니다. 신랑되신 그리스도는 당신의 몸을 던져 구원한 교회를 사랑하십니다. 교회 곧 성도들은 이런 주님을 사랑합니다. 진정 주님을 사랑하는 사람은 세상 그 무엇보다 주님을 사랑합니다. 그래서 주님을 사모합니다. 주님을 모시고 삽니다.

● **한귀절** 오늘 말씀을 읽으면서 마음이 와 닿는 말씀 한 구절을 적고 되뇌어 봅시다.

● **적용** 말씀을 묵상하면서 나의 삶에 적용할 것과 실제적으로 행동에 옮길 것을 구체적으로 적어봅시다.

● **감사** 감사하는 성도는 더욱 더 풍성한 삶을 살게됩니다. 오늘 하루를 돌아보며 한 줄로 감사를 적어봅시다.

● **기도** 글로 쓰는 기도는 영원히 보존되는 기도입니다. 한 줄에 마음을 담아 기도를 주님께 올려드립시다.

20 . . . (제 27 주 금요일) 오늘의 말씀 : 아 4-5장

사랑에 흠뻑 취한 솔로몬

● **배경** 먼저 배경을 읽고 오늘의 성경을 읽읍시다. 읽은 뒤 배경을 한 번 더 읽어도 좋습니다.

솔로몬이 술람미 여인을 바라보는 시각, 술람미 여인이 솔로몬을 찾는 그 사모함 그리고 함께 할 때의 그 행복감 그것은 하나님과 인생들과의 관계요, 그리스도와 교회와의 관계입니다. 창조주와 피조물로서는 불가능하지만, 사랑이시기 때문에 가능한 겁니다.

● **묵상** 아래의 질문들을 여유있는 마음으로 두 번 세 번 생각하며 하나님의 마음과 영적인 의미들을 더듬어봅시다.

1. 4장, 어떤 연인들이 이와 같은 사랑을 할 수 있을까요? 이만큼 사랑할 수 있을까요? 어떤 연애소설이 이처럼 구구절절이 아름다움을 넘어서서 황홀할 수 있을까요? 전혀 외설스럽지 않고 진정한 사랑이 철철 넘쳐나는 것을 온몸으로 느끼지 않습니까? 이런 주님의 사랑에 흠뻑 빠져보고 싶지 않으십니까? 사모하십시오.

2. 5:1-8, 사랑하는 사람들에게는 시공간이 전혀 문제되지 않습니다. 그 마음 안에 연인을 품고 있기 때문입니다. 아무리 내가 바쁘고 곤란한 상황이 된들 연인이 찾는데 어찌 모든 것을 뒤로하고 만나주지 않겠으며 그를 위해 모든 것을 희생하고 던질 수 없겠습니까? 그래서 주님이 하늘보좌 버리시고 십자가를 지신 것입니다.

3. 5:10-16, 하나님은 다윗을 가리켜 " 내 마음에 합한 사람" 이라고 했습니다. 그런데 다윗의 생애를 보면 하나님을 실망시켜 드린 부분도 여러번 있습니다. 그런데 어떻게 완전한 하나님의 눈에 피조물이 마음에 들겠으며 기뻐하실 수 있겠습니까? 단, 한가지 그것은 하나님이 인생들을 사랑하시기 때문입니다.

● **한귀절** 오늘 말씀을 읽으면서 마음이 와 닿는 말씀 한 구절을 적고 되뇌어 봅시다.

● **적용** 말씀을 묵상하면서 나의 삶에 적용할 것과 실제적으로 행동에 옮길 것을 구체적으로 적어봅시다.

● **감사** 감사하는 성도는 더욱 더 풍성한 삶을 살게됩니다. 오늘 하루를 돌아보며 한 줄로 감사를 적어봅시다.

● **기도** 글로 쓰는 기도는 영원히 보존되는 기도입니다. 한 줄에 마음을 담아 기도를 주님께 올려드립시다.

20 . . .　(제 27 주 토요일)　　　　　　　　　　　오늘의 말씀 : 아 6-8장

숨바꼭질하는 연인

● **배경**　먼저 배경을 읽고 오늘의 성경을 읽읍시다. 읽은 뒤 배경을 한 번 더 읽어도 좋습니다.

눅 18:8에서 예수님은 예수님이 세상 끝에 오실 때에 믿는 자들을 찾아볼 수 있겠는가?를 묻고 계십니다. 하나님의 사랑은 더 이상 무엇을 해 볼 수 없을 만큼 무한하시고 크고 완전하신데 인생들은 세상을 사랑하고 죄를 사랑하며 하나님께로부터 도망갑니다.

● **묵상**　아래의 질문들을 여유있는 마음으로 두 번 세 번 생각하며 하나님의 마음과 영적인 의미들을 더듬어봅시다.

1. 6장, 솔로몬은 그렇게도 술람미 여인을 사랑하고 사모하고 흠모하는데 술람미 여인이 곁에 없습니다. 술람미 여인은 왜 곁에 없을까요? 모든 것을 다 준비하고 기다리는데도 말입니다. 술람미 여인은 바로 우리들입니다. 주님은 우리를 말할 수 없이 사랑하시지만 인생들은 자꾸만 자꾸만 주님에게서 도망을 갑니다.

2. 7장, 어쩌면 솔로몬은 술람미 여인을 그렇게 사랑합니까? 술람미 여인을 한 번 보았으면 좋겠습니다. 완전한 사랑은 서로에게 속한 것 즉 하나가 되는 것입니다. 솔로몬은 "나는 내 사랑하는 자에게 속하였도다(10절)" 고 고백합니다. 이제 진짜 사랑입니다. 주님과 우리는 그렇게 나눌수 없는 하나입니다(엡 5:31-32).

3. 8장, 진정한 사랑은 사랑하는 사람에게 모든 초점을 모으며 사랑하는 사람을 위해서는 모든 것을 줄 수 있고 희생할 수 있습니다. 정녕 죽으리라 하셨건만 완전히 끝내지 못하신 것은 사랑 때문이고 하나님이 육신이 되셔서 십자가를 지신 것은 사랑하는 인생들을 위함 때문이었습니다(요17장). 그저 감사할 뿐입니다.

● **한귀절**　오늘 말씀을 읽으면서 마음이 와 닿는 말씀 한 구절을 적고 되뇌어 봅시다.

● **적용**　말씀을 묵상하면서 나의 삶에 적용할 것과 실제적으로 행동에 옮길 것을 구체적으로 적어봅시다.

● **감사**　감사하는 성도는 더욱 더 풍성한 삶을 살게됩니다. 오늘 하루를 돌아보며 한 줄로 감사를 적어봅시다.

● **기도**　글로 쓰는 기도는 영원히 보존되는 기도입니다. 한 줄에 마음을 담아 기도를 주님께 올려드립시다.

20 . . .   (제 28 주 월요일)   오늘의 말씀 : 사 1-3장

유다에 보냄 받은 선지자 이사야

배경 먼저 배경을 읽고 오늘의 성경을 읽읍시다. 읽은 뒤 배경을 한 번 더 읽어도 좋습니다.

이사야는 유다왕 웃시야, 요담, 아하스, 히스기야가 통치할 때 유다에 보냄 받은 선지자입니다. 유다의 멸망과 메시야를 통한 구원을 예언하는 내용으로 전체 66장 중에 앞부분 39장은 멸망과 심판, 뒤 27장은 구원을 다루고 있습니다. 신구약 성경의 숫자, 내용이 같지요.

● **묵상** 아래의 질문들을 여유있는 마음으로 두 번 세 번 생각하며 하나님의 마음과 영적인 의미들을 더듬어봅시다.

1. 1장, 선지자란 하나님께로부터 말씀을 받아 백성들에게 전하는 사람입니다. 1장에서는 이스라엘의 불순종을 지적하며 돌아오기를 촉구합니다. 소나 나귀는 주인을 알아보는데 이스라엘 백성들은 짐승만 못하다고 합니다. 그러나 이제라도 돌아오면 모든 죄를 용서해 주시겠다고 하십니다. 나에게 애절하게 부르시는 주님의 음성으로 들리지 않습니까?

2. 2장, 이스라엘의 죄는 하나님 없는 이방사람들의 풍속을 받아들이고 점을 치며 이방신에게 물으며 이방여인들과 간음한 것인데 하나님의 심판이 임하면 모든 우상이 사라지고 사람들은 두려워 숨게 되지만 하나님의 영광이 드러나게 될 것이므로 코로 호흡하는 인생을 의지하지 말라고 경고하십니다. 우리는 어떠합니까?

3. 3장, 유다와 예루살렘이 멸망하게 되는 이유는 유다 백성들이 사치와 향락에 빠져 있기 때문입니다. 16-26절의 말씀은 그 사치와 향락의 수준이 어느 정도인지 말해주고 있는데 지금 우리 현대사회의 모습을 적나라하게 보여주는 것 같습니다. 예언서는 지금 나에게 들려주는 주님의 마음으로 받아야 합니다. 나의 마음이 어디로 향하여야 할까요?

● **한귀절** 오늘 말씀을 읽으면서 마음이 와 닿는 말씀 한 구절을 적고 되뇌어 봅시다.

● **적용** 말씀을 묵상하면서 나의 삶에 적용할 것과 실제적으로 행동에 옮길 것을 구체적으로 적어봅시다.

● **감사** 감사하는 성도는 더욱 더 풍성한 삶을 살게됩니다. 오늘 하루를 돌아보며 한 줄로 감사를 적어봅시다.

● **기도** 글로 쓰는 기도는 영원히 보존되는 기도입니다. 한 줄에 마음을 담아 기도를 주님께 올려드립시다.

(제 28 주 화요일) 오늘의 말씀 : 사 4-7장

이사야를 부르시는 하나님

배경 먼저 배경을 읽고 오늘의 성경을 읽읍시다. 읽은 뒤 배경을 한 번 더 읽어도 좋습니다.

이사야서에는 하나님의 심판과 구원, 멸망과 회복이 반복되고 있습니다. 6장에서 하늘보좌 성전으로부터 이사야를 부르시고 파송하시는 말씀이 소개됩니다. 그리고 세상을 사랑하고 부와 사치와 향락을 구하는 유다를 향해 멸망을 선포하고 회개를 촉구합니다.

● **묵상** 아래의 질문들을 여유있는 마음으로 두 번 세 번 생각하며 하나님의 마음과 영적인 의미들을 더듬어봅시다.

1. 5장, 하나님께서 이스라엘을 향한 마음은 기름진 포도원에 극상품 포도나무를 심고 울타리와 망대를 세워준 것처럼 사랑하고 공급, 보호와 인도하심을 베풀었지만, 들포도를 맺는 것처럼 이스라엘은 오직 부귀화 향락을 탐하여 땅과 집을 사재기하고 먹고 마시는 일에만 관심을 두므로 심판이 임하게 된다는 것입니다.

2. 6장, 이사야가 환상중에 하나님의 보좌를 봅니다. 높이들린 보좌에 하나님의 옷자락이 성전에 가득하고 천사들이 화답하여 찬양하는 소리가 땅을 흔듭니다. 두려워하는 이사야에게 하나님은 그의 죄를 사하시고 선지자로 부르십니다. 그의 사명은 괴롭지만 이스라엘의 멸망을 선포하는 것이었습니다.

3. 7장, 그럼에도 불구하고 하나님은 이스라엘을 말할 수 없이 사랑하십니다. 아람과 이스라엘이 연합하여 유다를 공격해 오지만 두려워하지 말라. 왜냐하면 그들은 연기나는 두 부지깽이 그루터기에 불과하기 때문이라고 말씀하십니다. 그러나 심판의 메시지가 계속되지만 임마누엘의 예수님에 대한 약속도 주어집니다.

● **한귀절** 오늘 말씀을 읽으면서 마음이 와 닿는 말씀 한 구절을 적고 되뇌어 봅시다.

● **적용** 말씀을 묵상하면서 나의 삶에 적용할 것과 실제적으로 행동에 옮길 것을 구체적으로 적어봅시다.

● **감사** 감사하는 성도는 더욱 더 풍성한 삶을 살게됩니다. 오늘 하루를 돌아보며 한 줄로 감사를 적어봅시다.

● **기도** 글로 쓰는 기도는 영원히 보존되는 기도입니다. 한 줄에 마음을 담아 기도를 주님께 올려드립시다.

20 . . . (제 28 주 수요일)　　　　　　　　　　　　　　　오늘의 말씀 : 사 8-12장

심판과 메시야의 오심

● **배경**　먼저 배경을 읽고 오늘의 성경을 읽읍시다. 읽은 뒤 배경을 한 번 더 읽어도 좋습니다.

8-9장은 유다가 범죄하므로 앗수르왕을 보내 심판하신 뒤 10장에서 막대기로 사용한 그 앗수르가 교만하여 앗수르를 심판하실 것을 말씀하신 뒤 11-12장에서 예수 그리스도를 보내셔서 회복하실 뿐 아니라 최종적인 평화의 나라가 건설될 것을 보여주십니다.

● **묵상**　아래의 질문들을 여유있는 마음으로 두 번 세 번 생각하며 하나님의 마음과 영적인 의미들을 더듬어봅시다.

1. 8-9장, 하나님은 이사야 선지자의 아들들의 이름을 통해 이스라엘에게 다가올 앗수르를 통한 심판을 경고하고 계십니다. 심판의 내용은 참혹할 것이지만 하나님은 긍휼을 베푸셔서 사람들을 남겨두시고 그들을 통해 다시 회복시키실 것을 말씀하시므로 멸망이 목적이 아니고 사랑하시기 때문에 징계하시는 겁니다.

2. 10장, 하나님은 앗수르를 통해 이스라엘을 징계하게 하셨습니다. 그러나 그 앗수르는 다른 나라들을 파괴하며 멸절하기를 즐겨하였고 교만하였기 때문에 하나님은 막대기가 어찌 그 막대기를 사용하는 주인을 주장하려고 하는가 하시면서 앗수르를 심판하실 것을 말씀하십니다. 하나님은 역사의 주인이십니다.

3. 11-12장, 어려운 말씀이지요? 1-9절까지는 사람들이 주관하는 세상나라는 싸우고 압제하고 지배하는 곳이지만 메시야 곧 예수 그리스도께서 회복하실 하나님의 나라는 어떠한가를 상징적으로 보여줍니다. 또한 10-16절은 히스기야를 통한 이스라엘의 회복을 보여주며 소망을 가지라는 메시지가 주어집니다.

● **한귀절**　오늘 말씀을 읽으면서 마음이 와 닿는 말씀 한 구절을 적고 되뇌어 봅시다.

● **적용**　말씀을 묵상하면서 나의 삶에 적용할 것과 실제적으로 행동에 옮길 것을 구체적으로 적어봅시다.

● **감사**　감사하는 성도는 더욱 더 풍성한 삶을 살게됩니다. 오늘 하루를 돌아보며 한 줄로 감사를 적어봅시다.

● **기도**　글로 쓰는 기도는 영원히 보존되는 기도입니다. 한 줄에 마음을 담아 기도를 주님께 올려드립시다.

20 . . . (제 28 주 목요일)　　　　　　　　　오늘의 말씀 : 사 13-17장

이방나라들을 향한 심판

배경　먼저 배경을 읽고 오늘의 성경을 읽읍시다. 읽은 뒤 배경을 한 번 더 읽어도 좋습니다.

13-23장은 이스라엘을 중심으로 그 주변국과 세계 여러나라들에 대한 심판의 내용을 담고 있습니다. 이사야는 남방 유다에 보내진 선지자이지만 하나님의 역사의 주인이셔서 주변국과 세상 나라들에 대한 심판의 내용입니다. 하나님은 역사의 주인이십니다.

● **묵상**　아래의 질문들을 여유있는 마음으로 두 번 세 번 생각하며 하나님의 마음과 영적인 의미들을 더듬어봅시다.

1. 13-14장, 하나님은 바벨론이라는 거대한 제국을 심판하신다고 말씀하십니다. 완전히 멸망해 버린 소돔과 고모라처럼 만드시는데 그 이유는 교만, 오만, 거만함 때문입니다. 바벨론은 다른 나라들을 괴롭히며 자신의 힘을 자랑하므로 멸망에 이르게 되는 것입니다. 교만은 패망의 선봉임을 잊지 말아야 합니다(잠18:12).

2. 15-16장, 이어서 이스라엘의 남부 사해바다 동편에 있는 모압이라는 나라를 심판하시는데 3년 내에 모압의 영화가 다 사라지고 통곡하게 되는 심판이 있을 것인데 역시 모압도 교만함 때문입니다. 6절에 보면 모압이 심히 교만하고 거만하며 분노함과 자랑함이 있었습니다. 하나님은 이처럼 교만을 싫어하십니다.

3. 17장, 다메섹에 관한 경고라고 했는데 다메섹은 수리아의 수도였습니다. 이 다메섹이 무너진 무더기가 될 것을 말씀하시는데 이어서 북 이스라엘도 함께 명망이 선포됩니다. 왜냐하면 이스라엘은 하나님을 의지하지 않고 수리아와 연합하여 아람군대를 물리치려 했기 때문입니다(10절). 하나님을 신뢰하여야 합니다.

● **한귀절**　오늘 말씀을 읽으면서 마음이 와 닿는 말씀 한 구절을 적고 되뇌어 봅시다.

● **적용**　말씀을 묵상하면서 나의 삶에 적용할 것과 실제적으로 행동에 옮길 것을 구체적으로 적어봅시다.

● **감사**　감사하는 성도는 더욱 더 풍성한 삶을 살게됩니다. 오늘 하루를 돌아보며 한 줄로 감사를 적어봅시다.

● **기도**　글로 쓰는 기도는 영원히 보존되는 기도입니다. 한 줄에 마음을 담아 기도를 주님께 올려드립시다.

20 . . . (제 28 주 금요일)　　　　　　　　　　　오늘의 말씀 : 사 18-23장

이어지는 이방나라의 심판

배경 　먼저 배경을 읽고 오늘의 성경을 읽읍시다. 읽은 뒤 배경을 한 번 더 읽어도 좋습니다.

만왕의 왕이시며 참 통치자이신 하나님의 심판이 이방나라에 대하여 이어집니다. 구스(이디오피아), 이집트는 당신 강국이었고 바벨론, 앗수르 등과 함께 중동을 이끌어 가고 있었는데 어느 나라든 세계가 하나님의 주권 아래에 있음을 보여주고 있습니다.

● **묵상** 　아래의 질문들을 여유있는 마음으로 두 번 세 번 생각하며 하나님의 마음과 영적인 의미들을 더듬어봅시다.

1. 18장 구스 곧 이디오피아에 대한 말씀입니다. 날개치는 소리나는 땅, 갈대 배를 물에 띄우고 그 사자를 수로로 보내는, 즉 큰 강들이 흐르고 배들이 많아 외교가 활발한 나라였지만 하늘에게 모든 것을 말없이 감찰하시는 분은 하나님이십니다. 사람이 일을 꾸미고 사업도 하지만 그것을 허락하시는 분은 하나님이십니다.

2. 19-20장, 이집트는 강대국이며 지혜와 지식이 고대로부터 인정받던 나라이지만 지도자들이 백성들을 바른곳으로 인도하지 못하며 우상숭배와 강대함과 물질의 부요가 오만함을 키워 바른길로 가지 못하므로 앗수르로 끌려가지만, 하나님은 이집트로 사랑하셔서 아주 멸하지 않으시고 사랑의 손을 놓지 않으셨습니다.

3. 21, 23장 야곱의 형인 에서의 후예로 형성된 에돔, 게달의 영광이라는 대상의 나라 아라비아 그리고 무역의 중심지이며 부와 영화를 누리던 두로와 시돈이 그 영광과 존귀함으로 인한 교만으로 하나님의 심판을 받아 멸망하게 됩니다. 베니게가 100년간 포에니전쟁을 치르며 역사에서 사라집니다. 두렵습니다.

● **한귀절** 　오늘 말씀을 읽으면서 마음이 와 닿는 말씀 한 구절을 적고 되뇌어 봅시다.

● **적용** 　말씀을 묵상하면서 나의 삶에 적용할 것과 실제적으로 행동에 옮길 것을 구체적으로 적어봅시다.

● **감사** 　감사하는 성도는 더욱 더 풍성한 삶을 살게됩니다. 오늘 하루를 돌아보며 한 줄로 감사를 적어봅시다.

● **기도** 　글로 쓰는 기도는 영원히 보존되는 기도입니다. 한 줄에 마음을 담아 기도를 주님께 올려드립시다.

20 . . . (제 28 주 토요일)   오늘의 말씀 : 사 24-27장

이사야서의 요한계시록

배경   먼저 배경을 읽고 오늘의 성경을 읽읍시다. 읽은 뒤 배경을 한 번 더 읽어도 좋습니다.

이스라엘을 둘러싼 중동에 있는 소수의 나라를 심판하시는 하나님이 아니라 세계 모든 민족을 심판하시고 땅과 하늘 자체를 흔드시며 새 하늘 새 땅을 만드시며 영원한 하나님의 처소를 드러내는 종말적 묵시를 이사야 선지자가 선포합니다.

● **묵상**   아래의 질문들을 여유있는 마음으로 두 번 세 번 생각하며 하나님의 마음과 영적인 의미들을 더듬어봅시다.

1. 24-25장, 세계 모든 나라들을 심판하시되 한 시대에 한 왕을 향한 심판이 아니라 종말적 심판이 행해짐을 보여주십니다. 요한이 본 계시와 같이 땅이 흔들리고 하늘과 태양이 수치를 당하는 심판입니다. 그리고 최종적으로 하나님의 영광을 만방에 나타내실 것입니다. 지금 숨겨졌다고 절망할 일이 아닙니다. 나는 심판이 있음을 믿고 행동하고 있습니까?

2. 26장, 한번 선택한 하나님의 사랑은 영원히 변하지 않으십니다. 이스라엘을 택하신 하나님이 이스라엘을 돌보시고 붙잡아 주시는 열정이 얼마나 크신지 알 수 있습니다. 신약시대의 이스라엘은 우리 믿는 자들의 공동체인 교회이며 하나님은 말세에 이 교회를 지키시고 보호하시고 사랑하실 것입니다. 이 주님의 보호와 사랑이 믿어지십니까?

3. 27장, 최종적인 승리를 선언하시는 하나님을 볼 수 있습니다. 지금은 마귀의 권세가 세상의 부귀영화를 비롯한 세상 것을 가지고 사람들을 다스리고 유혹하고 지배하고 있지만, 그날에는 모든 마귀, 뱀, 사단의 세력들이 심판을 받게 될 것입니다. 그러므로 믿는 사람들은 세상에서 강하고 담대함으로 주님을 바라보아야 합니다. 이 말씀이 확신이 됩니까?

● **한귀절**   오늘 말씀을 읽으면서 마음이 와 닿는 말씀 한 구절을 적고 되뇌어 봅시다.

● **적용**   말씀을 묵상하면서 나의 삶에 적용할 것과 실제적으로 행동에 옮길 것을 구체적으로 적어봅시다.

● **감사**   감사하는 성도는 더욱 더 풍성한 삶을 살게됩니다. 오늘 하루를 돌아보며 한 줄로 감사를 적어봅시다.

● **기도**   글로 쓰는 기도는 영원히 보존되는 기도입니다. 한 줄에 마음을 담아 기도를 주님께 올려드립시다.

20 . . .   (제 29 주 월요일)   오늘의 말씀 : 사 28-31장

이스라엘 백성을 향한 책망

배경 먼저 배경을 읽고 오늘의 성경을 읽읍시다. 읽은 뒤 배경을 한 번 더 읽어도 좋습니다.

이방세계, 모든 민족을 향한 하나님의 심판과 종말에 대한 말씀을 주신 하나님은 이제 당신의 백성들을 향하십니다. 지도자와 백성들의 죄를 책망하며 심판을 촉구하고 계십니다. 이들의 삶은 현대를 살아가는 우리들에게 모델이 된다는 점을 기억합시다.

● **묵상** 아래의 질문들을 여유있는 마음으로 두 번 세 번 생각하며 하나님의 마음과 영적인 의미들을 더듬어봅시다.

1. 28장, 이스라엘 지도자들의 죄를 책망합니다. 지도자들은 물질적인 부에 물들어 술에 취하고 말씀에 신실하지 못했습니다. 바로 가르치지 못하며 형식적으로 여기저기서 불성실하게 부스러기를 모아 백성들을 대충 또는 잘못 가르치므로 백성들이 무지하며 형식적인 신앙생활을 하게 된 것입니다. 하나님이 주인이심을 전혀 의식하지 않은 것 아닐까요?

2. 29장, 백성들은 형식적인 신앙에 젖어 있었습니다. 마 13장에 언급되는 "이 백성이 입으로는 나를 가까이하며 입술로는 나를 공경하나 마음은 내게서 멀리 떠났다(13절)" 왜냐하면 하나님의 주시는 말씀이 아니라 사람의 계명 즉 사람의 생각인 상식이나 인본주의의 가르침을 받았기 때문이다. 지금 나 역시 그런 자세로 말씀을 받고 있지는 않습니까?

3. 30-31장, 이스라엘 백성들은 위기와 고난, 어려움을 만날 때마다 하나님을 의지하지 않고 강대국인 이집트를 의지했습니다. 하나님께서 이스라엘 백성들을 선택하셨고 그들의 왕이시며 보호하시고 인도하시며 공급하셨는데 눈에 보이는 사람과 나라를 의지한 것입니다. 우리도 하나님보다 사람이나 물질을 의지하지 않습니까?

● **한귀절** 오늘 말씀을 읽으면서 마음이 와 닿는 말씀 한 구절을 적고 되뇌어 봅시다.

● **적용** 말씀을 묵상하면서 나의 삶에 적용할 것과 실제적으로 행동에 옮길 것을 구체적으로 적어봅시다.

● **감사** 감사하는 성도는 더욱 더 풍성한 삶을 살게됩니다. 오늘 하루를 돌아보며 한 줄로 감사를 적어봅시다.

● **기도** 글로 쓰는 기도는 영원히 보존되는 기도입니다. 한 줄에 마음을 담아 기도를 주님께 올려드립시다.

20 . . . (제 29 주 화요일)   오늘의 말씀 : 사 32-35장

공의와 정의의 지도자

배경 먼저 배경을 읽고 오늘의 성경을 읽읍시다. 읽은 뒤 배경을 한 번 더 읽어도 좋습니다.

이사야 선지자는 앞으로 이스라엘을 공의와 정의로 다스리며 치우치지 않을 지도자, 왕이 나올 것을 알려줍니다. 성령의 인도하심을 받아 화평과 평안, 안전을 가져다줄 왕입니다. 히스기야 왕을 가리킨다고 합니다. 공의, 정의의 완전한 왕은 예수 그리스도십니다.

● **묵상** 아래의 질문들을 여유있는 마음으로 두 번 세 번 생각하며 하나님의 마음과 영적인 의미들을 더듬어봅시다.

1. 32장, 왕이 욕심을 부리고 권세를 부리면 백성들이 피폐해집니다. 세상이 어두워집니다. 그러나 성령님의 인도를 받는 참된 지도자는 백성들에게 공의, 정의를 행하므로 치우치지 않고 함께 평안을 누리게 됩니다. 우리는 이런 지도자들을 위해 기도해야 합니다. 참으로 의로운 지도자는 성령님의 인도를 받는 사람입니다. 지도자를 위해 기도하고 있습니까?

2. 앗수르왕은 이스라엘의 조공을 받고도 이스라엘을 공격합니다. 조약을 어기고 멸시하며 사람을 생각하지 않는 야비하고 잔인한 앗수르왕 산헤립입니다. 이스라엘은 처음부터 하나님을 의지했어야 합니다. 그러나 비록 산헤립이 공격하지만 기도하는 히스기야의 기도를 들으시고 물리치며 보호해 주십니다. 나는 지금 누구를 의지하고 있습니까?

3. 34-35장, 하나님께서 이스라엘을 괴롭힌 나라들을 보복하시고 이스라엘을 마침내 회복시켜 주심을 가리킵니다. 이스라엘은 멸망받고 포로로 끌려가지만 결국 고국으로 돌아오게 하시고 회복시켜 주셨습니다. 오늘의 교회도 결국 예수님의 재림하심과 심판으로 세상을 멸하시고 영원한 천국이 열리게 될 것입니다. 완전한 하나님의 나라를 바라보고 있습니까?

● **한귀절** 오늘 말씀을 읽으면서 마음이 와 닿는 말씀 한 구절을 적고 되뇌어 봅시다.

● **적용** 말씀을 묵상하면서 나의 삶에 적용할 것과 실제적으로 행동에 옮길 것을 구체적으로 적어봅시다.

● **감사** 감사하는 성도는 더욱 더 풍성한 삶을 살게됩니다. 오늘 하루를 돌아보며 한 줄로 감사를 적어봅시다.

● **기도** 글로 쓰는 기도는 영원히 보존되는 기도입니다. 한 줄에 마음을 담아 기도를 주님께 올려드립시다.

20 . . . (제 29 주 수요일)   오늘의 말씀 : 사 36-39장

유다왕 히스기야의 삶과 신앙

배경 먼저 배경을 읽고 오늘의 성경을 읽읍시다. 읽은 뒤 배경을 한 번 더 읽어도 좋습니다.

히스기야왕의 삶을 보여줍니다. 강대국 앗수르의 침략과 기도응답, 죽을 병이 걸렸을 때 기도하고 응답받는 사건과 이로 인한 바벨론 신하들의 예방을 받는 히스기야의 태도를 보여줍니다. 신앙의 사람 히스기야에게서 내게 적용할 교훈을 찾으십시다.

● **묵상** 아래의 질문들을 여유있는 마음으로 두 번 세 번 생각하며 하나님의 마음과 영적인 의미들을 더듬어봅시다.

1. 36-37장, 앗수르왕 산헤립은 하나님을 모독하고 이스라엘을 조롱합니다. 하나님의 뜻을 빙자하면서 항복하기를 종용합니다. 신앙의 사람 히스기야는 그 편지를 하나님께 펴 놓고 주님께 기도할 때 하나님의 사자가 185,000을 전멸시켰고 산헤립은 화살 하나 쏘지 못하고 돌아가 살해를 당합니다. 기도는 곧 승리입니다. 나는 위기를 만날때 기도합니까?

2. 38장, 히스기야가 죽을병에 걸립니다. 그러나 히스기야가 얼굴을 벽으로 향하고 그의 삶을 걸며 하나님께 기도합니다. 하나님은 히스기야의 기도를 들으시고 눈물을 보셔서 표적과 함께 15년의 생명을 보너스로 주십니다. 히스기야가 진실과 전심으로 행하고 선하게 산 것이 인정받은 겁니다. 삶이 뒷받침된 기도입니다. 내 기도는 삶을 근거로 합니까?

3. 39장, 그런데 웬일입니까? 히스기야의 치유와 회복에 축하 사절단이 바벨론에서 왔는데 그만 우쭐거려 교만해서 자랑하여 모든 창고를 열어 보여줍니다. 이것이 화근이 되어 하나님은 보여준 것이 모두 바벨론으로 옮겨질 것을 말씀하십니다. 하나님께 영광 돌려드리지 않고 그 영광을 교만하여 가로챘습니다(대하 32:25). 이런 실수가 내게는 없습니까?

● **한귀절** 오늘 말씀을 읽으면서 마음이 와 닿는 말씀 한 구절을 적고 되뇌어 봅시다.

● **적용** 말씀을 묵상하면서 나의 삶에 적용할 것과 실제적으로 행동에 옮길 것을 구체적으로 적어봅시다.

● **감사** 감사하는 성도는 더욱 더 풍성한 삶을 살게됩니다. 오늘 하루를 돌아보며 한 줄로 감사를 적어봅시다.

● **기도** 글로 쓰는 기도는 영원히 보존되는 기도입니다. 한 줄에 마음을 담아 기도를 주님께 올려드립시다.

20 . . . (제 29 주 목요일)　　　　　　　　오늘의 말씀 : 사 40-42장

위로하시는 하나님

> **배경** 　먼저 배경을 읽고 오늘의 성경을 읽읍시다. 읽은 뒤 배경을 한 번 더 읽어도 좋습니다.
>
> 이사야서는 모두 66장으로 구성되어 있는데 전반부 39장은 책망과 심판을 담고 있고 후반부 27장은 위로와 구원의 소식을 담고 있어서 이사야서는 성경의 구조와도 같습니다. 신기하게도 성경이 구약 39권, 신약 27권 합계 66권인 것과도 같습니다.

● **묵상**　아래의 질문들을 여유있는 마음으로 두 번 세 번 생각하며 하나님의 마음과 영적인 의미들을 더듬어봅시다.

1. 40장, 39장까지 서슬 퍼런 책망과 심판은 어디론가 사라지고 이제 위로의 메시지가 선포됩니다. "너희는 내 백성을 위로하라" 징계가 끝났고 그 죄가 사함받았기 때문입니다. 이제 창조주 하나님, 역사의 주관자 하나님께서 이스라엘에게 은혜를 베풀어주십니다. 구약의 시대가 끝나고 예수님의 신약시대가 도래했습니다.

2. 41장, 하나님은 이스라엘을 "나의 종", "나의 벗"이라고 부르십니다. 하나님께서 이스라엘을 선택하셨으니 싫어하여 버리지 않을 것이라고 말씀하십니다. 비록 지렁이 같고 버러지 같은 이스라엘이지만 주님께서 도우실 것이라고 말씀하십니다. 이 말씀은 곧 나에게 하시는 말씀으로 들리지 않습니까?

3. 42:1-9, 예수 그리스도에 대한 말씀입니다. 장차 오셔서 세상을 밝히시고 구원하시고 진리로 이끄실 것을 여러 곳에서 예언합니다. 죄와 저주로 희망이 없는 세상이 한 줄기 빛은 오직 예수님 뿐 입니다. 이사야 선지자의 예언은 어떻게 성취되었습니까?

● **한귀절**　오늘 말씀을 읽으면서 마음이 와 닿는 말씀 한 구절을 적고 되뇌어 봅시다.

● **적용**　말씀을 묵상하면서 나의 삶에 적용할 것과 실제적으로 행동에 옮길 것을 구체적으로 적어봅시다.

● **감사**　감사하는 성도는 더욱 더 풍성한 삶을 살게됩니다. 오늘 하루를 돌아보며 한 줄로 감사를 적어봅시다.

● **기도**　글로 쓰는 기도는 영원히 보존되는 기도입니다. 한 줄에 마음을 담아 기도를 주님께 올려드립시다.

20 . . . (제 29 주 금요일)　　　　　　　　　　　　　오늘의 말씀 : 사 43-48장

위로와 소망을 주시는 하나님

배경　먼저 배경을 읽고 오늘의 성경을 읽읍시다. 읽은 뒤 배경을 한 번 더 읽어도 좋습니다.

하나님은 이스라엘 백성들의 범죄와 우상숭배로 말미암아 징계를 내리시지만 이제 매를 거두시고 위로하시고 새 힘을 주십니다. 내 것이고 내 백성이라고 말씀하십니다. 이제는 내가 너희와 함께 할테니 두려워하지 말라고 하십니다. 사랑의 하나님이십니다.

● **묵상**　아래의 질문들을 여유있는 마음으로 두 번 세 번 생각하며 하나님의 마음과 영적인 의미들을 더듬어봅시다.

1. 43:8-13, 하나님께서 이스라엘을 바벨론의 손에서 구원하시고 해방시켜 주실 것을 말씀하십니다. 새일을 행하시고 모든 것을 회복케 하실 것입니다. 그런데 그렇게 하시는 이유가 무엇일까요? 그 이유는 이스라엘을 하나님의 증인으로 쓰시기 위해서라고 말씀하십니다(10,12절) 그렇습니다. 나를 부르신 이유가 주님을 증거하게 하심을 알고 있었습니까?

2. 45-47장, 바벨론이 아무리 큰 제국이며 누구도 꺾을 수 없는 큰 힘을 가졌다 할지라도 창조주, 역사의 주인이신 하나님께서 바벨론의 벨, 느보와 같은 그들의 우상을 무너뜨리고 이스라엘을 구원하시고 회복하시겠다고 말씀하십니다. 하나님은 교만하고 강대한 자들을 꺾으시고 하나님의 백성들을 구원, 보호, 인도하십니다.

3. 48장, 그러나 이스라엘은 하나님의 그 크고 깊은 사랑을 알지 못하고 하나님을 찾지도 않고 공의와 진실도 없습니다(1). 만일 주님의 말씀과 명령을 소중히 여기고 귀 기울였다면 평강의 강이 흐르고 나라가 번성하였을 것인데(18) 그러지 못하니 매를 맞았습니다.

● **한귀절**　오늘 말씀을 읽으면서 마음이 와 닿는 말씀 한 구절을 적고 되뇌어 봅시다.

● **적용**　말씀을 묵상하면서 나의 삶에 적용할 것과 실제적으로 행동에 옮길 것을 구체적으로 적어봅시다.

● **감사**　감사하는 성도는 더욱 더 풍성한 삶을 살게됩니다. 오늘 하루를 돌아보며 한 줄로 감사를 적어봅시다.

● **기도**　글로 쓰는 기도는 영원히 보존되는 기도입니다. 한 줄에 마음을 담아 기도를 주님께 올려드립시다.

20 . . . (제 29 주 토요일)　　　　　　　　　　　　오늘의 말씀 : 사 49-52장

하나님의 종 이사야의 구원의 메시지

배경　먼저 배경을 읽고 오늘의 성경을 읽읍시다. 읽은 뒤 배경을 한 번 더 읽어도 좋습니다.

이스라엘의 죄악을 심판하시던 하나님은 이제 그들을 구원하심으로 긍휼을 베푸십니다. 이사야 선지자가 하나님의 종으로서 이스라엘을 향한 하나님의 구원을 찬양하고 장차 오실 예수 그리스도를 통한 완전한 구원을 찬양하고 있습니다.

● **묵상**　아래의 질문들을 여유있는 마음으로 두 번 세 번 생각하며 하나님의 마음과 영적인 의미들을 더듬어봅시다.

1. 49장, 하나님의 보냄 받은 선지자 이사야는 바벨론 포로에서 구원하시고 다시 돌아오게 하실 하나님을 찬양합니다. 왜냐하면 하나님의 회복시키시는 사랑이 너무도 확실하고 크기 때문입니다. 혹시 어미가 그 자식을 잃어버릴지 몰라도 하나님은 결코 이스라엘을 잊지 않겠다는 것입니다. 이 하나님의 사랑이 구약 이스라엘에게 만 해당 될까요?

2. 50:4-11, 하나님의 종으로서의 이사야는 하나님께로부터 심판과 구원에 대한 말씀을 받아 전할 때 핍박과 모욕, 조롱이 몰려왔습니다. 그러나 하나님이 도우시고 붙잡아 주심으로 내가 주님을 부끄러워하지 않았고 정죄당하지 않을 것이라고 외칩니다. 우리도 힘들지만 주님 손에 붙들린 종들이 되어 이런 찬양의 노래를 불러야 하지 않겠습니까?

3. 51-52장, 이사야는 창조주 전능자 하나님께서 하나님의 능력으로 이스라엘을 시온 곧 예루살렘으로 돌아오게 하실 것을 너무나도 확신에 차고 넘쳐 선포합니다. "네 힘을 낼찌어다, 거룩한 성 예루살렘이여!" 라고 힘을 북돋아 줍니다. 오늘도 주님은 세상이 아무리 혼탁해도 주의 백성들에게 소망을 주시고 계심을 체험하고 계십니까?

● **한귀절**　오늘 말씀을 읽으면서 마음이 와 닿는 말씀 한 구절을 적고 되뇌어 봅시다.

● **적용**　말씀을 묵상하면서 나의 삶에 적용할 것과 실제적으로 행동에 옮길 것을 구체적으로 적어봅시다.

● **감사**　감사하는 성도는 더욱 더 풍성한 삶을 살게됩니다. 오늘 하루를 돌아보며 한 줄로 감사를 적어봅시다.

● **기도**　글로 쓰는 기도는 영원히 보존되는 기도입니다. 한 줄에 마음을 담아 기도를 주님께 올려드립시다.

20 . . .   (제 30 주 월요일)　　　　　　　　　　　오늘의 말씀 : 사 53-55장

예수 그리스도를 보내시는 하나님

● **배경**　먼저 배경을 읽고 오늘의 성경을 읽읍시다. 읽은 뒤 배경을 한 번 더 읽어도 좋습니다.

이제 하나님의 구원은 이스라엘만이 아니라 전 세계 모든 나라 족속들에게로 이어집니다. 그것은 예수 그리스도를 통한 구원입니다. 예수님은 세상 죄를 짊어지시기 위해 고난받는 메시야로 이 세상에 오실 것을 이사야 선지자를 통해 미리 예언하고 있습니다.

● **묵상**　아래의 질문들을 여유있는 마음으로 두 번 세 번 생각하며 하나님의 마음과 영적인 의미들을 더듬어봅시다.

1. 53장, 고난받는 예수 그리스도, 하나님의 사랑을 받아 하나님의 형상으로 지음 받은 인생들이 하나님께 범죄하므로 영원한 심판을 받아야 하지만 죄없는 예수 그리스도께서 우리의 죄를 담당하시고 버림받아 고난 받는 종이 되셨습니다. 주님은 처절하게 버림, 멸시, 천대, 징벌을 받으셨습니다. 나를 향한 이 사랑이 너무 커서 온 몸이 떨리지 않습니까?

2. 54장, 만군의 여호와, 창조주이시고 심판자이신 하나님은 당신이 택하신 이스라엘을 아내라고 부르시고 당신을 스스로 남편이라고 부르십니다. 그래서 사랑하는 연인을 안아주시고 사랑하심처럼 이스라엘을 구속하시고 그 대로를 열어주실 것을 말씀하십니다. 사랑의 하나님의 마음이 구구절절 은혜로 다가오지 않습니까? 그 구약의 이스라엘은 지금 신약시대의 우리들 아닙니까?

3. 55장, 그래서 하나님은 이스라엘을 향해 아니 전 인생들 곧 우리들을 향해 애타게 부르십니다. 오호라, 너희 목마른 자들아 오라! 돈없이, 값없이 줄테니 와서 포도주와 젖을 사라고 말씀하십니다. 가까이 계실 때에 부르라고 애타게 말씀하십니다. 이 세상에 난무하는 초청장 중 이런 초청장이 어디에 있습니까? 아멘, 할렐루야! 응답합시다.

● **한귀절**　오늘 말씀을 읽으면서 마음이 와 닿는 말씀 한 구절을 적고 되뇌어 봅시다.

● **적용**　말씀을 묵상하면서 나의 삶에 적용할 것과 실제적으로 행동에 옮길 것을 구체적으로 적어봅시다.

● **감사**　감사하는 성도는 더욱 더 풍성한 삶을 살게됩니다. 오늘 하루를 돌아보며 한 줄로 감사를 적어봅시다.

● **기도**　글로 쓰는 기도는 영원히 보존되는 기도입니다. 한 줄에 마음을 담아 기도를 주님께 올려드립시다.

20 . . . (제 30 주 화요일)　　　　　　　　　　　　　오늘의 말씀 : 사 56-59장

인간의 죄와 하나님의 의

● **배경**　먼저 배경을 읽고 오늘의 성경을 읽읍시다. 읽은 뒤 배경을 한 번 더 읽어도 좋습니다.

이사야는 인간이 어떤 죄를 범했는지 그 죄목들을 열거합니다. 사람들이 땅 위에서 하는 일들입니다. 그러나 하나님이 바라시는 것은 공의와 정의입니다. 이사야선지는 인간의 죄와 하나님의 의를 대조적으로 보여 주며 마침내 의가 일어날 것임을 보여줍니다.

● **묵상**　아래의 질문들을 여유있는 마음으로 두 번 세 번 생각하며 하나님의 마음과 영적인 의미들을 더듬어봅시다.

1. 56-57장, 하나님이 원하시는 것은 정의를 지키고 의를 행하는 것입니다. 정의와 공의는 인생들이 하나님의 말씀을 따라 행할 때 자연스럽게 이루어집니다. 탐심을 가지고 자기중심적으로 살아갈 때 세상은 일그러지고 하나님의 의는 멀어지게 됩니다. 나는 나의 삶의 현장에서 정의와 공의를 행하고 있습니까?

2. 58장, 우리의 신앙생활의 문제는 지나치게 교리적입니다. 하나님의 마음을 알고 주님과 동행하며 하나님이 기뻐하시는 삶을 살면 의가 따라오게 되어 있는데 겉으로는 금식하고 예배에 참여하며 의무를 다하지만 하나님이 원하시는 사랑과 인애의 마음이 없습니다. 하나님의 마음을 알아야 의도 이루고 사랑도 실천하지 않겠습니까?

3. 59장, 그러므로 인간에게 찾아오는 수많은 모순과 갈등, 아픔과 고난의 원인은 인간이 하나님의 마음을 찾지 않고 말씀을 가슴에 담아 실천하지 않기 때문입니다. 하나님의 손이 짧거나 귀가 둔해서 듣지 않으심이 아니고 인간이 스스로 죄를 지어 하나님과의 벽을 쌓았기 때문입니다. 나의 고난이나 어려움은 내가 나의 탐욕으로 만든것은 아닐까요?

● **한귀절**　오늘 말씀을 읽으면서 마음이 와 닿는 말씀 한 구절을 적고 되뇌어 봅시다.

● **적용**　말씀을 묵상하면서 나의 삶에 적용할 것과 실제적으로 행동에 옮길 것을 구체적으로 적어봅시다.

● **감사**　감사하는 성도는 더욱 더 풍성한 삶을 살게됩니다. 오늘 하루를 돌아보며 한 줄로 감사를 적어봅시다.

● **기도**　글로 쓰는 기도는 영원히 보존되는 기도입니다. 한 줄에 마음을 담아 기도를 주님께 올려드립시다.

20 . . .　(제 30 주 수요일)　　　　　　　　　　　　오늘의 말씀 : 사 60-62장

하나님의 영광의 회복

배경　먼저 배경을 읽고 오늘의 성경을 읽읍시다. 읽은 뒤 배경을 한 번 더 읽어도 좋습니다.

비록 이스라엘이 죄를 범해 심판을 받고 흩어짐을 당하며 고난을 받았지만 한 번 사랑하신 하나님의 사랑은 변함이 없으셔서 이스라엘을 회복시키시므로 하나님의 영광을 드러내시고 영광을 받으십니다. 이사야는 이 하나님의 영광을 취한 듯이 선포합니다.

● **묵상**　아래의 질문들을 여유있는 마음으로 두 번 세 번 생각하며 하나님의 마음과 영적인 의미들을 더듬어봅시다.

1. 60장, 일어나라, 빛을 발하라 이는 네 빛이 이르렀고 하나님의 영광이 네 위에 임하였음이라. 비록 이스라엘의 우상숭배와 범죄로 인하여 징계를 받았으나 하나님은 사람의 방법이 아닌 하나님의 방법과 권능으로 이스라엘을 회복시키십니다. 이로 인해 잃어버린 하나님의 영광이 회복될 것이고 역사는 이를 입증합니다.

2. 61장, 이사야 선지자는 예수 그리스도를 보내셔서 온전한 구원을 이루실 것을 선포합니다. 예수님은 이 이사야의 예언을 당신의 입으로 성취되었음을 선언하셨습니다. "가난한 자에게 아름다운 소식을, 마음이 상한 자를 고치고, 포로 된 자 갇힌 자를 자유케" 하시므로 은혜의 해와 날을 완성하셨습니다. 이사야의 예언이 성취되었다는 것이 신비하지 않습니까?

3. 62장, 인간이 문제를 만들고 죄를 범하여 하나님과 원수 되었으나 하나님의 사랑은 이를 문제 삼지 않으셨습니다. 하나님께서 친히 인간을 의탁하지 않으시고 빛과 의와 영광을 드러내십니다. 주님은 우리에게 용기를 주십니다. "성문으로 나아가라, 나아가라, 길을 닦고 큰 길을 수축하라". 나는 주님을 향하여 얼마나 이 은혜를 사모하고 있습니까?

● **한귀절**　오늘 말씀을 읽으면서 마음이 와 닿는 말씀 한 구절을 적고 되뇌어 봅시다.

● **적용**　말씀을 묵상하면서 나의 삶에 적용할 것과 실제적으로 행동에 옮길 것을 구체적으로 적어봅시다.

● **감사**　감사하는 성도는 더욱 더 풍성한 삶을 살게됩니다. 오늘 하루를 돌아보며 한 줄로 감사를 적어봅시다.

● **기도**　글로 쓰는 기도는 영원히 보존되는 기도입니다. 한 줄에 마음을 담아 기도를 주님께 올려드립시다.

20 . . .　(제 30 주 목요일)　　　　　　　　　　　오늘의 말씀 : 사 63-63장

영원한 하나님의 나라의 임재

배경　먼저 배경을 읽고 오늘의 성경을 읽읍시다. 읽은 뒤 배경을 한 번 더 읽어도 좋습니다.

이제 하나님의 영광의 회복은 예루살렘과 이스라엘이라는 한 나라에 머무르지 않고 온 인류, 온 천하 아니, 새 하늘과 새 땅을 창조하시고 영원한 하나님의 나라를 건설하시며 만왕의 왕, 만주의 주가 되실 것입니다. 이사야 선지자가 이를 선포하고 있습니다.

● **묵상**　아래의 질문들을 여유있는 마음으로 두 번 세 번 생각하며 하나님의 마음과 영적인 의미들을 더듬어봅시다.

1. 63-64장, 이 일을 누가 할 것입니까? 하나님께서 친히 하시고 홀로 심판하실 것입니다. 그리고 이스라엘을 회복시키실 것입니다. 이사야 선지자는 부정한자, 더러운 옷같은 이스라엘을 위해 구원을 중보하고 하나님의 진노를 거둬달라고 기도하고 있습니다.

2. 65장, 하나님은 먼저 택한 이스라엘을 회복하실 것이고 나아가 세계, 전 인류에게 새 하늘과 새 땅을 여시며 하나님의 회복하심과 주의 복을 부어 주셔서 충만한 하나님의 나라를 만드실 것입니다. 영원한 하나님의 나라입니다. 이리와 어린양이 함께 먹고 해함도 상함도 없는 하나님의 나라입니다. 이런 하나님의 나라가 만들어 질 것을 진정으로 믿고 있습니까?

3. 66장, 이사야서의 마지막장입니다. 하나님께서 완전하게 지으신 하나님의 나라, 영원한 나라에 주님께서 하나님의 영광에 둘러싸여 강림하시고 임재하십니다. 그리고 마지막 심판을 모든 나라와 전 인류에게 베푸시고 하나님의 영광을 차고 넘치게 하실 것입니다. 모든 무릎들이 주 앞에 엎드리게 될 것입니다.

● **한귀절**　오늘 말씀을 읽으면서 마음이 와 닿는 말씀 한 구절을 적고 되뇌어 봅시다.

● **적용**　말씀을 묵상하면서 나의 삶에 적용할 것과 실제적으로 행동에 옮길 것을 구체적으로 적어봅시다.

● **감사**　감사하는 성도는 더욱 더 풍성한 삶을 살게됩니다. 오늘 하루를 돌아보며 한 줄로 감사를 적어봅시다.

● **기도**　글로 쓰는 기도는 영원히 보존되는 기도입니다. 한 줄에 마음을 담아 기도를 주님께 올려드립시다.

20 . . . (제 30 주 금요일)　　　　　　　　　　　　　　　　　　오늘의 말씀 : 렘 1장

선지자 예레미야

배경　먼저 배경을 읽고 오늘의 성경을 읽읍시다. 읽은 뒤 배경을 한 번 더 읽어도 좋습니다.

예레미야는 제사장의 아들로 태어나 젊어서 부름받아 유다의 요시아왕 부터 나라가 멸망할 때까지 약 40여 년간을 선지자로 섬깁니다. 나라가 극도로 타락하여 바벨론에 포로로 끌려갈 것을 눈물로 예언하며 박해를 받고 고통과 눈물로 선지자의 사명을 다합니다.

● **묵상**　아래의 질문들을 여유있는 마음으로 두 번 세 번 생각하며 하나님의 마음과 영적인 의미들을 더듬어봅시다.

1. 1:4-10, 선지자란 누구인가?, 예레미야가 젊어서 부름받을 때 두려워합니다. 그런 예레미야에게 하나님은 너는 내가 가라고 하는 곳만 가며 하라는 말만 하라. 너를 통해 나라들을 세우기도 하고 파멸하기도 할 것이라고 말씀하십니다. 선지자란 하나님이 인생들에게 보낸 하나님의 사자입니다. 오늘날에는 선지자가 없을까요?

2. 1:11-15, 하나님은 예레미야에게 장차 하실 일들을 미리 보여주십니다. "네가 무엇을 보느냐?" 살구나무 가지, 끓는 가마를 봅니다. 이는 앞으로 이루어질 심판을 미리 보여주신 것입니다. "선지"란 앞서서 안다는 뜻으로 선지자에게 먼저 보여주시고 그것을 전하게 하십니다. 이것은 내가 판단할 말씀들이 아니겠지요?

3. 1:16-19, 선지자들은 타락한 시대에 하나님의 뜻을 받아 전하는 사람들로, 대부분 징계와 멸망을 선포합니다. 그러니 받는 왕이나 사람들이 듣기 싫겠지요. 그래서 선지자들을 핍박합니다. 예레미야도 많은 핍박을 앞으로 받게 되지만 하나님은 예레미야를 보호해 주실 것을 약속해 주십니다. 나는 하나님의 일을 하면서 어려운 상황이 올까 염려하지 않습니까?

● **한귀절**　오늘 말씀을 읽으면서 마음이 와 닿는 말씀 한 구절을 적고 되뇌어 봅시다.

● **적용**　말씀을 묵상하면서 나의 삶에 적용할 것과 실제적으로 행동에 옮길 것을 구체적으로 적어봅시다.

● **감사**　감사하는 성도는 더욱 더 풍성한 삶을 살게됩니다. 오늘 하루를 돌아보며 한 줄로 감사를 적어봅시다.

● **기도**　글로 쓰는 기도는 영원히 보존되는 기도입니다. 한 줄에 마음을 담아 기도를 주님께 올려드립시다.

20 . . . (제 30 주 토요일) 오늘의 말씀 : 렘 2-6장

심판하시는 하나님

배경 먼저 배경을 읽고 오늘의 성경을 읽읍시다. 읽은 뒤 배경을 한 번 더 읽어도 좋습니다.

오늘 말씀이 길다고 짜증내지 맙시다. 어제는 짧았잖아요? 하나님은 하나님을 버리고 스스로 자기 웅덩이를 파고 헛된 삶을 살아가는 이스라엘을 심판하십니다. 예레미야 선지자를 통해 들려지는 메시지를 우리 시대와 비교하며 나에게 주는 음성으로 들읍시다.

● **묵상** 아래의 질문들을 여유있는 마음으로 두 번 세 번 생각하며 하나님의 마음과 영적인 의미들을 더듬어봅시다.

1. 2장, 하나님은 지금까지 이스라엘 백성들을 어떻게 돌보시고 사랑하셨는가를 세세히 말씀하십니다. 그럼에도 불구하고 너희가 생수의 근원이 되는 나를 버렸고 물을 가두지 못할 터진 웅덩이를 팠다고 말씀하십니다. 혹시 내가 하나님의 뜻보다는 내 생각과 내 의지대로 살아가고 있는 것 아닙니까? 진지하게 나의 삶을 돌아보고 내게 적용합시다.

2. 3장, 이스라엘의 우상숭배를 말씀하십니다. 이스라엘은 여러 도시에 산의 나무 밑에 금송아지 제단들을 만들어 놓고 숭배했습니다. 하나님은 우상숭배를 음란한 여인에 비유하고 있습니다. 오늘 우리 시대는 돌이나 나무 우상을 숭배하지는 않지만 하나님보다 더 사랑하는 물질, 자녀, 쾌락의 탐심이나 자기중심적 삶이 곧 우상숭배임을 알고 있습니까?

3. 4-6장, 하나님은 심판을 선언하시면서도 돌아오라고 간곡하게 호소하고 계십니다. 선지자들을 보내신다는 것은 돌아오라 곧 회개를 목적하고 있습니다. 단지 징계와 매 때림이 목적이 아님을 알아야 합니다. 총체적인 타락으로 무너진 이스라엘을 향해 돌아오라고 애타게 촉구하십니다. 나는 얼마나 나의 삶을 돌아보며 회개하는 삶을 살고 있습니까?

● **한귀절** 오늘 말씀을 읽으면서 마음이 와 닿는 말씀 한 구절을 적고 되뇌어 봅시다.

● **적용** 말씀을 묵상하면서 나의 삶에 적용할 것과 실제적으로 행동에 옮길 것을 구체적으로 적어봅시다.

● **감사** 감사하는 성도는 더욱 더 풍성한 삶을 살게됩니다. 오늘 하루를 돌아보며 한 줄로 감사를 적어봅시다.

● **기도** 글로 쓰는 기도는 영원히 보존되는 기도입니다. 한 줄에 마음을 담아 기도를 주님께 올려드립시다.

20 . . . (제 31 주 월요일)   오늘의 말씀 : 렘 7-10장

성전에서 선포되는 하나님의 말씀

배경 먼저 배경을 읽고 오늘의 성경을 읽읍시다. 읽은 뒤 배경을 한 번 더 읽어도 좋습니다.

예레미야 선지자는 성전 문 앞에 서서 하나님의 말씀을 선포합니다. 이스라엘 백성들이 행하고 있는 죄들을 열거하면서 다가올 멸망을 선포합니다. 동시에 회개도 촉구하고 있습니다. 성전 문 곧 우리가 교회에서 듣는 말씀이 어떤 성격인지 생각하고 읽읍시다.

● **묵상** 아래의 질문들을 여유있는 마음으로 두 번 세 번 생각하며 하나님의 마음과 영적인 의미들을 더듬어봅시다.

1. 7장, 성전 문 앞에 선 예레미야는 여기가 성전이라는 거짓말을 믿지 말라고 말합니다. 건물 자체가 거룩하고 하나님의 임재를 말하는 것이 아니라 그 건물을 드나드는 하나님의 사람들이 어떤 삶을 살아야 하는지가 더 중요하다고 말씀합니다. 일상의 삶에서 온갖 죄를 범하면서 성전 뜰 만 밟는다고 은혜의 사람이 아니라는 겁니다. 나는 어떠합니까?

2. 8장, 율법 곧 하나님의 말씀 가지고 있다는 그 자체로 거룩해지는 것이 아닌데 그들은 율법을 가지고 있어서 자기들은 지혜가 있는 백성이라고 착각하고 있습니다. 이것도 역시 거짓이라고 선지자는 선포합니다. 그 결과는 참혹한 징계와 심판이 뒤따릅니다. 말씀을 알고 있는 사람들에게는 더욱 중한 심판이 있다는 것을 알고 있습니까?

3. 9-10장, 하나님은 성전과 말씀을 가지고도 범죄하는 이스라엘 백성들을 녹이고 연단(9:7)하시겠다고 선언하십니다. 참고 견디기 어려운 고통과 고난 즉 징계 채찍을 통해 연단하시겠다는 것입니다. 하나님의 징계는 바벨론 포로로 현실화되었습니다. 하나님의 징계는 오늘 우리시대에도 있음을 알아야 합니다. 하나님의 징계가 있음을 믿고 있습니까?

● **한귀절** 오늘 말씀을 읽으면서 마음이 와 닿는 말씀 한 구절을 적고 되뇌어 봅시다.

● **적용** 말씀을 묵상하면서 나의 삶에 적용할 것과 실제적으로 행동에 옮길 것을 구체적으로 적어봅시다.

● **감사** 감사하는 성도는 더욱 더 풍성한 삶을 살게됩니다. 오늘 하루를 돌아보며 한 줄로 감사를 적어봅시다.

● **기도** 글로 쓰는 기도는 영원히 보존되는 기도입니다. 한 줄에 마음을 담아 기도를 주님께 올려드립시다.

20 . . . (제 31 주 화요일) 오늘의 말씀 : 렘 11-15장

언약을 이행하시는 하나님

배경 먼저 배경을 읽고 오늘의 성경을 읽읍시다. 읽은 뒤 배경을 한 번 더 읽어도 좋습니다.

출애굽한 이스라엘 백성들을 하나님은 언약에로 초대하셨습니다. 순종하면 복을 받고 불순종하면 저주가 임할 것을 맹세하였지만 이스라엘은 언약을 버리고 우상을 숭배하고 온갖 죄를 범하였는데 이제 그 언약대로 징계, 재앙, 심판을 내리실 것을 말씀하십니다.

● **묵상** 아래의 질문들을 여유있는 마음으로 두 번 세 번 생각하며 하나님의 마음과 영적인 의미들을 더듬어봅시다.

1. 11-12장, 출애굽 한 뒤 맺어진 하나님과의 언약을 상기시키십니다. 성읍들과 길거리에 서서 언약을 깨트리고 우상숭배와 범죄하는 백성들에게 하나님과의 언약대로 재앙을 내리셔서 언약을 이행하실 것을 말씀하십니다. 그러나 재앙과 매를 때리는 것이 목적이 아니기 때문에 돌아오고 순종하면 재앙을 내리지 않으시겠다고 말씀하고 계십니다.

2. 13장, 하나님은 예레미야에게 마른 베 허리띠를 바위틈에 두었다가 꺼내게 하자 그 허리띠가 다 썩었습니다. 지금은 건재하여 잘난 줄로 알아 교만한 이스라엘은 마른 베띠가 썩어진 것처럼 그렇게 완악한 이스라엘의 교만을 꺾으실 것을 선포하십니다. 하나님은 얼마나 오랜 후에야 정결하게 되겠냐고 한탄하고 계십니다.

3. 14-15, 하나님은 이렇게 재앙을 작정하셨음에도 거짓 선지자들은 나라가 평안할 것이라고 평화를 선포하고 있습니다. 그런 저들에게 하나님은 네 가지의 벌 곧 칼, 찢는 개, 삼켜멸하는 새와 땅의 짐승(15:3)으로 심판하실 것을 선언하십니다. 두렵지 않습니까?

● **한귀절** 오늘 말씀을 읽으면서 마음이 와 닿는 말씀 한 구절을 적고 되뇌어 봅시다.

● **적용** 말씀을 묵상하면서 나의 삶에 적용할 것과 실제적으로 행동에 옮길 것을 구체적으로 적어봅시다.

● **감사** 감사하는 성도는 더욱 더 풍성한 삶을 살게됩니다. 오늘 하루를 돌아보며 한 줄로 감사를 적어봅시다.

● **기도** 글로 쓰는 기도는 영원히 보존되는 기도입니다. 한 줄에 마음을 담아 기도를 주님께 올려드립시다.

20 . . . (제 31 주 수요일)　　　　　　　　　　　　　오늘의 말씀 : 렘 16-18장

심히 부패한 인간의 마음

● **배경**　먼저 배경을 읽고 오늘의 성경을 읽읍시다. 읽은 뒤 배경을 한 번 더 읽어도 좋습니다.

사람들이 인생들을 의지하는가? 아니면 하나님을 의지하는가? 그 결과는 무엇일까? 인생은 심히 부패하고 하나님은 전능하신데 이스라엘 백성들은 사람을 의지합니다. 그래서 재앙이 임하게 됩니다. 역사서는 언제나 우리들의 이야기임을 알고 읽어야 합니다.

● **묵상**　아래의 질문들을 여유있는 마음으로 두 번 세 번 생각하며 하나님의 마음과 영적인 의미들을 더듬어봅시다.

1. 16:1-17:10, 초상집이나 잔치집이 의미가 없습니다. 재앙이 너무 커서 결혼이나 죽음이 의미 없기 때문입니다. 왜 이렇게까지 하실까요? 만물보다 거짓되고 부패한 인생들을 의지하고 하나님을 버렸기 때문입니다. 그래서 하나님은 어부와 포수를 불러 이스라엘 백성들을 잡아들이신다고 표현합니다. 즉, 사람취급 안하겠다는 것입니다. 어떤 마음이 드십니까?

2. 17:19-27, 안식일을 지키지 않는 것이 얼마나 큰 죄인가를 깨우쳐 줍니다. 안식일을 거룩히 하여 어떤 일도 하지 말라고 했는데 이스라엘이 이를 범해 심판을 받습니다. 안식일의 완성은 주일인데 주일을 제대로 지키지 못하는 우리들을 바라보는 주님의 마음은 어떠실까요? 나는 안식일 곧 오늘의 주일예배를 얼마나 소중히 여기고 있습니까?

3. 18장, 하나님은 예레미야를 토기장이에게 보내 토기장이가 하는 일을 보게 하십니다. 진흙이 토기장이의 손에서 토기장이의 마음먹은 대로 만들어지기도 하고 부서지기도 합니다. 하나님은 국가와 민족들을 세우기도 하시고 멸하기도 하시는 주권자이십니다. 그런데 사람들은 주권자 하나님을 의식하지 않고 살아갑니다. 나는 하나님을 의지하고 있습니까?

● **한귀절**　오늘 말씀을 읽으면서 마음이 와 닿는 말씀 한 구절을 적고 되뇌어 봅시다.

● **적용**　말씀을 묵상하면서 나의 삶에 적용할 것과 실제적으로 행동에 옮길 것을 구체적으로 적어봅시다.

● **감사**　감사하는 성도는 더욱 더 풍성한 삶을 살게됩니다. 오늘 하루를 돌아보며 한 줄로 감사를 적어봅시다.

● **기도**　글로 쓰는 기도는 영원히 보존되는 기도입니다. 한 줄에 마음을 담아 기도를 주님께 올려드립시다.

20 . . . (제 31 주 목요일)　　　　　　　　　　　　　오늘의 말씀 : 렘 19-22장

재앙의 선포와 핍박받는 예레미야

배경　먼저 배경을 읽고 오늘의 성경을 읽읍시다. 읽은 뒤 배경을 한 번 더 읽어도 좋습니다.

이스라엘을 향한 재앙의 예언은 계속되고 사람들은 그게 싫어서 예레미야 선지자를 때리고 가두며 핍박하며 조롱합니다. 선지자는 다시는 이런 재앙을 선포하지 않겠다고 하지만 하나님께서 마음에 부으신 것을 어찌 멈추거나 조용히 자기 안일 만을 위해 살겠습니까?

● **묵상**　아래의 질문들을 여유있는 마음으로 두 번 세 번 생각하며 하나님의 마음과 영적인 의미들을 더듬어봅시다.

1. 19장, 토기장이의 옹기를 깨트리는 퍼포먼스, 하나님은 예레미야로 하여금 그들이 보는데서 진흙으로 만든 옹기를 깨트리며 하나님께서 이렇게 이스라엘을 심판하실 것이라고 말씀하시고 한 번 깨진 옹기를 다시 되살리지 못하는 것처럼 하나님이 선포하신 말씀은 반드시 응하게 될 것을 말씀하십니다. 두렵고 떨리지 않습니까?

2. 20장, 성전의 총 감독인 바스훌이라는 제사장이 예레미야가 예루살렘과 유다에 대하여 재앙을 예언하는 것을 보고 때리고 가두며 사람들은 치욕과 모욕거리로 삼습니다. 이에 예레미야 선지자가 다시는 선포하지 않겠다고 결심해 보지만 마음이 불붙는 것 같아 골수에 사무칩니다. 나는 말씀을 선포하는 목회자들의 마음을 얼마나 헤아리고 있습니까?

3. 21-22장, 바벨론의 느브갓네살왕이 유다를 공격하자 시드기야왕이 사람을 예레미야에게 보냅니다. 예레미야는 하나님께서 생명의 길과 사망의 길을 열어 놓으셨는데 바벨론에 항복하고 고난과 징계를 달게 받으면 살 것이지만 항거하면 다 죽을 것을 말씀하십니다. 이 고난이 주님께로부터 왔다면 달게 받아야 합니다.

● **한귀절**　오늘 말씀을 읽으면서 마음이 와 닿는 말씀 한 구절을 적고 되뇌어 봅시다.

● **적용**　말씀을 묵상하면서 나의 삶에 적용할 것과 실제적으로 행동에 옮길 것을 구체적으로 적어봅시다.

● **감사**　감사하는 성도는 더욱 더 풍성한 삶을 살게됩니다. 오늘 하루를 돌아보며 한 줄로 감사를 적어봅시다.

● **기도**　글로 쓰는 기도는 영원히 보존되는 기도입니다. 한 줄에 마음을 담아 기도를 주님께 올려드립시다.

확정된 재앙, 선포되는 70년의 기한

배경   먼저 배경을 읽고 오늘의 성경을 읽읍시다. 읽은 뒤 배경을 한 번 더 읽어도 좋습니다.

거짓선지자들은 평안하다고 거짓을 예언하지만 그러나 하나님은 예레미야를 통하여 바벨론 포로로 끌려가 달게 징계를 받으면 보호하고 인도하시고 회복시켜 주실 것을 말씀하시며 그 기간도 70년으로 확정되었음을 선포하고 있습니다.

● **묵상**   아래의 질문들을 여유있는 마음으로 두 번 세 번 생각하며 하나님의 마음과 영적인 의미들을 더듬어봅시다.

1. 23장, 선지자란 하나님의 말씀을 받아 가감 없이 그대로 하나님의 뜻을 전해야 합니다. 그러나 선지자들이 하나님께 말씀을 받는 것이 아니라 꿈을 꾸거나 자기 마음에 생각나거나 자기가 하고 싶은 말들을 하면서 엄중하다 즉 아주 중요한 하나님의 말씀이라고 빙자하고 강조하며 전합니다. 하나님은 이런 거짓선지자들을 심판하신다고 선포합니다.

2. 24장, 하나님은 두 광주리의 무화과를 통해 하나님의 뜻을 알아듣기 쉽게 전합니다. 만일 바벨론 포로로 순순히 끌려가 거기서 징계를 달게 받으면 하나님께서 극히 좋은 무화과처럼 만들어 주실 것이지만 도망가거나 대항하고 징계받기를 거절하면 도저히 먹을 수 없는 극히 나쁜 무화과처럼 될 것이라고 보여주십니다.

3. 25장, 하나님은 수없는 선지자들을 보내면서 이스라엘 백성들이 하나님의 품으로 돌아오기를 그렇게 소원하셨지만, 끝까지 거절하고 우상숭배합니다. 이렇게 죄가 만연한 이스라엘 백성들에게 하나님은 최종적으로 70년 바벨론 포로라는 기간을 확정하십니다. 혹시 나는 징계를 깨우쳐 주어도 깨닫지 못하는 무지나 고집이 있는 것은 아닙니까?

● **한귀절**   오늘 말씀을 읽으면서 마음이 와 닿는 말씀 한 구절을 적고 되뇌어 봅시다.

● **적용**   말씀을 묵상하면서 나의 삶에 적용할 것과 실제적으로 행동에 옮길 것을 구체적으로 적어봅시다.

● **감사**   감사하는 성도는 더욱 더 풍성한 삶을 살게됩니다. 오늘 하루를 돌아보며 한 줄로 감사를 적어봅시다.

● **기도**   글로 쓰는 기도는 영원히 보존되는 기도입니다. 한 줄에 마음을 담아 기도를 주님께 올려드립시다.

20   (제 31 주 토요일)   오늘의 말씀 : 렘 26-29장

거짓선지자들의 출현과 고난받는 예레미야

● **배경**   먼저 배경을 읽고 오늘의 성경을 읽읍시다. 읽은 뒤 배경을 한 번 더 읽어도 좋습니다.

이제 재앙이 시작되자 거짓선지자들이 우후죽순처럼 일어나 바벨론 왕의 멍에를 끊어 이미 끌려간 포로들이 돌아오고 평강이 임할 것이라고 선포하여 혼란이 가중되고 재앙을 선포하는 예레미야는 죽음의 위협을 당하지만 하나님께서 그를 보호해 주십니다.

● **묵상**   아래의 질문들을 여유있는 마음으로 두 번 세 번 생각하며 하나님의 마음과 영적인 의미들을 더듬어봅시다.

1. 26장, 예레미야 선지자는 이제 성전 안에 들어가 이 성전과 예루살렘 성이 무너질 것을 예언하자 제사장들과 선지자들이 백성들에게 예레미야를 죽여야 한다고 선동합니다. 그러나 고관들이나 백성들이 이를 거절합니다. 하나님의 도우심이 있기 때문입니다. 그런데 하나님은 이제라도 돌아오라고 안타깝게 호소하고 계십니다. 참으로 참담하지 않습니까?

2. 27-28장, 하나님은 예루살렘에 온 타국 신하들에게도 바벨론왕에게 굴복하고 다스림을 받아야 살 것을 말씀합니다. 그러나 거짓선지자 하나냐는 2년 안에 포로로부터 돌아올 것이라고 말하며 많은 거짓선지자도 예언하지만 예레미야는 단호하게 멸망을 선포합니다. 멸망을 선포하는 예레미야의 마음이 어떠했을까요?

3. 29장, 오히려 예레미야 선지자는 바벨론에 이미 끌려간 고관들과 기능공들에게 편지를 보내어 70년이라는 오랜 세월 동안 징계를 받으므로 돌아 올 수 없지만, 그러나 거기서 집을 짓고 자식을 낳으며 일하고 거두고 먹으며 주님이 고난속에서도 베푸시는 복을 받고 누리라고 위로의 말을 전합니다. 징계속에도 은혜가 있다는 것을 알고 있습니까?

● **한귀절**   오늘 말씀을 읽으면서 마음이 와 닿는 말씀 한 구절을 적고 되뇌어 봅시다.

● **적용**   말씀을 묵상하면서 나의 삶에 적용할 것과 실제적으로 행동에 옮길 것을 구체적으로 적어봅시다.

● **감사**   감사하는 성도는 더욱 더 풍성한 삶을 살게됩니다. 오늘 하루를 돌아보며 한 줄로 감사를 적어봅시다.

● **기도**   글로 쓰는 기도는 영원히 보존되는 기도입니다. 한 줄에 마음을 담아 기도를 주님께 올려드립시다.

20 . . .　(제 32 주 월요일)　　　　　　　　　　　　　　오늘의 말씀 : 렘 30-33장

나는 너희들의 하나님이 되리라

● **배경**　먼저 배경을 읽고 오늘의 성경을 읽읍시다. 읽은 뒤 배경을 한 번 더 읽어도 좋습니다.

30-33장에서 위로하시는 하나님의 말씀이 애절하게 들려집니다. 이스라엘은 내 백성이 되고 나는 그들의 하나님이 될 것이라는 말씀입니다. 그래서 모든 것을 이전보다 더하도록 회복시키실 것을 선지자를 통하여 들려주고 있습니다. 사랑의 하나님의 마음입니다.

● **묵상**　아래의 질문들을 여유있는 마음으로 두 번 세 번 생각하며 하나님의 마음과 영적인 의미들을 더듬어봅시다.

1. 30-31장, 하나님은 이스라엘에게 긍휼을 베푸셔서 70년 징계의 기간이 끝나면 돌아오게 하실 것을 말씀하십니다. 지금 눈에 보기에는 입이 다물어지지 않겠지만, 그러나 돌아오고 회복하게 하신다는 것입니다. 하나님은 이스라엘을 처녀라고 부르시고 아들이라고도 부르시며 아내라고도 부르십니다. 이보다 더 큰 사랑 표현이 있을 수 있을까요?

2. 32장, 이스라엘은 이미 바벨론으로부터 두 차례의 공격을 받았고 여호야긴왕 때 귀족들과 장인들이 1차로 끌려간 상태입니다. 그런데 다시 이스라엘을 멸망시키기 위해 바벨론이 쳐들어왔는데 예레미야가 시드기야왕에게 항복하고 고난을 달게받으라고 했으나 오히려 감옥에 가둡니다. 코 앞에 멸망이 옴을 깨우쳐줘도 깨닫지 못하니 어쩌면 좋을까요?

3. 33장, 예레미야가 아직도 감옥에 갇혀있는 상황에서 하나님의 말씀이 임합니다. 역사를 주관하시는 하나님께 부르짖으라는 것입니다. 하나님은 이스라엘의 죄를 물어 반드시 심판하시고 70년의 징계를 행하실 것입니다. 그러나 멸망시킴이 목적이 아니고 깨닫게 하는 징계가 목적이기에 돌아오게 하신다는 소망의 메시지를 주고 있습니다.

● **한귀절**　오늘 말씀을 읽으면서 마음이 와 닿는 말씀 한 구절을 적고 되뇌어 봅시다.

● **적용**　말씀을 묵상하면서 나의 삶에 적용할 것과 실제적으로 행동에 옮길 것을 구체적으로 적어봅시다.

● **감사**　감사하는 성도는 더욱 더 풍성한 삶을 살게됩니다. 오늘 하루를 돌아보며 한 줄로 감사를 적어봅시다.

● **기도**　글로 쓰는 기도는 영원히 보존되는 기도입니다. 한 줄에 마음을 담아 기도를 주님께 올려드립시다.

20 . . .   (제 32 주 화요일)   오늘의 말씀 : 렘 34-36장

멸망을 선포해도 회개치 않는 사람들

배경   먼저 배경을 읽고 오늘의 성경을 읽읍시다. 읽은 뒤 배경을 한 번 더 읽어도 좋습니다.

예레미야가 유다의 여호야김, 시드기야에게 유다가 멸망을 당하고 예루살렘성이 불태워지고 포로로 바벨론으로 끌려갈 것을 예언합니다. 그러나 하나님은 항복하고 고난을 달게 받으면 고난 속에서도 복을 받을 것도 말씀하십니다. 살길도 열어주시는 하나님이십니다.

● **묵상**   아래의 질문들을 여유있는 마음으로 두 번 세 번 생각하며 하나님의 마음과 영적인 의미들을 더듬어봅시다.

1. 34장, 시드기야왕과 고관들이 노비들을 자유케하는 언약을 맺고 해방시켰으나 어기고 다시 강제로 노예화합니다. 이에 이집트에서 종되었던 너희를 해방시킨 하나님이 같은 자국 백성들을 노비로 삼지 말라고 하였건만 언약을 맺고도 번복하는 저들을 향해 칼과 전염병, 기근이 오히려 너희를 노비 삼을 것이라고 선포하십니다. 나에게는 해당이 안될까요?

2. 35장, 레갑족속들은 그들의 선조 요나답이 포도주를 마시지 말고 집이나 포도원 그리고 땅도 소유하지 말라고 한 명령을 대대로 지켰습니다. 그런데 그들은 하나님의 명령이라고 포도주를 마시라고 했으나 포도주를 안마십니다. 하나님은 선조의 명령을 철저히 지키는 저들을 위로하고 하나님의 명령임에도 불구하고 불순종하는 이스라엘에 진노하십니다.

3. 36장, 하나님은 예레미야에게 유다와 예루살렘의 멸망에 대한 예언을 종이에 기록하여 읽어주라고 말합니다. 바룩을 통해 선포되는 말씀을 들은 백성들은 두려워하지만, 왕은 그 예언의 말씀을 읽어주는 대로 화로의 불에 다 태워버립니다. 하나님은 이런 악행에 진노하시고 선포된 말씀대로 실행하실 것을 말씀하십니다.

● **한귀절**   오늘 말씀을 읽으면서 마음이 와 닿는 말씀 한 구절을 적고 되뇌어 봅시다.

● **적용**   말씀을 묵상하면서 나의 삶에 적용할 것과 실제적으로 행동에 옮길 것을 구체적으로 적어봅시다.

● **감사**   감사하는 성도는 더욱 더 풍성한 삶을 살게됩니다. 오늘 하루를 돌아보며 한 줄로 감사를 적어봅시다.

● **기도**   글로 쓰는 기도는 영원히 보존되는 기도입니다. 한 줄에 마음을 담아 기도를 주님께 올려드립시다.

20 . . .   (제 32 주 수요일)   오늘의 말씀 : 렘 37-40장

마침내 멸망하는 예루살렘

● **배경** 먼저 배경을 읽고 오늘의 성경을 읽읍시다. 읽은 뒤 배경을 한 번 더 읽어도 좋습니다.

시드기야왕을 끝으로 유다가 멸망합니다. 성은 불태워지고 백성들은 바벨론에 포로로 끌려갑니다. 수없이 징계를 달게 받으라고 외쳤건만 거절했고 예레미야의 예언대로 멸망이 현실이 된 것입니다. 하나님이 말씀하실 때 순종하여야 함을 보여주고 있습니다.

● **묵상** 아래의 질문들을 여유있는 마음으로 두 번 세 번 생각하며 하나님의 마음과 영적인 의미들을 더듬어봅시다.

1. 37-38장, 시드기야가 이집트에 구원요청을 하여 이집트 군대가 출발함을 보고 바벨론이 잠시 물러갔습니다. 그러나 예레미야는 예루살렘과 유다가 바벨론에 멸망 당할 것을 예언하지만 시드기야는 바벨론에 항복하지 않습니다. 오히려 많은 고관들이 예레미야를 죽이려 합니다. 멸망의 심판이 눈 앞에 있음에도 어떻게 이럴 수가 있을까요?

2. 39-40장, 수없이 멸망의 심판을 전했고 항복하여 구원받고 징계를 달게 받으라는 권고를 거절하여 마침내 바벨론이 시드기야 왕의 제9년에 쳐들어와 토성을 쌓아 함락시키고 왕의 가족과 귀족들을 죽이고 왕의 눈을 뽑고 쇠사슬로 결박하여 끌고갑니다. 성은 불태워지고 백성들은 포로로 끌려갑니다. 권고받을 때 무시했기 때문입니다.

3. 39:15-18, 예레미야가 우물속에 던져져 죽을 위기에 놓여있을 때 시드기야왕의 내시인 이디오피아 사람 에벳멜렉이 왕에게 말하여 예레미야를 구출해 내고 보호한 일을 하나님께서 기억하시고 바벨론에게 멸망당하는 와중에도 하나님을 믿고 선지자를 도운 에벳멜렉을 구원해주실 것을 약속하십니다. 나는 하나님께서 기억하실 만한 일을 했나요?

● **한귀절** 오늘 말씀을 읽으면서 마음이 와 닿는 말씀 한 구절을 적고 되뇌어 봅시다.

● **적용** 말씀을 묵상하면서 나의 삶에 적용할 것과 실제적으로 행동에 옮길 것을 구체적으로 적어봅시다.

● **감사** 감사하는 성도는 더욱 더 풍성한 삶을 살게됩니다. 오늘 하루를 돌아보며 한 줄로 감사를 적어봅시다.

● **기도** 글로 쓰는 기도는 영원히 보존되는 기도입니다. 한 줄에 마음을 담아 기도를 주님께 올려드립시다.

20 　 (제 32 주 목요일) 　 오늘의 말씀 : 렘 41-45장

애급으로 도망간 사람들

배경　먼저 배경을 읽고 오늘의 성경을 읽습시다. 읽은 뒤 배경을 한 번 더 읽어도 좋습니다.

하나님께서 비록 이스라엘을 징계하셔서 축복의 땅에서 쫓아내 바벨론에서 고난을 받게 하셨지만, 멸망이 목적이 아니고 깨닫고 돌아오라는 징계가 목적이기에 징계를 받으라고 하셨습니다. 그러나 일부의 사람들이 애급으로 가 애급 신들을 섬기며 하나님을 진노케합니다.

● **묵상**　아래의 질문들을 여유있는 마음으로 두 번 세 번 생각하며 하나님의 마음과 영적인 의미들을 더듬어봅시다.

1. 41-42장, 바벨론이 유다에 남아있는 사람들을 다스리라고 그다랴를 책임자로 세웠지만, 이스마엘이 쳐들어와 남아있던 사람들과 바벨론 군사들을 죽입니다. 이에 요하난을 비롯한 사람들이 예레미야에게 하나님의 뜻을 알기원해 기도를 요청했고 하나님은 그들로 애급으로 가지 말라는 응답을 주십니다.

2. 43장, 그러나 사람들은 예레미야를 통해 들려지는 하나님의 말씀을 거절하고 예레미야를 데리고 애급으로 도망갑니다. 그러나 살겠다고 애급으로 도망간 그들에게 하나님은 바벨론왕 느브갓네살 왕이 애급까지 쫓아가 심판하여 그들이 다 죽임을 당하게 될 것을 말씀하십니다. 사람들이 참으로 어리석고 고집이 셉니다.

3. 44장, 하나님은 예레미야를 통해 애급으로 도망간 사람들에게 선언하십니다. 이스라엘에서 우상숭배한 것도 부족해서 애급의 신들에게 분향하고 우상을 섬기느냐고 물으십니다. 하나님은 이들을 향해 진노하시고 반드시 멸망시킬 것을 맹세하십니다.

● **한귀절**　오늘 말씀을 읽으면서 마음이 와 닿는 말씀 한 구절을 적고 되뇌어 봅시다.

● **적용**　말씀을 묵상하면서 나의 삶에 적용할 것과 실제적으로 행동에 옮길 것을 구체적으로 적어봅시다.

● **감사**　감사하는 성도는 더욱 더 풍성한 삶을 살게됩니다. 오늘 하루를 돌아보며 한 줄로 감사를 적어봅시다.

● **기도**　글로 쓰는 기도는 영원히 보존되는 기도입니다. 한 줄에 마음을 담아 기도를 주님께 올려드립시다.

20 (제 32 주 금요일) 오늘의 말씀 : 렘 46-48장

세상 모든 나라의 주인이신 하나님

배경 먼저 배경을 읽고 오늘의 성경을 읽읍시다. 읽은 뒤 배경을 한 번 더 읽어도 좋습니다.

하나님이 이스라엘을 선택하신 이유는 세상 모든 나라를 주님께 돌아오게 하시 위함이십니다. 그러므로 하나님은 이스라엘 만의 하나님이 아니라 세상 모든 나라의 하나님이십니다. 역사의 주인이십니다. 46-51장까지 하나님은 이방 10개 국가를 심판하십니다.

● **묵상** 아래의 질문들을 여유있는 마음으로 두 번 세 번 생각하며 하나님의 마음과 영적인 의미들을 더듬어봅시다.

1. 46장, 하나님은 이집트를 딸이라고 부르십니다(19, 24절). 놀랍지요? 어떻게 이집트가 하나님의 딸이 됩니까? 그렇습니다. 이집트도 주님의 창조하셨고 사랑받는 민족입니다. 그러나 우상숭배하는 그들을 심판하십니다. 그럼에도 불구하고 아주 멸하시는 게 하나님의 계획이 아닙니다(26절). 하나님은 이방사람들도 사랑하신다는 사실을 알아야 합니다.

2. 47장, 블레셋은 본래 지중해 섬에 있는 크레데섬 곧 갑돌에서 이주해 왔는데 출애굽시 이스라엘에게 진멸하라고 주신 가나안의 일곱 원주민들 중의 하나입니다. 그러나 하나님은 블레셋을 남겨두셔서 이스라엘을 징계하는 도구로 사용하였습니다. 그렇지만 하나님은 블레셋을 종내에는 완전히 멸망시키겠다고 말씀하십니다.

3. 48장, 모압은 요단 동편에 거주한 민족으로 강우량이 넉넉하여 토지가 비옥했고 목축과 포도농사의 최적의 조건을 갖춰 경제적으로 부요했습니다. 그래서 교만함이 하늘을 찔렀고 그모스라는 우상을 숭배하여 어린 자녀들을 제물로 바쳤습니다. 또한 이스라엘을 조롱한 모압이 철저하게 멸망당할 것을 예레미야를 통해 말씀하십니다.

● **한귀절** 오늘 말씀을 읽으면서 마음이 와 닿는 말씀 한 구절을 적고 되뇌어 봅시다.

● **적용** 말씀을 묵상하면서 나의 삶에 적용할 것과 실제적으로 행동에 옮길 것을 구체적으로 적어봅시다.

● **감사** 감사하는 성도는 더욱 더 풍성한 삶을 살게됩니다. 오늘 하루를 돌아보며 한 줄로 감사를 적어봅시다.

● **기도** 글로 쓰는 기도는 영원히 보존되는 기도입니다. 한 줄에 마음을 담아 기도를 주님께 올려드립시다.

20 . . .   (제 32 주 토요일)   오늘의 말씀 : 렘 49-52장

남은 7개 민족을 심판하시는 하나님

> **배경**   먼저 배경을 읽고 오늘의 성경을 읽읍시다. 읽은 뒤 배경을 한 번 더 읽어도 좋습니다.
>
> 46-51장은 이스라엘 주변국가 10개 나라와 민족을 심판하십니다. 각 나라의 지은 죄와 영적상태에 따라 심판을 받습니다. 49-51장은 남은 7개 나라들을 심판하시고 52장은 유다가 완전히 망하고 바벨론으로 포로가 되어 끌려가는 것을 다루면서 끝납니다.

● **묵상**   아래의 질문들을 여유있는 마음으로 두 번 세 번 생각하며 하나님의 마음과 영적인 의미들을 더듬어봅시다.

1. 49장, 암몬, 에돔, 다메섹, 게달, 하솔, 엘람이 받을 심판을 다루고 있습니다. 암몬은 아브라함의 조카 롯이 둘째 딸로 말미암은 후손이고 에돔은 야곱의 형 에서의 후손이며 다메섹은 아람의 수도이며 게달과 하솔은 이스마엘의 후손들입니다. 엘람은 아브라함의 아들 셈의 장자가 세운나라입니다. 이 모든 나라가 심판을 받습니다.

2. 50-51장, 바벨론에 대한 심판을 말씀하십니다. 바벨론은 하나님께서 세상 민족들을 심판하시는 도구로 사용하셨습니다. 그러나 바벨론은 교만에 취했고 잔인하게 피지배국을 짓밟았습니다. 그래서 하나님은 영원할 것 같았던 바벨론을 페르시아를 통해 역사에서 사라지게 하실 것을 선포하십니다. 어떤 경우도 하나님 앞에서 겸손하여야 합니다.

3. 52장, 유다의 완전한 멸망이 현실이 됩니다. 하나님은 시드기야왕과 백성들에게 바벨론에 항복하면 왕은 평안히 끌려가서 주어진 삶을 살 것이라고 경고했지만 불순종하여 대항하다가 왕은 두 눈이 뽑히고 쇠사슬에 매여 끌려가고 죽는 날까지 감옥에 갇힙니다. 성과 성전도 다 파괴됩니다. 하나님의 말씀은 반드시 성취된다는 것을 믿고 있습니까?

● **한귀절**   오늘 말씀을 읽으면서 마음이 와 닿는 말씀 한 구절을 적고 되뇌어 봅시다.

● **적용**   말씀을 묵상하면서 나의 삶에 적용할 것과 실제적으로 행동에 옮길 것을 구체적으로 적어봅시다.

● **감사**   감사하는 성도는 더욱 더 풍성한 삶을 살게됩니다. 오늘 하루를 돌아보며 한 줄로 감사를 적어봅시다.

● **기도**   글로 쓰는 기도는 영원히 보존되는 기도입니다. 한 줄에 마음을 담아 기도를 주님께 올려드립시다.

20 . . .　(제 33 주 월요일)　　　　　　　　　　　　오늘의 말씀 : 애 1-2장

무너진 예루살렘성 더미에서

배경　먼저 배경을 읽고 오늘의 성경을 읽읍시다. 읽은 뒤 배경을 한 번 더 읽어도 좋습니다.

유다가 바벨론에 의해 완전히 멸망하여 성과 성전은 완전히 파괴되고 백성들은 끌려갔습니다. 이 상황에서 예레미야는 무너진 성터와 성전 더미에서 너무 아파 울며 울며 괴로워하고 있습니다. 다 망하고 떠나 허망한 곳에서 옛 도성을 생각하며 탄식한 내용들입니다.

● **묵상**　아래의 질문들을 여유있는 마음으로 두 번 세 번 생각하며 하나님의 마음과 영적인 의미들을 더듬어봅시다.

1. 1:1-11, 이스라엘이 이렇게 비참한 상태가 된 것은 이스라엘의 죄악 때문입니다. 예레미야는 "예루살렘이 범죄함으로 조소거리가 되었으니" 라고 탄식합니다. 죄의 결과는 이렇게 무섭습니다. 하나님은 죄와 타협하지 않으십니다. 회개를 촉구할 때 반응하여야 합니다. 나는 죄에 대한 두려움과 떨림이 얼마나 있습니까?

2. 1:12-22, 예레미야는 무너진 성터를 바라보며 남아있는 사람들이 무덤덤하게 살아가는 모습을 바라보며 "지나가는 모든 사람들이여 너희에게는 관계가 없는가?" 를 묻고 있습니다. 죄에 대하여 무뎌지면 죄로 말미암아 오는 고통과 환난에도 심령이 무뎌지게 됩니다. 나는 지금 우리 시대의 타락한 모습은 보면서 예레미야가 가진 처절한 아픔과 눈물이 있습니까?

3. 2장, 예레미야를 눈물의 선지자라고 합니다. 예레미야는 이런 멸망의 모습에 눈물이 흘러넘쳐 눈이 상하였고 창자가 끊어지고 간이 땅에 쏟아졌다고 표현하고 있습니다. 수없는 징계의 촉구에 눈 감고 귀 막은 백성들을 향한 하나님의 심판은 무서울 정도입니다. 뒤를 바라보지 않으시는 하나님의 징계를 두려워해야 합니다. 하나님의 마음이 느껴지십니까?

● **한귀절**　오늘 말씀을 읽으면서 마음에 와 닿는 말씀 한 구절을 적고 되뇌어 봅시다.

● **적용**　말씀을 묵상하면서 나의 삶에 적용할 것과 실제적으로 행동에 옮길 것을 구체적으로 적어봅시다.

● **감사**　감사하는 성도는 더욱 더 풍성한 삶을 살게됩니다. 오늘 하루를 돌아보며 한 줄로 감사를 적어봅시다.

● **기도**　글로 쓰는 기도는 영원히 보존되는 기도입니다. 한 줄에 마음을 담아 기도를 주님께 올려드립시다.

20 . . .　　(제 33 주 화요일)　　　　　　　　오늘의 말씀 : 애 3-5장

절망 중에 기도하는 예레미야

● **배경**　먼저 배경을 읽고 오늘의 성경을 읽읍시다. 읽은 뒤 배경을 한 번 더 읽어도 좋습니다.

예레미야는 울며 가슴치고 아파하면서도 악이 없으시고 공의이신 하나님께 기도하며 소망을 둡니다. 이스라엘이 범죄하여 매를 맞은 것이지 하나님이 악하여 저수가 임한 것이 아니기 때문입니다. 하나님은 선이시며 사랑이십니다.

● **묵상**　아래의 질문들을 여유있는 마음으로 두 번 세 번 생각하며 하나님의 마음과 영적인 의미들을 더듬어봅시다.

1. 3장, 하나님은 예루살렘에 대하여 눈을 감으시고 귀를 막으셨습니다. 마치 예수님께서 어찌하여 나를 버리셨냐고 엘리 엘리 라마 사박다니를 외치실 때에 잠잠하신 것 같이 예루살렘을 외면하였습니다. 그래서 예루살렘은 바벨론에 의하여 만신창이가 됩니다. 하나님의 징계와 심판에 문제가 있는 것이 아니라 죄에 우둔한데 문제가 있지 않습니까?

2. 4장, 하나님께서 외면하시고 징계하시고 심판하신 곳은 처참합니다. 남은 것이 없었습니다. 칼에 죽은 자가 오히려 낫습니다. 왜냐하면 굶주림과 버려진 자의 고통은 막심하기 때문입니다. 예레미야는 이렇게 된 것이 하나님의 분 내심과 맹렬한 진노를 쏟으셨기 때문이라고 말합니다. 무슨 일이 있어도 회개하여 징계를 받지 말아야 함을 느끼고 있습니까?

3. 5장, 예레미야는 그럼에도 불구하고 무너진 성터와 성전에서 기도합니다. 비록 지은 죄로 말미암아 모든 것을 잃었으나 오로지 희망은 하나님께 있기 때문입니다. 하나님의 진노에서 돌이켜 달라고 기도하며 아주 버리셨느냐고 눈물로 눈물로 부르짖습니다. 다시 새롭게 해 달라고 소망중에 기도합니다. 회복 역시 하나님 밖에 길이 없음을 알고 있습니까?

● **한귀절**　오늘 말씀을 읽으면서 마음이 와 닿는 말씀 한 구절을 적고 되뇌어 봅시다.

● **적용**　말씀을 묵상하면서 나의 삶에 적용할 것과 실제적으로 행동에 옮길 것을 구체적으로 적어봅시다.

● **감사**　감사하는 성도는 더욱 더 풍성한 삶을 살게됩니다. 오늘 하루를 돌아보며 한 줄로 감사를 적어봅시다.

● **기도**　글로 쓰는 기도는 영원히 보존되는 기도입니다. 한 줄에 마음을 담아 기도를 주님께 올려드립시다.

20 . . .　　(제 33 주 수요일)　　　　　　　　　　　　　오늘의 말씀 : 겔 1-3장

선지자로 부름받는 에스겔

배경　먼저 배경을 읽고 오늘의 성경을 읽읍시다. 읽은 뒤 배경을 한 번 더 읽어도 좋습니다.

남방 유다는 네 차례에 걸쳐 바벨론의 공격을 받습니다. BC 605년인 1차 공격 때에 다니엘이 끌려가고 BC 597년인 2차 공격 때에 에스겔이 여호야긴왕과 만 명의 유대인들과 함께 끌려갑니다. 그리고 5년이 지난 시점에 에스겔이 선지자로 부름을 받게 됩니다.

● **묵상**　아래의 질문들을 여유있는 마음으로 두 번 세 번 생각하며 하나님의 마음과 영적인 의미들을 더듬어봅시다.

1. 1장, 바벨론에 포로로 끌려간지 5년, 에스겔의 나이 30살에 영의 눈이 열려 하나님의 보좌와 하나님의 모습을 봅니다. 하나님의 영광이 불과 빛이며 보좌에 앉으신 하나님으로부터 흘러나오는 하나님의 음성을 듣습니다. 에스겔은 포로생활 중에 있는 이스라엘 백성들에게 위로와 소망을 주는 선지자로 부름을 받습니다. 하나님은 사랑이지 않습니까?

2. 2장, 하나님께서 사람들 중에 그 눈과 귀를 열어 주님의 마음을 부어 주셔서 이스라엘 백성들에게 말씀하시는 것은 타락하고 범죄하는 백성들을 돌이키게 하기 위함입니다. 이스라엘 백성들이 패역하여 회개를 촉구하는 메시지를 거절하는데도 하나님은 포기하지 않으시고 애절한 마음으로 선지자를 보내시는 겁니다.

3. 하나님은 에스겔에게 두루마리를 받아 먹으라고 말씀하십니다. 그래서 받아먹었더니 그 달기가 꿀 같습니다. 그러나 그 말씀을 이스라엘 백성들에게 전하는 일은 쓰고 괴로운 일입니다. 선지자는 비록 백성들이 듣지 않을지라도 회개를 촉구하는 말씀을 전해야 합니다. 그렇지 않으면 그들의 죄 값을 내 피로 대신해야 합니다. 사명은 고통을 수반합니다.

● **한귀절**　오늘 말씀을 읽으면서 마음이 와 닿는 말씀 한 구절을 적고 되뇌어 봅시다.

● **적용**　말씀을 묵상하면서 나의 삶에 적용할 것과 실제적으로 행동에 옮길 것을 구체적으로 적어봅시다.

● **감사**　감사하는 성도는 더욱 더 풍성한 삶을 살게됩니다. 오늘 하루를 돌아보며 한 줄로 감사를 적어봅시다.

● **기도**　글로 쓰는 기도는 영원히 보존되는 기도입니다. 한 줄에 마음을 담아 기도를 주님께 올려드립시다.

20 . . . (제 33 주 목요일)　　　　　　　　　　　　　　오늘의 말씀 : 겔 4-8장

예루살렘을 향한 예언

배경　먼저 배경을 읽고 오늘의 성경을 읽읍시다. 읽은 뒤 배경을 한 번 더 읽어도 좋습니다.

바벨론이 BC 605년 1차로 쳐들어와 다니엘과 왕족이 끌려가고 8년뒤 2차 침공시 여호야긴왕과 만명이 에스겔과 함께 끌려갔는데, 이로부터 10년뒤인 BC 588년에 다시 쳐들어와 2년 포위 끝에 멸망하는데 에스겔은 멸망 5년전에 이 예언을 합니다.

● **묵상**　아래의 질문들을 여유있는 마음으로 두 번 세 번 생각하며 하나님의 마음과 영적인 의미들을 더듬어봅시다.

1. 4-5장, 하나님은 예루살렘성이 어떻게 무너질 것인지 에스겔에게 직접 그림을 그리게 하고 마치 장난감을 만들 듯 모형을 만들어 보여줍니다. 북 이스라엘과 남 유다가 멸망하는데 이는 우상을 비롯한 죄로 말미암음입니다. 이것을 선지자가 직접 눕는 날과 머리카락등 퍼포먼스로 보여줍니다. 선지자가 얼마나 괴로웠겠습니까?

2. 6-7장, 이스라엘 백성들이 섬긴 우상숭배를 상세하게 지적합니다. 도시와 산들마다 만들어 놓은 우상들이 넘칩니다. 하나님은 하나님을 버리고 우상을 선택한 이스라엘을 향해 그 심판이 이제 임박했음을 선포합니다. 우리는 지금 어떤 우상들을 섬기고 있을까요? 하나님보다 더 귀히 여기는 것이 무엇인지 찾아봅시다.

3. 8장, 분명 에스겔은 지금 바벨론에 끌려와 있습니다. 그런데 에스겔은 너무나 소상하게 예루살렘 성전 곳곳을 다니며 그들이 어떻게 성전 안에서 우상들을 숭배하고 있는지를 보여주고 있습니다. 에스겔이 직접 간 것이 아니라 하나님의 영이 에스겔을 들어 환상가운데 보여주었기 때문입니다. 나는 영의 눈이 얼마나 열려있습니까?

● **한귀절**　오늘 말씀을 읽으면서 마음이 와 닿는 말씀 한 구절을 적고 되뇌어 봅시다.

● **적용**　말씀을 묵상하면서 나의 삶에 적용할 것과 실제적으로 행동에 옮길 것을 구체적으로 적어봅시다.

● **감사**　감사하는 성도는 더욱 더 풍성한 삶을 살게됩니다. 오늘 하루를 돌아보며 한 줄로 감사를 적어봅시다.

● **기도**　글로 쓰는 기도는 영원히 보존되는 기도입니다. 한 줄에 마음을 담아 기도를 주님께 올려드립시다.

20 . . .　(제 33 주 금요일)　　　　　　　　　　　　　오늘의 말씀 : 겔 9-12장

하나님의 진노가 쏟아지는 예루살렘

배경　먼저 배경을 읽고 오늘의 성경을 읽읍시다. 읽은 뒤 배경을 한 번 더 읽어도 좋습니다.

마침내 예루살렘이 무너집니다. 하나님이 선택하시고 세우시며 함께하시겠다고 말씀하시던 예루살렘 성전도 무너지고 하나님의 영광이 떠나십니다. 모든 것이 무너집니다. 불순종과 우상숭배에 대한 엄연한 심판이 도래한 것입니다.

● **묵상**　아래의 질문들을 여유있는 마음으로 두 번 세 번 생각하며 하나님의 마음과 영적인 의미들을 더듬어봅시다.

1. 9장, 하나님이 예루살렘을 향하여 심판을 행하시기 전에 먼저 예루살렘 백성들 중에 우상숭배로 말미암아 탄식하며 우는 자의 이마에 표를 그리라고 명하십니다. 주님의 재림시에도 먼저 믿는 이들의 이마에 인을 치라고 말씀하셨습니다(계 7:3, 13-14). 우리시대도 동일합니다. 진정 주님의 마음을 품는 사람은 보호를 받는 그 명단에 내가 있을까요?

2. 10장, 하나님은 솔로몬이 성전을 건축하고 봉헌기도를 올릴 때 "나는 네가 건축한 이 성전을 거룩하게 구별하여 내 이름을 영원히 그 곳에 두며 내 눈길과 내 마음이 항상 거기에 있으리니(왕상 9:3)" 말씀하셨습니다. 그러나 그것은 이스라엘 백성들이 하나님을 떠나지 않는 조건이었습니다. 나는 불순종하면서 하나님의 긍휼만 바래선 안됩니다.

3. 11장, 징계 속에서도 은혜를 베푸시는 하나님, 에스겔의 예루살렘 멸망의 환상과 예언은 지금 포로로 끌려와있는 백성들이 혹시라도 속히 고국으로 돌아갈 수 있지 않겠는가 하는 소망을 내려놓게 합니다. 오히려 바벨론이 성소가 되게 하고 결국에는 고국으로 돌아오게 하실 것을 꿈꾸게 하십니다. 진정한 회개가 필요합니다.

● **한귀절**　오늘 말씀을 읽으면서 마음이 와 닿는 말씀 한 구절을 적고 되뇌어 봅시다.

● **적용**　말씀을 묵상하면서 나의 삶에 적용할 것과 실제적으로 행동에 옮길 것을 구체적으로 적어봅시다.

● **감사**　감사하는 성도는 더욱 더 풍성한 삶을 살게됩니다. 오늘 하루를 돌아보며 한 줄로 감사를 적어봅시다.

● **기도**　글로 쓰는 기도는 영원히 보존되는 기도입니다. 한 줄에 마음을 담아 기도를 주님께 올려드립시다.

20   . . .   (제 33 주 토요일)   오늘의 말씀 : 겔 13-16장

거짓선지자를 심판하시는 하나님

배경   먼저 배경을 읽고 오늘의 성경을 읽읍시다. 읽은 뒤 배경을 한 번 더 읽어도 좋습니다.

예레미야와 에스겔은 이스라엘의 멸망과 심판을 예언하였으나 거짓 선지자들은 이스라엘의 평강을 예언하였습니다. 그리고 사람들은 거짓 선지자들의 달콤한 예언에 취하여있습니다. 하나님은 거짓을 예언하는 선지자들을 가려내고, 심판하십니다.

● **묵상**   아래의 질문들을 여유있는 마음으로 두 번 세 번 생각하며 하나님의 마음과 영적인 의미들을 더듬어봅시다.

1. 13장, 선지자는 하나님께로부터 받은 것을 전하여야 합니다. 그러나 거짓 선지자는 자기가 하고 싶은 말을 하고 거짓 즉 마귀가 보여주거나 자기 환상에 사로잡힌 것을 보여주며 평강을 예언합니다. 하나님께서 그런 거짓 선지자들을 분명히 심판하실 것을 선언하고 계십니다. 마지막 시대에도 거짓 선지자가 출현한다는 사실을 알고 있습니까?

2. 14장, 하나님은 예루살렘의 우상숭배와 죄악이 너무도 분명하고 커서 노아나 다니엘, 욥과 같은 사람들이 거기에 있을지라도 단지 자기의 생명만 구할 뿐 가족이나 그 누구도 구원하지 못하실 것을 말씀하십니다. 하나님은 칼과 기근, 전염병으로 예루살렘을 심판하실 것을 선언하십니다. 심판이 오기 전에 회개해야 합니다.

3. 16장, 하나님은 이스라엘의 죄악이 소돔과 고모라 보다 더 크다고 말씀하십니다. 소돔과 고모라나 사마리아가 이스라엘 때문에 오히려 의인이 된다고 말씀하십니다. 소돔이 어떤 죄를 지어서 유황불로 태움을 받았을까요? 16:48-50절을 읽고 지금 우리가 사는 시대 곧 나와 내 자녀들은 어떠한지 살피고 바로 서야 합니다.

● **한귀절**   오늘 말씀을 읽으면서 마음이 와 닿는 말씀 한 구절을 적고 되뇌어 봅시다.

● **적용**   말씀을 묵상하면서 나의 삶에 적용할 것과 실제적으로 행동에 옮길 것을 구체적으로 적어봅시다.

● **감사**   감사하는 성도는 더욱 더 풍성한 삶을 살게됩니다. 오늘 하루를 돌아보며 한 줄로 감사를 적어봅시다.

● **기도**   글로 쓰는 기도는 영원히 보존되는 기도입니다. 한 줄에 마음을 담아 기도를 주님께 올려드립시다.

20 . . .　(제 34 주 월요일)　　　　　　　　　오늘의 말씀 : 겔 17-19장

환상의 계시를 통한 예루살렘의 멸망

배경　먼저 배경을 읽고 오늘의 성경을 읽읍시다. 읽은 뒤 배경을 한 번 더 읽어도 좋습니다.

에스겔은 다른 선지자에 비해 많은 환상을 봅니다. 하나님은 여러 비유적인 방법으로 하나님이 하시고자 하시는 일들을 보여주시고 깨닫게 하시며 경고하고 회개를 촉구하십니다. 비록 몸은 바벨론에 끌려왔지만, 하나님의 눈으로 세상을 분별하게 하십니다.

● **묵상**　아래의 질문들을 여유있는 마음으로 두 번 세 번 생각하며 하나님의 마음과 영적인 의미들을 더듬어봅시다.

1. 17장, 독수리와 백향목, 포도나무의 비유 - 크고 털이 많으며 화려한 독수리는 당시 중동을 지배하던 바벨론이 백향목인 여호야긴왕을 포로로 끌고가고 포도나무인 시드기야왕을 세운 것을 가리키는데 문제는 또 다른 독수리인 이집트를 의지하므로 멸망하지만, 종국에 예수님을 보내 이 모든 것을 회복하게 하실것입니다(22-24).

2. 18장, 아버지와 아들의 죄와 그 열매에 대한 비유로 아버지가 포도를 먹는다고 아들의 이가 시리겠는가? 그와 같이 아버지나 아들은 각각 그 지은 죄로 심판을 받는데 서로에게 영향을 주지 않을 뿐 아니라 설령 아버지나 아들이 죄를 지어 벌을 받게 되었을지라도 진정 회개하면 이전의 모든 죄가 용서받게 됨을 말씀해주십니다.

3. 19장, 애가 형식을 담은 사자새끼의 비유 - 사자는 동물의 왕이고 암사자는 그들을 길러냅니다. 암사자는 유다지파를 의미하고 연이어 키우는 사자새끼들은 여호아하스를 비롯해 여호야긴, 시드기야에 이르는 왕들을 가리키며 이들이 사람을 잡아먹어 죽임을 당하는데 이는 하나님의 뜻을 어기는 것을 의미합니다. 이해하기가 어렵지요?

● **한귀절**　오늘 말씀을 읽으면서 마음이 와 닿는 말씀 한 구절을 적고 되뇌어 봅시다.

● **적용**　말씀을 묵상하면서 나의 삶에 적용할 것과 실제적으로 행동에 옮길 것을 구체적으로 적어봅시다.

● **감사**　감사하는 성도는 더욱 더 풍성한 삶을 살게됩니다. 오늘 하루를 돌아보며 한 줄로 감사를 적어봅시다.

● **기도**　글로 쓰는 기도는 영원히 보존되는 기도입니다. 한 줄에 마음을 담아 기도를 주님께 올려드립시다.

20 . . .　(제 34 주 화요일)　　　　　　　　오늘의 말씀 : 겔 20-24장

유다의 멸망을 이어서 전하는 에스겔

배경　먼저 배경을 읽고 오늘의 성경을 읽읍시다. 읽은 뒤 배경을 한 번 더 읽어도 좋습니다.

유다 멸망의 소식은 계속됩니다. 여러 가지 비유로 하나님께서 그렇게 기뻐하시고 사랑하시던 이스라엘의 범죄와 우상숭배를 얼마나 분노하시고 어떻게 징계하시는가를 구체적으로 보여주고 있습니다. 이 과정에서 사랑하는 아내를 잃기도 합니다. 선지자의 삶입니다.

● **묵상**　아래의 질문들을 여유있는 마음으로 두 번 세 번 생각하며 하나님의 마음과 영적인 의미들을 더듬어봅시다.

1. 20장, 바벨론으로 끌려온지 7년 5개월 14일 되는 날에 이스라엘의 장로들이 찾아와서 하나님의 뜻을 묻습니다. 그 대답은 절망하리 만치 처참합니다. 이스라엘 전 역사를 돌아보며 그 시대 시대 마다 어떤 죄를 지었는지 열거하며 심판은 반드시 이루어짐을 선포하십니다. 그러나 회개를 촉구할 때는 희망이 있다는 것을 알고 있습니까?

2. 22장, 하나님은 이스라엘이 범죄한 것을 하나하나 밝히고 있습니다. 이스라엘 백성들이 축복의 땅에서 살지 못하고 이방에 추방당하고 고난받는 이유를 밝힙니다. 22:6-12의 말씀은 지금 이 시대를 살고 있는 우리들도 이 말씀들을 진솔하게 적용하여야 합니다.

3. 23장에서는 북이스라엘의 수도인 사마리아와 남 유다의 수도인 예루살렘의 죄를 음녀에 비유하며 그들이 섬긴 우상과 죄들이 얼마나 더러웠는가를 보여줍니다. 그래서 24장에서는 녹슨 가마에 양을 조각내어 삶되 그 고기와 뼈가 다 타도록 하고 그 가마의 녹까지도 다 달궈서 더러운 것들을 다 빼내시겠다고 말씀하십니다. 두렵습니다.

● **한귀절**　오늘 말씀을 읽으면서 마음이 와 닿는 말씀 한 구절을 적고 되뇌어 봅시다.

● **적용**　말씀을 묵상하면서 나의 삶에 적용할 것과 실제적으로 행동에 옮길 것을 구체적으로 적어봅시다.

● **감사**　감사하는 성도는 더욱 더 풍성한 삶을 살게됩니다. 오늘 하루를 돌아보며 한 줄로 감사를 적어봅시다.

● **기도**　글로 쓰는 기도는 영원히 보존되는 기도입니다. 한 줄에 마음을 담아 기도를 주님께 올려드립시다.

20 . . . (제 34 주 수요일)   오늘의 말씀 : 겔 25-28장

하나님의 백성을 조롱한 민족들에 대한 심판

배경 먼저 배경을 읽고 오늘의 성경을 읽읍시다. 읽은 뒤 배경을 한 번 더 읽어도 좋습니다.

하나님은 당신이 선택한 이스라엘 백성들을 사랑하십니다. 그런데 주변국들이 이스라엘의 무너짐을 기뻐하며 조롱합니다. 하나님은 이런 이스라엘 주변국들을 심판하십니다. 25-28장까지는 암몬, 모압, 세일, 에돔, 블레셋, 두로와 같은 나라에 대한 심판이 선포됩니다.

● **묵상** 아래의 질문들을 여유있는 마음으로 두 번 세 번 생각하며 하나님의 마음과 영적인 의미들을 더듬어봅시다.

1. 25:1-7, 암몬에 대한 심판입니다. 암몬은 이스라엘 바로 옆에 있는 나라로서 이스라엘이 넘어질 때 손뼉을 치며 발을 구르며 마음을 다하여 멸시하며 즐거워하여 이스라엘을 사랑하시는 하나님의 진노를 사게 됩니다. 하나님은 당신의 백성을 말할 수 없이 사랑하십니다. 마치 아이의 엄마 같은 마음이십니다. 하나님께서 나를 이 만큼 사랑하심을 믿으십니까?

2. 25:8-17, 모압과 세일도 이스라엘을 조롱하였고 에돔은 에서의 후손들로 구성된 나라이므로 이스라엘과 형제국인데 오히려 바벨론과 합하여 이스라엘을 공격하였습니다. 블레셋은 오랜 세월 이스라엘 옆에서 가장 많이 괴롭힌 나라입니다. 하나님은 이런 주변국들을 징벌하신다고 에스겔을 통해 선포하십니다.

3. 26-28장, 두로에 대한 심판. 두로는 이스라엘 북부 위에 있는 지중해 연안을 끼고 해상을 통한 무역업 중심지로서 국제적 명성을 얻고 있는 도시였으며 두로의 잇바알왕의 딸이 그 유명한 우상숭배자 아합왕의 부인 이세벨이다. 두로 역시 이스라엘을 조롱하고 교만하며 바알 우상의 중심지로 하나님의 큰 심판을 받습니다.

● **한귀절** 오늘 말씀을 읽으면서 마음이 와 닿는 말씀 한 구절을 적고 되뇌어 봅시다.

● **적용** 말씀을 묵상하면서 나의 삶에 적용할 것과 실제적으로 행동에 옮길 것을 구체적으로 적어봅시다.

● **감사** 감사하는 성도는 더욱 더 풍성한 삶을 살게됩니다. 오늘 하루를 돌아보며 한 줄로 감사를 적어봅시다.

● **기도** 글로 쓰는 기도는 영원히 보존되는 기도입니다. 한 줄에 마음을 담아 기도를 주님께 올려드립시다.

20 　. . .　(제 34 주 목요일)　　　　　　　　　　　　오늘의 말씀 : 겔 29-32장

이집트에 대한 심판의 선포

배경　먼저 배경을 읽고 오늘의 성경을 읽읍시다. 읽은 뒤 배경을 한 번 더 읽어도 좋습니다.

오늘 말씀은 하나님께서 에스겔 선지자를 통하여 애굽 즉 이집트를 심판하십니다. 하나님은 이집트를 지으셨고 사랑하셨습니다. 그러나 이집트는 우상을 숭배하고 교만하여 마침내 큰 심판을 받게 됩니다. 이집트 한 나라의 심판을 네장이나 다루고 있습니다.

● **묵상**　아래의 질문들을 여유있는 마음으로 두 번 세 번 생각하며 하나님의 마음과 영적인 의미들을 더듬어봅시다.

1. 29장, 에스겔 선지자가 포로 된 지 11년째 되는 해 10월 12일에 이집트에 관한 말씀을 받습니다. 하나님의 창조를 깨닫지 못하고 나일강에 누운 큰 악어와 같은 이집트가 하나님의 심판을 받아 다시 일어나지 못하고 지극히 미약한 나라가 될 것이라고 했는데 오늘의 이집트는 실제로 미약한 나라가 되었습니다. 선포된 말씀이 실현된다는 것을 믿으십니까?

2. 31장, 3절에 보면 앗수르 사람은 레바논의 백향목이 되었다고 했는데 왜 이집트에 대한 말씀중 앗수르가 나올까 이해가 안됩니다. 앗수르 사람은 삼나무를 가리키고 이 삼나무가 너무 크고 아름다워 유명한 레바논의 백향목같다. 그리고 바로 레바논의 백향목 같은 이집트가 심판받을 것이라는 것입니다.

3. 32장에는 앗수르, 엘람, 메섹, 두발, 에돔 등 그 유명한 왕들과 귀인들 그리고 아름다운 여인들과 대단한 사람들이 다 지옥에 와 있습니다. 이런 사람들 틈에 이집트왕 바로도 함께하게 되어 도리어 위안이 된다는 겁니다. 그렇습니다. 세상적으로 보면 대단하지만 영원한 불못에 간다면 그 대단함이 무슨 소용이 있을까요?

● **한귀절**　오늘 말씀을 읽으면서 마음이 와 닿는 말씀 한 구절을 적고 되뇌어 봅시다.

● **적용**　말씀을 묵상하면서 나의 삶에 적용할 것과 실제적으로 행동에 옮길 것을 구체적으로 적어봅시다.

● **감사**　감사하는 성도는 더욱 더 풍성한 삶을 살게됩니다. 오늘 하루를 돌아보며 한 줄로 감사를 적어봅시다.

● **기도**　글로 쓰는 기도는 영원히 보존되는 기도입니다. 한 줄에 마음을 담아 기도를 주님께 올려드립시다.

20 . . . (제 34 주 금요일)   오늘의 말씀 : 겔 33-35장

에스겔을 파수꾼으로 세우시는 하나님

배경 먼저 배경을 읽고 오늘의 성경을 읽읍시다. 읽은 뒤 배경을 한 번 더 읽어도 좋습니다.

하나님은 에스겔을 이스라엘 백성들의 파수꾼으로 명하십니다. 파수꾼은 깨어 성을 지키는 사람인데 파수꾼에게는 나팔 소리가 분명하여야 합니다. 그래야 그 소리를 듣고 백성들이 깨어 방비를 하니까요! 이 파수꾼은 오늘의 누구를 가리킬까요? 세상에 대하여!

● **묵상** 아래의 질문들을 여유있는 마음으로 두 번 세 번 생각하며 하나님의 마음과 영적인 의미들을 더듬어봅시다.

1. 33장, 적이 몰려옴에도 파수꾼이 나팔을 불지 않으면 전쟁에서 패하게 됩니다. 마찬가지로 선지자가 악인에게 그 악을 깨우치지 않으면 그 악인은 자신의 죄로 죽지만 그 피를 선지자에게서 찾겠다는 겁니다. 또한 아무리 악한이라도 회개하면 살 것이고 의인이라도 의를 버리고 악을 행하면 이전 의가 기억되지 않다고 말씀하십니다.

2. 34:1-16, 양들을 먹일 목자들이 양들을 돌보지 않고 양들의 고기와 털만 눈독을 들입니다. 그래서 양들이 흩어져 들짐승의 밥이 되고 유리방황하고 있다는 것입니다. 그래서 자기만 먹이는 목자들을 심판하시고 진정한 목자 예수 그리스도를 보내셔서 좋을 꼴로 먹이신다고 선포하십니다. 목회자를 위해 기도해 주십시오.

3. 34:17-24, 주님은 양과 양 사이, 숫양과 숫염소 사이에서 심판하신다고 하십니다. 이들은 좋은 꼴, 맑은 물을 먹고 마시는 일을 작은 일로 여기고 남은 꼴과 맑은 물을 발로 밟습니다. 또한 옆구리와 어깨로 약하고 병든 양들을 밀어내고 뿔로 받아 무리 밖으로 몰아냅니다. 교회를 잘 돌아 보십시오. 이런 사람들이 있으니까 이 말씀을 주시겠지요?

● **한귀절** 오늘 말씀을 읽으면서 마음이 와 닿는 말씀 한 구절을 적고 되뇌어 봅시다.

● **적용** 말씀을 묵상하면서 나의 삶에 적용할 것과 실제적으로 행동에 옮길 것을 구체적으로 적어봅시다.

● **감사** 감사하는 성도는 더욱 더 풍성한 삶을 살게됩니다. 오늘 하루를 돌아보며 한 줄로 감사를 적어봅시다.

● **기도** 글로 쓰는 기도는 영원히 보존되는 기도입니다. 한 줄에 마음을 담아 기도를 주님께 올려드립시다.

20 . . . (제 34 주 토요일)　　　　　　　　　　　　오늘의 말씀 : 겔 36-37장

이스라엘을 회복시키시는 하나님

● **배경**　먼저 배경을 읽고 오늘의 성경을 읽읍시다. 읽은 뒤 배경을 한 번 더 읽어도 좋습니다.

하나님은 비록 이스라엘을 징계하여 축복의 땅에서 쫓아내고 고난을 허락하시고 이방인들에게 조롱과 짓밟힘을 당하게 하셨지만 완전한 멸망이 목적이 아니고 돌이키게 하심이 목적이기 때문에 하나님의 주권으로 다시 돌이키고 회복시킬 것을 약속하십니다.

● **묵상**　아래의 질문들을 여유있는 마음으로 두 번 세 번 생각하며 하나님의 마음과 영적인 의미들을 더듬어봅시다.

1. 36:1-23, 하나님은 이스라엘을 회복시킬 것을 말씀하십니다. 그런데 그 이유는 하나님의 택한 백성 이스라엘로 인하여 더럽혀진 하나님의 거룩하신 이름 때문이라는 것입니다. 하나님은 그 거룩하신 이름을 회복시키시려고 이스라엘을 회복시켜 주신다는 것입니다. 우리는 지금 그런 하나님의 이름을 얼마나 거룩되게 합니까?

2. 36:24-38, 이스라엘이 바벨론에서 힘을 키우고 군사력을 증강시켜 그들의 힘으로 귀국하여 나라를 다시 세우는 것이 아니라 하나님께서 하나님의 방법으로 하신다는 겁니다. 맑은 물을 뿌려 정결하게 하고 새 영과 새 마음을 주시고 굳은 마음을 제하시고 부드러운 마음을 주셔서 회복시키신답니다. 내 힘으로는 불가능하지만 도우셔야 승리할 수 있습니다.

3. 37장, 하나님은 에스겔을 죽어서 뼈가 오랜 세월 동안 마르고 흩어진 골짜기로 데리고 가 그에게 대언하라고 명령하십니다. 아무리 하나님이 명령하라고 하신다고 마른 뼈들에게 명령할 수 있을까요? 그런데 에스겔이 순종하여 명령하자 그들이 큰 군대를 이루었습니다. 하나님께서 하시면 기적같은 일들이 일어날 수 있음을 믿고 계십니까?

● **한귀절**　오늘 말씀을 읽으면서 마음이 와 닿는 말씀 한 구절을 적고 되뇌어 봅시다.

● **적용**　말씀을 묵상하면서 나의 삶에 적용할 것과 실제적으로 행동에 옮길 것을 구체적으로 적어봅시다.

● **감사**　감사하는 성도는 더욱 더 풍성한 삶을 살게됩니다. 오늘 하루를 돌아보며 한 줄로 감사를 적어봅시다.

● **기도**　글로 쓰는 기도는 영원히 보존되는 기도입니다. 한 줄에 마음을 담아 기도를 주님께 올려드립시다.

20 . . .　　(제 35 주 월요일)　　　　　　　　　　　오늘의 말씀 : 겔 38-39장

마곡의 왕 곡에 대한 심판

배경　먼저 배경을 읽고 오늘의 성경을 읽읍시다. 읽은 뒤 배경을 한 번 더 읽어도 좋습니다.

에스겔은 이스라엘의 주변국의 심판을 다룬 뒤 이제 이스라엘 곧 하나님의 나라를 대적하는 전 인류적인 전쟁과 심판을 곡과 마곡이라는 이름으로 그리고 있습니다. 마지막 종말 때 세상 모든 나라가 하나님을 대적하여 대전쟁이 일어나지만 하나님이 심판하십니다.

● **묵상**　아래의 질문들을 여유있는 마음으로 두 번 세 번 생각하며 하나님의 마음과 영적인 의미들을 더듬어봅시다.

1. 38:1-16, 종말 때 되어질 일들, 세상 모든 나라가 대적하여 이스라엘(하나님의 나라)에 큰 전쟁을 일으킬 것인데 겔 38-39장에서의 마곡, 로스, 메섹, 두발이라는 이름은 실제적 이름인지 아닌지는 확실치 않지만 세상 모든 나라가 연합하여 곡이라는 왕의 이름으로 대적할 것을 말씀합니다. 그리고 동일한 내용이 요한 계시록에도 동일하게 말씀하십니다.

2. 38:17-39:16, 그러나 이 인류 최종적인 전투에서 하나님은 이들을 심판하시는데 전염병과 천재지변등 하나님의 방법으로 그들의 시체를 7개월 매장하고 그들의 무기를 7년 땔감으로 사용하게 될 것입니다. 이런 말씀들은 상징적이지만 계시록에서도 최종적으로 사단의 무리들이 심판받을 것을 말씀하고 있습니다.

3. 39:17-29, 이 세상의 모든 심판은 종식될 것이고 그들은 영원한 심판을 받으며 마귀와 거짓 선지자들도 결국 영원한 불에 들어갈 것인데 계 20:7-10에는 에스겔이 본 환상과 심판의 방법이 똑같이 그려지고 있습니다. 에스겔이나 요한이나 모두 동일하신 하나님께로부터 계시를 받았기 때문입니다. 그러므로 굳게 서야 합니다.

● **한귀절**　오늘 말씀을 읽으면서 마음이 와 닿는 말씀 한 구절을 적고 되뇌어 봅시다.

● **적용**　말씀을 묵상하면서 나의 삶에 적용할 것과 실제적으로 행동에 옮길 것을 구체적으로 적어봅시다.

● **감사**　감사하는 성도는 더욱 더 풍성한 삶을 살게됩니다. 오늘 하루를 돌아보며 한 줄로 감사를 적어봅시다.

● **기도**　글로 쓰는 기도는 영원히 보존되는 기도입니다. 한 줄에 마음을 담아 기도를 주님께 올려드립시다.

20 . . . (제 35 주 화요일)   오늘의 말씀 : 겔 40-43장

회복되는 성전

● **배경**   먼저 배경을 읽고 오늘의 성경을 읽읍시다. 읽은 뒤 배경을 한 번 더 읽어도 좋습니다.

하나님은 에스겔에게 모든 심판이 종식되고 이제는 하나님의 나라 곧 하나님이 영원히 계시는 성전의 회복을 노래합니다. 40-42장은 완전한 성전의 규모를 보여줍니다. 지금까지 지어졌던 성전들과는 다르며 완전한 성전을 세울 것을 말씀하고 계십니다.

● **묵상**   아래의 질문들을 여유있는 마음으로 두 번 세 번 생각하며 하나님의 마음과 영적인 의미들을 더듬어봅시다.

1. 40:1-4, 에스겔이 바벨론에 포로로 끌려가진 25년 되는 해에 환상 중에 그 몸이 이스라엘 땅 높은 산에 옮겨지고 성전이 보입니다. 하나님은 에스겔에게 이것을 눈으로 보고 귀로 듣고 마음에 새긴 뒤 이것을 이스라엘 백성들에게 전하라고 말씀하십니다. 우리도 하나님의 말씀을 이렇게 받고 전하여야 합니다.

2. 40:5-42장, 천사가 측량하는 잣대를 가지고 성전의 담부터 동쪽문, 바깥뜰을 거쳐 각 문과 현관, 성소와 지성소를 비롯해 성전 전체의 규모를 구체적으로 정확하게 말해줍니다. 무엇을 보여주는 것일까요? 성전은 이미 14년 전에 파괴되었는데요. 이것은 회복될 성전 곧 종말 때 새 하늘과 새 땅, 새 예루살렘성을 보여주는 겁니다. 희망을 가지라는 겁니다.

3. 43:1-12, 하나님은 이스라엘 민족이 타락하고 우상숭배하므로 수없는 징계를 내려도 불순종하자 마침내 예루살렘 성전을 떠나셨습니다(겔 10장), 그렇게 떠나신 주님은 성전에 나가셨던 그 동쪽 문으로 다시 돌아오십니다. 그리고 그 성전은 영원히 하나님의 영광이 가득할 것입니다. 우리가 그 성전에서 주님을 뵈올 것입니다.

● **한귀절**   오늘 말씀을 읽으면서 마음이 와 닿는 말씀 한 구절을 적고 되뇌어 봅시다.

● **적용**   말씀을 묵상하면서 나의 삶에 적용할 것과 실제적으로 행동에 옮길 것을 구체적으로 적어봅시다.

● **감사**   감사하는 성도는 더욱 더 풍성한 삶을 살게됩니다. 오늘 하루를 돌아보며 한 줄로 감사를 적어봅시다.

● **기도**   글로 쓰는 기도는 영원히 보존되는 기도입니다. 한 줄에 마음을 담아 기도를 주님께 올려드립시다.

20 . . . (제 35 주 수요일)　　　　　　　　　　오늘의 말씀 : 겔 44-46장

성전에 영원히 거하시는 하나님

배경　먼저 배경을 읽고 오늘의 성경을 읽읍시다. 읽은 뒤 배경을 한 번 더 읽어도 좋습니다.

하나님은 에스겔의 환상을 통해 하늘 성전이 완전히 회복되어 예배가 온전히 드려질 것을 보여주십니다. 하나님의 영광이 가득한 하나님의 보좌로부터 흘러내리는 그 광채로 하나님의 나라는 밝아지고 하나님의 사람들은 거기서 주님을 예배할 것입니다.

● **묵상**　아래의 질문들을 여유있는 마음으로 두 번 세 번 생각하며 하나님의 마음과 영적인 의미들을 더듬어봅시다.

1. 44:4, 하나님의 영광이 가득한 하늘 성전, 하나님의 영광이 가득했던 때는 모세가 성막을 만들고 난 후와 솔로몬이 성전을 건축한 후 주님께서 임재하셨을 때입니다. 제사장들이 들어갈 수 없었을 정도로 하나님의 영광이 가득했습니다. 하늘 성전에서는 영원히 하나님의 영광이 가득할 것이고 그 영광과 더불어 우리가 살 것입니다.

2. 44:9, 이제 하나님은 성전을 떠나지 않을 것입니다. 그러므로 주님이 계신 성전에 들어가 주님을 뵙고 영원히 그 은혜 속에서 살려면 마음과 몸에 할례를 받아야 합니다. 단순한 몸의 일부의 의식이 아니라 주님을 모시고 거룩한 삶을 살아야 한다는 말입니다. 우리도 할례 곧 세례받은 사람이므로 구별된 삶을 살아야 합니다(롬 12:1-2).

3. 45-46장, 예배의 회복, 하늘 성전은 하나님이 거하시는 곳입니다. 성도들은 하나님을 항상 뵈면서 하나님을 찬양하고 예배할 것입니다. 에스겔에게 이렇게 회복될 예배를 보여줍니다. 이렇게 반드시 드려져야 할 구약의 제사와 절기들을 구체적으로 보여줌으로 천상세계에서 그릴 예배를 미리 보여주고 있습니다. 지금 진실한 예배자여야 합니다.

● **한귀절**　오늘 말씀을 읽으면서 마음이 와 닿는 말씀 한 구절을 적고 되뇌어 봅시다.

● **적용**　말씀을 묵상하면서 나의 삶에 적용할 것과 실제적으로 행동에 옮길 것을 구체적으로 적어봅시다.

● **감사**　감사하는 성도는 더욱 더 풍성한 삶을 살게됩니다. 오늘 하루를 돌아보며 한 줄로 감사를 적어봅시다.

● **기도**　글로 쓰는 기도는 영원히 보존되는 기도입니다. 한 줄에 마음을 담아 기도를 주님께 올려드립시다.

20 　. . .　(제 35 주 목요일)　　　　　　　　　오늘의 말씀 : 겔 47-48장

새 예루살렘과 천국

배경　먼저 배경을 읽고 오늘의 성경을 읽읍시다. 읽은 뒤 배경을 한 번 더 읽어도 좋습니다.

이제 에스겔은 우리가 영원히 살 천국의 모습을 그려주고 있습니다. 하나님의 보좌로부터 흐르는 생수가 닿는 곳마다 회복과 치유, 행복이 넘쳐나게 될 것입니다. 그곳에서 우리는 영원히 주님과 함께 살 것입니다. 계 21-22장과 일치하는 환상과 계시입니다.

● **묵상**　아래의 질문들을 여유있는 마음으로 두 번 세 번 생각하며 하나님의 마음과 영적인 의미들을 더듬어봅시다.

1. 47:1-5절, 성전 곧 하나님의 보좌로부터 생수의 강이 흘러넘칩니다. 예수님이 성전에서 외쳐 "누구든지 목마르거든 내게로 와서 생수를 마셔라 나를 믿는 자는 성경에 이름과 같이 그 배에서 생수의 강이 흘러나오리라"는 말씀이 완성되는 말씀입니다. 이 생수를 발목만 적시지 말고 그 생수에 잠겨 행복에 겨워 헤엄치고 사십시다.

2. 47:6-12, 이 말씀은 계 22:1-2의 "또 그가 수정 같이 맑은 생명수의 강을 내게 보이니 하나님과 및 어린 양의 보좌로부터 나와서 길 가운데로 흐르더라 강 좌우에 생명나무가 있어 열두 가지 열매를 맺되 달마다 그 열매를 맺고 그 나무 잎사귀들은 만국을 치료하기 위하여 있더라"는 말씀과 같습니다. 회복된 천국의 모습입니다.

3. 47:13-48장, 회복되는 땅의 경계선들입니다. 하나님은 타락하고 오염된 지금 우리의 하늘과 땅이 불타 없어지고 새 하늘과 새 땅(계 21:1)을 여실 것을 말씀하셨습니다. 하나님은 믿는 자들을 위한 하나님의 나라를 예비해 놓으셨습니다. 그러므로 여기서 땅을 사재기 하기 보다 하나님 나라에 상급을 쌓아 놓아야 하지 않겠습니까?

● **한귀절**　오늘 말씀을 읽으면서 마음이 와 닿는 말씀 한 구절을 적고 되뇌어 봅시다.

● **적용**　말씀을 묵상하면서 나의 삶에 적용할 것과 실제적으로 행동에 옮길 것을 구체적으로 적어봅시다.

● **감사**　감사하는 성도는 더욱 더 풍성한 삶을 살게됩니다. 오늘 하루를 돌아보며 한 줄로 감사를 적어봅시다.

● **기도**　글로 쓰는 기도는 영원히 보존되는 기도입니다. 한 줄에 마음을 담아 기도를 주님께 올려드립시다.

20 . . .　(제 35 주 금요일)　　　　　　　　　　　　　　오늘의 말씀 : 단 1장

포로로 끌려간 다니엘과 친구

● **배경**　먼저 배경을 읽고 오늘의 성경을 읽읍시다. 읽은 뒤 배경을 한 번 더 읽어도 좋습니다.

유다는 BC586년에 바벨론에 의해 멸망 당하기 20년 전 곧 BC 605년에 바벨론이 예루살렘을 제1차로 공격했을 때 다니엘을 비롯한 귀족들을 포로로 끌고 갑니다. 다니엘은 하나님 손에 붙들려 세상 모든 나라의 하나님이심을 드러내는 삶을 살았습니다.

● **묵상**　아래의 질문들을 여유있는 마음으로 두 번 세 번 생각하며 하나님의 마음과 영적인 의미들을 더듬어봅시다.

1. 1:1-7, 포로로 끌려간 다니엘과 세 친구는 피지배국 사람들을 모집하여 왕의 신하로 쓰려는 정책에 따라 택함을 받게 됩니다. 그런데 그 조건을 보면 "흠이 없고 용모가 아름다우며 모든 지혜를 통찰하며 지식에 통달하며 학문에 익숙하여 왕궁에 설만한 소년"이었습니다. 준비되지 않았다면 결코 들어 쓰임 받지 못했을 겁니다. 나는 준비된 사람입니까?

2. 1:8-16, 다니엘이 뜻을 정했다고 했습니다. 무슨 뜻입니까? 우상에게 드려진 왕의 음식과 포도주로 자기를 더럽히지 않겠다는 것입니다. 그래서 결심하고 환관장에게 구하는데 하나님이 은혜와 긍휼을 얻게 하심으로 채식을 허락받습니다. 하나님은 나의 결단을 보시고 기쁨으로 허락하십니다. 나의 말과 행실이 하나님께 얼만큼 인정받고 있을까요?

3. 1:17-21, 17절의 말씀을 우리의 모든 자녀들에게 베풀어주시면 얼마나 좋겠습니까? 신앙적 결단과 하나님 앞에 바로 설 때 하나님께서 전적으로 공급하시고 인도하십니다. 세친구와 다니엘은 나라가 망했지만 포로의 신분으로 하나님께서 만왕의 왕이심을 드러내게 되는데 결정적으로 쓰임받습니다. 나와 자녀들도 쓰임받기를 소망하십니까?

● **한귀절**　오늘 말씀을 읽으면서 마음이 와 닿는 말씀 한 구절을 적고 되뇌어 봅시다.

● **적용**　말씀을 묵상하면서 나의 삶에 적용할 것과 실제적으로 행동에 옮길 것을 구체적으로 적어봅시다.

● **감사**　감사하는 성도는 더욱 더 풍성한 삶을 살게됩니다. 오늘 하루를 돌아보며 한 줄로 감사를 적어봅시다.

● **기도**　글로 쓰는 기도는 영원히 보존되는 기도입니다. 한 줄에 마음을 담아 기도를 주님께 올려드립시다.

20 . . .   (제 35 주 토요일)   오늘의 말씀 : 단 2-4장

역사의 주인이신 하나님

배경   먼저 배경을 읽고 오늘의 성경을 읽읍시다. 읽은 뒤 배경을 한 번 더 읽어도 좋습니다.

하나님께서 다니엘에게는 특별히 모든 환상과 꿈을 깨달아 아는 은사를 주셨습니다. 이 은사는 느브갓네살이 연이어 꾸는 꿈을 해석해 줌으로써 역사의 주인이 하나님이시며 만국을 다스리는 분도 하나님이심을 명실상부하게 드러내는 사건들을 보여 줍니다.

● **묵상**   아래의 질문들을 여유있는 마음으로 두 번 세 번 생각하며 하나님의 마음과 영적인 의미들을 더듬어봅시다.

1. 2장, 느부갓네살의 큰 신상의 꿈, 바벨론왕이 꿈을 꾸고 그 꿈을 잊습니다. 번뇌하여 지혜자들에게 물으나 무슨 꿈을 꾼지도 모르는데 어찌 그 해석을 하겠습니까? 그래서 다니엘이 친구들과 기도하자 하나님이 그 꿈을 보여주셨는데 바벨론으로부터 시작하여 종말까지 펼쳐질 역사였습니다. 이 사건으로 다니엘이 총리로 쓰임 받습니다.

2. 3장, 교만해진 느브갓네살은 자기를 상징하는 큰 신상을 만들어 놓고 자기가 지배한 모든 국가들의 지도자들을 다 불러 놓고 절하라고 명합니다. 다니엘의 세친구가 멋진 신앙고백을 하며 거절하여 풀무불에 던져지지만 던진 병사는 타 죽었으나 세 친구는 머리카락도 상하지 않아 하나님께 영광을 돌려 드리게 됩니다. 나에게 이런 용기가 있습니까?

3. 4장, 느브갓네살이 큰 나무에 깃들이는 새들과 동물, 사람들이 먹을 것을 얻지만 순식간에 잘리우고 밑둥만 남게 되는 꿈을 꾸는데 이는 저가 교만하여 하나님께 심판을 받아 버려져 7년동안 짐승처럼 살다가 하나님이 회복시켜 주셔서 왕으로 복귀하여 하나님을 찬양하는 사건으로 하나님이 인생의 참 주인이심을 드러내는 사건입니다.

● **한귀절**   오늘 말씀을 읽으면서 마음이 와 닿는 말씀 한 구절을 적고 되뇌어 봅시다.

● **적용**   말씀을 묵상하면서 나의 삶에 적용할 것과 실제적으로 행동에 옮길 것을 구체적으로 적어봅시다.

● **감사**   감사하는 성도는 더욱 더 풍성한 삶을 살게됩니다. 오늘 하루를 돌아보며 한 줄로 감사를 적어봅시다.

● **기도**   글로 쓰는 기도는 영원히 보존되는 기도입니다. 한 줄에 마음을 담아 기도를 주님께 올려드립시다.

20 . . .　(제 36 주 월요일)　　　　　　　　　　　　　오늘의 말씀 : 단 5-6장

다니엘을 통해 영광받으시는 하나님

배경　먼저 배경을 읽고 오늘의 성경을 읽읍시다. 읽은 뒤 배경을 한 번 더 읽어도 좋습니다.

하나님은 하나님을 모독하는 바벨론왕 벨사살을 다니엘을 통해 심판하시며 나라를 바꾸십니다. 점점 더 크게 쓰임 받는 다니엘은 다른 신하들에게 시기와 질투로 모함에 빠지지만 하나님의 붙드심으로 오히려 더 크게 쓰임 받고 하나님께 영광 돌리게 됩니다.

● **묵상**　아래의 질문들을 여유있는 마음으로 두 번 세 번 생각하며 하나님의 마음과 영적인 의미들을 더듬어봅시다.

1. 5장, 느브갓네살의 왕위를 물려받은 벨사살왕은 아버지가 하나님께 교만하여 7년이나 짐승처럼 낮아진 채 살았다가 회복한 것을 잊어버리고 성전의 그릇을 쾌락을 추구하는 술잔으로 사용하다가 하나님의 진노를 사 연회 중 벽의 글씨를 본 바로 그날 죽임을 당하고 나라가 바뀝니다. 깨닫지 못하는 사람은 희망이 없습니다.

2. 6:1-18, 다니엘을 시기하는 신하들로 말미암아 큰 위기를 만납니다. 그러나 다니엘은 자기에게 위기가 닥친다는 것을 알면서도 하루 세 번씩 무릎 꿇고 기도하는 일을 멈추지 않습니다. 오히려 다니엘을 구원하려고 왕이 노심초사합니다. 다니엘과 같은 신앙의 지조, 결심이 있어야 합니다. 나는 세상 어떤 유혹에도 타협하지 않는 신앙이 있습니까?

3. 6:19-28, 결국 사자굴에 던져졌으나 하나님이 천사들을 보내 사자들의 입을 막으셔서 그의 몸이 조금도 상하지 않았습니다. 그의 결단과 믿음이 하나님께 상달된 겁니다. 왕은 이로 인해 다니엘을 참소한 신하들을 사자굴에 넣자 몸이 바닥에 닿기도 전에 해치웁니다. 이로써 다니엘은 살아계신 하나님을 증거합니다.

● **한귀절**　오늘 말씀을 읽으면서 마음이 와 닿는 말씀 한 구절을 적고 되뇌어 봅시다.

● **적용**　말씀을 묵상하면서 나의 삶에 적용할 것과 실제적으로 행동에 옮길 것을 구체적으로 적어봅시다.

● **감사**　감사하는 성도는 더욱 더 풍성한 삶을 살게됩니다. 오늘 하루를 돌아보며 한 줄로 감사를 적어봅시다.

● **기도**　글로 쓰는 기도는 영원히 보존되는 기도입니다. 한 줄에 마음을 담아 기도를 주님께 올려드립시다.

20 . . . (제 36 주 화요일)　　　　　　　　　　　　오늘의 말씀 : 단 7-8장

영원한 하나님의 나라

배경　먼저 배경을 읽고 오늘의 성경을 읽읍시다. 읽은 뒤 배경을 한 번 더 읽어도 좋습니다.

선지자는 하나님께로부터 말씀을 받아 그 시대의 사람들에게 전하는 사람입니다. 그러나 그 시대 사람들만 아니라 인간의 역사를 주관하시고 알파와 오메가가 되시는 하나님의 역사를 파노라마로 보여줍니다. 그러므로 우리의 이야기를 하고 있습니다.

● **묵상**　아래의 질문들을 여유있는 마음으로 두 번 세 번 생각하며 하나님의 마음과 영적인 의미들을 더듬어봅시다.

1. 7:1-8 네 짐승에 관한 환상, 다니엘은 바벨론왕으로부터 역사를 이어 갈 나라들과 왕들에 관한 네 짐승의 환상을 봅니다. 네 짐승이 모양과 특징이 현존하는 짐승들이 아니고 특이하게 다양한 모습을 띠고 있는 것은 그 나라와 정권, 왕들의 활동이 그만큼 다양함을 보여줍니다. 그러나 역사의 주인은 하나님이십니다.

2. 7:9-28 네 번째 무시무시한 짐승, 이 짐승은 말세에 도래할 적그리스도를 가리킵니다. 강철 이와 발은 잔인한 파괴적 성향을 말하고 열 뿔은 열 나라를 의미하며 뿌리가 뽑히고 새로 나는 것은 나라가 바뀌는 것을 의미합니다. 이 적그리스도가 성도들을 핍박하지만, 예수님의 재림으로 심판받고 영원한 나라가 도래할 것입니다.

3. 8장, 숫양과 숫염소의 환상도 동일합니다. 숫양은 두 뿔을 가졌는데 벨사살왕의 바벨론이 메대(메디아)와 파사(페르시아)로 이어지고 다시 숫염소가 나타남은 헬라의 도래를 의미하며 헬라는 네나라로 나뉘고 거기서 나오는 작은 뿔은 미래의 적그리스도가 성도들을 핍박하지만 결국 심판을 받게 됨을 보여준 것입니다.

● **한귀절**　오늘 말씀을 읽으면서 마음이 와 닿는 말씀 한 구절을 적고 되뇌어 봅시다.

● **적용**　말씀을 묵상하면서 나의 삶에 적용할 것과 실제적으로 행동에 옮길 것을 구체적으로 적어봅시다.

● **감사**　감사하는 성도는 더욱 더 풍성한 삶을 살게됩니다. 오늘 하루를 돌아보며 한 줄로 감사를 적어봅시다.

● **기도**　글로 쓰는 기도는 영원히 보존되는 기도입니다. 한 줄에 마음을 담아 기도를 주님께 올려드립시다.

(제 36 주 수요일) 오늘의 말씀 : 단 9-12장

민족의 고통을 끌어안는 다니엘

배경   먼저 배경을 읽고 오늘의 성경을 읽읍시다. 읽은 뒤 배경을 한 번 더 읽어도 좋습니다.

다니엘은 말씀들을 읽으며 이스라엘 백성들이 왜 바벨론에 포로로 끌려와 이 고통을 받고 있는지 그리고 그 징계 기간이 70년이나 된다는 것을 알고 가슴을 때리며 금식하며 기도하고 그런 다니엘에게 하나님은 미래에 될 일들을 보여주시고 우리에게 전합니다.

● **묵상**   아래의 질문들을 여유있는 마음으로 두 번 세 번 생각하며 하나님의 마음과 영적인 의미들을 더듬어봅시다.

1. 9장, 예레미야 선지자를 통해 이스라엘 백성들에게 주어진 징계의 기간이 70년이라는 사실을 발견한 다니엘은 베옷을 입고 금식하며 백성들이 지은 죄를 대신하여 회개할 때 하나님은 가브리엘 천사를 통해 70 이레라는 정한 기간 동안 종말까지 펼쳐질 일들에 대해서도 보여주십니다. 주님의 마음을 품어야 합니다.

2. 10장, 다니엘은 바벨론이 이스라엘을 일차로 공격할 때 포로로 끌려갔으니 BC 605년이 됩니다. 그러므로 지금 고레스왕 3년에 10장의 계시를 받았다면 다니엘은 70년을 송두리째 포로생활을 했고 지금 나이는 80세가 훨씬 넘은 나이입니다. 하나님의 뜻을 깨닫기 위해 겸비할 때 계시의 문이 열렸음을(12절) 생각합시다.

3. 11-12장, 다니엘은 종말에 이뤄질 일들을 보았습니다. 앞으로 펼쳐질 역사와 종말 때 일어날 일들을 보고 그게 무슨 뜻인지 몰라 주님께 물을 때 하나님은 그 말씀을 봉함하라고 하셨고 주님의 재림 때가 되면 그것을 풀게 될 때가 있다고 말씀하십니다. 우리에게 필요한 것은 연단을 받아 정결하게 되는 일입니다(12:10).

● **한귀절**   오늘 말씀을 읽으면서 마음이 와 닿는 말씀 한 구절을 적고 되뇌어 봅시다.

● **적용**   말씀을 묵상하면서 나의 삶에 적용할 것과 실제적으로 행동에 옮길 것을 구체적으로 적어봅시다.

● **감사**   감사하는 성도는 더욱 더 풍성한 삶을 살게됩니다. 오늘 하루를 돌아보며 한 줄로 감사를 적어봅시다.

● **기도**   글로 쓰는 기도는 영원히 보존되는 기도입니다. 한 줄에 마음을 담아 기도를 주님께 올려드립시다.

20 . . . (제 36 주 목요일)　　　　　　　　　　　　　오늘의 말씀 : 호 1-3장

이스라엘의 남편되신 하나님

배경　먼저 배경을 읽고 오늘의 성경을 읽읍시다. 읽은 뒤 배경을 한 번 더 읽어도 좋습니다.

이스라엘 백성들을 아내처럼 여기시고 스스로 이스라엘의 남편이라고 칭하시는 하나님, 그러나 그 아내인 이스라엘은 본 남편 하나님을 버리고 음란한 삶을 삽니다. 그럼에도 그런 이스라엘을 한없이 사랑하시고 품으시는 하나님을 1-3장에서 보여줍니다.

● **묵상**　아래의 질문들을 여유있는 마음으로 두 번 세 번 생각하며 하나님의 마음과 영적인 의미들을 더듬어봅시다.

1. 1장, 하나님은 호세아라는 선지자에게 창녀를 맞이하여 결혼하고 자녀를 낳으라고 말씀하십니다. 말도 안되는 일입니다. 선지자가 어찌 음란한 여인과 결혼하며 아이를 낳습니까? 그렇습니다. 그렇게 말도 안되는 사랑을 하나님이 하고 계신 것입니다. 세 자녀의 이름을 통해 이스라엘을 얼마나 사랑하시는지 보여 줍니다.

2. 2장, 이스라엘은 먹을 것과 입을 것을 주는 사람을 따라다니며 음행을 했으며 본 남편인 하나님을 버립니다. 그러나 하나님은 그런 음란한 이스라엘을 품으시며 내가 네게 장가들어 영원히 살겠다고 말씀하십니다. 우리 역시 세상이 먹을 것과 입을 것, 물질을 주는 줄 알아 세상에 마음을 빼앗기며 살아갑니다. 솔직하게 나 자신에게 물어봅시다.

3. 3장, 호세아 선지자는 자식 셋을 낳고도 도망가 음란한 삶을 사는 고멜을 값을 지불하고 다시 사옵니다. 그러고는 다시는 음행하지 말고 나와 함께 살자, 내가 사랑한다고 말합니다. 눈물겹도록 그 사랑이 지고합니다. 하나님은 선지자를 통하여 하나님이 인생들을 얼마나 사랑하시는지 보여주고 있는 게 느껴집니까?

● **한귀절**　오늘 말씀을 읽으면서 마음이 와 닿는 말씀 한 구절을 적고 되뇌어 봅시다.

● **적용**　말씀을 묵상하면서 나의 삶에 적용할 것과 실제적으로 행동에 옮길 것을 구체적으로 적어봅시다.

● **감사**　감사하는 성도는 더욱 더 풍성한 삶을 살게됩니다. 오늘 하루를 돌아보며 한 줄로 감사를 적어봅시다.

● **기도**　글로 쓰는 기도는 영원히 보존되는 기도입니다. 한 줄에 마음을 담아 기도를 주님께 올려드립시다.

(제 36 주 금요일)　　　　　　　　　　　　오늘의 말씀 : 호 4-6장

지식이 없어서 망하는 이스라엘

● **배경**　먼저 배경을 읽고 오늘의 성경을 읽읍시다. 읽은 뒤 배경을 한 번 더 읽어도 좋습니다.

이스라엘은 하나님이 그들을 얼마나 사랑하시는지 모르고 있습니다. 그래서 이스라엘은 물질의 부요에 취하여 술과 쾌락 그리고 우상숭배에 빠집니다. 그래서 하나님은 이스라엘이 하나님을 아는 지식이 없어서 망한다고 한탄하십니다.

● **묵상**　아래의 질문들을 여유있는 마음으로 두 번 세 번 생각하며 하나님의 마음과 영적인 의미들을 더듬어봅시다.

1. 4장, 하나님은 이제 이스라엘의 죄악을 구체적으로 밝혀주고 있습니다. 물질의 풍요에 빠져 포도주에 취하여 음행에 빠지고 우상숭배를 합니다. 이들은 하나님을 몰라도 너무 모릅니다. 그래서 이스라엘이 지식이 없어 망한다고 한탄하십니다. 그들은 번성할수록 죄를 범합니다. 혹시 내가 일 잘되고 평안하면서 교만하거나 세상에 치우치지는 않았습니까?

2. 5장, 지도자들을 책망합니다. 제사장이나 왕과 귀인들 모두 음란하게 우상을 숭배합니다. 부요와 음란이 마음을 사로잡고 교만하여 무지하게 되었습니다. 물질이 부요해지며 먹거리를 찾고 여행을 즐기며 안락에 빠지면서 하나님에 대한 관심이 적어져 무지에 빠져 죄를 지으면서도 죄인줄 모르게 됩니다. 나의 삶을 진실하게 돌아보고 또 돌아봅시다.

3. 6장, 그래서 호세아 선지자는 호소합니다. "오라, 우리가 여호와께로 돌아가자, 여호와께서 우리를 찢으셨으나 도로 낫게 하실 것이라…… 여호와를 알자, 힘써 여호와를 알자"고 호소합니다. 하나님의 마음과 생각을 모르는데 어찌 하나님의 뜻을 따를 수 있겠습니까? 나는 얼마나 하나님의 뜻과 마음을 알려고 말씀을 묵상하고 있습니까?

● **한귀절**　오늘 말씀을 읽으면서 마음이 와 닿는 말씀 한 구절을 적고 되뇌어 봅시다.

● **적용**　말씀을 묵상하면서 나의 삶에 적용할 것과 실제적으로 행동에 옮길 것을 구체적으로 적어봅시다.

● **감사**　감사하는 성도는 더욱 더 풍성한 삶을 살게됩니다. 오늘 하루를 돌아보며 한 줄로 감사를 적어봅시다.

● **기도**　글로 쓰는 기도는 영원히 보존되는 기도입니다. 한 줄에 마음을 담아 기도를 주님께 올려드립시다.

20 . . .　　(제 36 주 토요일)　　　　　　　　　　　오늘의 말씀 : 호 7-10장

심판을 선언하시는 하나님

● **배경**　먼저 배경을 읽고 오늘의 성경을 읽읍시다. 읽은 뒤 배경을 한 번 더 읽어도 좋습니다.

하나님에 대하여 무지하고 세상의 물질과 부요에 취하여 우상숭배를 일삼는 이스라엘을 향한 경고와 징계의 심판을 선언하고 계십니다. 사람과 주변국을 의지하는 이스라엘이 결코 도움을 받지 못할 것입니다. 그러나 이스라엘은 이 사실을 전혀 느끼지 못합니다.

● **묵상**　아래의 질문들을 여유있는 마음으로 두 번 세 번 생각하며 하나님의 마음과 영적인 의미들을 더듬어봅시다.

1. 7장, 이스라엘은 하나님이 그들의 죄악을 바라보고 기억하고 계심에도 불구하고 의식조차 못하고 있을 뿐 아니라(2) 악과 거짓으로 서로 서로 기쁘게 하고 있습니다. 우리가 세상을 사는 모습 아닐까요? 진실이 결여되고 상대방의 눈치만 살피며 거짓으로 살아가면서 하나님을 의식하고 있지 못하고 있지 않은지요?

2. 8-9장, 하나님을 버리고 말씀을 소홀히 여기며 율법을 범한 이스라엘을 향한 하나님의 심판의 경고가 내려집니다. 호세아 선지자는 이스라엘이 앗수르의 공격을 받아 멸망하기까지 말씀을 계속하여 선포했지만, 이스라엘은 회개할 줄 몰랐고 결국은 멸망을 당합니다. 하나님의 책망과 징계를 받을 때 깨닫고 돌아서야합니다.

3. 10장, 이스라엘이 두 가지 죄를 범했는데 하나는 하나님을 두려워하지 않는 것이고 둘째는 왕에 대한 불신이었습니다. 그 이유는 물질의 부요에 있습니다. 물질이 부요하고 삶이 풍성하면 그 물질에 의존하여 하나님을 잊어버리고 지도자를 소중히 여기지 않습니다. 그렇게 굳어지는 묵은 마음의 땅을 기경해야합니다. 어떻게 기경(갈아 엎어야)해야 할까요?

● **한귀절**　오늘 말씀을 읽으면서 마음이 와 닿는 말씀 한 구절을 적고 되뇌어 봅시다.

● **적용**　말씀을 묵상하면서 나의 삶에 적용할 것과 실제적으로 행동에 옮길 것을 구체적으로 적어봅시다.

● **감사**　감사하는 성도는 더욱 더 풍성한 삶을 살게됩니다. 오늘 하루를 돌아보며 한 줄로 감사를 적어봅시다.

● **기도**　글로 쓰는 기도는 영원히 보존되는 기도입니다. 한 줄에 마음을 담아 기도를 주님께 올려드립시다.

20 . . .　　(제 37 주 월요일)　　　　　　　　　　　오늘의 말씀 : 호 11-14장

자녀들아 돌아오라

> **배경**　먼저 배경을 읽고 오늘의 성경을 읽읍시다. 읽은 뒤 배경을 한 번 더 읽어도 좋습니다.
>
> 하나님은 이스라엘을 아들처럼 여기셨습니다. 그러나 이스라엘이 하나님을 버리고 우상을 숭배합니다. 하나님은 앗수르를 통해 징계를 내리십니다. 그러면서도 하나님은 내가 어찌 너를 놓겠느냐 안타까워하시며 돌아오라고 외치십니다. 징계 후 회복도 약속하십니다.

● **묵상**　아래의 질문들을 여유있는 마음으로 두 번 세 번 생각하며 하나님의 마음과 영적인 의미들을 더듬어봅시다.

1. 11장, 하나님은 이스라엘을 얼마나 사랑하시는지 마치 아들을 구하는 것처럼 그렇게 애굽에서 건지시고 걸음을 가르치고 팔로 안으시며 고쳐주시고 멍에도 끊어주셨지만 이스라엘은 하나님을 버리고 우상을 숭배하여 앗수르에게 맡겨 징계하십니다. 이스라엘은 부를수록 점점 멀리 도망갔다고 말씀하십니다. 혹시 이 말씀이 나 와는 상관이 없나요?

2. 11:8- , 하나님은 이스라엘을 징계하시면서도 못내 아파하십니다. 에브라임이여 내가 어찌 너를 놓겠느냐 버리겠느냐 소돔과 고모라 주변에 있어 같이 심판받아 멸망케 하신 아드마, 스보임 처럼 놓겠느냐? 아니라는 것입니다. 그래서 징계 후 회복도 말씀하십니다(14장).

3. 12-13장, 에브라임은 북 이스라엘을 이끌어가는 영향력있는 지파이기에 북이스라엘을 에브라임으로 부르고 있습니다. 이스라엘이 하나님의 사랑을 받아 부해지고 강력해지자 교만해지고 거짓 상술로 정의와 공의를 저버립니다. 그러나 하나님은 이스라엘을 포기하지 못하시고 나는 네 하나님 여호와라고 나 밖에 다른 신이 없고 구원자가 없다 말씀하십니다.

● **한귀절**　오늘 말씀을 읽으면서 마음이 와 닿는 말씀 한 구절을 적고 되뇌어 봅시다.

● **적용**　말씀을 묵상하면서 나의 삶에 적용할 것과 실제적으로 행동에 옮길 것을 구체적으로 적어봅시다.

● **감사**　감사하는 성도는 더욱 더 풍성한 삶을 살게됩니다. 오늘 하루를 돌아보며 한 줄로 감사를 적어봅시다.

● **기도**　글로 쓰는 기도는 영원히 보존되는 기도입니다. 한 줄에 마음을 담아 기도를 주님께 올려드립시다.

20 . . . (제 37 주 화요일)　　　　　　　　　　　　오늘의 말씀 : 욜 1-3장

크고 두려운 여호와의 날

배경　먼저 배경을 읽고 오늘의 성경을 읽읍시다. 읽은 뒤 배경을 한 번 더 읽어도 좋습니다.

요엘 선지자는 BC 830년 경 비교적 일찍 부름받은 선지자인데 그때에는 이미 메뚜기 대재앙이 닥친 후였습니다. 요엘은 이 재앙은 아무것도 아니며 크고 두려운 여호와의 심판 날이 올 것을 전하면서 종말 때 임할 최종적인 심판의 날도 아울러 선포합니다.

● **묵상**　아래의 질문들을 여유있는 마음으로 두 번 세 번 생각하며 하나님의 마음과 영적인 의미들을 더듬어봅시다.

1. 1장, 요엘선지는 남 유다에게 닥친 메뚜기 재앙을 통해 이보다 크고 두려운 여호와의 날이 임할 것을 경고합니다. 팥중이가 남긴 것을 메뚜기가 먹고 메뚜기가 남긴 것을 느치가 먹고 느치가 먹고 남긴 것을 황충이 먹었다? 아무것도 남지 않는 겁니다. 그러나 이에 비할 수 없는 큰 심판이 임하므로 울며 회개하고 돌아서라고 경고합니다.

2. 2:1-17, 여호와의 날은 두 가지 의미를 담습니다. 하나는 바벨론에 의한 유다의 멸망과 포로로 끌려가는 것이고 다른 하나는 전 인류의 주님의 재림과 심판으로 이어지는 최종적인 심판입니다. 전무후무한 피할 수 없는 심판입니다. 유다는 실제로 멸망했고 포로로 끌려갔는데 주님의 재림과 종말도 반드시 있습니다. 이것을 의식하고 살고 있습니까?

3. 2:28-32, 오순절 다락방에 임할 성령의 임재를 요엘 선지자를 통해 예언한 것입니다. 구약시대에는 참기름 사용하듯 특정한 사람에게만 특별하게 임하던 성령께서 만민에게 부어주실 성령님의 임재를 말씀하고 있습니다. 오순절다락방 이후 지금 우리시대는 성령시대입니다. 성령충만을 사모하는 사람에게 부어집니다. 성령충만을 사모하고 있습니까?

● **한귀절**　오늘 말씀을 읽으면서 마음이 와 닿는 말씀 한 구절을 적고 되뇌어 봅시다.

● **적용**　말씀을 묵상하면서 나의 삶에 적용할 것과 실제적으로 행동에 옮길 것을 구체적으로 적어봅시다.

● **감사**　감사하는 성도는 더욱 더 풍성한 삶을 살게됩니다. 오늘 하루를 돌아보며 한 줄로 감사를 적어봅시다.

● **기도**　글로 쓰는 기도는 영원히 보존되는 기도입니다. 한 줄에 마음을 담아 기도를 주님께 올려드립시다.

20 . . . (제 37 주 수요일)   오늘의 말씀 : 암 1-3장

목자인 아모스를 부르신 하나님

배경 먼저 배경을 읽고 오늘의 성경을 읽읍시다. 읽은 뒤 배경을 한 번 더 읽어도 좋습니다.

아모스는 유대지역 드고아 출신으로 목자였으나 하나님의 부르심으로 북 이스라엘의 수도인 사마리아에 올라가 이스라엘과 주변국의 죄를 고발하고 심판을 선포한 선지자입니다. 물질의 부요에 취해 정의와 공의가 사라진 죄들을 지적합니다.

● **묵상** 아래의 질문들을 여유있는 마음으로 두 번 세 번 생각하며 하나님의 마음과 영적인 의미들을 더듬어봅시다.

1. 1장, 아모스는 이스라엘의 주변국인 앗수르(다메섹), 블레셋(가사), 두로, 암몬의 대한 죄들을 고발하고 있는데 이들은 하나같이 인정사정없는 학정과 무자비한 행동을 했습니다. 사랑의 하나님이 사랑을 잃고 탐욕과 무자비함으로 타민족을 짓밟는 나라들을 심판하십니다. 우리는 인자와 자비, 사랑을 실천하는 삶에 얼마나 관심을 가지고 살고 있습니까?

2. 2장, 모압, 유다, 이스라엘, 아모리에 대한 죄악을 고발합니다. 이방나라들은 자비와 사랑을 잃고 무자비한 폭정을 심판합니다. 유다는 하나님을 알면서도 그 말씀을 지키지 않음을 심판하며 특히 이스라엘은 하나님을 알면서도 이방나라와 같은 죄를 범하고 있습니다. 믿는 사람이 불신자와 다를바 없다면 어떻겠습니까?

3. 3장, 이제 이스라엘의 수도인 사마리아에 대하여 본격적으로 죄를 고발하고 심판을 선언합니다. 정치의 본거지인 사마리아는 포학과 겁탈, 학대가 넘치고 벧엘은 우상숭배가 넘치고 있습니다. 그래서 아모스가 이 예언을 하고 10여년 뒤에 이스라엘이 앗수르에 멸망을 당합니다. 하나님은 오늘도 살아계심을 알아야합니다.

● **한귀절** 오늘 말씀을 읽으면서 마음이 와 닿는 말씀 한 구절을 적고 되뇌어 봅시다.

● **적용** 말씀을 묵상하면서 나의 삶에 적용할 것과 실제적으로 행동에 옮길 것을 구체적으로 적어봅시다.

● **감사** 감사하는 성도는 더욱 더 풍성한 삶을 살게됩니다. 오늘 하루를 돌아보며 한 줄로 감사를 적어봅시다.

● **기도** 글로 쓰는 기도는 영원히 보존되는 기도입니다. 한 줄에 마음을 담아 기도를 주님께 올려드립시다.

20 . . .　(제 37 주 목요일)　　　　　　　　　　　　　　　　　　오늘의 말씀 : 암 4-6장

정의와 공의를 잃어버린 세상

> **배경**　먼저 배경을 읽고 오늘의 성경을 읽읍시다. 읽은 뒤 배경을 한 번 더 읽어도 좋습니다.
>
> 아모스서의 주제는 정의와 공의입니다. 정의와 공의를 잃어버리고 형식적인 예배와 제물을 드리고 있는 이스라엘을 고발하고 있는데 이는 곧 우리들에게 주시는 말씀입니다. 이스라엘이 부에 취해 망각하고 형식적인 예배를 드리는데 우리의 예배를 돌아봐야 합니다.

● **묵상**　아래의 질문들을 여유있는 마음으로 두 번 세 번 생각하며 하나님의 마음과 영적인 의미들을 더듬어봅시다.

1. 4장, 사마리아는 이스라엘의 수도이고 바산의 암소들은 지도자들을 가리킵니다. 힘없는 사람들을 학대하고 가난한 자들을 압제하고 술 즉 부에 취해 부귀영화를 추구하고 있는 모습을 고발합니다. 그럼에도 불구하고 많은 제물을 드려 풍성한 예배를 드리고 있다고 생각하지만, 하나님은 받지 않으시겠다고 말씀하십니다. 혹시 나의 삶이 이런 것은 아닙니까?

2. 5장, 하나님은 이렇게 정의와 공의를 잃어버리고 우상숭배에 빠지며 향락에 젖어 있는 이스라엘을 사랑하셔서 하나님을 찾으라고 말씀하십니다. 길갈, 브엘세바, 벧엘은 산당이 있는 곳으로 우상숭배가 행해지는 도시들입니다. 우상들이 복을 주지 못하는데 살아계신 하나님, 전능하셔서 복 주시는 하나님을 찾으라 호소합니다.

3. 6장, 이스라엘의 멸망, 지금 이스라엘은 어느 때보다 물질적인 부요를 맛보고 있는 시대입니다. 이들은 정의와 공의를 잃어버리고 착취와 학대를 일삼으며 부를 축적하고 향락에 빠져 취해있으면서 우상을 숭배하니 어찌 멸망하지 않겠습니까? 앗수르에 의해 멸망당할 것을 예언하고 있습니다. 나의 삶을 돌아봅시다.

● **한귀절**　오늘 말씀을 읽으면서 마음이 와 닿는 말씀 한 구절을 적고 되뇌어 봅시다.

● **적용**　말씀을 묵상하면서 나의 삶에 적용할 것과 실제적으로 행동에 옮길 것을 구체적으로 적어봅시다.

● **감사**　감사하는 성도는 더욱 더 풍성한 삶을 살게됩니다. 오늘 하루를 돌아보며 한 줄로 감사를 적어봅시다.

● **기도**　글로 쓰는 기도는 영원히 보존되는 기도입니다. 한 줄에 마음을 담아 기도를 주님께 올려드립시다.

20 . . .   (제 37 주 금요일)   오늘의 말씀 : 암 7-9장

다섯가지 환상과 하나님의 심판

배경 먼저 배경을 읽고 오늘의 성경을 읽읍시다. 읽은 뒤 배경을 한 번 더 읽어도 좋습니다.

아모스는 또한 다섯 개의 환상을 보게 되는데 메뚜기, 불, 다림줄, 여름실과, 성전파괴의 환상입니다. 이들은 모두 다 불순종하고 회개치 않는 이스라엘과 유다를 향한 심판의 메시지입니다. 하나님은 미리 보여주며 돌아서기를 촉구하고 계십니다.

● **묵상** 아래의 질문들을 여유있는 마음으로 두 번 세 번 생각하며 하나님의 마음과 영적인 의미들을 더듬어봅시다.

1. 7:1-10, 하나님은 아모스를 통하여 메뚜기가 다 먹어치우고 불이 삼키는 심판의 환상을 보여주셨는데 아모스가 중보기도하자 하나님은 거두십니다. 그러나 회개치 않자 하나님은 다림줄 환상을 보여주시는데 다림줄이란 수직을 재는 줄자로서 이스라엘이 얼마나 하나님으로부터 벗어났는지 보여주며 심판을 선포하십니다.

2. 8장, 여름과실 환상, 이제 하나님은 이스라엘을 향하신 심판이 임박했으며 용서치 않을 것이라고 말씀하십니다. 그래서 하나님이 이스라엘을 떠나실 것을 말씀하십니다. 그러면 어떻게 될까요? 하나님의 임재 곧 하나님의 말씀이 임하지 않아 은혜와 긍휼이 중지되고 갈증으로 쓰러진다고 말씀하십니다. 은혜로운 말씀이 선포되는 자체가 은혜 아닙니까?

3. 9:11-15, 이스라엘의 회복, 하나님이 징계와 심판을 내리시는 것은 아주 없애버리려는 것이 아니라 매를 통해서 돌아오게 하시려는 하나님의 사랑의 막대기입니다. 그래서 하나님은 이스라엘이 지금은 심판을 피할 수 없지만, 그러나 하나님께서 그들을 회복시키실 것을 말씀하십니다. 매를 맞기 전에 돌아서야 하지 않겠습니까? 이것이 지혜이고 복입니다.

● **한귀절** 오늘 말씀을 읽으면서 마음이 와 닿는 말씀 한 구절을 적고 되뇌어 봅시다.

● **적용** 말씀을 묵상하면서 나의 삶에 적용할 것과 실제적으로 행동에 옮길 것을 구체적으로 적어봅시다.

● **감사** 감사하는 성도는 더욱 더 풍성한 삶을 살게됩니다. 오늘 하루를 돌아보며 한 줄로 감사를 적어봅시다.

● **기도** 글로 쓰는 기도는 영원히 보존되는 기도입니다. 한 줄에 마음을 담아 기도를 주님께 올려드립시다.

20 . . . (제 37 주 토요일)   오늘의 말씀 : 오바댜서

에서의 후손 에돔 족속들에 대한 심판

● **배경**   먼저 배경을 읽고 오늘의 성경을 읽읍시다. 읽은 뒤 배경을 한 번 더 읽어도 좋습니다.

오바댜서는 오바댜가 에서의 후손인 에돔 족속을 향해 하나님의 말씀을 선포한 것입니다. 이스라엘은 야곱의 후손이고 에돔은 에서의 후손이므로 형제사이인데 바벨론을 도와 이스라엘을 멸망시키는데 앞장섭니다. 이것을 하나님께서 진노하시고 심판하십니다.

● **묵상**   아래의 질문들을 여유있는 마음으로 두 번 세 번 생각하며 하나님의 마음과 영적인 의미들을 더듬어봅시다.

1. 1-9절, 에돔의 교만, 바위틈에 거주하며 높은 곳에 사는 자(3절)라는 뜻은 해발 1500m가 넘는 높은 바위지형에 안전하게 기거하면서 교만하고 거만 방자한 삶을 살았습니다. 그러므로 하나님은 그들의 교만을 꺾고 멸시받게 하신다고 말씀하십니다. 내가 아무리 좋은 환경과 능력이 있어도 겸손해야 합니다. 혹시 내가 나도 모르게 교만한 것은 아닙니까?

2. 10-16절, 오바댜는 이스라엘의 멸망을 도운 에돔족속을 향한 심판을 선포합니다. 에돔은 바벨론이 에서의 형제인 야곱의 후손 유다를 멸망시킬 때 바벨론을 도와 멸망케 함으로써 형제임에도 불구하고 오히려 하나님의 백성을 공격한 것에 대해 하나님은 크게 진노하십니다. 하나님은 인격자이시고 보복하시는 분입니다. 혹시 내가 그런 것은 아닙니까?

3. 17-21. 하나님은 이스라엘을 공격한 나라들을 치십니다. 그러나 이스라엘은 다시 회복시키십니다. 여기서 에서는 다시 한번 몰락하게 되고 야곱은 회복시키겠다고 말씀하십니다. 하나님은 당신의 백성을 결코 잊지 않으십니다. 하나님의 사랑은 결코 변함이 없으십니다. 하나님은 한 번 선택한 사람은 결코 버리지 않으심을 알고 있습니까?

● **한귀절**   오늘 말씀을 읽으면서 마음이 와 닿는 말씀 한 구절을 적고 되뇌어 봅시다.

● **적용**   말씀을 묵상하면서 나의 삶에 적용할 것과 실제적으로 행동에 옮길 것을 구체적으로 적어봅시다.

● **감사**   감사하는 성도는 더욱 더 풍성한 삶을 살게됩니다. 오늘 하루를 돌아보며 한 줄로 감사를 적어봅시다.

● **기도**   글로 쓰는 기도는 영원히 보존되는 기도입니다. 한 줄에 마음을 담아 기도를 주님께 올려드립시다.

(제 38 주 월요일)   오늘의 말씀 : 욘 1-4장

원수 나라에 보냄 받은 선지자 요나

배경   먼저 배경을 읽고 오늘의 성경을 읽읍시다. 읽은 뒤 배경을 한 번 더 읽어도 좋습니다.

유다사람인 요나 선지자가 보내심을 받은 곳은 앗수르의 수도 니느웨입니다. 앗수르는 이스라엘을 계속하여 괴롭히다가 멸망시킨 나라입니다. 그럼에도 불구하고 하나님은 이방나라인 니느웨도 회개하고 구원받기를 원하고 계신다는 것을 요나서에서 보여줍니다.

● **묵상**   아래의 질문들을 여유있는 마음으로 두 번 세 번 생각하며 하나님의 마음과 영적인 의미들을 더듬어봅시다.

1. 1-2장, 요나는 니느웨성으로 가기를 싫어합니다. 마치 우리나라와 일본과의 관계와 같기 때문입니다. 그래서 요나는 앗수르의 수도 니느웨에 가서 그들이 구원받고 하나님의 사랑받으라고 하기 싫었던 겁니다. 그래서 도망가지만 제비 뽑혀 바다 속에 던져져 큰 물고기에 의해 삼켜집니다. 그러나 사랑의 하나님이 그를 구원하십니다.

2. 3장, 구원받은 요나는 다시 보냄 받아 니느웨에 가서 사흘 동안 걸어야 할 만큼 큰 성인데 요나는 겨우 하루를 돌며 40일 후에 멸망할 것을 선포합니다. 그러자 회개하라고 하지 않았음에도 불구하고 니느웨 사람들은 왕부터 백성들까지 베옷을 입고 금식하며 회개합니다. 그러니 어찌 하나님이 그 회개를 받지 않겠습니까?

3. 4장, 그러나 요나는 하나님의 마음을 품지 않고 자기 나라를 괴롭힌 니느웨가 멸망받기를 바라고 있습니다. 언덕에 올라 멸망하기를 기다리지만, 하나님은 회개한 그들에게 재앙을 내리지 않습니다. 하나님은 그런 요나를 깨우치기 위해 박넝쿨을 보내십니다. 11절 말씀은 하나님이 세상을 얼마나 사랑하시는지 보여줍니다.

● **한귀절**   오늘 말씀을 읽으면서 마음이 와 닿는 말씀 한 구절을 적고 되뇌어 봅시다.

● **적용**   말씀을 묵상하면서 나의 삶에 적용할 것과 실제적으로 행동에 옮길 것을 구체적으로 적어봅시다.

● **감사**   감사하는 성도는 더욱 더 풍성한 삶을 살게됩니다. 오늘 하루를 돌아보며 한 줄로 감사를 적어봅시다.

● **기도**   글로 쓰는 기도는 영원히 보존되는 기도입니다. 한 줄에 마음을 담아 기도를 주님께 올려드립시다.

이스라엘의 심판과 메시야의 도래

배경 먼저 배경을 읽고 오늘의 성경을 읽읍시다. 읽은 뒤 배경을 한 번 더 읽어도 좋습니다.

BC 700년경 불의와 타락이 생활화되어 돌이킬 희망조차 잃어버릴 만큼 죄에 빠진 이스라엘과 유다의 죄를 깨우칩니다. 또한 심판을 선포하면서 메시야가 도래하여 이스라엘을 회복하고 나아가 종말에 세상 모든 나라들을 심판하시며 믿는 자들을 구원하심을 선포합니다.

● **묵상** 아래의 질문들을 여유있는 마음으로 두 번 세 번 생각하며 하나님의 마음과 영적인 의미들을 더듬어봅시다.

1. 1장, 미가라는 선지자는 남방 유다의 선지자로서 요담, 아하스, 히스기야 3명의 왕을 섬기며 하나님께로부터 받은 말씀을 전합니다. 미가는 북방 이스라엘이나 남방 유다나 모두 타락했다고 토로하면서 재앙이 임할 것을 선포합니다. 하나님은 반드시 징계와 심판을 내리시기 전에 많은 선지자들로 하여금 깨닫게 해 주십니다.

2. 2장, 유다의 지도자들인 귀족층, 지배층의 사람들의 강탈과 부정부패를 지적합니다. 그리고 이런 죄악 중에 있는 유다를 향하여 하나님께서 재앙을 계획하고 계십니다. 누구도 이 징계에서 벗어나지 못하며 결코 교만하게 다닐 수 없을 것이라고 경고합니다. 인생들과 역사의 주인이신 하나님을 그 누구도 막지 못한다는 사실을 알고 있습니까?

3. 3장, 지배층의 사람들 뿐 아니라 선지자, 제사장 역시 타락했음을 고발합니다. 선지자들은 챙길게 있으면 평강을 외치지만 자기 입에 들어올게 없으면 전쟁을 선포한다고 그들의 죄를 지적합니다. 하나님은 이런 죄를 반드시 심판하실 것을 선포합니다. 우리시대에도 말씀을 선포하는 목회자들이 기울어지지 않도록 기도하여야 합니다.

● **한귀절** 오늘 말씀을 읽으면서 마음이 와 닿는 말씀 한 구절을 적고 되뇌어 봅시다.

● **적용** 말씀을 묵상하면서 나의 삶에 적용할 것과 실제적으로 행동에 옮길 것을 구체적으로 적어봅시다.

● **감사** 감사하는 성도는 더욱 더 풍성한 삶을 살게됩니다. 오늘 하루를 돌아보며 한 줄로 감사를 적어봅시다.

● **기도** 글로 쓰는 기도는 영원히 보존되는 기도입니다. 한 줄에 마음을 담아 기도를 주님께 올려드립시다.

20 . . . (제 38 주 수요일)　　　　　　　　　　　오늘의 말씀 : 미 4-7장

완전한 하나님의 나라를 완성하심

배경　먼저 배경을 읽고 오늘의 성경을 읽읍시다. 읽은 뒤 배경을 한 번 더 읽어도 좋습니다.

이제 미가선지자는 종말에 세상 모든 나라를 심판하시고 완전한 하나님의 나라를 최종적으로 세우실 것을 말씀하고 있습니다. 하나님은 우주 만물을 지으시고 역사를 시작하시며 마감하시고 또한 심판하시고 회복하시는 하나님이심을 읽어야 할 것입니다.

● **묵상**　아래의 질문들을 여유있는 마음으로 두 번 세 번 생각하며 하나님의 마음과 영적인 의미들을 더듬어봅시다.

1. 4-5장, 완전한 하나님의 나라를 건설하심, 하나님은 역사를 시작하셨지만, 또한 마감하실 것입니다. 모든 나라들이 지금은 제 마음대로 살아가지만, 종말에 심판을 받을 것입니다. 그리고 새 예루살렘 성을 지으시고 주님을 믿고 따르는 모든 백성들을 회복시키시고 영원한 평화를 허락하십니다. 지금은 세상이 엉망으로 돌아가지만 이 날을 소망하십시다.

2. 6:6-8, 하나님께서 진정 바라시는 것이 무엇일까요? 어떤 예배를 기뻐 받으실까요? 많은 헌금, 절대적인 충성, 극한 열심일까요? 하나님께서 미가 선지를 통해 보여주시는 것은 "정의를 행하고, 인자를 사랑하고, 하나님과 함께 행하는" 것입니다. (To act justly and to love mercy and to walk humbly with your God.)

3. 7:1-6, 이스라엘이 얼마나 부패했는지 그 모습을 보여줍니다. 정의가 땅에 떨어지고 모두가 탐욕에 사로잡혔으며 누구도 믿지 못할 만큼 엉망진창이 되었습니다. 백성과 지도자들 모두 타락했다고 지적합니다. 6:6-8의 말씀과 정 반대 됩니다. 우리는 어떻게 살아야 할까요? 아무리 시대가 악하다고 하지만 믿는 나도 그렇게 살아서야 되겠습니까?

● **한귀절**　오늘 말씀을 읽으면서 마음이 와 닿는 말씀 한 구절을 적고 되뇌어 봅시다.

● **적용**　말씀을 묵상하면서 나의 삶에 적용할 것과 실제적으로 행동에 옮길 것을 구체적으로 적어봅시다.

● **감사**　감사하는 성도는 더욱 더 풍성한 삶을 살게됩니다. 오늘 하루를 돌아보며 한 줄로 감사를 적어봅시다.

● **기도**　글로 쓰는 기도는 영원히 보존되는 기도입니다. 한 줄에 마음을 담아 기도를 주님께 올려드립시다.

20 . . .　(제 38 주 목요일)　　　　　　　　　　　　　오늘의 말씀 : 나 1-3장

앗수르의 멸망을 선포하는 나훔

배경 먼저 배경을 읽고 오늘의 성경을 읽읍시다. 읽은 뒤 배경을 한 번 더 읽어도 좋습니다.

나훔 선지자는 유다의 엘고스 출신으로서 BC 633-612년경에 활동하며 북이스라엘을 멸망시킨 앗수르와 수도 니느웨를 향해 심판과 멸망을 선포합니다. 잔인과 포악, 교만이 넘친 앗수르를 심판했고 실제로 어마어마했던 앗수르는 BC 612년에 멸망합니다.

● **묵상** 아래의 질문들을 여유있는 마음으로 두 번 세 번 생각하며 하나님의 마음과 영적인 의미들을 더듬어봅시다.

1. 1:2-8, 하나님의 주권과 권능을 노래합니다. 하나님의 길은 회오리바람과 광풍에 있고 구름은 발의 티끌과 같으니 누가 능히 하나님의 주권 앞에 서겠습니까? 하나님으로 말미암아 산들이 진동하고 녹게 될 것인데 앗수르라고 견디겠습니까? 세계, 특히 이스라엘을 멸망시킨 앗수르를 심판하고 계십니다. 예외가 없습니다. 하나님은 역사의 주인이십니다.

2. 1:9-15, 니느웨는 멸망하고 유다는 구원받을 것을 대조적으로 선포합니다. 절정기에 올라있는 앗수르가 다시는 일어나지 못하도록 완전히 멸망할 것이며 앗수르에게 괴롭힘을 당하던 남유다에게는 아름다운 소식이 되며 화평이 찾아 올 것이라고 예언합니다. 하나님의 사랑은 일방적이지 않습니까? 하나님이 나를 이렇게 사랑하신 다는 것을 느끼십니까?

3. 2-3장, 앗수르는 잔인하고, 포악하기로 악명을 떨쳤으며 교만하기까지 했습니다. 이런 강한 앗수르를 신흥 강국인 바벨론의 병사들을 통해 전광석화같이 멸망시킵니다. 하나님께서 멸하시기를 작정하셨기 때문에 앗수르가 아무리 강해도 막아내지 못한 것입니다. 하나님이 작정하시면 반드시 실행하십니다. 여기서 나는 무엇을 깨닫습니까?

● **한귀절** 오늘 말씀을 읽으면서 마음이 와 닿는 말씀 한 구절을 적고 되뇌어 봅시다.

● **적용** 말씀을 묵상하면서 나의 삶에 적용할 것과 실제적으로 행동에 옮길 것을 구체적으로 적어봅시다.

● **감사** 감사하는 성도는 더욱 더 풍성한 삶을 살게됩니다. 오늘 하루를 돌아보며 한 줄로 감사를 적어봅시다.

● **기도** 글로 쓰는 기도는 영원히 보존되는 기도입니다. 한 줄에 마음을 담아 기도를 주님께 올려드립시다.

20 . . .　　(제 38 주 금요일)　　　　　　　　　　　　오늘의 말씀 : 합 1-3장

하박국선지자의 질문과 응답

배경　먼저 배경을 읽고 오늘의 성경을 읽읍시다. 읽은 뒤 배경을 한 번 더 읽어도 좋습니다.

남방 유다가 멸망한 것은 BC 586년인데 하박국 선지자는 BC 610년경에 기록한 점으로 보아 율법이 해이하고 공의가 땅에 떨어지며 타락했을 때, 하나님께서 하박국 선지자를 통해 심판을 선포하십니다. 하박국이 질문하고 응답받고 찬양하며 기록한 선지서입니다.

● **묵상**　아래의 질문들을 여유있는 마음으로 두 번 세 번 생각하며 하나님의 마음과 영적인 의미들을 더듬어봅시다.

1. 1:1-11, 타락한 시대에 침묵하시는 하나님께 질문하는 하박국, 하박국 선지자는 패역, 겁탈, 강포가 눈앞에서 펼쳐지고 율법이 해이하고 정의가 땅에 떨어졌는데 왜 하나님은 침묵을 지키시냐고 울부짖습니다. 그러나 하나님은 반드시 심판이 있음을 분명하게 말씀하고 있습니다. 패역한 시대는 의인이 괴롭습니다.

2. 1:12-2:20, 하박국선지자는 두 번째로 어찌 바벨론과 같은 악인들이 하나님의 백성들을 삼키는 데도 보고만 계시는가? 탄원합니다. 이에 하나님은 비록 바벨론을 잠시 심판의 도구로 사용하여 이스라엘을 멸망시키더라도 하나님을 신뢰하고 흔들리지 않는 믿음을 가지고 정진할 것임을 말씀하십니다. 지금 같은 시대에도 의인은 믿음으로 삽니다.

3. 3장, 그럼에도 불구하고, 하박국선지자는 유다의 멸망에 대한 소식을 듣고 창자가 흔들리고 뼈가 썩는 고통을 당하지만 하나님을 찬양하고 있습니다. 어떻게 그런 상황에서 찬양할 수 있을까요? 그 찬양의 근거는 하나님입니다. 하나님 그 자체로 인하여 즐거워하고 구원해 주실 하나님으로 인하여 기뻐합니다. 나는 이런 믿음을 가지고 있습니까?

● **한귀절**　오늘 말씀을 읽으면서 마음이 와 닿는 말씀 한 구절을 적고 되뇌어 봅시다.

● **적용**　말씀을 묵상하면서 나의 삶에 적용할 것과 실제적으로 행동에 옮길 것을 구체적으로 적어봅시다.

● **감사**　감사하는 성도는 더욱 더 풍성한 삶을 살게됩니다. 오늘 하루를 돌아보며 한 줄로 감사를 적어봅시다.

● **기도**　글로 쓰는 기도는 영원히 보존되는 기도입니다. 한 줄에 마음을 담아 기도를 주님께 올려드립시다.

20 . . .　　(제 38 주 토요일)　　　　　　　　　　　　　　　오늘의 말씀 : 습 1-3장

스바냐 선지자의 예언

배경　먼저 배경을 읽고 오늘의 성경을 읽읍시다. 읽은 뒤 배경을 한 번 더 읽어도 좋습니다.

스바냐는 히스기야왕의 4대손으로 왕족이었으며 요시야 왕과는 7촌간입니다. 요시야가 종교개혁을 단행하기 전에 스바냐를 통해 타락한 유다의 멸망을 선포했고 요시야는 이에 영향을 받아 종교개혁을 단행한 것으로 보입니다. 하나님의 심판과 구원을 예언합니다.

● **묵상**　아래의 질문들을 여유있는 마음으로 두 번 세 번 생각하며 하나님의 마음과 영적인 의미들을 더듬어봅시다.

1. 1장, 여호와의 날이란 하나님이 바벨론을 통하여 유다를 완전히 멸망시키는 날을 의미합니다. 스바냐가 BC 630년경 예언한 것으로 보아 멸망하기 50년 전쯤 멸망의 날을 선포하고 있습니다. 하나님께서 정하시고 심판하시는 날에 구원받을 사람이 없습니다. 심판 전에 회개하고 돌아서야 합니다.

2. 2장, 4-15절 에서 이스라엘 주변의 이방나라들 곧 블레셋, 모압과 암몬, 구스(이디오피아)가 심판받을 것을 말씀하는데 1-3절 에서 뼈있는 말씀을 주십니다. 겸손한 사람들에게 하나님을 찾고 공의와 겸손을 구하라고 권고합니다. 왜냐하면 하나님의 분노의 날에 혹시 구원받을지 모르기 때문입니다. 겸손히 겸손히 자기를 부인하고 하나님을 찾읍시다.

3. 3:7절 에서 하나님은 형벌을 내리려고 이미 결정하셨지만 그럼에도 하나님을 경외하고 교훈을 받는다면 멸망당하지는 않을 것을 말씀하십니다. 그러나 그들은 권고를 무시합니다. 그래서 매를 때리시지만 하나님은 아주 멸하지 아니하시고 회복시켜 주실 것을 말씀하며 희망을 주고 계십니다. 하나님은 사랑입니다.

● **한귀절**　오늘 말씀을 읽으면서 마음이 와 닿는 말씀 한 구절을 적고 되뇌어 봅시다.

● **적용**　말씀을 묵상하면서 나의 삶에 적용할 것과 실제적으로 행동에 옮길 것을 구체적으로 적어봅시다.

● **감사**　감사하는 성도는 더욱 더 풍성한 삶을 살게됩니다. 오늘 하루를 돌아보며 한 줄로 감사를 적어봅시다.

● **기도**　글로 쓰는 기도는 영원히 보존되는 기도입니다. 한 줄에 마음을 담아 기도를 주님께 올려드립시다.

20 . . .　(제 39 주 월요일)　　　　　　　　　　　　　　오늘의 말씀 : 학 1-2장

학개 선지자의 권고

배경　먼저 배경을 읽고 오늘의 성경을 읽읍시다. 읽은 뒤 배경을 한 번 더 읽어도 좋습니다.

학개 선지자는 BC 520년에 이스라엘 백성들이 포로로부터 귀환하여 성전을 재건하다가 주변의 방해로 중지된 후 16년이 흐른 시점에서 중단된 성전재건을 촉구합니다. 그리고 이스라엘 백성들은 힘을 얻어 성전건축을 재개하고 감격적인 완공을 합니다.

● **묵상**　아래의 질문들을 여유있는 마음으로 두 번 세 번 생각하며 하나님의 마음과 영적인 의미들을 더듬어봅시다.

1. 1장, 학개 선지자는 지금 성전 재건을 포기하고 각자 자기 집을 짓고 자기 일에 바쁘게 살고 있는 이스라엘 백성들에게 너희들이 아무리 일하고 저축하지만 황폐하게 된 것은 자기 일에는 바쁘면서 즉각적으로 반응합니다. 나는 말씀을 받을 때 마다 즉각 반응합니까?

2. 2:1-9, 학개 선지자의 촉구에 힘을 입어 성전재건이 시작하자 하나님이 기뻐서 응답하십니다. 지금 재건하는 성전으로 인한 영광이 이전 영광보다 클 것이라고, 그리고 나의 영 성령이 너희 가운데 머물러 있으니 힘을 내라고 말씀하십니다. 은도 내 것이고 금도 내 것이라고 말씀하십니다. 주님은 순종하는 그들이 그렇게 기쁘실까요? 할렐루야!

3. 2:10-23, 성전 재건을 중단하고 자기 일에 바빴던 이스라엘 백성들은 하는 일마다 열매가 없었습니다. 그러나 이제 학개 선지자의 권고에 반응하고 재건을 하고 있는 그들에게 "오늘부터는 내가 너희에게 복을 주리라" 말씀하십니다. 하나님 말씀에 반응하고 주님 뜻대로 살면 하나님께서 우리에게 필요한 모든 것을 공급하십니다. 체험하고 있습니까?

● **한귀절**　오늘 말씀을 읽으면서 마음이 와 닿는 말씀 한 구절을 적고 되뇌어 봅시다.

● **적용**　말씀을 묵상하면서 나의 삶에 적용할 것과 실제적으로 행동에 옮길 것을 구체적으로 적어봅시다.

● **감사**　감사하는 성도는 더욱 더 풍성한 삶을 살게됩니다. 오늘 하루를 돌아보며 한 줄로 감사를 적어봅시다.

● **기도**　글로 쓰는 기도는 영원히 보존되는 기도입니다. 한 줄에 마음을 담아 기도를 주님께 올려드립시다.

20 . . . (제 39 주 화요일) 　　　　　　　　　　　　오늘의 말씀 : 슥 1-6장

성전재건을 격려하는 스가랴

배경　먼저 배경을 읽고 오늘의 성경을 읽읍시다. 읽은 뒤 배경을 한 번 더 읽어도 좋습니다.

바벨론 포로에서 돌아온 후 학개 선지자가 성전재건을 촉구하던 동시대에 스가랴가 이어서 성전재건을 격려합니다. BC 529년 경으로 스가랴는 여덟 개의 환상을 봅니다. 이 일로 이스라엘은 큰 힘을 얻게 되고 성전재건이 활기차게 이루어집니다.

● **묵상**　아래의 질문들을 여유있는 마음으로 두 번 세 번 생각하며 하나님의 마음과 영적인 의미들을 더듬어봅시다.

1. 1-2장에는 세 가지의 환상이 나옵니다. 붉은 말을 타고 화석류 사이에 선 하나님의 사자와 세 말, 네 뿔과 네 대장장이, 측량줄을 잡은 소년의 환상인데 공통점은 처참하게 무너진 예루살렘과 이스라엘의 모습을 가리키지만, 그 이스라엘이 회복되고 성전이 다시 세워질 것을 보여주는 희망의 메시지들입니다.

2. 3장, 불에서 꺼낸 그슬린 나무 역시 이스라엘입니다. 다행히도 완전히 재가 되지는 않았습니다. 더러운 옷을 입은 여호수아 역시 이스라엘의 현재의 모습입니다. 사탄은 참소하지만, 하나님은 사단을 책망하시고 이스라엘을 정결하게 하시고 다시 회복시켜 주시고 계십니다. 하나님은 우리가 회복하기 원하십니다. 할렐루야! 이보다 더 좋은 소식이 있을까요?

3. 4-6장, 계속해서 순금등대와 두 감람나무, 날아가는 두루마리, 에바 안에 앉은 여인, 두 구리 산 사이에서 나온 네 병거의 환상들이 이어집니다. 어렵지만 모두 이스라엘의 성전이 회복되고 미래에 교회들이 예수님을 통해 세워질 것을 보여주며 그러나 계속 범죄하면 심판을 받게 됨을 경고하는 계시들입니다.

● **한귀절**　오늘 말씀을 읽으면서 마음이 와 닿는 말씀 한 구절을 적고 되뇌어 봅시다.

● **적용**　말씀을 묵상하면서 나의 삶에 적용할 것과 실제적으로 행동에 옮길 것을 구체적으로 적어봅시다.

● **감사**　감사하는 성도는 더욱 더 풍성한 삶을 살게됩니다. 오늘 하루를 돌아보며 한 줄로 감사를 적어봅시다.

● **기도**　글로 쓰는 기도는 영원히 보존되는 기도입니다. 한 줄에 마음을 담아 기도를 주님께 올려드립시다.

(제 39 주 수요일)　　　　　　　　　　　　　　　오늘의 말씀 : 슥 7-8장

예루살렘의 회복

배경　먼저 배경을 읽고 오늘의 성경을 읽읍시다. 읽은 뒤 배경을 한 번 더 읽어도 좋습니다.

다리오왕 제 사년이면 BC 518년경인데 학개 선지자를 통하여 성전건축이 다시 재개되고 난 시점입니다. 벧엘 사람들이 금식에 대하여 질문했고 이를 하나님께서 답하시며 예루살렘의 회복을 말씀하며 위로와 소망을 주고 계십니다.

● **묵상**　아래의 질문들을 여유있는 마음으로 두 번 세 번 생각하며 하나님의 마음과 영적인 의미들을 더듬어봅시다.

1. 7:1-7, 벧엘 사람들이 와서 이렇게 질문합니다. 바벨론으로 끌려간 뒤 이스라엘 백성들은 성전이 파괴된 달인 5월, 대 속죄일이 있는 7월에 정기적으로 금식기도 해왔는데 고국으로 돌아온 지금도 이 금식을 계속하여야 하는가를 질문합니다. 그런데 하나님은 그들의 기도가 형식적으로 드려졌기에 기뻐하지 않으셨다고 말씀하십니다.

2. 7:8-14은 이스라엘이 고난 받게된 이유, 8:1-17은 고난 받는 이스라엘을 회복시키고 황폐하여진 예루살렘을 다시 회복시키실 것을 말씀하고 계십니다. 그럼에도 불구하고 이제부터는 이웃과 더불어 진리를 말하며 진실하고 화평한 재판을 행하며 서로 해하지 말 것을 당부합니다. 정의와 공의로운 삶을 살아야 함을 가르쳐 줍니다.

3. 8:18-23, 이제는 금식이 변하여 기쁨과 즐거움, 희락의 절기가 되게 하시겠다고 말씀하십니다. 예루살렘성전이 회복되고 도시가 다시 살아날 것을 말씀하십니다. 하나님은 사랑의 하나님이십니다. 불순종하여 매 맞지 말고 복을 받고 살아야합니다.

● **한귀절**　오늘 말씀을 읽으면서 마음이 와 닿는 말씀 한 구절을 적고 되뇌어 봅시다.

● **적용**　말씀을 묵상하면서 나의 삶에 적용할 것과 실제적으로 행동에 옮길 것을 구체적으로 적어봅시다.

● **감사**　감사하는 성도는 더욱 더 풍성한 삶을 살게됩니다. 오늘 하루를 돌아보며 한 줄로 감사를 적어봅시다.

● **기도**　글로 쓰는 기도는 영원히 보존되는 기도입니다. 한 줄에 마음을 담아 기도를 주님께 올려드립시다.

20 . . . (제 39 주 목요일)　　　　　　　　　　　　　　오늘의 말씀 : 슥 9-11장

메시야의 오심과 완성

배경　먼저 배경을 읽고 오늘의 성경을 읽읍시다. 읽은 뒤 배경을 한 번 더 읽어도 좋습니다.

같은 스가랴 선지자가 기록했지만 시대가 다릅니다. 1-8장은 BC 520-518년 포로 귀환후 성전재건이 재개되었을 때이고 9-14장은 성전재건이 완공 후 40년 지난 BC 480-470년 경 시점입니다. 아직도 불안한 그들에게 완전한 메시야의 오심과 회복을 예언합니다.

● **묵상**　아래의 질문들을 여유있는 마음으로 두 번 세 번 생각하며 하나님의 마음과 영적인 의미들을 더듬어봅시다.

1. 9:1-7에서 하나님은 그동안 이스라엘의 멸망을 기뻐했던 주변 이방민족들을 심판하십니다. 그들이 아무리 지혜롭고 능력이 대단하고 부유했지만 상관없습니다. 반면 8절에서 이스라엘 백성들에게는 회복의 기회를 주신다고 말씀하십니다. 이 회복이 10장에 계속 이어집니다. 하나님은 역사의 주인이시며 한번 택한 백성을 버리지 않으십니다. 믿으십니까?

2. 9:9-10, 예수 그리스도의 오심, 신약성경에서 많이 읽고 또 듣던 말씀들입니다. 종려주일 때 마다 듣는 말씀이지요. 나귀타고 오시는 공의와 정의, 구원을 베푸시는 주님에 대한 말씀은 바로 이 스가랴 선지자가 예언한 내용입니다. 평강의 왕으로 오시는 예수님을 예언합니다. 예수 그리스도 외에는 참된 평강이 없습니다.

3. 10-11장, 이스라엘이 단순히 고국으로 돌아오는 것 자체가 회복이 아닙니다. 예수 그리스도를 통해 사단의 손에서 하나님의 백성을 구원하며 영원한 하나님의 나라로 이스라엘을 비롯한 세상에 흩어진 하나님의 자녀들을 모을 것을 말씀하고 계십니다. 그러나 고난의 바다도 통과해야합니다.

● **한귀절**　오늘 말씀을 읽으면서 마음이 와 닿는 말씀 한 구절을 적고 되뇌어 봅시다.

● **적용**　말씀을 묵상하면서 나의 삶에 적용할 것과 실제적으로 행동에 옮길 것을 구체적으로 적어봅시다.

● **감사**　감사하는 성도는 더욱 더 풍성한 삶을 살게됩니다. 오늘 하루를 돌아보며 한 줄로 감사를 적어봅시다.

● **기도**　글로 쓰는 기도는 영원히 보존되는 기도입니다. 한 줄에 마음을 담아 기도를 주님께 올려드립시다.

20 　.　.　.　(제 39 주 금요일)　　　　　　　　　　오늘의 말씀 : 슥 12-14장

우주적 종말의 심판

> **배경**　먼저 배경을 읽고 오늘의 성경을 읽읍시다. 읽은 뒤 배경을 한 번 더 읽어도 좋습니다.
>
> 스가랴 선지자는 이제 우주적 종말 때 있을 영적전쟁에 관해 예언합니다. 예루살렘은 구약의 예루살렘이 아니라 교회이고 이방도 사단의 세력을 가리킵니다. 이 둘 사이에 큰 전쟁이 일어나고 하나님은 대적자들을 완전히 심판하신다는 내용입니다.

● **묵상**　아래의 질문들을 여유있는 마음으로 두 번 세 번 생각하며 하나님의 마음과 영적인 의미들을 더듬어봅시다.

1. 12장, 지금까지 스가랴가 살고 있던 시대의 이스라엘을 향해 예언했다면 12장부터는 세상 끝에 임할 교회(예루살렘)와 사단(이방)의 세력과의 전쟁을 예언하는데 요한계시록의 아마겟돈 전쟁과 같습니다. 그러나 사단의 세력에 심판이 이루어지고 육적 이스라엘과 이방인들의 회개운동도 일어날 것을 예언합니다.

2. 13장, 죄와 더러움을 씻는 샘은 예수 그리스도의 보혈을 의미하고 거짓선지자와 사단의 활동들이 드러나게 될 것을 예언합니다. 성도들에게 잠시 핍박의 시대가 올 것이지만 그 핍박과 고난을 통해 참 성도들이 걸러지고 하나님의 인정받은 하나님의 백성들이 가려지게 될 것입니다. 믿음은 세상의 배척을 받습니다. 이 고난을 이길 준비가 되어 있습니까?

3. 14장, 여호와의 날, 최종적 심판의 날입니다. 모든 민족, 모든 영혼들이 주님 앞에 와 심판을 받게 되며 새 하늘과 새 땅이 도래하고 새 예루살렘성이 임하게 될 것입니다. 하나님을 대적하는 모든 세력들은 영원한 심판을 받게 되고 유대인이나 이방인 관계없이 하나님을 섬기는 믿음의 사람들이 온전한 구원을 받습니다. 이 날이 기다려 지십니까?

● **한귀절**　오늘 말씀을 읽으면서 마음이 와 닿는 말씀 한 구절을 적고 되뇌어 봅시다.

● **적용**　말씀을 묵상하면서 나의 삶에 적용할 것과 실제적으로 행동에 옮길 것을 구체적으로 적어봅시다.

● **감사**　감사하는 성도는 더욱 더 풍성한 삶을 살게됩니다. 오늘 하루를 돌아보며 한 줄로 감사를 적어봅시다.

● **기도**　글로 쓰는 기도는 영원히 보존되는 기도입니다. 한 줄에 마음을 담아 기도를 주님께 올려드립시다.

20 　. . .　 (제 39 주 토요일)　　　　　　　　　　　　　　오늘의 말씀 : 말 1-4장

마지막 선지자 말라기

배경　먼저 배경을 읽고 오늘의 성경을 읽읍시다. 읽은 뒤 배경을 한 번 더 읽어도 좋습니다.

BC432년경으로 바벨론 포로에서 세 차례 돌아온 뒤 성전재건, 말씀회복, 성벽재건이 다 마쳐졌음에도 삶의 형편이 좋아지지 않게 되자 신앙을 떨구고 현실에 매여 타협하고 세상 것을 우선시 여기는 이스라엘 백성들의 타락상을 현실감있게 깨우칩니다.

● **묵상**　아래의 질문들을 여유있는 마음으로 두 번 세 번 생각하며 하나님의 마음과 영적인 의미들을 더듬어봅시다.

1. 1장, 바벨론의 보호아래 귀국하고 새 삶을 시작했지만 삶이 여의치 않자 이스라엘은 하나님이 자기들을 사랑하시지 않는다고 낙심하며 하나님께 드리는 예물을 소홀히 드리고 진정과 애정이 없는 예물을 드립니다. 하나님은 이런 예물을 하나님께서 받으시겠는가 묻습니다. 물질은 신앙을 표현하는 또 하나의 신앙고백임을 알고 계십니까?

2. 3:7-12, 십일조와 헌금, 십일조는 하나님께서 모든 것을 주신다는 것을 신앙으로 고백하는 가장 확실한 증거입니다. 신앙이 해이한 이스라엘 백성들에게 주님은 십일조와 헌금들을 온전하게 드리라고 명령하십니다. 얼마나 이들이 부패하였기에 십일조를 드리면 즉각적인 복을 주시겠다고 까지 하셨을까 생각됩니다. 나의 헌금 생활은 어떠합니까?

3. 4:5-6, 엘리야, 하나님은 말라기 선지자를 통하여 메시야가 오시기 전에 엘리야가 먼저 와야 할 것을 말씀하십니다. 이것은 예수님께서 희망이 없는 세상을 구원하시기 위해 이 땅에 오시기 전에 세례 요한이 먼저 와 사람들의 마음을 열도록 준비시킬 것을 말씀하신 것입니다. 하나님은 말라기를 통해 신약을 준비하십니다.

● **한귀절**　오늘 말씀을 읽으면서 마음이 와 닿는 말씀 한 구절을 적고 되뇌어 봅시다.

● **적용**　말씀을 묵상하면서 나의 삶에 적용할 것과 실제적으로 행동에 옮길 것을 구체적으로 적어봅시다.

● **감사**　감사하는 성도는 더욱 더 풍성한 삶을 살게됩니다. 오늘 하루를 돌아보며 한 줄로 감사를 적어봅시다.

● **기도**　글로 쓰는 기도는 영원히 보존되는 기도입니다. 한 줄에 마음을 담아 기도를 주님께 올려드립시다.

20 . . .   (제 40 주 월요일)   오늘의 말씀 : 마 1장

족보 한 장으로 말해주는 그리스도

● **배경** 먼저 배경을 읽고 오늘의 성경을 읽읍시다. 읽은 뒤 배경을 한 번 더 읽어도 좋습니다.

사 복음서 중에서 마태복음이 첫번째로 배치된 이유가 있습니다. 구약을 연결하고 예수님의 사역을 완벽하게 소개해 주고 있기 때문입니다. 마태를 통해 구약이 다시 정리되고 지난 4천년의 역사를 바꾸어 놓으십니다. 그래서 천국 문이 활짝 열리게 된 것입니다.

● **묵상** 아래의 질문들을 여유있는 마음으로 두 번 세 번 생각하며 하나님의 마음과 영적인 의미들을 더듬어봅시다.

1. 예수님의 족보 한 장 만으로도 예수님이 누구인지, 어떤 사역을 하실 것인지가 명쾌하게 풀립니다. 왜 마태는 예수님의 족보를 아브라함부터 시작할까요? 그것은 하나님께서 아브라함에게 예수님을 보내실 것을 약속하셨기 때문입니다. 창 12:3절의 약속이 예수님에게서 완성된 것입니다. 이제 왜 아브라함인지 이해가 되었습니까?

2. 그런데 마태는 왜 예수님의 족보를 3등분 했을까요? 다윗은 가장 부국할때이고 바벨론 포로때는 가장 징계받을 때이며 예수님이 오셨을때에는 희망이 없을 때입니다. 그러므로 예수님의 족보는 예수님이 그리스도라는 것을 증명하고 있지 않습니까?

3. 특히 요셉의 꿈에 나타난 천사의 예언은 단순한 태몽이라고 하기에는 너무나도 선명하고 분명한 예언이었습니다. 마태는 예수님의 탄생이 성령님에 의한 것이고 구약 예언의 성취라고 소개하고 있습니다. 정말 임마누엘의 예언을 믿으십니까?

● **한귀절** 오늘 말씀을 읽으면서 마음이 와 닿는 말씀 한 구절을 적고 되뇌어 봅시다.

● **적용** 말씀을 묵상하면서 나의 삶에 적용할 것과 실제적으로 행동에 옮길 것을 구체적으로 적어봅시다.

● **감사** 감사하는 성도는 더욱 더 풍성한 삶을 살게됩니다. 오늘 하루를 돌아보며 한 줄로 감사를 적어봅시다.

● **기도** 글로 쓰는 기도는 영원히 보존되는 기도입니다. 한 줄에 마음을 담아 기도를 주님께 올려드립시다.

20 . . .　(제 40 주 화요일)　　　　　　　　　　　　　오늘의 말씀 : 마 2-4장

구약을 짊어지신 예수님

배경　먼저 배경을 읽고 오늘의 성경을 읽읍시다. 읽은 뒤 배경을 한 번 더 읽어도 좋습니다.

누가는 많은 예수님의 탄생기사를 다룬 반면 마태는 요셉과 동방박사 두편만 소개하고 있습니다. 이것은 구약의 실패한 역사를 재연하고 잃어버린 그 자리로부터 다시 구속사역을 완성하시는 예수님의 모습을 그려주기 위함입니다. 잘 보아야 합니다.

● **묵상**　아래의 질문들을 여유있는 마음으로 두 번 세 번 생각하며 하나님의 마음과 영적인 의미들을 더듬어봅시다.

1. 동방박사이야기는 예수님이 이집트로 피신할 수 밖에 없었던 것을 밝혀주고 그래서 예수님의 출애굽의 과정을 보여주고 있습니다. 아래의 순서를 찾아봅시다

　　1) 목숨 구하라고 이집트로 피신　= 야곱의 식구들이 식량 때문에 애급으로 이사
　　2) 목숨 찾는자 죽음으로 출애굽　= 모세를 통한 출 애급
　　3) 광야에서 40일 정탐, 40년 방황 = 광야에서 40일 금식
　　4) 홍해바다를 건너며 세례 받음　= 요단강에서 세례 받음
　　5) 광야에서 바로에게 시험 받음　= 마귀에게 3가지 시험 받음
　　6) 광야에서 불평, 원망으로 실패　= 마귀에게 이기시고 천국선포하심

2. 예수님은 왜 첫마디로 "천국"을 소개하셨을까요? 그 천국은 아담과 하와가 잃어버린 에덴동산이고 이스라엘 백성들이 누리지 못한 젖과 꿀이 흐르는 가나안땅입니다. 곧 우리가 가야할 천국이며 아담과 하와가 잃어버린 에덴동산 아닙니까?

● **한귀절**　오늘 말씀을 읽으면서 마음이 와 닿는 말씀 한 구절을 적고 되뇌어 봅시다.

● **적용**　말씀을 묵상하면서 나의 삶에 적용할 것과 실제적으로 행동에 옮길 것을 구체적으로 적어봅시다.

● **감사**　감사하는 성도는 더욱 더 풍성한 삶을 살게됩니다. 오늘 하루를 돌아보며 한 줄로 감사를 적어봅시다.

● **기도**　글로 쓰는 기도는 영원히 보존되는 기도입니다. 한 줄에 마음을 담아 기도를 주님께 올려드립시다.

20 . . .   (제 40 주 수요일)   오늘의 말씀 : 마 5-7장

신약의 십계명, 산상수훈

● **배경**   먼저 배경을 읽고 오늘의 성경을 읽읍시다. 읽은 뒤 배경을 한 번 더 읽어도 좋습니다.

구약에 십계명이 있다면 신약에는 산상수훈이 있습니다. 구약의 율법은 완전한 법이나 이스라엘이 악용하거나 실천하지 못하여 예수님은 그것을 완성시켜 주시고 있습니다. 법을 완화시키는 것이 아니라 오히려 강화하는 사랑의 법입니다.

● **묵상**   아래의 질문들을 여유있는 마음으로 두 번 세 번 생각하며 하나님의 마음과 영적인 의미들을 더듬어봅시다.

1. 5장은 구약의 잘못 지켜지거나 오해하고 있는 율법을 바로잡아 주시는데 구약이 행동된 결과를 가지고 판단하였다면 신약은 행동하는 사람의 근본 동기를 중요시합니다. 그러므로 신약의 법은 마음으로부터 실천을 강조하는 두려운 법 아닙니까?

2. 6장은 신앙생활을 잘 못하고 있는 외식하는 신앙을 바로 잡아 주고 있는 말씀입니다. 구약의 세가지 신앙생활의 핵심인 구제, 기도, 금식의 문제를 바로 잡아 줍니다. 혹시 나는 하나님 보다는 사람을 의식하며 신앙생활 하지는 않았나요?

3. 가장 중요한 것은 실천입니다. 만일 실천하지 않는다면 이는 모래위에 집을 짓는 사람과 같습니다. 그러므로 실천하는 성도들만 인정받을 것입니다. 하나님은 중심을 심판하시는 분이십니다. 얼마나 말씀대로 살며 주님께 인정받고 있습니까?

● **한귀절**   오늘 말씀을 읽으면서 마음이 와 닿는 말씀 한 구절을 적고 되뇌어 봅시다.

● **적용**   말씀을 묵상하면서 나의 삶에 적용할 것과 실제적으로 행동에 옮길 것을 구체적으로 적어봅시다.

● **감사**   감사하는 성도는 더욱 더 풍성한 삶을 살게됩니다. 오늘 하루를 돌아보며 한 줄로 감사를 적어봅시다.

● **기도**   글로 쓰는 기도는 영원히 보존되는 기도입니다. 한 줄에 마음을 담아 기도를 주님께 올려드립시다.

20 . . . (제 40 주 목요일)　　　　　　　　　　　　　오늘의 말씀 : 마 8-9장

온 몸을 던져 천국을 주시는 예수님

> **배경**　먼저 배경을 읽고 오늘의 성경을 읽읍시다. 읽은 뒤 배경을 한 번 더 읽어도 좋습니다.
>
> 이제 예수님은 사역을 시작하십니다. 각 동네 동네를 다니시며 질병을 고쳐주시고 귀신들린 사람들을 자유케하고 육신의 문제를 해결해 주신 주님이 천국복음을 증거하십니다. 그래서 영육간에 천국을 인생들에게 전하고 계십니다.

● **묵상**　아래의 질문들을 여유있는 마음으로 두 번 세 번 생각하며 하나님의 마음과 영적인 의미들을 더듬어봅시다.

1. 육신이 질병은 아담과 하와가 범죄하고 나서 죄의 결과로 왔습니다. 그런데 예수님은 먼저 복음을 전하시기 전에 육의 문제를 해결해 주신 후 천국 복음을 전하십니다. 사람들이 느끼고 아파하는 것을 먼저 고쳐주시고 영혼을 구원하십니다. 나는 어떻게 전도합니까?

2. 그런데 아무리 주님이 주시고자 해도 인생들이 열린 마음으로 받지 않으면 받을 수 없습니다. 그래서 예수님은 그 환자에게 치유받기를 원하는가?, 믿음이 있는가를 먼저 확인하십니다. 나에게는 백부장이 가진 그런 말씀을 믿는 믿음이 있습니까?

3. 12년 동안 혈루병 걸린 여인은 예수님의 옷자락만 만져도 병이 나을 것이라는 믿음이 있어 밀고 밀리는 상황에서 예수님의 옷을 만지고 질병으로부터 해방을 받습니다. 지금 나는 간절한 마음으로 부르짖고 있습니까? 아니면 믿음의 기도를 드립니까?

● **한귀절**　오늘 말씀을 읽으면서 마음이 와 닿는 말씀 한 구절을 적고 되뇌어 봅시다.

● **적용**　말씀을 묵상하면서 나의 삶에 적용할 것과 실제적으로 행동에 옮길 것을 구체적으로 적어봅시다.

● **감사**　감사하는 성도는 더욱 더 풍성한 삶을 살게됩니다. 오늘 하루를 돌아보며 한 줄로 감사를 적어봅시다.

● **기도**　글로 쓰는 기도는 영원히 보존되는 기도입니다. 한 줄에 마음을 담아 기도를 주님께 올려드립시다.

20 　．．．（제 40 주 금요일）　　　　　　　　　　　오늘의 말씀 : 마 10-12장

일꾼을 세우시는 예수님

배경　먼저 배경을 읽고 오늘의 성경을 읽읍시다. 읽은 뒤 배경을 한 번 더 읽어도 좋습니다.

천국복음을 땅끝까지 전파하시기 위하여 예수님은 일꾼 즉 제자들을 부르십니다. 주님이 부르시는 12명의 제자 중에 한 사람은 배반하고 대부분 어부 출신을 비롯한 평범한 서민들이지만 성령님께 붙들릴 때 사람을 낚는 어부들이 되었습니다.

● **묵상**　아래의 질문들을 여유있는 마음으로 두 번 세 번 생각하며 하나님의 마음과 영적인 의미들을 더듬어봅시다.

1. 예수님은 제자들을 부르실 때 그들에게 귀신을 추방하며 모든 병과 약한 것을 고치는 권능을 주셨습니다. 주님은 이처럼 사람을 부르실 때 그 직분에 맞추어 일 할 수 있는 능력을 부어 주십니다. 나는 어떤 은사와 능력을 받았나요?

2. 그런데 예수님은 예수님이 가시려는 각 동네에 제자들을 미리 보내십니다. 그리고 그들에게 한가지 과제만 줍니다. 가서 "하나님 나라"가 가까이 왔다고 하라고 시키십니다. 우리는 복음보다 주변 것, 육신적인 것을 먼저 불신자들에게 소개하지는 않습니까?

3. 예수님은 제자들을 보내시면서 내가 너희를 보냄이 양을 이리가운데 보내는 것과 같다고 말씀하십니다. 실로 어느 시대든, 어디서든 복음전파가 쉬운 때는 없었습니다. 그러나 그럼에도 불구하고 주님은 뱀같이 지혜롭고 비둘기같이 순결하라고 당부하십니다. 과연 나는 어려운 현실에서 어떻게 복음을 전하고 있습니까?

● **한귀절**　오늘 말씀을 읽으면서 마음이 와 닿는 말씀 한 구절을 적고 되뇌어 봅시다.

● **적용**　말씀을 묵상하면서 나의 삶에 적용할 것과 실제적으로 행동에 옮길 것을 구체적으로 적어봅시다.

● **감사**　감사하는 성도는 더욱 더 풍성한 삶을 살게됩니다. 오늘 하루를 돌아보며 한 줄로 감사를 적어봅시다.

● **기도**　글로 쓰는 기도는 영원히 보존되는 기도입니다. 한 줄에 마음을 담아 기도를 주님께 올려드립시다.

20 . . .   (제 40 주 토요일)   오늘의 말씀 : 마 13-15장

천국의 비밀을 공개하시는 예수님

> **배경**   먼저 배경을 읽고 오늘의 성경을 읽읍시다. 읽은 뒤 배경을 한 번 더 읽어도 좋습니다.
>
> 이제 예수님은 본격적으로 복음의 비밀을 전하십니다. 그리고 이에 반하여 더 유대인들의 반감과 핍박이 점점 더 거세집니다. 예수님은 많이 아파하십니다. 그래서 이방인 지역인 두로, 시돈을 찾으셨으나 그들은 활짝 열린 마음으로 받습니다.

● **묵상**   아래의 질문들을 여유있는 마음으로 두 번 세 번 생각하며 하나님의 마음과 영적인 의미들을 더듬어봅시다.

1. 예수님이 천국을 전하기 위해 이땅에 오셨습니다. 마 13장에는 이 천국의 비밀 일곱개를 보여주십니다. 이 일곱개의 천국 비밀을 하나 하나 묵상해 보십시오. 가슴으로 다가 올 것입니다. 그 말씀들은 2천년 전이 아니라 지금 내게 주시는 말씀입니다

2. 14장에서 세례요한이 어이없는 죽음을 당합니다. 아주 어린 아이 하나에 의해 그의 목이 쟁반에 얹혀집니다. 도대체 어떻게 이럴 수가 있을까요? 그러나 실은 우리 눈으로 보기에 실패자처럼 보일 뿐이지 여자가 낳은 자 중에 세례 요한 보다 큰 이가 일어남이 없다고 했습니다. 세례 요한은 예수님의 오심으로 그 사명이 끝났기 때문입니다.

3.오병이어 사건은 어떻게 일어나게 됩니까? 만일 어린아이가 도시락을 내놓지 않았다면 어찌 되었을까요? 그날 도시락을 싸온 것이 과연 그 어린이 한 명 뿐이었겠습니까? 과연 나는 나의 것을 포기하며 주님께 드릴 수 있는 용기가 있습니까?

● **한귀절**   오늘 말씀을 읽으면서 마음이 와 닿는 말씀 한 구절을 적고 되뇌어 봅시다.

● **적용**   말씀을 묵상하면서 나의 삶에 적용할 것과 실제적으로 행동에 옮길 것을 구체적으로 적어봅시다.

● **감사**   감사하는 성도는 더욱 더 풍성한 삶을 살게됩니다. 오늘 하루를 돌아보며 한 줄로 감사를 적어봅시다.

● **기도**   글로 쓰는 기도는 영원히 보존되는 기도입니다. 한 줄에 마음을 담아 기도를 주님께 올려드립시다.

20 . . . (제 41 주 월요일)　　　　　　　　　　　오늘의 말씀 : 마 16-20장

말씀을 쏟아 부으시는 예수님

배경　먼저 배경을 읽고 오늘의 성경을 읽읍시다. 읽은 뒤 배경을 한 번 더 읽어도 좋습니다.

이제 예수님의 사역 막바지에 다다릅니다. 그래서 지금까지 아끼셨던 말씀의 보따리들을 풀어놓으십니다. 그만큼 반대자들의 시비거리들도 많습니다. 그러나 예수님은 전혀 말씀을 아끼지 않으시고 폭포수처럼 쏟아 부으십니다.

● **묵상**　아래의 질문들을 여유있는 마음으로 두 번 세 번 생각하며 하나님의 마음과 영적인 의미들을 더듬어봅시다.

1. 마 16장에 그 유명한 베드로의 신앙고백이 나옵니다. 신앙이 있는가 없는가는 예수님을 바라보는 시각에 달려있습니다. 예수님을 살아계신 하나님의 아들로 그리고 나를 위해 보내신 구원자 그리스도로 보는가 입니다. 나는 예수님을 어떻게 보고 있습니까?

2. 예수님은 제자들에게 이미 귀신을 쫓는 권세를 주셨는데 왜 그들은 추방시키지 못했습니까? 예수님은 제자들의 믿음과 기도가 부족한 이유라고 말씀해 주십니다. 나를 통해서 하나님의 역사가 일어나고 있습니까? 나의 믿음과 기도는 어떻습니까?

3. 예수님은 서로 높아지겠다는 사람들을 앞에 두고 어린아이를 불러 보이시며 어린아이들과 같이 되지 않으면 높아지기는 커녕 천국에 들어가지도 못한다고 말씀하셨습니다. 큰자가 되려거든 자기를 낮추는 자가 되어야 한다고 말씀하셨는데 나는 겸손합니까?

● **한귀절**　오늘 말씀을 읽으면서 마음이 와 닿는 말씀 한 구절을 적고 되뇌어 봅시다.

● **적용**　말씀을 묵상하면서 나의 삶에 적용할 것과 실제적으로 행동에 옮길 것을 구체적으로 적어봅시다.

● **감사**　감사하는 성도는 더욱 더 풍성한 삶을 살게됩니다. 오늘 하루를 돌아보며 한 줄로 감사를 적어봅시다.

● **기도**　글로 쓰는 기도는 영원히 보존되는 기도입니다. 한 줄에 마음을 담아 기도를 주님께 올려드립시다.

(제 41 주 화요일) 오늘의 말씀 : 마 21-23장

성만찬과 마지막 한주간

배경 먼저 배경을 읽고 오늘의 성경을 읽읍시다. 읽은 뒤 배경을 한 번 더 읽어도 좋습니다.

이제 예수님의 사역은 한 주간만 남겨 놓으시고 있습니다. 예수님은 이 기간동안 3년동안 말씀하신 것보다 더 많은 말씀들을 마치 봇물 터진 것처럼 쏟아 부으십니다. 마지막 주간에 하신 말씀들은 정말 중요합니다. 마음에 담아야 합니다.

● **묵상** 아래의 질문들을 여유있는 마음으로 두 번 세 번 생각하며 하나님의 마음과 영적인 의미들을 더듬어봅시다.

1. 예수님의 마지막 한 주간을 남긴 예루살렘성의 입성은 대단히 우수꽝스러운 퍼포먼스였습니다. 나귀를 타고 오합지졸 같은 제자들의 호위를 받으며 들어가셨지만, 사람들은 착각하고 환호합니다. 왜 예수님께서 나귀를 타고 예루살렘성에 들어가셨을까요?

2. 예수님은 성전 안에 들어가셔서 돈 바꿔주는 사람, 매매하는 사람들의 상을 둘러 엎으시고 내쫓으셨습니다. 만민이 기도하는 집인데 강도의 소굴로 만들었기 때문입니다. 혹시 지금 우리가 교회안에서 정치도 하고 장사도 하면서 믿음의 공동체가 아닌 각 사람들의 기호를 만족시켜 주는 곳으로 전락한 것은 아닐까요?

3. 혼인잔치의 비유는 미리 초청받은 사람들이 거절하므로 전혀 예상치 못했던 불청객들이 초대를 받게 됩니다. 지금 우리는 왕의 초대인 예수님의 재림을 얼마나 기다리고 있습니까? 아니면 세상일에 마음이 빼앗겨 있는 것은 아닙니까?

● **한귀절** 오늘 말씀을 읽으면서 마음이 와 닿는 말씀 한 구절을 적고 되뇌어 봅시다.

● **적용** 말씀을 묵상하면서 나의 삶에 적용할 것과 실제적으로 행동에 옮길 것을 구체적으로 적어봅시다.

● **감사** 감사하는 성도는 더욱 더 풍성한 삶을 살게됩니다. 오늘 하루를 돌아보며 한 줄로 감사를 적어봅시다.

● **기도** 글로 쓰는 기도는 영원히 보존되는 기도입니다. 한 줄에 마음을 담아 기도를 주님께 올려드립시다.

20 . . . (제 41 주 수요일)　　　　　　　　오늘의 말씀 : 마 24-25장

다시 오시는 예수님

배경　먼저 배경을 읽고 오늘의 성경을 읽읍시다. 읽은 뒤 배경을 한 번 더 읽어도 좋습니다.

마 24장은 이스라엘의 멸망과 종말 때에 일어날 징조들에 대하여 주시는 말씀입니다. 25장은 천국에 관한 비유로 예수님의 재림을 성도들이 어떻게 준비하고 맞이하여야 하는가를 비유로 풀어 가르쳐 주시는 말씀입니다. 두 장 모두 주님이 다시 오실 것을 말씀하십니다.

● **묵상**　아래의 질문들을 여유있는 마음으로 두 번 세 번 생각하며 하나님의 마음과 영적인 의미들을 더듬어봅시다.

1. 예수님이 두 번째 오실 때 난리, 민족간의 분쟁, 천재지변, 핍박과 불법이 횡행하는 시대가 올 것을 말씀하십니다. 지나온 역사와 지금 우리 시대를 보면 무엇을 느끼십니까?

2. 특별히 무화과 나무는 이스라엘을 가리키고 겨울에 죽은 것처럼 보이는 나무지만 봄에 다시 싹을 틔우는 것처럼 이스라엘이 죽었다가 회복되는 것을 예언한 것입니다. AD 70년에 멸망, 추방당 뒤 2천년동안 디아스포라로 살다가 1948년에 독립합니다. 소름끼치지 않습니까? 이 이스라엘의 회복으로 주님이 문 앞에 가까이 오셨음을 알아야 합니다.

3. 25장은 주님이 재림하실 때까지 어떻게 기다려야 하는가를 깨우쳐 줍니다. 열처녀의 비유는 믿음이라는 등에 성령으로 깨어있어야 함을, 달란트의 비유는 바로 가서 장사하여 이를 남긴 2. 5달란트 받은 사람처럼 열매맺는 삶을 살아야 하고 양과 염소의 비유는 그 사명을 감당하되 작은 일에도 사랑과 애정을 쏟아 감당해야 함을 깨우쳐 줍니다

● **한귀절**　오늘 말씀을 읽으면서 마음이 와 닿는 말씀 한 구절을 적고 되뇌어 봅시다.

● **적용**　말씀을 묵상하면서 나의 삶에 적용할 것과 실제적으로 행동에 옮길 것을 구체적으로 적어봅시다.

● **감사**　감사하는 성도는 더욱 더 풍성한 삶을 살게됩니다. 오늘 하루를 돌아보며 한 줄로 감사를 적어봅시다.

● **기도**　글로 쓰는 기도는 영원히 보존되는 기도입니다. 한 줄에 마음을 담아 기도를 주님께 올려드립시다.

20 . . .　　(제 41 주 목요일)　　　　　　　　　　　오늘의 말씀 : 마 25장

천국을 맞이하는 사람들

● **배경**　먼저 배경을 읽고 오늘의 성경을 읽읍시다. 읽은 뒤 배경을 한 번 더 읽어도 좋습니다.

마 25장은 예수님의 유언적 설교입니다. 십자가 지시기 전 마지막 설교이기 때문입니다. 세 가지는 모두 천국을 소개하고 있고 모두 주님의 재림에 초점에 모아져 있습니다. 세 비유는 비유가 아니라 실제로 일어날 일들입니다. 유념하여야 합니다.

● **묵상**　아래의 질문들을 여유있는 마음으로 두 번 세 번 생각하며 하나님의 마음과 영적인 의미들을 더듬어봅시다.

1. 1-13절, 첫 번째 비유는 열처녀의 비유입니다. 신랑을 기다린다는 점은 미련한 처녀나 지혜로운 처녀나 같습니다. 그러나 결과는 끔찍합니다. 어찌하여야 할까요? 믿음이라는 등만 있어선 안됩니다. 기름 곧 성령의 충만함이 나에게 늘 있습니까?

2. 14-30절, 달란트의 비유입니다. 어떤 사람은 예수님이고, 타국은 천국이며, 종들은 주님을 따르는 사람들인데 그 소유를 맡긴 것은 사명과 은사를 주신 것을 말합니다. 문제는 결산할 때가 있다는 사실인데 다섯, 두 달란트 받은 사람처럼 바로 가서 활용하여 남겨야 합니다. 땅속에 묻어두면 안됩니다. 나는 과연 얼마나 많은 열매를 남기고 있습니까?

3. 31-46절, 양과 염소의 비유입니다. 이제는 비유가 아니지요? 사명을 감당하되 지극히 작은 일에도 최선을 다하며 주님을 사랑하는 마음으로 일하여야 합니다. 나는 주어진 사명을 최선을 다하고 있습니까? 작은 일 임에도 진심으로 애정을 쏟으며 실천하고 있습니까?

● **한귀절**　오늘 말씀을 읽으면서 마음이 와 닿는 말씀 한 구절을 적고 되뇌어 봅시다.

● **적용**　말씀을 묵상하면서 나의 삶에 적용할 것과 실제적으로 행동에 옮길 것을 구체적으로 적어봅시다.

● **감사**　감사하는 성도는 더욱 더 풍성한 삶을 살게됩니다. 오늘 하루를 돌아보며 한 줄로 감사를 적어봅시다.

● **기도**　글로 쓰는 기도는 영원히 보존되는 기도입니다. 한 줄에 마음을 담아 기도를 주님께 올려드립시다.

20 . . .　　(제 41 주 금요일)　　　　　　　　　　　오늘의 말씀 : 마 26-27장

십자가 지시는 예수님

배경　먼저 배경을 읽고 오늘의 성경을 읽읍시다. 읽은 뒤 배경을 한 번 더 읽어도 좋습니다.

마1-4장은 예수님이 이 땅에 오시는 배경, 5-7장은 신약시대 사람들이 지킬 산상수훈, 8-25은 3년 동안 온 몸을 던져 천국복음을 전파하시는 것이라면 26-28장은 십자가와 부활을 다룹니다. 복음의 완성이지요. 십자가와 부활사건은 복음의 진수입니다.

● **묵상**　아래의 질문들을 여유있는 마음으로 두 번 세 번 생각하며 하나님의 마음과 영적인 의미들을 더듬어봅시다.

1. 26장, 가룟 유다의 배반, 마지막 유월절 만찬, 겟세마네 동산에서의 땀방울이 변해 핏방울이 되도록 기도하시고 대제사장 가야바의 심문을 받으시며 베드로가 배반하는 내용이 담겨있습니다. 죽으실 것을 미리 아시고 죽음을 맞이하는 예수님의 의도는 무엇일까요?

2. 27장, 가룟 유다의 후회와 자살, 로마 총독 빌라도의 심문, 군병들의 조롱과 가시관, 십자가 지심과 아리마대 요셉이 준비한 무덤에 안치됨, 로마 병정들의 무덤지키는 사건이 기록되고 있습니다. "엘리 엘리 라마 사박다니" 의 외침이 지금도 울리지 않습니까? 이 외침을 들으시면서 외면하시고 눈을 감고 계신 하나님의 뜻은 무엇일까요?

3. 예수님이 십자가에 못 박히신 날은 유월절 전날인 양 잡는 날입니다. 명절 때 예수님을 처형하면 민란이 일어난다고 유월절 절기 전날 꼭두새벽에 속전속결로 심문하고 부랴부랴 십자가에 못 박습니다. 그러나 이것은 1500년 전 모세의 유월절 사건을 성취하려는 하나님의 계획이었습니다. 소름끼칠 만큼 두렵고 떨린 일 아닙니까?

● **한귀절**　오늘 말씀을 읽으면서 마음이 와 닿는 말씀 한 구절을 적고 되뇌어 봅시다.

● **적용**　말씀을 묵상하면서 나의 삶에 적용할 것과 실제적으로 행동에 옮길 것을 구체적으로 적어봅시다.

● **감사**　감사하는 성도는 더욱 더 풍성한 삶을 살게됩니다. 오늘 하루를 돌아보며 한 줄로 감사를 적어봅시다.

● **기도**　글로 쓰는 기도는 영원히 보존되는 기도입니다. 한 줄에 마음을 담아 기도를 주님께 올려드립시다.

20 . . . (제 41 주 토요일) 오늘의 말씀 : 마 28장

부활하신 예수님

배경 먼저 배경을 읽고 오늘의 성경을 읽읍시다. 읽은 뒤 배경을 한 번 더 읽어도 좋습니다.

세상에 많은 종교들이 있지만, 신이 인간의 몸을 입고 오셔서 인간을 위해 희생하며 죽은 사건은 없습니다. 더욱이 부활사건은 우리 기독교에만 존재합니다. 그렇지요. 그 누가 부활을 상상이나 하겠습니까? 주님은 이처럼 생명의 주인이십니다.

● **묵상** 아래의 질문들을 여유있는 마음으로 두 번 세 번 생각하며 하나님의 마음과 영적인 의미들을 더듬어봅시다.

1. 28장, 부활하신 예수님을 만나는 제자들의 역사적인 사건입니다. 누가 부활하신 예수님을 제일 먼저 만났습니까? 우리에게 이런 열정이 있어야 하지 않겠습니까? 나는 부활하신 예수님을 믿고 있습니까? 아니면 정말인지 궁금하여 증거라도 찾아야 하지 않겠습니까? 주님은 찾고 두드리는 자들을 만나주신다고 말씀하셨습니다.

2. 무덤을 지키던 군인들에게 많은 돈을 주면서까지 제자들이 예수님의 시신을 훔쳐갔다고 헛소문을 냅니다. 만일 제자들이 훔쳐간 것이 사실이라면 병정들은 대체 뭘 했습니까? 그럼에도 불구하고 헛소문 낸 것은 주님께서 부활하셨다는 또 다른 증거입니다.

3. 마 28:18-20은 예수님의 지상 최후의 명령입니다. 그것은 "가서 모든 민족을 제자로 삼으라"는 것입니다. 땅끝까지, 모든 사람들에게 부활하신 예수님을 증거하며 생명을 얻게하라는 것입니다. 나는 과연 복음을 얼마만큼, 어떻게 증거하고 있습니까? 이 기쁨과 희열의 부활소식을 전하는 증인들이 되고 싶지 않으십니까?

● **한귀절** 오늘 말씀을 읽으면서 마음이 와 닿는 말씀 한 구절을 적고 되뇌어 봅시다.

● **적용** 말씀을 묵상하면서 나의 삶에 적용할 것과 실제적으로 행동에 옮길 것을 구체적으로 적어봅시다.

● **감사** 감사하는 성도는 더욱 더 풍성한 삶을 살게됩니다. 오늘 하루를 돌아보며 한 줄로 감사를 적어봅시다.

● **기도** 글로 쓰는 기도는 영원히 보존되는 기도입니다. 한 줄에 마음을 담아 기도를 주님께 올려드립시다.

20 . . . (제 42 주 월요일)　　　　　　　　　　　　　　　오늘의 말씀 : 막 1-3장

영혼을 구원하기 위해 오신 예수님

배경　먼저 배경을 읽고 오늘의 성경을 읽읍시다. 읽은 뒤 배경을 한 번 더 읽어도 좋습니다.

마태는 구약의 예언을 많이 다루면서 구약을 성취하시는 예수님을 보여준다면 마가는 구약성경을 모르는 이방 사람들에게 복음을 전하기 때문에 기사와 이적을 많이 다룹니다. 살아계신 하나님을 표적과 기사를 통해 증거합니다.

● **묵상**　아래의 질문들을 여유있는 마음으로 두 번 세 번 생각하며 하나님의 마음과 영적인 의미들을 더듬어봅시다.

1. 1장, 예수님의 하루일과를 엿볼 수 있습니다. 아침에 회당에 들어가 가르치시고(21-) 귀신을 추방하신 뒤 베드로의 집으로 들어가셔서 장모의 열병을 고치십니다. 그런데 저녁때 마을 사람들이 다 몰려와 모여든 사람들을 일일이 고치시고 새벽도 오기 전에 일어나셔서 기도하십니다. 예수님은 왜 다른 마을로 가자고 하셨을까요?

2. 2장, 한 중풍병자를 위해 4명의 친구들이 마음을 합하여 지붕을 뜯고 예수님이 계신 곳 까지 침상을 달아 내립니다. 이 모습을 보신 예수님은 "그들의 믿음을 보시고" 고쳐주십니다. 한 영혼을 위한 주변사람들의 노력이 얼마나 중요할까요?

3. 3:13-19, 예수님이 하나님나라 전파와 세상을 구원하시기 위해 제자들을 세우십니다. 그런데 그 목적은 "이는 자기와 함께 있게 하시고 또 보내사 전도도… 권능도…" 라고 하시므로 일 보다 제자들과 함께 계시기를 더 원하셨습니다. 우리는 무엇을 중하게 여깁니까?

● **한귀절**　오늘 말씀을 읽으면서 마음이 와 닿는 말씀 한 구절을 적고 되뇌어 봅시다.

● **적용**　말씀을 묵상하면서 나의 삶에 적용할 것과 실제적으로 행동에 옮길 것을 구체적으로 적어봅시다.

● **감사**　감사하는 성도는 더욱 더 풍성한 삶을 살게됩니다. 오늘 하루를 돌아보며 한 줄로 감사를 적어봅시다.

● **기도**　글로 쓰는 기도는 영원히 보존되는 기도입니다. 한 줄에 마음을 담아 기도를 주님께 올려드립시다.

20 . . .   (제 42 주 화요일)   오늘의 말씀 : 막 4-6장

기사와 이적을 행하시는 예수님

> **배경**   먼저 배경을 읽고 오늘의 성경을 읽읍시다. 읽은 뒤 배경을 한 번 더 읽어도 좋습니다.
>
> 마가는 교리적인 부분보다 예수님이 사람들을 고치시고 회복시키며 영혼을 구원하시는데 관심을 집중시키고 있습니다. 우리는 교리를 너무 중시여기다가 사람을 구원하는 일을 등한히 할 수 있습니다. 사람들에 대한 사랑과 연민을 예수님께로부터 배워야 합니다.

● **묵상**   아래의 질문들을 여유있는 마음으로 두 번 세 번 생각하며 하나님의 마음과 영적인 의미들을 더듬어봅시다.

1. 4장, 왜 예수님은 하나님의 나라를 단도직입적으로 전하지 않으시고 비유를 통해 말씀하실까요? 그것은 사모하지 않는 사람들에게는 주지 않으시겠다는 마음 때문입니다. 복음은 사모하는 사람, 찾고 두드리는 사람이 받을 수 있습니다. 나는 얼마나 사모합니까?

2. 5장, 귀신들린 자를 해방시키시고 죽은 야이로의 딸을 살리시며 그 가는 길에 12년 동안 많은 병원을 찾아다니며 고치지 못했던 혈루병을 고치시는데 예수님은 억눌리고 병든 자를 회복시켜 주심으로 천국을 회복시키십니다. 주님께 문제를 가지고 나가면 고침받을 수 있습니다. 혈루병 걸린 여인과 같은 믿음이 내게 있습니까? 나는 어떻게 복음을 전합니까?

3. 6:1-6, 예수님이 고향에 가셔서 복음을 전하시는데 그 말씀에 놀랍니다. 그러나 그 권능을 인정하면서도 어려서부터 보아왔던 목수의 아들의 이미지와 예수님의 동생들로 인한 고정관념이 예수님을 배척하게 합니다. 이는 복음을 전하는 이와 상관없이 받는 사람들이 어떤 자세로 받는가에 따라 전혀 다른 결과가 옴을 생각하게 합니다.

● **한귀절**   오늘 말씀을 읽으면서 마음이 와 닿는 말씀 한 구절을 적고 되뇌어 봅시다.

● **적용**   말씀을 묵상하면서 나의 삶에 적용할 것과 실제적으로 행동에 옮길 것을 구체적으로 적어봅시다.

● **감사**   감사하는 성도는 더욱 더 풍성한 삶을 살게됩니다. 오늘 하루를 돌아보며 한 줄로 감사를 적어봅시다.

● **기도**   글로 쓰는 기도는 영원히 보존되는 기도입니다. 한 줄에 마음을 담아 기도를 주님께 올려드립시다.

20 . . . (제 42 주 수요일)　　　　　　　　　　　오늘의 말씀 : 막 7-9장

교훈이 있는 사건들

배경　먼저 배경을 읽고 오늘의 성경을 읽읍시다. 읽은 뒤 배경을 한 번 더 읽어도 좋습니다.

예수님이 수많은 병을 치유하시고 귀신을 추방시켜 주시면서 복음을 전하시는데 그 사건 하나 하나에는 나에게 적용시켜야 할 교훈들이 담겨있습니다. 그저 오래전에 일어났던 지나간 이야기가 아니라 지금 나에게 들려주시는 하나님의 말씀과 사건들로 받아야 합니다.

● **묵상**　아래의 질문들을 여유있는 마음으로 두 번 세 번 생각하며 하나님의 마음과 영적인 의미들을 더듬어봅시다.

1. 7장, 예수님의 제자들이 손을 닦지 않고 음식을 먹어 바리새인, 서기관들의 공격을 받습니다. 그러나 예수님은 너희들은 왜 장로들의 전통을 지키면서 외식하는가를 묻습니다. 진정 사람을 더럽게 하는 것이 무엇인가를 생각하게 합니다. 나는 외식하고 있지 않습니까?

2. 8장, 예수님이 떡 일곱개와 생선 두 마리로 4천명을 먹이고 일곱 광주리가 남았습니다. 이런 기적들을 보고서도 바리새인들은 하늘로부터 오는 표적을 구하고 있습니다. 불신이나 부정적인 마음을 가지면 천사가 말한다고 할지라도 거절하게 될 것입니다. 나의 마음 밭은 순수하고 긍정적입니까?

3. 9장, 세 제자를 데리고 높은 산에 올라가 십자가 지심을 준비하고 내려오시는 예수님께 귀신들린 아이 아버지가 제자들이 쫓아내지 못한 아이를 데리고 오자 예수님은 "기도 외에는" 그 무엇으로도 이런 역사가 일어날 수 없음을 가르쳐 주셨습니다. 하나님의 살아계신 역사를 맛보려면 나의 기도생활을 어떻게 바꾸어야 할까요?

● **한귀절**　오늘 말씀을 읽으면서 마음이 와 닿는 말씀 한 구절을 적고 되뇌어 봅시다.

● **적용**　말씀을 묵상하면서 나의 삶에 적용할 것과 실제적으로 행동에 옮길 것을 구체적으로 적어봅시다.

● **감사**　감사하는 성도는 더욱 더 풍성한 삶을 살게됩니다. 오늘 하루를 돌아보며 한 줄로 감사를 적어봅시다.

● **기도**　글로 쓰는 기도는 영원히 보존되는 기도입니다. 한 줄에 마음을 담아 기도를 주님께 올려드립시다.

20　　(제 42 주 목요일)　　　　　　　　　　　　오늘의 말씀 : 막 10-13장

설교에 집중하시는 예수님

● **배경**　먼저 배경을 읽고 오늘의 성경을 읽읍시다. 읽은 뒤 배경을 한 번 더 읽어도 좋습니다.

예수님은 십자가 지실 때가 가까와 오자 육신의 질병을 치유해주시는 것 보다 말씀을 선포하시는 일에 집중하십니다. 왜냐하면 육신은 또 다시 병들고 죽어지지만 영혼구원은 영원하기 때문에 하나님나라의 말씀 전파에 집중하십니다.

● **묵상**　아래의 질문들을 여유있는 마음으로 두 번 세 번 생각하며 하나님의 마음과 영적인 의미들을 더듬어봅시다.

1. 10장, 재물이 많은 사람이 예수님께 와서 어떻게 하여야 영생을 얻을 수 있는가를 묻는 사람에게 왜 재산을 다 팔아 가난한 자들에게 주라고 요청하실까요? 그것은 그가 이웃을 사랑하라는 계명들을 형식적으로 지켰기 때문입니다. 나에게 부족한 것은 무엇일까요?

2. 11장, 이제 예수님은 마지막 주간을 맞으십니다. 무화과 나무에 열매가 없는 것을 보시고 이스라엘을 생각하시면서 책망하셨고 성전에 들어가셔서 매매하고 돈 바꾸는 사람들의 상을 둘러엎으시며 쫓아내십니다. 나는 얼마나 많은 열매를 맺었으며 과연 우리 교회가 만민이 기도하는 집으로 쓰임받고 있습니까? 나는 어떤 열매를 맺고 있습니까?

3. 13장, 예수님이 성전을 바라보시며 성전이 완전히 무너질 것을 말씀하십니다. 예루살렘의 파멸과 세상의 종말을 예언하고 계십니다. 예루살렘성은 로마에 의해 AD 70년에 파괴되었고 이스라엘은 추방되어 1948년에 가서야 회복됩니다. 그렇다면 세상의 종말에 대한 예언은 어찌될까요? 그리고 나는 그 종말을 어떻게 준비해야 할까요?

● **한귀절**　오늘 말씀을 읽으면서 마음이 와 닿는 말씀 한 구절을 적고 되뇌어 봅시다.

● **적용**　말씀을 묵상하면서 나의 삶에 적용할 것과 실제적으로 행동에 옮길 것을 구체적으로 적어봅시다.

● **감사**　감사하는 성도는 더욱 더 풍성한 삶을 살게됩니다. 오늘 하루를 돌아보며 한 줄로 감사를 적어봅시다.

● **기도**　글로 쓰는 기도는 영원히 보존되는 기도입니다. 한 줄에 마음을 담아 기도를 주님께 올려드립시다.

20 . . . (제 42 주 금요일)　　　　　　　　　　오늘의 말씀 : 막 14-16장

십자가 지시는 예수님

배경　먼저 배경을 읽고 오늘의 성경을 읽읍시다. 읽은 뒤 배경을 한 번 더 읽어도 좋습니다.

마가복음의 마지막 부분으로 예수님의 십자가 지심과 부활 사건을 조명하고 있습니다. 예수님이 이 땅에 오신 목적이자 우리 인생들의 구원의 길입니다. 따라서 십자가와 고난에 대한 묵상이 바로 되어야 합니다. 그래야 부활의 영광을 맛볼 수 있습니다.

● **묵상**　아래의 질문들을 여유있는 마음으로 두 번 세 번 생각하며 하나님의 마음과 영적인 의미들을 더듬어봅시다.

1. 14장은 고난 받으시는 예수님을 소개합니다. 예수님이 인류의 죄를 짊어지시고 십자가 지시려고 이 땅에 오셔서 고난을 받으시지만 정작 사람들은 이 비밀을 알지 못합니다. 그러나 한 여자가 매우 값진 향유를 가져다 예수님의 머리에 부음으로 예수님의 죽으심 곧 장례를 준비합니다. 나에게는 구속의 은혜가 이 여인 만큼 있습니까?

2. 15장 십자가 지시는 예수님, 예수님은 인생들을 위해 십자가를 지셨는데 십자가 밑의 인생들은 예수님과 십자가를 조롱합니다. 오늘도 세상 많은 사람들은 십자가를 조롱하거나 무관심합니다. 나는 주님의 십자가에 대하여 얼마나 나의 것으로 깊이 묵상하고 있습니까?

3. 16장 부활하신 예수님, 예수님의 제자들은 막달라 마리아가 부활하신 예수님을 만났다고 했지만 제자들은 듣고서도 믿지 않습니다. 상식과 과학, 경험에 기초한 신앙은 부활사건을 받아들일 수 없습니다. 지금 우리가 사는 시대에도 동일하게 적용됩니다.

● **한귀절**　오늘 말씀을 읽으면서 마음이 와 닿는 말씀 한 구절을 적고 되뇌어 봅시다.

● **적용**　말씀을 묵상하면서 나의 삶에 적용할 것과 실제적으로 행동에 옮길 것을 구체적으로 적어봅시다.

● **감사**　감사하는 성도는 더욱 더 풍성한 삶을 살게됩니다. 오늘 하루를 돌아보며 한 줄로 감사를 적어봅시다.

● **기도**　글로 쓰는 기도는 영원히 보존되는 기도입니다. 한 줄에 마음을 담아 기도를 주님께 올려드립시다.

20 . . .   (제 42 주 토요일)   오늘의 말씀 : 눅 1-3장

어린아기로 오신 예수님

> **배경** 먼저 배경을 읽고 오늘의 성경을 읽읍시다. 읽은 뒤 배경을 한 번 더 읽어도 좋습니다.
>
> 누가는 마태, 마가와 달리 예수님에 관한 많은 자료를 수집하고 이를 일목요연하게 정리하여 예수님의 탄생을 소개합니다. 누가 때문에 예수님의 탄생에 대한 다양한 소식을 접하게 되고 하나님의 일하심을 다방면으로 깨닫게 됩니다. 마음 열고 관찰합시다.

● **묵상** 아래의 질문들을 여유있는 마음으로 두 번 세 번 생각하며 하나님의 마음과 영적인 의미들을 더듬어봅시다.

1. 1장, 누가는 예수님의 탄생이 역사적 사실임을 보여주고 있습니다. 특히 누가는 예수님 보다 먼저 와서 예수님을 알리는 역할을 하는 세례요한의 탄생과정을 통해 이일이 하나님께로부터 왔음을 말하고 있습니다. 하나님은 지금 나의 삶에 어떻게 역사하고 계십니까?

2. 2장, 예수님은 화려한 궁궐에서 태어나지 않으셨습니다. 가장 낮은 곳 마굿간에 태어나셨고 흑수저 양치기 목동들에게 천사들의 찬양을 통해 이 귀한 사실을 알리셨습니다. 시므온이나 나이 들어 늙은 과부에게도 알려주셨습니다. 주님은 높은 사람들 만이 아닌 나같은 사람을 위해 이땅에 오셨음을 깊이 묵상하며 감사하여야 할 것입니다.

3. 3장, 하나님의 말씀이 빈들에서 메뚜기와 석청을 먹던 세례요한에게 임하십니다. 그리고 예수님을 전합니다. 그러나 세례요한은 나는 예수님의 신발끈을 풀기도 감당치 못하는 사람이지만 예수님은 성령과 불로 심판을 행하시는 분이라고 소개합니다. 나는 예수님을 어떻게 이해하고 있습니까?

● **한귀절** 오늘 말씀을 읽으면서 마음이 와 닿는 말씀 한 구절을 적고 되뇌어 봅시다.

● **적용** 말씀을 묵상하면서 나의 삶에 적용할 것과 실제적으로 행동에 옮길 것을 구체적으로 적어봅시다.

● **감사** 감사하는 성도는 더욱 더 풍성한 삶을 살게됩니다. 오늘 하루를 돌아보며 한 줄로 감사를 적어봅시다.

● **기도** 글로 쓰는 기도는 영원히 보존되는 기도입니다. 한 줄에 마음을 담아 기도를 주님께 올려드립시다.

20 . . .   (제 43 주 월요일)   오늘의 말씀 : 눅 4-7장

시험받으시는 예수님

> **배경** 먼저 배경을 읽고 오늘의 성경을 읽읍시다. 읽은 뒤 배경을 한 번 더 읽어도 좋습니다.
>
> 이제 누가는 예수님의 사역을 소개하기 시작합니다. 먼저 예수님이 마귀에게 시험받으시며 준비하시고 갈릴리 고향에서부터 사역을 시작하십니다. 제자들을 부르시고 기사와 이적을 일으키시며 천국복음을 전파하십니다.

● **묵상** 아래의 질문들을 여유있는 마음으로 두 번 세 번 생각하며 하나님의 마음과 영적인 의미들을 더듬어봅시다.

1. 4장, 시험받으시는 예수님, 왜 예수님은 마귀에게 시험을 받으셔야 했을까요? 아담과 하와를 비롯한 인생들이 육신이 약하여 주신 복을 마귀에게 빼앗겼기 때문입니다. 그래서 예수님이 육신의 몸을 입고 오셨고 인간의 빼앗긴 그 상황으로 돌아가 마귀에게서 빼앗아 오신 것입니다. 한마디로 기가막힌 하나님의 은혜가 아닐 수 없습니다.

2. 5:1-11, 6:12-26 예수님은 배우지 못하며 낮고 천한 사람들을 제자로 부르셔서 능력을 주시고 사람을 낚으며, 하나님의 일을 하게 하셨습니다. 그렇습니다. 하나님은 미련하고 천한 사람들을 부르셔서 지혜로운 자들을 부끄럽게 하십니다. 그래요! 그래서 우리가 부름받은 것입니다. 그저 감사할 따름 아닙니까?

3. 7:18-23, 세례요한은 예수님이 세상을 구원하실 분이라고 분명하게 사람들에게 소개했습니다. 그런데 왜 왜 오실 그분이 주님이신가를 물을까요? 세례요한은 감옥에 갇힌 자신을 구원하지 않자 서운한 마음이 들었기 때문 일 것입니다. 우리가 하나님의 일을 해 놓고 인정받기를 원한다면 세례요한과 같이 시험들게 됩니다. 이해가 되십니까?

● **한귀절** 오늘 말씀을 읽으면서 마음이 와 닿는 말씀 한 구절을 적고 되뇌어 봅시다.

● **적용** 말씀을 묵상하면서 나의 삶에 적용할 것과 실제적으로 행동에 옮길 것을 구체적으로 적어봅시다.

● **감사** 감사하는 성도는 더욱 더 풍성한 삶을 살게됩니다. 오늘 하루를 돌아보며 한 줄로 감사를 적어봅시다.

● **기도** 글로 쓰는 기도는 영원히 보존되는 기도입니다. 한 줄에 마음을 담아 기도를 주님께 올려드립시다.

20 . . . (제 43 주 화요일)　　　　　　　　　　　　　　오늘의 말씀 : 눅 8-10장

기사와 이적을 행하시는 예수님

● **배경**　먼저 배경을 읽고 오늘의 성경을 읽습시다. 읽은 뒤 배경을 한 번 더 읽어도 좋습니다.

예수님은 이스라엘 전역을 친히 걸어 다니시면서 육신의 질병을 치유하시고 귀신을 추방하며 천국복음을 전하십니다. 그래서 기사와 이적이 말씀과 함께 계속 일어나고 있으며 그 중간 중간 제자들에게 특별 교육을 시켜주셔서 사역을 준비하게 하십니다.

● **묵상**　아래의 질문들을 여유있는 마음으로 두 번 세 번 생각하며 하나님의 마음과 영적인 의미들을 더듬어봅시다.

1. 8:1-3. 예수님은 전국을 걸어 다니며 천국복음을 전파하시지만, 사람이기에 먹어야 하고 쉬어야 합니다. 또한 예수님 주변에는 제자들과 많은 사람들이 항상 함께 하였습니다. 많은 먹거리와 돈과 수고가 들어가야 하는데 은혜받은 여인들이 자발적으로 자기들의 소유로 예수님을 섬겼습니다. 나는 주님께 받은 은혜를 어떻게 섬김으로 나타내고 있습니까?

2. 9장, 오병이어의 기적은 어린아이의 손에서 주님께 바쳐질 때 일어납니다. 엄마가 싸준 도시락 보리떡 다섯 개와 물고기 두 마리를 드린다는 생각을 어린아이가 했고 그것을 드릴때 역사가 일어났습니다. 오늘도 이렇게 순수한 마음으로 드려지는 보리떡과 물고기들을 통해서 하나님의 나라가 세워지고 있습니다. 나는 이 일에 얼마나 순수하게 동참합니까?

3. 10장, 예수님은 70명의 제자들을 2명씩 짝지어 각 동네로 보내시며 하나님 나라를 전파하라고 하십니다. 그러나 사람들이 복음을 받아들이지 않는 모습을 보시면서 아파하십니다. 그래서 교만한 사람들에게는 숨기시고 겸손한 사람들에게는 열어 보여주어 감사하다고 기도하십니다(21절). 나는 똑똑한 사람입니까? 어린아이 같은 겸손한 사람입니까?

● **한귀절**　오늘 말씀을 읽으면서 마음이 와 닿는 말씀 한 구절을 적고 되뇌어 봅시다.

● **적용**　말씀을 묵상하면서 나의 삶에 적용할 것과 실제적으로 행동에 옮길 것을 구체적으로 적어봅시다.

● **감사**　감사하는 성도는 더욱 더 풍성한 삶을 살게됩니다. 오늘 하루를 돌아보며 한 줄로 감사를 적어봅시다.

● **기도**　글로 쓰는 기도는 영원히 보존되는 기도입니다. 한 줄에 마음을 담아 기도를 주님께 올려드립시다.

20 . . . (제 43 주 수요일)   오늘의 말씀 : 눅 11-13장

기사와 이적보다는 말씀을 !

배경 먼저 배경을 읽고 오늘의 성경을 읽읍시다. 읽은 뒤 배경을 한 번 더 읽어도 좋습니다.

누가복음에는 기사와 이적이 많이 소개되지만 사실은 말씀을 가르치시기 위함입니다. 그래서 말씀이 점점 깊어지십니다. 그리고 점점 더 강력해 지십니다. 신앙의 초기에는 신비적인데 영향을 받지만 믿을수록 말씀 중심이 되어야 성숙해지는 성도가 됩니다.

● **묵상** 아래의 질문들을 여유있는 마음으로 두 번 세 번 생각하며 하나님의 마음과 영적인 의미들을 더듬어봅시다.

1. 11장, 기도에 대하여 가르쳐 주십니다. 주님은 기도를 이렇게 하라고 친절하게 가르쳐 주시면서 그 방법은 간청 즉 간절히 청구하듯이 구하라고 가르쳐 주십니다. 그러면 응답하실 뿐 아니라 구하는 자들에게 성령을 주실 것을 말씀하셨습니다. 기도에는 왕도가 없습니다. 하나님은 간절히 찾는 사람들에게 응답하십니다.

2. 12:49-53, 예수님의 소원은 하나님의 영광 즉 성령의 불을 던지기 위해 오셨습니다. 이 불을 받으면 변화되어 새 사람 되고 은혜의 사람이 됩니다. 그러나 그 불이 사람을 변화시키면서 불신자들에게는 공격의 대상이 됩니다. 그래서 분쟁의 원인이 되기도 합니다. 그러나 불이 강하면 결국 온 집안이 다 변화됩니다.

3. 13:22-30, 믿음을 가진 다는 것은 지금까지 가지고 있는 상식과 세상적인 사고와 삶을 떠나 하나님을 주인으로 모시고 말씀을 실천하는 삶을 사는 것을 의미합니다. 이것은 곧 자기를 버리는 일이고 좁은 길로 가는 것과 같습니다. 많은 사람들이 택하는 길이 아닙니다. 그러나 영원한 생명과 복이 그를 기다릴 것입니다.

● **한귀절** 오늘 말씀을 읽으면서 마음이 와 닿는 말씀 한 구절을 적고 되뇌어 봅시다.

● **적용** 말씀을 묵상하면서 나의 삶에 적용할 것과 실제적으로 행동에 옮길 것을 구체적으로 적어봅시다.

● **감사** 감사하는 성도는 더욱 더 풍성한 삶을 살게됩니다. 오늘 하루를 돌아보며 한 줄로 감사를 적어봅시다.

● **기도** 글로 쓰는 기도는 영원히 보존되는 기도입니다. 한 줄에 마음을 담아 기도를 주님께 올려드립시다.

20 . . .　　(제 43 주 목요일)　　　　　　　　　　　오늘의 말씀 : 눅 14-17장

점점 더 깊어지는 말씀

배경　먼저 배경을 읽고 오늘의 성경을 읽읍시다. 읽은 뒤 배경을 한 번 더 읽어도 좋습니다.

예수님의 말씀은 점점 더 깊어집니다. 깊어지면 깊어질수록 바리새인과 종교지도자들의 시기, 질투로 공격을 받습니다. 그러나 주님은 깊은 말씀들을 쏟아내십니다. 사역 종반으로 가면서 폭발하듯 전하는 메시지를 마음으로 받으면 깊은 신앙으로 성장할 것입니다.

● **묵상**　아래의 질문들을 여유있는 마음으로 두 번 세 번 생각하며 하나님의 마음과 영적인 의미들을 더듬어봅시다.

1. 14:25-35, 예수님은 주님을 따르는 자들에게 결단을 요구하고 계십니다. 실제로 믿음을 가질 때 가족과 주변 인물들과 심한 갈등을 겪게 되는 어려움이 있습니다. 그러나 부르심과 그 결과가 무엇인지 헤아린다면 결단이 있어야 한다는 것입니다. 제자가 되는 길은 험하지만, 그 댓가는 헤아릴 수 없음을 알고 또 느끼고 있습니까?

2. 15장, 15장 전체는 잃은 양을 구원하기 위해 오신 예수님의 마음을 보여줍니다. 그런데 우리는 두 아들의 비유에서 나오는 큰 아들처럼 그저 예배드리고 내가 해야 할 일을 잘하면 된다고 생각하는 경향이 있습니다. 그러나 주님은 잃은 영혼에 대한 마음이 더 크십니다. 내 가족과 주변 사람들을 돌아보고 관심을 가집시다.

3. 17:20-21, 하나님 나라 곧 천국은 두 가지가 있습니다. 지금 여기서의 천국이고 삶을 마감하고 들어가는 완전한 천국입니다. 지금 우리는 천국을 여기에서 누려야 합니다. 그리고 그 천국은 "in your mind"가 아니고 "among your mind"임을 알아야합니다. 나 혼자만이 아니라 사람들과의 관계속에서 맛보는 천국입니다. 나의 삶은 어떻습니까?

● **한귀절**　오늘 말씀을 읽으면서 마음이 와 닿는 말씀 한 구절을 적고 되뇌어 봅시다.

● **적용**　말씀을 묵상하면서 나의 삶에 적용할 것과 실제적으로 행동에 옮길 것을 구체적으로 적어봅시다.

● **감사**　감사하는 성도는 더욱 더 풍성한 삶을 살게됩니다. 오늘 하루를 돌아보며 한 줄로 감사를 적어봅시다.

● **기도**　글로 쓰는 기도는 영원히 보존되는 기도입니다. 한 줄에 마음을 담아 기도를 주님께 올려드립시다.

20 . . .　　(제 43 주 금요일)　　　　　　　　　　　오늘의 말씀 : 눅 18-21장

막바지에 쏟아 붓는 말씀들

배경　먼저 배경을 읽고 오늘의 성경을 읽읍시다. 읽은 뒤 배경을 한 번 더 읽어도 좋습니다.

이제 예수님은 십자가 지시기 직전의 막바지에 다다릅니다. 그래서 주님은 그동안 아껴 두셨던 말씀들을 쏟아 부으십니다. 당신이 고난 받고 죽으실 것을 아시면서 전 인류에게 미칠 종말에 관한 소식까지 아낌없이 전하십니다. 단단히 마음먹고 받아야합니다.

● **묵상**　아래의 질문들을 여유있는 마음으로 두 번 세 번 생각하며 하나님의 마음과 영적인 의미들을 더듬어봅시다.

1. 18:18-30, 어려서부터 계명을 다 지키면서도 구원의 확신을 얻지 못한 사람에게 왜 예수님은 재산을 팔아 나눠주고 오라고 하실까요? 그것은 말씀을 지킨다고 했으나 사랑하라는 하나님의 마음을 알지 못한 채 형식적으로, 문자적으로 말씀을 지켰기 때문입니다. 그는 재물을 포기하지 못했습니다. 나는 계명을 주신 문자 이상의 의미를 알고 있습니까?

2. 19:28-48, 예수님이 나귀 새끼를 타고 예루살렘성에 들어가십니다. 이는 예수님이 겸손한 왕, 섬김으로 평화를 주는 왕이심을 보여주시기 위함입니다. 우리가 겸손하게 서로 섬길 때 평화가 옵니다. 그러나 이스라엘은 그걸 몰라 결국 예루살렘성이 무너지게 되었습니다. 나는 이 온유와 겸손이 얼마나 내 성품에 자리하고 있습니까?

3. 21장, 21장 전체는 이스라엘의 멸망 시점과 전 인류의 종말 즉 예수님의 재림시기와 상황에 대하여 말씀하십니다. 예수님이 초림하실 때에는 구원하시기 위해 오시지만 두 번째 오실 때에는 세상을 심판하시기 위함입니다. 오셔야만 공의의 하나님이 되십니다. 예수님의 재림은 반드시 있습니다. 즉, 심판이 반드시 있습니다. 이것을 준비하고 있습니까?

● **한귀절**　오늘 말씀을 읽으면서 마음이 와 닿는 말씀 한 구절을 적고 되뇌어 봅시다.

● **적용**　말씀을 묵상하면서 나의 삶에 적용할 것과 실제적으로 행동에 옮길 것을 구체적으로 적어봅시다.

● **감사**　감사하는 성도는 더욱 더 풍성한 삶을 살게됩니다. 오늘 하루를 돌아보며 한 줄로 감사를 적어봅시다.

● **기도**　글로 쓰는 기도는 영원히 보존되는 기도입니다. 한 줄에 마음을 담아 기도를 주님께 올려드립시다.

20 . . . (제 43 주 토요일)　　　　　　　　　　오늘의 말씀 : 눅 22-24장

십자가 지시고 부활하시는 예수님

● **배경**　먼저 배경을 읽고 오늘의 성경을 읽읍시다. 읽은 뒤 배경을 한 번 더 읽어도 좋습니다.

이제 예수님은 고난 받으시고 십자가를 지십니다. 네 복음서가 이를 다 자세히 다루고 있는데 우리는 이 부분을 읽고 묵상할 때 마다 나의 죄와 죽음을 생각하여야 합니다. 예수님이 고난 받으신 것은 인류가 아니라 나 때문임을 알아야 신앙의 사람이 됩니다.

● **묵상**　아래의 질문들을 여유있는 마음으로 두 번 세 번 생각하며 하나님의 마음과 영적인 의미들을 더듬어봅시다.

1. 22:1-6, 가룟 유다가 예수님을 구약시대에 종이나 노예 한 사람의 값인 은 30냥에 스승 아니 메시야를 팔았습니다. 그런데 가룟 유다는 왜 그랬을까요? 사단 때문입니다. 가룟 유다가 자기 시각 곧 예수님을 정치적, 군사적 메시야로 보고 예수님을 따랐기 때문에 사단이 그를 이용한 것입니다. 사단은 나의 약점을 이용함을 알아야합니다.

2. 22:54-61, 베드로가 대제사장에게 심문받는 예수님을 뵈려고 멀찍이 따라갔다가 한 여종의 말에 맥없이 무너지고 예수님을 세 번씩이나 부인합니다. 그러나 예수님이 저를 위해 중보기도하시므로 저가 회복하게 됩니다. 이 스승을 배반하는 비겁한 베드로가 나의 모습은 아닙니까? 내 신앙을 돌아봅시다.

3. 23:32-43, 예수님은 십자가 상에서도 당신을 십자가에 잔인하게 못 박는 사람들과 조롱하는 사람들을 위해 용서를 구합니다. 아! 우리가 이런 주님을 모시고 삽니다. 우리는 너무 사소한 작은 일에도 참지 못하고 인정받기 원하며 억울하다고 하소연하고 주장하며 용서하지 못하고 마음을 닫고 불행하게 삽니다. 이제 우리는 어떤 삶을 살아야 할까요?

● **한귀절**　오늘 말씀을 읽으면서 마음이 와 닿는 말씀 한 구절을 적고 되뇌어 봅시다.

● **적용**　말씀을 묵상하면서 나의 삶에 적용할 것과 실제적으로 행동에 옮길 것을 구체적으로 적어봅시다.

● **감사**　감사하는 성도는 더욱 더 풍성한 삶을 살게됩니다. 오늘 하루를 돌아보며 한 줄로 감사를 적어봅시다.

● **기도**　글로 쓰는 기도는 영원히 보존되는 기도입니다. 한 줄에 마음을 담아 기도를 주님께 올려드립시다.

20 . . .　(제 44 주 월요일)　　　　　　　　　　　　오늘의 말씀 : 요 1장

요한이 쓴 복음서

배경　먼저 배경을 읽고 오늘의 성경을 읽읍시다. 읽은 뒤 배경을 한 번 더 읽어도 좋습니다.

마태, 마가, 누가복음 이 세권은 공관복음이라고 합니다. 서로 서로 공통부분이 많기 때문입니다. 그러나 요한이 쓴 복음서는 매우 많이 다릅니다. 왜냐하면 에베소에서 그리스 사람들을 대상으로 기록했기 때문입니다. 철학적이면서 말씀위주가 특징입니다.

● **묵상**　아래의 질문들을 여유있는 마음으로 두 번 세 번 생각하며 하나님의 마음과 영적인 의미들을 더듬어봅시다.

1. 1:1-5, 태초에 계신 말씀은 원어로 보면 당시 세계의 철학을 주도하던 그리스(헬라)사람들이 믿던 우주만물의 근원이자 힘인 로고스를 뜻합니다. 즉 요한은 세상 사람들이 믿었던 그 힘이 바로 하나님 이심을 철학적으로 증거하고 있습니다. 말씀으로 우주 만물을 지으신 하나님을 증언합니다. 이해가 되십니까?

2. 1:6-42은 세례요한에 관한 말씀입니다. 세례요한은 예수님 보다 6개월 앞서 태어나 광야에 살면서 오실 예수님을 맞이하게 하기위해 세례를 베풀고 회개운동을 벌이며 예수님과 천국을 맞을 준비를 했습니다. 그래서 세례요한은 예수님이 오셨을 때 "보라, 세상죄를 지고가는 하나님의 어린양" 이라고 외쳤습니다.

3. 1:43-51, 빌립이라는 사람이 나다나엘이라는 사람을 찾아가 예수님을 소개하며 전도합니다. 그런데 그가 무시하고 받아들이지 않자 "와서 보라"고 말합니다. 나다나엘이 예수님께 와서 보고 예수님을 하나님의 아들로 인정합니다. 우리는 전도할 때 설득시키려하고 안되면 낙심합니다. 빌립의 전도법을 사용해 보십시오.

● **한귀절**　오늘 말씀을 읽으면서 마음이 와 닿는 말씀 한 구절을 적고 되뇌어 봅시다.

● **적용**　말씀을 묵상하면서 나의 삶에 적용할 것과 실제적으로 행동에 옮길 것을 구체적으로 적어봅시다.

● **감사**　감사하는 성도는 더욱 더 풍성한 삶을 살게됩니다. 오늘 하루를 돌아보며 한 줄로 감사를 적어봅시다.

● **기도**　글로 쓰는 기도는 영원히 보존되는 기도입니다. 한 줄에 마음을 담아 기도를 주님께 올려드립시다.

20 . . . (제 44 주 화요일)　　　　　　　　　　　　오늘의 말씀 : 요 2-4장

사역을 시작하시는 예수님

배경　먼저 배경을 읽고 오늘의 성경을 읽읍시다. 읽은 뒤 배경을 한 번 더 읽어도 좋습니다.

마가나 누가와 달리 요한은 요한복음 전체에서 기적사건을 단지 일곱개 밖에 사용하지 않습니다. 그리고 그 기적도 "표적"이라고 표현합니다. 혼인잔치에서 물로 포도주를 만드는 사건으로 시작한 모든 기적사건은 모두 하나님의 아들이심을 증언하는 표적입니다.

● **묵상**　아래의 질문들을 여유있는 마음으로 두 번 세 번 생각하며 하나님의 마음과 영적인 의미들을 더듬어봅시다.

1. 2장, 예수님은 가나에서 혼인잔치에 참여하여 물로 포도주를 만들어 주므로 제자들에게 예수님이 하나님의 아들이심을 알려주신 다음에 가장 먼저 성전에 들어가 성전에서 매매하는 사람들을 쫓아내시면서 기도하는 집을 강도의 굴혈로 만들지 말라고 경고하십니다. 우리가 교회의 본질을 잃어버리면 안 될 것입니다.

2. 3장, 국회의원 격인 중년의 니고데모가 찾아와 예수님께 열린 마음을 갖습니다. 그런 니고데모에게 예수님은 물과 성령으로 거듭나야 한다고 말씀하십니다. 그렇습니다. 구원은 인간의 지식이나 방법으로 되는 것이 아니라 성령님의 역사로 일어납니다. 믿음은 성령님을 어떻게 이해하고 동행하는가에 달려있습니다.

3. 4장, 예수님은 목이 말라 우물곁에 앉아 계셨습니다. 옛날 우리나라가 그랬던 것처럼 동네에 우물 하나만 있었기 때문입니다. 유대인들이 증오했던 사마리아여인은 예수님을 보고 의아해 했지만, 곧 예수님이 주시는 생명수를 마시고 기뻐합니다. 이 사마리아 여인처럼 예수님을 만나야 진정한 삶이 시작됩니다.

● **한귀절**　오늘 말씀을 읽으면서 마음이 와 닿는 말씀 한 구절을 적고 되뇌어 봅시다.

● **적용**　말씀을 묵상하면서 나의 삶에 적용할 것과 실제적으로 행동에 옮길 것을 구체적으로 적어봅시다.

● **감사**　감사하는 성도는 더욱 더 풍성한 삶을 살게됩니다. 오늘 하루를 돌아보며 한 줄로 감사를 적어봅시다.

● **기도**　글로 쓰는 기도는 영원히 보존되는 기도입니다. 한 줄에 마음을 담아 기도를 주님께 올려드립시다.

20 . . .　(제 44 주 수요일)　　　　　　　　　　　　오늘의 말씀 : 요 5-7장

하나님의 아들 예수 그리스도

배경　먼저 배경을 읽고 오늘의 성경을 읽읍시다. 읽은 뒤 배경을 한 번 더 읽어도 좋습니다.

예수님은 하나님이 아들의 모습으로 이 땅에 오신 그리스도이십니다. 그런데 고정관념에 빠져있는 종교지도자들은 거룩한 하나님만 알아 하나님을 아버지라고 부르며 안식일에도 병을 고치시는 예수님을 이해하지 못하고 대적합니다. 고정관념이 문제입니다.

● **묵상**　아래의 질문들을 여유있는 마음으로 두 번 세 번 생각하며 하나님의 마음과 영적인 의미들을 더듬어봅시다.

1. 5장, 예수님은 안식일에 38년 된 병자를 고쳐주십니다. 그런데 유대인들은 38년 한 평생동안 질병으로 고통받은 사실에 아파하는 마음이 전혀 없이 오직 안식일을 어긴 것이 잘못됐다고 혈안이 됩니다. 고정관념은 38년 된 병자보다 더 심각한 질병입니다. 고정관념이 없는 사람이 없을텐데 나에게는 어떤 고정관념들이 말씀들을 가로막고 있을까요?

2. 6장, 오병이어의 이적사건입니다. 사람들은 그 다음날 와서 이 기적의 떡을 고대하지만 주시지 않습니다. 오히려 예수님은 내가 곧 하늘로부터 내려온 참 떡 곧 생명의 떡이라고 말씀하시면서 내 살과 피를 먹고 영생 얻으라고 말씀하십니다. 사람들은 그 말씀을 이해하지 못하고 다 떠났습니다. 예수님의 십자가를 통한 구원의 비밀을 말씀해 주신 것입니다.

3. 7장, 예수님에 대한 다양한 시각들을 보여줍니다. 예수님은 메시야로 세상을 구원하러 오셨건만 지도자나 백성들이나 다 예수님이 누구인지 알아보지 못합니다. 교만, 고정관념, 무지함 등이 예수님을 몰라보게 합니다. 겸손함으로 자기를 내려놓을 때 주님이 주시는 생수(성령)를 마실수 있습니다.

● **한귀절**　오늘 말씀을 읽으면서 마음이 와 닿는 말씀 한 구절을 적고 되뇌어 봅시다.

● **적용**　말씀을 묵상하면서 나의 삶에 적용할 것과 실제적으로 행동에 옮길 것을 구체적으로 적어봅시다.

● **감사**　감사하는 성도는 더욱 더 풍성한 삶을 살게됩니다. 오늘 하루를 돌아보며 한 줄로 감사를 적어봅시다.

● **기도**　글로 쓰는 기도는 영원히 보존되는 기도입니다. 한 줄에 마음을 담아 기도를 주님께 올려드립시다.

20 (제 44 주 목요일) 오늘의 말씀 : 요 8-10장

영적 비밀을 말씀하시는 예수님

배경 먼저 배경을 읽고 오늘의 성경을 읽읍시다. 읽은 뒤 배경을 한 번 더 읽어도 좋습니다.

바리새인들의 눈에 예수님은 신성모독자이고 안식일을 어기는 사람으로 비쳤습니다. 그런 바리새인들에게 진리와 자유함을 말씀하면서 보는 사람들이 소경보다 못함을 말씀합니다. 또한 예수님은 양들을 위해 목숨을 버리는 선한목자로 이 땅에 오셨음을 말씀하십니다.

● **묵상** 아래의 질문들을 여유있는 마음으로 두 번 세 번 생각하며 하나님의 마음과 영적인 의미들을 더듬어봅시다.

1. 8장. 영적인 눈이 열려야 합니다. 유대인들은 예수님이 하나님을 아버지라고 부르는 것을 이해하지 못합니다. 진리가 너희를 자유케 한다는 말씀도 이해하지 못합니다. 육신적으로는 아브라함의 후손이지만 영적으로는 사단의 자녀들입니다. 세상에서의 부귀영화 보다 영적인 눈과 감각이 열린 성도가 참 성도입니다. 나는 영적인 눈이 열려있습니까?

2. 9장, 예수님이 태어날 때부터 맹인된 사람의 눈을 열어주십니다. 그러나 유대인들은 예수님이 안식일에 이런 일을 했다고 맹인을 둘러싸고 죄를 찾고 정죄하려고 안간힘을 씁니다. 이 때로부터 저들은 예수님을 그리스도로 시인하는 사람들을 출교하기로 결의합니다. 저들이 진실로 영적 맹인들입니다.

3. 10장, 예수님은 당신 스스로를 "목자" 곧 목동이나 양치기로 부르십니다. 목동은 어느 시대나 가장 밑바닥에서 천하게 사는 사람들입니다. 그러나 양들에 대한 사랑만큼은 누구도 따라 올 수 없습니다. 그래서 예수님은 섬기는 분으로 세상에 오셨고 양들을 위해 목숨을 버리신 것입니다. 우리는 이런 선한목자의 양들이라는 것이 얼마나 감사합니까?

● **한귀절** 오늘 말씀을 읽으면서 마음이 와 닿는 말씀 한 구절을 적고 되뇌어 봅시다.

● **적용** 말씀을 묵상하면서 나의 삶에 적용할 것과 실제적으로 행동에 옮길 것을 구체적으로 적어봅시다.

● **감사** 감사하는 성도는 더욱 더 풍성한 삶을 살게됩니다. 오늘 하루를 돌아보며 한 줄로 감사를 적어봅시다.

● **기도** 글로 쓰는 기도는 영원히 보존되는 기도입니다. 한 줄에 마음을 담아 기도를 주님께 올려드립시다.

(제 44 주 금요일)　　　　　　　　　　　오늘의 말씀 : 요 11-12장

나사로를 살리신 예수님

● **배경**　먼저 배경을 읽고 오늘의 성경을 읽읍시다. 읽은 뒤 배경을 한 번 더 읽어도 좋습니다.

예수님은 주로 갈릴리에서 사역을 하시다가 절기가 되시면 예루살렘에 오셔서 복음을 전하시는데 주로 나사로의 집에서 묵으셨습니다. 그 나사로가 병들어 죽었지만 예수님은 그를 다시 살리십니다. 마리아와 마르다의 신앙과 우리의 신앙을 비교해봅시다.

● **묵상**　아래의 질문들을 여유있는 마음으로 두 번 세 번 생각하며 하나님의 마음과 영적인 의미들을 더듬어봅시다.

1. 11:1-16, 예수님은 아끼고 사랑하는 나사로가 죽기를 기다렸다가 "우리 친구 나사로가 잠들었도다 그러나 우리가 깨우러 가노라"고 말씀하십니다. 예수님은 죽음을 잠으로 보셨습니다. 예수님은 부활하심으로 "잠자는 자들의 첫열매"가 되셨습니다. 사람들이 죽음을 두려워하는 것은 천국을 믿지 못하기 때문입니다.

2. 11:17-44, 예수님은 나사로가 병들어 위독하다는 말을 듣고도 고의로 이틀이나 더 머물다가 가시는데 상식. 과학. 경험의 합리적 사고의 틀에 박혀있던 마르다 마리아는 죽은 사람이 살 수 있음을 믿지 못합니다. 오히려 교리적으로 종말 때 다시 살 것을 믿었습니다. 나의 믿음도 이처럼 합리적, 지식적 믿음은 아닙니까?

3. 12:1-8, 죽은 나사로가 살아나자 마르다와 마리아는 잔치를 베풉니다. 그 잔치 자리에서 마리아는 "지극히 비싼 향유 순전한 나드 한근"을 예수님의 발에 붓고 자기 머리털로 닦아 드리자 향유가 온 집안에 퍼집니다. 이 향유는 300 데나리온 즉 노동자 300일분의 품값에 해당했습니다. 돈이나 향유보다 더 큰 감격할 감사의 마음이 더 컸던 것입니다.

● **한귀절**　오늘 말씀을 읽으면서 마음이 와 닿는 말씀 한 구절을 적고 되뇌어 봅시다.

● **적용**　말씀을 묵상하면서 나의 삶에 적용할 것과 실제적으로 행동에 옮길 것을 구체적으로 적어봅시다.

● **감사**　감사하는 성도는 더욱 더 풍성한 삶을 살게됩니다. 오늘 하루를 돌아보며 한 줄로 감사를 적어봅시다.

● **기도**　글로 쓰는 기도는 영원히 보존되는 기도입니다. 한 줄에 마음을 담아 기도를 주님께 올려드립니다.

20 . . . (제 44 주 토요일)　　　　　　　　　　　　오늘의 말씀 : 요 13-17장

마지막 만찬, 마지막 밤

배경　먼저 배경을 읽고 오늘의 성경을 읽읍시다. 읽은 뒤 배경을 한 번 더 읽어도 좋습니다.

예수님은 제자들과 마지막 유월절 만찬을 하십니다. 이 밤에 붙잡히셔서 심문받으시고 십자가에 넘겨지십니다. 바로 그 밤에 예수님은 정말 중요한 말씀들을 아낌없이 쏟아부으셨지요. 요 13장은 성만찬, 14-16장은 십자가 지시기 전 마지막 말씀들입니다.

● **묵상**　아래의 질문들을 여유있는 마음으로 두 번 세 번 생각하며 하나님의 마음과 영적인 의미들을 더듬어봅시다.

1. 13장, 성만찬을 베푸신 예수님은 제자들의 발을 닦아 주십니다. 당시의 문화로서는 대단한 충격입니다. 예수님은 제자들의 스승이시자 인생들의 주인이시지만 제자들의 발을 닦아 주심으로 "너희도 서로 발을 씻어주는 것이 옳으니라" 가르쳐 주시려 하셨습니다. 만일 우리가 서로의 발?을 닦아 준다면 어떤 일들이 일어나겠습니까? 상상하며 적용해 봅시다.

2. 14-16장은 성만찬이 끝나고 제자들의 발을 닦아 주신 후 마치 어린 자녀들을 두고 세상을 떠나는 엄마처럼 제자들에게 십자가 지신 후에 예수님 대신 보혜사 성령님을 보내 주실 것을 말씀하십니다. 제자들은 무슨 말씀을 하시는지 깨닫지 못하지만 말씀하시는 주님의 마음이 얼마나 애절한지 느껴지지 않습니까?

3. 17장은 예수님이 겟세마네 동산에서 기도하신 내용입니다. 마태는 내 원대로 마시고 아버지의 뜻대로 되게 해달라는 한가지 기도가 소개되지만, 요한은 진정 제자들을 사랑하셔서 제자들의 신앙 보전과 주님의 마음을 쏟아 부어주시는 내용으로 가득 차 있습니다. 주님은 지금도 이렇게 우리를 위해 중보하고 계십니다.

● **한귀절**　오늘 말씀을 읽으면서 마음이 와 닿는 말씀 한 구절을 적고 되뇌어 봅시다.

● **적용**　말씀을 묵상하면서 나의 삶에 적용할 것과 실제적으로 행동에 옮길 것을 구체적으로 적어봅시다.

● **감사**　감사하는 성도는 더욱 더 풍성한 삶을 살게됩니다. 오늘 하루를 돌아보며 한 줄로 감사를 적어봅시다.

● **기도**　글로 쓰는 기도는 영원히 보존되는 기도입니다. 한 줄에 마음을 담아 기도를 주님께 올려드립시다.

20 . . .　　(제 45 주 월요일)　　　　　　　　　　오늘의 말씀 : 요 18-21장

십자가 지시고 부활하시는 예수님

배경　먼저 배경을 읽고 오늘의 성경을 읽읍시다. 읽은 뒤 배경을 한 번 더 읽어도 좋습니다.

이제 예수님은 가룟 유다의 밀고로 체포되시고 대제사장과 빌라도의 심문받으시며 십자가에 못 박히시게 됩니다. 그러나 죽음이 예수님을 붙잡고 있을 수 없었으며 예수님은 부활하십니다. 그래서 잠자는 자들의 첫 열매가 되십니다. 그래서 우리가 영생을 얻었습니다.

● **묵상**　아래의 질문들을 여유있는 마음으로 두 번 세 번 생각하며 하나님의 마음과 영적인 의미들을 더듬어봅시다.

1. 18장, 다른 제자들은 다 도망갔으나 베드로는 용기를 내어 대 제사장의 집 안뜰에 숨어 들어갑니다. 곧 예수님의 제자임이 발각되지만, 베드로는 모른다고 부인, 맹세, 저주합니다. 그리고 예수님이 말씀하신 대로 닭이 웁니다. 3년씩이나 예수님의 말씀을 받고 수많은 역사를 보고서도 부인했습니다. 만일 나였다면 어떻게 했을까요?

2. 19장, 대제사장은 고소하고 청중들을 충동하여 십자가에 못 박으라고 소리칩니다. 빌라도는 예수님에게 십자가 처형을 명령합니다. 군인들은 가시관을 엮어 예수님을 조롱합니다. 종말, 전 인류가 심판받을 때 과연 십자가에 못 박게한 사람들, 못 박은 사람들은 주님의 얼굴을 어떻게 볼 수 있을까요? 그런데 나는 주님의 얼굴을 어떻게 뵈올까요?

3. 20-21장, 안식 후 첫날 곧 3일 만에 우리 주님은 죽음을 이기시고 부활하십니다. 부활하신 예수님은 제자들을 찾아 용기를 주시고 사명을 부여하십니다. 예수님을 모른다고 세 번씩이나 부인하고 맹세, 저주했던 베드로에게도 내 양을 먹이라고 말씀하십니다. 부활하신 주님이 지금 우리에게 무슨 사명을 주실까요?

● **한귀절**　오늘 말씀을 읽으면서 마음이 와 닿는 말씀 한 구절을 적고 되뇌어 봅시다.

● **적용**　말씀을 묵상하면서 나의 삶에 적용할 것과 실제적으로 행동에 옮길 것을 구체적으로 적어봅시다.

● **감사**　감사하는 성도는 더욱 더 풍성한 삶을 살게됩니다. 오늘 하루를 돌아보며 한 줄로 감사를 적어봅시다.

● **기도**　글로 쓰는 기도는 영원히 보존되는 기도입니다. 한 줄에 마음을 담아 기도를 주님께 올려드립시다.

20 . . .   (제 45 주 화요일)   오늘의 말씀 : 행 1-2장

성령세례를 받는 제자들

> **배경**   먼저 배경을 읽고 오늘의 성경을 읽읍시다. 읽은 뒤 배경을 한 번 더 읽어도 좋습니다.
>
> 부활하신 예수님은 제자들과 40일을 함께 계시면서 성령받기를 기다리라 하셨고 제자들은 오로지 기도하며 성령을 기다리다가 성령충만을 체험합니다. 그래서 제자들은 성령으로 거듭나며 성령께 붙들린 삶을 살아 교회가 세워지고 부흥의 역사가 일어납니다.

● **묵상**   아래의 질문들을 여유있는 마음으로 두 번 세 번 생각하며 하나님의 마음과 영적인 의미들을 더듬어봅시다.

1. 1:1-11, 육신적인 꿈 곧 예수님이 군사, 정치적 메시야로 왕이 되실 줄 알았던 제자들의 꿈이 주님의 죽으심으로 포기된 듯 했으나 주님의 부활로 되살아납니다. 그래서 이스라엘 나라의 회복을 꿈꾸지만 예수님은 성령으로 말미암는 하나님의 나라를 세우기 원하셨습니다. 나의 꿈이 정말 하나님의 바램과 같을까요?

2. 1:12-26, 예수님께서 승천하신 후 제자들은 마가의 다락방에 모여 자리를 떠나지 않고 기도에 힘쓰게 됩니다. 이들은 가룟유다 대신 맛디아라는 제자를 제비뽑아 영입하고 120명이 오로지(전혀) 기도에 힘썼습니다. "오로지"란 모든 관심을 이 성령을 받는 일에만 집중했다는 뜻입니다. 나는 얼마만큼 성령님을 사모하고 있습니까?

3. 2장, 예수님을 부인하고 부활을 믿지 못하며 문을 걸어 잠그고 두려워하던 제자들이 성령의 임재를 경험하자 완전하게 새사람으로 거듭나게 됩니다. 그래서 거리로 뛰쳐나와 복음을 전했고 유무상통하여 거룩한 삶을 살아 로마를 기독교화하고 세계복음화에 성공합니다. 지금도 동일합니다. 성령님은 사람을 변화시킵니다.

● **한귀절**   오늘 말씀을 읽으면서 마음이 와 닿는 말씀 한 구절을 적고 되뇌어 봅시다.

● **적용**   말씀을 묵상하면서 나의 삶에 적용할 것과 실제적으로 행동에 옮길 것을 구체적으로 적어봅시다.

● **감사**   감사하는 성도는 더욱 더 풍성한 삶을 살게됩니다. 오늘 하루를 돌아보며 한 줄로 감사를 적어봅시다.

● **기도**   글로 쓰는 기도는 영원히 보존되는 기도입니다. 한 줄에 마음을 담아 기도를 주님께 올려드립시다.

20 . . .　(제 45 주 수요일)　　　　　　　　　오늘의 말씀 : 행 3-5장

제자들을 통한 성령의 역사

● **배경**　먼저 배경을 읽고 오늘의 성경을 읽읍시다. 읽은 뒤 배경을 한 번 더 읽어도 좋습니다.

이제 제자들은 성령께 붙들려 표적과 기사가 일어나고 담대히 복음을 전하므로 많은 사람들이 회개하고 돌아오게 되는데 이를 본 대제사장과 바리새인들이 제자들을 잡아 위협하지만 아무도 이들을 막을 수 없습니다. 그래서 복음이 사방으로 퍼져 가게 됩니다.

● **묵상**　아래의 질문들을 여유있는 마음으로 두 번 세 번 생각하며 하나님의 마음과 영적인 의미들을 더듬어봅시다.

1. 3:1-10, 매일 성전으로 기도하러 가던 베드로와 요한이 성전 미문에서 구걸하는 앉은뱅이를 일으킵니다. 첫째는 베드로의 마음속에 긍휼히 여기는 마음이 있었고 둘째는 하나님의 역사를 의심없이 믿는 믿음이 있었습니다. 우리도 이 두 가지가 겸비되면 오늘날에도 동일한 역사가 일어납니다. 나에게 긍휼히 여기는 마음과 믿음이 얼마나 있나요?

2. 4장, 복음전하는 일과 성령의 역사가 여기 저기 나타나자 제사장들과 사두개인들이 다급해져 제자들을 잡아들여 예수의 이름으로 말하지 말라고 하지만 제자들은 조금도 굴하지 않고 더욱 담대히 복음을 전합니다. 오늘 우리 환경은 복음전한다는 이유로 고난받지 않는데도 불구하고 복음전하는 일에 미온적입니다. 회개해야하지 않습니까?

3. 5:1-11, 사도들은 재산을 팔아 바치라고 강요하지 않았습니다. 그러나 성령의 역사하심으로 강력한 사랑과 나눔, 섬김 운동이 일어나게 된겁니다. 이런 와중에 다른 사람 눈치보고 재산을 팔아 숨겨 놓고 일부를 가져와 전부인 양 행동하던 아나니아 삽비라 부부가 성령을 속인죄로 죽게 됩니다. 나는 얼마나 중심으로 행동하고 있습니까?

● **한귀절**　오늘 말씀을 읽으면서 마음이 와 닿는 말씀 한 구절을 적고 되뇌어 봅시다.

● **적용**　말씀을 묵상하면서 나의 삶에 적용할 것과 실제적으로 행동에 옮길 것을 구체적으로 적어봅시다.

● **감사**　감사하는 성도는 더욱 더 풍성한 삶을 살게됩니다. 오늘 하루를 돌아보며 한 줄로 감사를 적어봅시다.

● **기도**　글로 쓰는 기도는 영원히 보존되는 기도입니다. 한 줄에 마음을 담아 기도를 주님께 올려드립시다.

20 . . .   (제 45 주 목요일)   오늘의 말씀 : 행 6-8장

스데반의 순교와 복음의 확장

배경   먼저 배경을 읽고 오늘의 성경을 읽읍시다. 읽은 뒤 배경을 한 번 더 읽어도 좋습니다.

성령의 능력으로 복음의 확장이 활발하게 일어나는데 확장과 더불어 핍박이 격해집니다. 스데반집사가 최초로 순교를 당하지만, 오히려 이로 인해서 믿는 이들이 유대 전역으로 흩어져 가는곳마다 복음이 전파되고 유대인들이 터부시하는 사마리아 까지 전해집니다.

● **묵상**   아래의 질문들을 여유있는 마음으로 두 번 세 번 생각하며 하나님의 마음과 영적인 의미들을 더듬어봅시다.

1. 6:1-6, 예수님을 믿는 사람들이 늘어나면서 파벌이 생겼습니다. 히브리파 즉 이스라엘 본토에 있던 유대인들이 이방지역에서 돌아온 헬라파유대인들에 대한 구제를 소홀히 하므로 분쟁이 생겼고 이로 인해 일곱 집사를 선출해 분란을 막고 질서정연하게 사명을 감당케 했습니다. 성령과 지혜가 충만한 사람으로!

2. 7장, 일곱집사 중에 스데반이 은혜와 권능이 충만하여 그를 통해 역사가 일어나자 시기하는 사람들이 그를 잡아 공회에 넘겼습니다. 스데반은 성령이 충만하여 말씀을 전할 때 저들이 마음에 찔려 이를 갈며 귀를 막고 돌로 스데반을 쳐 죽입니다. 말씀이 마음을 찌를 때 회개하면 됩니다. 그러나 이것이 쉽지 않은데 나는 어떻게 행동했습니까?

3. 8장, 스데반의 순교로 인하여 핍박은 거세어졌고, 그래서 성도들이 사방으로 흩어지는데 빌립 집사는 사마리아성에 가서 복음을 전합니다. 성령의 인도를 받아 에디오피아 재무장관이 은혜받고 세례를 받습니다. 핍박도 복음의 전파를 막을 수 없습니다. 나의 환경은 어떻습니까? 가족이나 친척 또는 직장, 선후배들에게 핍박받지는 않습니까?

● **한귀절**   오늘 말씀을 읽으면서 마음이 와 닿는 말씀 한 구절을 적고 되뇌어 봅시다.

● **적용**   말씀을 묵상하면서 나의 삶에 적용할 것과 실제적으로 행동에 옮길 것을 구체적으로 적어봅시다.

● **감사**   감사하는 성도는 더욱 더 풍성한 삶을 살게됩니다. 오늘 하루를 돌아보며 한 줄로 감사를 적어봅시다.

● **기도**   글로 쓰는 기도는 영원히 보존되는 기도입니다. 한 줄에 마음을 담아 기도를 주님께 올려드립시다.

20 . . . (제 45 주 금요일)   오늘의 말씀 : 행 9-12장

이방인 전도의 준비

배경 먼저 배경을 읽고 오늘의 성경을 읽읍시다. 읽은 뒤 배경을 한 번 더 읽어도 좋습니다.

스데반 순교사건으로 성도들이 사방에 흩어지는데 이방인들에게도 가서 복음을 전합니다. 하나님은 이 과정에서 사울을 선택하시고 베드로와 예루살렘 교회의 지도자들의 눈을 열어 이방인에게 복음을 전해야 함을 깨닫게 하므로 복음이 땅 끝으로 향합니다.

● **묵상** 아래의 질문들을 여유있는 마음으로 두 번 세 번 생각하며 하나님의 마음과 영적인 의미들을 더듬어봅시다.

1. 9장, 핍박자 사울의 변화 - 사울은 스데반을 죽일 때 부터 두각을 나타내 다메섹에 예수님 믿는 사람들이 숨어있다는 정보를 받고 허가를 받아 다메섹으로 가다가 부활하신 예수님을 만나 아나니아를 통해 치유받는 즉시 복음 전하는 자로 변신합니다. 살아계신 하나님을 만나는 경험이 있어야 합니다. 만나셨습니까?

2. 10-11장, 고넬료라는 로마군대의 백부장이 경건하고 하나님을 경외하며 백성들을 많이 구제하며 늘 기도하는 삶이 하나님께 감동되어 베드로를 고넬료에게 보내셔서 성령을 받게 하심으로 이 사건으로 베드로와 예루살렘 교회가 이방인에 대한 복음전도의 시각이 활짝 열리게 됩니다. 내가 가지고 있는 고정관념이나 관습에 매인 것은 없을까요?

3. 12장, 세상 왕 헤롯이 핍박을 합니다. 야고보를 죽이자 유대인들이 기뻐하는 것을 보고 처음교회의 수장 베드로를 4중 옥에 가둡니다. 그러나 천사가 저를 풀어주십니다. 하나님은 뜻하신 바가 있을 때 언제든지 주의 은혜의 표적과 기사를 나타내십니다. 나의 삶이 주님께 붙들려 주님의 일하시는 도구가 되기를 사모합시다.

● **한귀절** 오늘 말씀을 읽으면서 마음이 와 닿는 말씀 한 구절을 적고 되뇌어 봅시다.

● **적용** 말씀을 묵상하면서 나의 삶에 적용할 것과 실제적으로 행동에 옮길 것을 구체적으로 적어봅시다.

● **감사** 감사하는 성도는 더욱 더 풍성한 삶을 살게됩니다. 오늘 하루를 돌아보며 한 줄로 감사를 적어봅시다.

● **기도** 글로 쓰는 기도는 영원히 보존되는 기도입니다. 한 줄에 마음을 담아 기도를 주님께 올려드립시다.

20 . . . (제 45 주 토요일)   오늘의 말씀 : 행 13-15장

바울과 바나바의 선교사 파송

● **배경**   먼저 배경을 읽고 오늘의 성경을 읽읍시다. 읽은 뒤 배경을 한 번 더 읽어도 좋습니다.

이방인을 위한 선교가 무르익어 안디옥 교회는 바울과 바나바를 제1호 이방인 선교사로 파송을 합니다. 그래서 두 사람은 구브로를 시작하여 버가, 비시디아안디옥, 이고니온, 루스드라를 다니며 제1차 전도여행을 떠납니다.

● **묵상**   아래의 질문들을 여유있는 마음으로 두 번 세 번 생각하며 하나님의 마음과 영적인 의미들을 더듬어봅시다.

1. 13:1-3, 안디옥교회는 이방인 최초의 교회로 바나바가 섬겼으며 회심한 바울을 불러 훈련시키는 중에 바나바와 바울이 이방인선교사로 파송을 받습니다. 이 두사람은 가는 곳곳마다 강력한 말씀과 표적이 일어납니다. 금식하며 기도할 때 성령이 말씀하셨고 성령의 인도를 받으므로 역사가 일어난 것입니다. 우리는 어떠합니까?

2. 14장, 바울과 바나바가 루스드라에 갔을 때 태어나면서부터 걷지 못한 사람을 고쳐주자 제우스와 헤르메스 신이 내려왔다고 이 두사람에게 경배하고 제물을 바치려고 할 정도로 우상숭배가 격렬했지만 제사를 못하게 하고 복음을 전했습니다. 그러나 유대인들이 와 돌려쳐 죽은 줄 알고 성밖에 내다 버리기까지 합니다.

3. 15장, 그러나 깨어난 바울은 바나바와 함께 예루살렘으로 돌아와 제1차 선교여행 결과를 보고하고 회의를 통하여 이방인들은 우상제물과 목매어 죽인것과 피를 멀리하라는 것 외에 유대인들이 지키는 율법에 매이지 않고 자유로운 삶을 살도록 하자고 결론을 맺고 바울과 바나바를 통해 이를 알리도록 하였습니다.

● **한귀절**   오늘 말씀을 읽으면서 마음이 와 닿는 말씀 한 구절을 적고 되뇌어 봅시다.

● **적용**   말씀을 묵상하면서 나의 삶에 적용할 것과 실제적으로 행동에 옮길 것을 구체적으로 적어봅시다.

● **감사**   감사하는 성도는 더욱 더 풍성한 삶을 살게됩니다. 오늘 하루를 돌아보며 한 줄로 감사를 적어봅시다.

● **기도**   글로 쓰는 기도는 영원히 보존되는 기도입니다. 한 줄에 마음을 담아 기도를 주님께 올려드립시다.

20 . . . (제 46 주 월요일)　　　　　　　　　　　　　　오늘의 말씀 : 행 16-18장

바울 사도의 두 번째 전도여행

배경　먼저 배경을 읽고 오늘의 성경을 읽읍시다. 읽은 뒤 배경을 한 번 더 읽어도 좋습니다.

바나바와 바울은 첫 번째 전도여행 중에 포기하고 돌아간 마가를 데리고 가는 문제로 서로 다퉈 결국 갈라져 바나바는 마가를 데리고 가고 바울은 실라를 데리고 각각 이방인 선교지로 갑니다. 성경에는 바울과 실라의 전도여행이 소상히 기록되어 있습니다.

● **묵상**　아래의 질문들을 여유있는 마음으로 두 번 세 번 생각하며 하나님의 마음과 영적인 의미들을 더듬어봅시다.

1. 16장, 바울은 실라와 함께 지금의 터키지역을 걷고 배를 타며 복음을 전합니다. 6절에 보면 성령이 아시아에서 말씀을 전하지 못하게 하였고, 마게도냐에서 건너와 우리를 도와달라는 환상을 보며 곧바로 배타고 건너갑니다. 전도와 선교 뿐 아니라 우리 일상의 삶에서도 성령의 음성에 귀를 기울이고 순종해야 합니다.

2. 17:10-15, 바울이 베뢰아로 가서 복음을 전하는데 사도 바울의 설교에 "간절한 마음으로 말씀을 받고 이것이 그러한가 하여 날마다 성경을 상고하므로" 믿는 사람이 많이 생겼다고 말합니다. 말씀 앞에 서는 우리의 자세는 이와같이 간절한 마음과 겸손함으로 받는 자세 그리고 그 말씀에 대한 열정이 있어야 합니다.

3. 18:9-10, 하나님은 가는 곳 마다 핍박과 방해가 점점 더 커질 때 사도 바울에게 "두려워하지 말며 침묵하지 말고 말하라" "내가 너와 함께 있으매 어떤 사람도 너를 대적하여 해롭게 할 자가 없을 것이라"고 말씀하십니다. 이런 위로가 사도 바울에게만 있을까요? 나에게 주님은 지금 어떤 위로를 하고 계실까요?

● **한귀절**　오늘 말씀을 읽으면서 마음이 와 닿는 말씀 한 구절을 적고 되뇌어 봅시다.

● **적용**　말씀을 묵상하면서 나의 삶에 적용할 것과 실제적으로 행동에 옮길 것을 구체적으로 적어봅시다.

● **감사**　감사하는 성도는 더욱 더 풍성한 삶을 살게됩니다. 오늘 하루를 돌아보며 한 줄로 감사를 적어봅시다.

● **기도**　글로 쓰는 기도는 영원히 보존되는 기도입니다. 한 줄에 마음을 담아 기도를 주님께 올려드립시다.

20 . . .   (제 46 주 화요일)   오늘의 말씀 : 행 19-23장

사도 바울의 세 번째 전도여행

배경   먼저 배경을 읽고 오늘의 성경을 읽읍시다. 읽은 뒤 배경을 한 번 더 읽어도 좋습니다.

사도 바울은 이미 두차례에 걸친 전도여행을 했고, 소아시아를 중심으로 전도하며 교회를 개척하였는데 3차 전도여행은 주로 에베소에 3년간 머물며 두란노서원을 설립하고 집중적으로 복음을 전하고 예루살렘으로 돌아갑니다. 사도 바울의 세번째 전도여행 보고서입니다.

● **묵상**   아래의 질문들을 여유있는 마음으로 두 번 세 번 생각하며 하나님의 마음과 영적인 의미들을 더듬어봅시다.

1. 19:1-7, 사도 바울은 에베소의 믿는 이들이 세례요한에게 세례를 받았을 뿐 예수님도 모르고 성령이 누구인지도 몰랐습니다. 그래서 사도바울은 그들에게 예수님의 이름으로 세례를 베풀고 안수하니 성령께서 임하셨습니다. 지금도 성령님이 누구신지 모르면서 교회를 다니는 사람들도 있습니다. 나는 얼마나 성령을 체험하며 인도함 받고 있습니까?

2. 19:8-41, 사도 바울이 에베소에서 먼저 유대인의 회당에 가서 그들에게 복음을 전하여 많은 사람들이 믿지만 반대하는 이들도 많았습니다. 그래서 3개월 지나 두란노서원을 세우고 2년여 기간동안 복음을 전하는데 유대인들이 극렬하게 반대하여 결국 에베소를 떠나게 됩니다. 핍박은 언제나 어디서나 있게 마련입니다.

3. 20-23장, 사도바울이 예루살렘으로 가면 체포되어 고난받을 것을 알면서도 복음을 위해 목숨을 던질 것을 각오하며 예루살렘에 갑니다. 결국 체포되고 법정에 세워지게 되는데 극렬하게 반대하는 유대인들은 사도바울을 죽이기 전에는 물도 마시지 않겠다는 사람들이 40명이나 되지만 사도바울은 이런 극한 상황에서도 굴하지 않습니다. 나는 어떠합니까?

● **한귀절**   오늘 말씀을 읽으면서 마음이 와 닿는 말씀 한 구절을 적고 되뇌어 봅시다.

● **적용**   말씀을 묵상하면서 나의 삶에 적용할 것과 실제적으로 행동에 옮길 것을 구체적으로 적어봅시다.

● **감사**   감사하는 성도는 더욱 더 풍성한 삶을 살게됩니다. 오늘 하루를 돌아보며 한 줄로 감사를 적어봅시다.

● **기도**   글로 쓰는 기도는 영원히 보존되는 기도입니다. 한 줄에 마음을 담아 기도를 주님께 올려드립시다.

20 . . . (제 46 주 수요일)　　　　　　　　　　　　　　오늘의 말씀 : 행 24-28장

가이사에게 보내지는 사도바울

> **배경**　먼저 배경을 읽고 오늘의 성경을 읽읍시다. 읽은 뒤 배경을 한 번 더 읽어도 좋습니다.
>
> 결국 사도 바울은 법정에 세워지고 지역 관할 총독과 왕들에게 심문 받다가 로마 시민권을 가지고 있던 사도바울이 로마황제에게 심판받겠다고 하여 로마로 호송되고 우여곡절 끝에 로마에 도착하여 순교하기까지 2년여 기간동안 군인들에게 복음을 전합니다.

● **묵상**　아래의 질문들을 여유있는 마음으로 두 번 세 번 생각하며 하나님의 마음과 영적인 의미들을 더듬어봅시다.

1. 24-26장, 유대인들은 정식으로 사도바울을 고발하여 로마에서 파송된 총독 벨릭스와 베스도, 아그립바, 베니게와 같은 지역 총독과 왕들에게 심문을 받지만 사도바울은 로마시민이므로 로마황제에게 재판받겠다고 상소하여 로마로 보내지게 됩니다. 이로 인해 저들에게도 복음을 전하는 기회를 얻어 담대히 전합니다. 여러분은 위기를 기회로 삼고 있습니까?

2. 27장, 로마로 죄수들을 호송하는 배를 탄 사도바울은 겨울에 운행하는 것이 위험하니 겨울을 지나 출발하라고 하지만 선장과 선주의 의견을 받아 무리하게 운행하여 풍랑을 만나 모든 것을 잃습니다. 하지만 하나님의 보호와 인도를 받는 사도바울로 인하여 모든 사람이 안전하게 구조되어 멜리데섬에 도착합니다. 나는 주변에 어떤 영향을 미치고 있습니까?

3. 28장, 멜리데섬 사람들은 사도바울이 독뱀에 물려서도 상함이 없는 것을 보고 극진하게 대접하여 일행은 겨울을 지나 예루살렘에 도착하여 죄수의 부자유한 몸이지만 오히려 사람들이 2년동안 차고 넘치게 찾아와 마음껏 복음을 전하여 로마가 복음화 됩니다. 하나님의 계획은 우리가 생각하는 것과 다릅니다. 나의 삶의 환경을 통한 하나님의 뜻은 무엇일까요?

● **한귀절**　오늘 말씀을 읽으면서 마음이 와 닿는 말씀 한 구절을 적고 되뇌어 봅시다.

● **적용**　말씀을 묵상하면서 나의 삶에 적용할 것과 실제적으로 행동에 옮길 것을 구체적으로 적어봅시다.

● **감사**　감사하는 성도는 더욱 더 풍성한 삶을 살게됩니다. 오늘 하루를 돌아보며 한 줄로 감사를 적어봅시다.

● **기도**　글로 쓰는 기도는 영원히 보존되는 기도입니다. 한 줄에 마음을 담아 기도를 주님께 올려드립시다.

20 . . . (제 46 주 목요일)　　　　　　　　　　　　오늘의 말씀 : 롬 1-4장

사도 바울의 죄론 - 모든 사람은 죄인

● **배경**　먼저 배경을 읽고 오늘의 성경을 읽읍시다. 읽은 뒤 배경을 한 번 더 읽어도 좋습니다.

사도바울은 땅끝까지 복음을 전하기 위해 중간지점인 로마에 가려는 계획을 가지고 로마에 선교 지원을 받기 위해 편지를 보내게 되는데 사도바울은 자신이 믿고 있는 복음을 소개하여 복음의 대헌장이라 불리는 복음의 핵심을 우리가 쉽게 깨닫게 되었습니다.

● **묵상**　아래의 질문들을 여유있는 마음으로 두 번 세 번 생각하며 하나님의 마음과 영적인 의미들을 더듬어봅시다.

1. 1장 이방인의 죄, 1장은 하나님을 알지 못하는 이방인들이 왜 죄인인가 곧 하나님을 믿지 않는 불신으로 말미암아 생명에서 떠나 동성애를 비롯한 온갖 우상을 숭배하고 죄를 범하게 되었다고 이방인의 죄가 무엇인지 소개합니다. 하나님을 모르고 불신하면 결국 온갖 죄를 범하게 되어있고 그것이 죄인지도 모릅니다. 죄란 무엇일까요?

2. 2장 유대인의 죄, 이방인들은 하나님을 모르고 불신하는 죄라면 유대인들은 하나님을 알고 믿으며 율법도 있고 예배도 있음에도 불구하고 말씀대로 실천하지 않았기 때문에 유대인의 죄는 불순종의 죄를 범하게 되는 겁니다. 그러므로 3장에서는 유대인이나 이방인이나 모두 죄인이며 의인은 하나도 없다고 가르쳐줍니다. 나도 죄인입니까?

3. 4장, 사람은 유대인이든 이방인이든 모두 죄이며 심판에 예외가 없습니다. 중요한 것은 십자가를 통하여 주시는 사죄의 은혜를 어떻게 고백하고 믿음으로 고백하는가가 중요합니다. 하나님은 아브라함과 다윗을 예로 들어 죄를 사하시는 은혜를 믿는 믿음이 얼마나 소중한지 가르쳐 줍니다. 나는 죄인이며 십자가로 죄씻음 받아 의인이 된 것을 믿습니까?

● **한귀절**　오늘 말씀을 읽으면서 마음이 와 닿는 말씀 한 구절을 적고 되뇌어 봅시다.

● **적용**　말씀을 묵상하면서 나의 삶에 적용할 것과 실제적으로 행동에 옮길 것을 구체적으로 적어봅시다.

● **감사**　감사하는 성도는 더욱 더 풍성한 삶을 살게됩니다. 오늘 하루를 돌아보며 한 줄로 감사를 적어봅시다.

● **기도**　글로 쓰는 기도는 영원히 보존되는 기도입니다. 한 줄에 마음을 담아 기도를 주님께 올려드립시다.

20 . . .　(제 46 주 금요일)　　　　　　　　　　　　오늘의 말씀 : 롬 5-8장

사도바울의 성화론

배경　먼저 배경을 읽고 오늘의 성경을 읽읍시다. 읽은 뒤 배경을 한 번 더 읽어도 좋습니다.

이제 사도바울은 이방인과 유대인 모두가 예수님으로 말미암아 구원을 받았으니 하나님과 함께 화평을 이루어야 하며 죄를 다스리고 의의 종이 되어야 한다고 전합니다. 비록 우리는 약하지만 성령께서 도우심으로 우리가 하나님의 자녀로 살게됨을 가르쳐줍니다.

● **묵상**　아래의 질문들을 여유있는 마음으로 두 번 세 번 생각하며 하나님의 마음과 영적인 의미들을 더듬어봅시다.

1. 5-6장, 그렇습니다. 우리가 구원을 얻게 된 것은 우리 각 사람의 성격과 의로운 행동, 공로가 아니라 죄인을 용서하시는 하나님의 은혜와 예수 그리스도의 속죄함을 겸손하게 받아들여 구원을 받았습니다. 그러므로 이제는 죄를 떠나 주님과 연합하여 의의 종으로 살아야 합니다. 나는 죄의 종으로 살고 있습니까? 의의 종으로 살고 있습니까?

2. 7장, 그런데 우리가 의의 종으로 살지 못하고 하나님의 뜻대로 살지 못합니다. 주님의 뜻대로 산다고 하지만 뒤돌아 보면 죄속에 사는 나를 발견합니다. 사도바울은 그런 자신을 발견하고 괴로워합니다. 사도바울의 괴로움이 바로 우리 믿는이들의 고통입니다. 왜냐하면 내 안에서 죄의 법과 성령의 법이 싸우고 있기 때문입니다. 이것을 느끼고 있습니까?

3. 8장은 승리의 장입니다. 비록 연약한 육체를 가지고 있어 나도 모르는 사이에 죄를 범하지만 성령께서 도우심으로 합력하여 선을 이루게 하실 뿐 아니라 우리를 위해 십자가지시며 구원하신 하나님의 사랑이 어떤 어려움과 방해가 온다고 할 찌라도 하나님의 사랑에서 끊을 수 없음을 선언합니다. 하나님이 나의 편이심을 삶속에서 체험하고 있습니까?

● **한귀절**　오늘 말씀을 읽으면서 마음이 와 닿는 말씀 한 구절을 적고 되뇌어 봅시다.

● **적용**　말씀을 묵상하면서 나의 삶에 적용할 것과 실제적으로 행동에 옮길 것을 구체적으로 적어봅시다.

● **감사**　감사하는 성도는 더욱 더 풍성한 삶을 살게됩니다. 오늘 하루를 돌아보며 한 줄로 감사를 적어봅시다.

● **기도**　글로 쓰는 기도는 영원히 보존되는 기도입니다. 한 줄에 마음을 담아 기도를 주님께 올려드립시다.

20 . . . (제 46 주 토요일)　　　　　　　　　　　　오늘의 말씀 : 롬 9-11장

유대인과 이방인과의 관계

배경　먼저 배경을 읽고 오늘의 성경을 읽읍시다. 읽은 뒤 배경을 한 번 더 읽어도 좋습니다.

1-8장까지가 죄인이 어떻게 구원받아 성화의 과정을 거치는가를 설명했다면 9-11장은 유대인과 이방인은 어떤 순서로 구원받는가를 보여줍니다. 유대인의 거절로 이방인이 구원받고 또 이방인의 구원을 보고 시기하여 유대인도 구원받게 된다는 것입니다.

● **묵상**　아래의 질문들을 여유있는 마음으로 두 번 세 번 생각하며 하나님의 마음과 영적인 의미들을 더듬어봅시다.

1. 9장, 사도바울은 육신적으로 골육지친이 되는 유대인들이 구원받기를 원하지만, 사실은 육신으로 유대인의 혈통으로 태어났다고 다 아브라함의 자녀가 아니라 믿음으로 영적인 자녀의 혈통을 이어간다고 가르쳐줍니다. 이것은 무엇을 만들든지 토기장이에게 주권이 있듯이 이방인의 구원은 철저히 하나님의 주권으로 된 겁니다. 나는 누구의 것입니까?

2. 10장, 그렇다면 믿음은 어떻게 가지게 됩니까? 복음을 듣고 믿음으로 반응하는 사람 곧 마음으로 믿어 입술로 시인하여 주의 이름을 부르는 사람들이 구원을 얻는다는 것입니다. 그러므로 전하는 자들이 없다면 어떻게 복음을 듣고 마음을 열겠는가? 복음을 전하지 않는 곳에 구원은 없습니다. 나는 얼마나 애타하는 마음으로 전도하고 있습니까?

3. 그러면 유대인은 아주 버림받았나요? 아닙니다. 이방인들이 구원받는 것을 보고 시기한 유대인들이 회개하고 돌아와 구원받는다는 것입니다. 그러므로 이방인은 겸손하여야 합니다. 하나님이 원가지인 유대인도 징계하신다면 하물며 이방인이겠는가? 나는 유대인들을 바라보면서 무엇을 느끼고 있습니까?

● **한귀절**　오늘 말씀을 읽으면서 마음이 와 닿는 말씀 한 구절을 적고 되뇌어 봅시다.

● **적용**　말씀을 묵상하면서 나의 삶에 적용할 것과 실제적으로 행동에 옮길 것을 구체적으로 적어봅시다.

● **감사**　감사하는 성도는 더욱 더 풍성한 삶을 살게됩니다. 오늘 하루를 돌아보며 한 줄로 감사를 적어봅시다.

● **기도**　글로 쓰는 기도는 영원히 보존되는 기도입니다. 한 줄에 마음을 담아 기도를 주님께 올려드립시다.

20 . . .　　　(제 47 주 월요일)　　　　　　　　　오늘의 말씀 : 롬 12-16장

구원받은 사람은 어떻게 살아야 합니까?

배경　먼저 배경을 읽고 오늘의 성경을 읽읍시다. 읽은 뒤 배경을 한 번 더 읽어도 좋습니다.

롬 1-8장은 이론편 즉 죄인이 어떻게 구원을 얻는가를 가르쳐 줍니다. 9-11장은 이방인과 유대인이 어떻게 구원을 받는가를 보여줍니다. 이제 12-16장은 구원받은 사람들 즉 믿음의 사람들은 어떻게 살아야 하는가를 실제적인 예들을 들어 보여줍니다.

● **묵상**　아래의 질문들을 여유있는 마음으로 두 번 세 번 생각하며 하나님의 마음과 영적인 의미들을 더듬어봅시다.

1. 12:1-2, 이 두 구절은 믿는 사람들의 삶의 주제 곧 삶의 목표와 본질을 보여줍니다. 사도바울은 구약시대에는 동물을 죽여 인간을 대신하여 제물을 드렸으나 이제는 우리가 우리의 몸으로 하나님께 예배드리는 삶을 살아야 하며 그러기 위해서는 하나님의 뜻이 무엇인지 구별하고 그것을 이루어 드려야 된다고 가르쳐줍니다.

2. 12:3-15장, 그래서 사도바울은 구체적인 예를들어 하나님이 기뻐하시는 것과 싫어하시는 것들을 가르쳐줍니다. 내가 받은 은사가 무엇인지? 국가와의 관계, 사랑의 실천, 영적인 삶, 비판이나 판단하지 말고 서로 세워주는 일을 어떻게 할 것인가를 구체적으로 가르쳐줍니다. 이 12-15장의 말씀을 나의 행동의 지표로 삼아야합니다.

3. 16장, 사도바울을 돕고 관계하는 사람들을 열거하고 있습니다. 사도바울의 선교 재정을 지원했던 자매 뵈뵈를 비롯하여 목숨까지 내놓고 사도바울을 섬긴 브리스가와 아굴라를 비롯해 많은 사람들의 이름을 기록합니다. 우리교회에는 하나님 나라를 위해 헌신하는 일꾼들이 얼마나 있을까요? 또한 지금 나의 삶과 섬김이 어떻게 기록되고 있을까요?

● **한귀절**　오늘 말씀을 읽으면서 마음이 와 닿는 말씀 한 구절을 적고 되뇌어 봅시다.

● **적용**　말씀을 묵상하면서 나의 삶에 적용할 것과 실제적으로 행동에 옮길 것을 구체적으로 적어봅시다.

● **감사**　감사하는 성도는 더욱 더 풍성한 삶을 살게됩니다. 오늘 하루를 돌아보며 한 줄로 감사를 적어봅시다.

● **기도**　글로 쓰는 기도는 영원히 보존되는 기도입니다. 한 줄에 마음을 담아 기도를 주님께 올려드립시다.

20 　．．． 　(제 47 주 화요일) 　　　　　　　　　　오늘의 말씀 : 고전 1-4장

사분오열된 고린도 교회

배경 　먼저 배경을 읽고 오늘의 성경을 읽읍시다. 읽은 뒤 배경을 한 번 더 읽어도 좋습니다.

고린도전후서는 사도바울이 고린도 교회에 보낸 두 번의 편지를 말합니다. 사도바울은 고린도에 가서 교회를 개척하고 1년반이라는 긴 기간동안 복음을 전했습니다. 그런데 떠난 다음 고린도 교회의 소식을 들어보니 많은 문제를 가지고 있어 편지를 보낸 것입니다.

● **묵상** 　아래의 질문들을 여유있는 마음으로 두 번 세 번 생각하며 하나님의 마음과 영적인 의미들을 더듬어봅시다.

1. 1:10-17, 3:1-9, 고린도교회는 사도바울이 교회를 개척하고 떠난 후에 바울파, 아볼로파, 베드로파, 그리스도파로 나뉘어 있었습니다. 그래서 사도바울은 심는자나 물주는자가 중요한 것이 아니라 자라나게 하시는 하나님이 중요하다고 말합니다. 교회는 무슨일이 있어도 분열되어서는 안됩니다. 나는 어떤 역할을 하고 있는 믿음의 사람입니까?

2. 1:18-31, 십자가의 도 곧 구원의 도를 증거하는 전도는 사람의 아름다운 말이나 지혜 또는 기적이 아니라 하나님은 전도의 미련한 것으로 사람을 구원하기를 기뻐하신다고 했습니다. 하나님은 약하고 미련하고 우둔한 사람을 들어 지혜롭고 능력있는 자들을 부끄럽게 하시는 기가막힌 분이십니다. 혹시 능력이 없다고 자조하고 있지는 않습니까?

3. 4장, 교회안에는 많은 사람, 각기 다른 사람들이 모이는데 이들이 각각 자기들의 관점과 시각으로 다른 사람들을 서로 판단하면 안된다는 것입니다. 사도바울은 자기 자신에게 조차도 판단하지 않기로 했다고 했습니다. 오직 맡은 자들이 가져야 할 자세는 충성입니다(2). 오히려 타인을 위해 자기를 낮추어야 하는데 이것이 잘 됩니까?

● **한귀절** 　오늘 말씀을 읽으면서 마음이 와 닿는 말씀 한 구절을 적고 되뇌어 봅시다.

● **적용** 　말씀을 묵상하면서 나의 삶에 적용할 것과 실제적으로 행동에 옮길 것을 구체적으로 적어봅시다.

● **감사** 　감사하는 성도는 더욱 더 풍성한 삶을 살게됩니다. 오늘 하루를 돌아보며 한 줄로 감사를 적어봅시다.

● **기도** 　글로 쓰는 기도는 영원히 보존되는 기도입니다. 한 줄에 마음을 담아 기도를 주님께 올려드립시다.

20 . . . (제 47 주 수요일)　　　　　　　　　　　　　　오늘의 말씀 : 고전 5-8장

음행, 세상법정, 결혼에 대하여

> **배경**　먼저 배경을 읽고 오늘의 성경을 읽읍시다. 읽은 뒤 배경을 한 번 더 읽어도 좋습니다.
>
> 고린도교회 안에 음란과 음행들이 있었고 성도들의 문제를 세상법정에 호소하고 결혼에 대해 분분한 견해들을 가지고 있었으며 우상에게 바쳐진 제물들을 먹는 문제로 교회가 혼란을 겪고 있어서 사도바울은 이런 문제를 어떻게 하여야 하는지 가르치고 있습니다.

● **묵상**　아래의 질문들을 여유있는 마음으로 두 번 세 번 생각하며 하나님의 마음과 영적인 의미들을 더듬어봅시다.

1. 5장, 교회안의 음행문제, 고린도라는 도시는 로마가 지배하고 있는 도시들 가운데 상당히 큰 상업도시로 제우스신전도 있었고 음란한 도시였습니다. 교회도 그 영향을 받아 있어서는 안될 음행들이 있어서 순전함과 진실함을 지켜야 함을 가르치고 있습니다. 교회는 그런 세상의 묵은 누룩들을 징계, 제거해야 한다고 했습니다.

2. 6장, 고린도교회는 성도들 사이에 다툼이 일어나고 그 문제를 세상법정에 내놓아 판단받는 어리석은 일들이 있었습니다. 사도 바울은 오히려 교회가 세상을 판단하고 가르쳐야 하지 않는가 한탄하며 책망합니다. 부끄럽게도 오늘 우리시대에도 이런 일들이 비일비재합니다. 아주 아주 부끄러운일입니다. 나는 이런 일에 하나님 보시기에 어떻습니까?

3. 8장, 우상제물에 관한 문제, 당시에는 우상에게 먼저 제사를 드린후 그 고기를 시장에 내다파는 문화였습니다. 사도바울은 우상은 아무것도 아니며 먹어도 되고 안먹어도 되지만 나의 먹는 것으로 인해 믿음이 약한 사람이 상처받는다면 먹지 말아야 한다고 가르칩니다, 나는 나의 유익에 관심이 많습니까? 늘 타인을 배려하고 살고 있습니까?

● **한귀절**　오늘 말씀을 읽으면서 마음이 와 닿는 말씀 한 구절을 적고 되뇌어 봅시다.

● **적용**　말씀을 묵상하면서 나의 삶에 적용할 것과 실제적으로 행동에 옮길 것을 구체적으로 적어봅시다.

● **감사**　감사하는 성도는 더욱 더 풍성한 삶을 살게됩니다. 오늘 하루를 돌아보며 한 줄로 감사를 적어봅시다.

● **기도**　글로 쓰는 기도는 영원히 보존되는 기도입니다. 한 줄에 마음을 담아 기도를 주님께 올려드립시다.

20 . . . (제 47 주 목요일) 오늘의 말씀 : 고전 9-11장

사도됨을 변호하는 사도바울

배경 먼저 배경을 읽고 오늘의 성경을 읽읍시다. 읽은 뒤 배경을 한 번 더 읽어도 좋습니다.

9-11장에서 사도바울은 자신의 사도자격에 관한 시시비비에 대하여 자신을 변호합니다. 이어 작고 큰 문제들 즉 우상숭배하는 일, 예배시 여성도들의 머리를 가리는 것, 성만찬을 소홀히 하는 것에 대해 구체적으로 가르칩니다.

● **묵상** 아래의 질문들을 여유있는 마음으로 두 번 세 번 생각하며 하나님의 마음과 영적인 의미들을 더듬어봅시다.

1. 9장, 사도바울이 사도인지 아닌지에 대해 시비를 거는 일이 있었습니다. 그 당시 사도란 예수님의 시작부터 부활, 승천까지 함께한 사람이어야 했습니다. 그러나 바울은 자신도 부활하신 예수님을 만났으며 주안에서 행한 일 무수한 치유와 표적과 기사들이 사도임을 증명한다고 주장합니다. 나는 나의 직분 보다 드러나는 삶을 통해 인정받고 있습니까?

2. 10장, 우상숭배에 관하여, 사도바울은 출애굽한 이스라엘 백성들이 홍해바다를 건너며 세례를 받고 만나와 같은 신령한 음식과 반석에서 나는 물 즉 신령한 음료를 마시고도 우상숭배, 음행, 불평, 원망하다가 얼마나 많은 사람들이 심판을 받았는가 상기시킵니다. 과연 나는 광야에서의 이스라엘 백성들과 다릅니까? 나는 우상을 숭배하고 있지는 않습니까?

3. 11:17-34, 성만찬을 소홀히 하는 것에 대하여, 사도바울은 예수 그리스도께서 우리를 위해 그 살을 찢으시고 피를 흘리사 구원하신 은혜를 기념하는 성만찬이 음식을 탐하여 무질서하게 먹고 마심으로 영적의미와 질서를 해침을 책망합니다. 영적질서를 존중하고 지키며 영적의미를 소중히 여기라고 가르칩니다. 나는 성만찬을 얼마나 소중히 여깁니까?

● **한귀절** 오늘 말씀을 읽으면서 마음이 와 닿는 말씀 한 구절을 적고 되뇌어 봅시다.

● **적용** 말씀을 묵상하면서 나의 삶에 적용할 것과 실제적으로 행동에 옮길 것을 구체적으로 적어봅시다.

● **감사** 감사하는 성도는 더욱 더 풍성한 삶을 살게됩니다. 오늘 하루를 돌아보며 한 줄로 감사를 적어봅시다.

● **기도** 글로 쓰는 기도는 영원히 보존되는 기도입니다. 한 줄에 마음을 담아 기도를 주님께 올려드립시다.

20 . . . (제 47 주 금요일)　　　　　　　　　　오늘의 말씀 : 고전 12-16장

신령한 은사들과 가장 좋은 은사

배경　먼저 배경을 읽고 오늘의 성경을 읽읍시다. 읽은 뒤 배경을 한 번 더 읽어도 좋습니다.

이제 사도바울은 영적은사들을 다룹니다. 고린도교회는 많은 영적은사들이 나타났는데 이 은사에 대한 무질서가 교회안에 있어 이를 깨우치고 가장 좋은 은사가 무엇인지, 어떻게 사용하여야 하는지를 바로 가르쳐 주고 있습니다.

● **묵상**　아래의 질문들을 여유있는 마음으로 두 번 세 번 생각하며 하나님의 마음과 영적인 의미들을 더듬어봅시다.

1. 12장, 은사들의 높낮이에 대하여, 하나님은 교회의 공동유익을 위해 다양한 은사들을 나누어 주셨는데 사람들은 이 은사를 가지고 높낮이나 순서를 따집니다. 사도바울은 몸에 많은 지체가 있고 이 지체들이 각자 성실히 자기역할을 감당할 때 건강한 것처럼 유기적공동체로 모두 교회유익을 위한 것이라고 가르쳐줍니다.

2. 13장, 가장 좋은 은사 사랑, 사도바울은 가장 좋은 은사, 가장 큰 은사가 사랑이라고 가르칩니다. 그리고 모든 것을 가지고도 사랑이 없으면 아무것도 아니며 사랑은 오해참고 온유하며 시기하지 않으며…… 나아가 우리가 가진 은사는 다 부분적인 것이라고 가르치며 모든 은사사용에는 사랑이 받침되어야 함을 깨우칩니다.

3. 15장, 주님과 성도의 부활에 대하여, 이미 사도바울이 전도 할 때는 주님의 부활이 있은지 수십년 지난 시점입니다. 그래서 부활이 없다고 주장하는 이들이 있어 사도바울은 그리스도의 부활이 없다면 우리의 믿음과 수고가 헛것이라고 증거합니다. 주님께서 잠자는 자들의 첫열매가 되셔서 나도 역시 주님을 따라 부활할 것을 믿고 있습니까?

● **한귀절**　오늘 말씀을 읽으면서 마음이 와 닿는 말씀 한 구절을 적고 되뇌어 봅시다.

● **적용**　말씀을 묵상하면서 나의 삶에 적용할 것과 실제적으로 행동에 옮길 것을 구체적으로 적어봅시다.

● **감사**　감사하는 성도는 더욱 더 풍성한 삶을 살게됩니다. 오늘 하루를 돌아보며 한 줄로 감사를 적어봅시다.

● **기도**　글로 쓰는 기도는 영원히 보존되는 기도입니다. 한 줄에 마음을 담아 기도를 주님께 올려드립시다.

20 . . .　(제 47 주 토요일)　　　　　　　　　　　오늘의 말씀 : 고후 1-4장

고린도교회에게 두 번째로 보내는 편지

● **배경**　먼저 배경을 읽고 오늘의 성경을 읽읍시다. 읽은 뒤 배경을 한 번 더 읽어도 좋습니다.

고린도후서란 고린도교회에게 보내는 두 번째 편지라는 뜻입니다. 첫 번째 편지를 보낸후에 사분오열 된 교회가 사도바울의 편지를 달갑게 받아들일 리가 없었습니다. 그래서 사도바울은 고린도교회를 방문할 계획을 연기하며 편지를 보낸 것이 고린도후서입니다.

● **묵상**　아래의 질문들을 여유있는 마음으로 두 번 세 번 생각하며 하나님의 마음과 영적인 의미들을 더듬어봅시다.

1. 1-2장, 인정받지 못하는 목회자의 심정, 사도바울은 고린도교회를 개척하고 바울사도에게 있어서는 아주 긴 목회인 1년 반 기간을 모든 것을 바친 교회인데 오히려 불신임을 당하자 이런 근심하는 마음가지고 가지 않겠다고 합니다. 그리고 우리는 그리스도의 향기를 드러내는 생명의 향기를 퍼트려야 한다고 가르치는데 나는 어떤 냄새를 전합니까?

2. 3장, 아마도 사도바울은 고린도교인들로 하여금 당신이 사도이면 사도라는 증명서, 사도들의 추천서를 받아오라는 요청을 받은 것 같습니다. 사도바울은 고린도교회 교인들 자체가 추천서임을 강력하게 말합니다. 고린도교회를 세운 것이 사도바울이고 또한 그들을 마음판에 새기고 온 몸던져 복음을 전했기 때문입니다. 나는 영적질서를 존중하고 있습니까?

3. 4장, 사도 바울은 비록 여러가지로 공격도 받고 핍박도 받지만, 결코 낙심하지 않는다고 고백하며 복음이 가려지는 이유는 이 세상의 신, 사단의 역사 때문이라고 가르쳐 줍니다. 비록 신앙생활이 힘들지만 우리가 복음이라는 보배를 이 육체의 연약한 질그릇에 가졌기 때문에 결코 넘어지지 않으며 오히려 잠시 받는 환난보다 영원한 영광이 크다고 말합니다.

● **한귀절**　오늘 말씀을 읽으면서 마음이 와 닿는 말씀 한 구절을 적고 되뇌어 봅시다.

● **적용**　말씀을 묵상하면서 나의 삶에 적용할 것과 실제적으로 행동에 옮길 것을 구체적으로 적어봅시다.

● **감사**　감사하는 성도는 더욱 더 풍성한 삶을 살게됩니다. 오늘 하루를 돌아보며 한 줄로 감사를 적어봅시다.

● **기도**　글로 쓰는 기도는 영원히 보존되는 기도입니다. 한 줄에 마음을 담아 기도를 주님께 올려드립시다.

20 . . .　(제 48 주 월요일)　　　　　　　　　　오늘의 말씀 : 고후 5-9장

즐거운 마음으로 준비된 구제헌금

> **배경**　먼저 배경을 읽고 오늘의 성경을 읽읍시다. 읽은 뒤 배경을 한 번 더 읽어도 좋습니다.
>
> 사도바울이 고린도교회에 두 번째로 편지를 쓴 목적중의 하나가 바로 구제헌금을 위해서입니다. 예루살렘에 기근이 찾아와 고통받을 때 복음을 받은 마게도냐 이방인교회들이 구제헌금을 준비해 예루살렘에 전하기 위해 준비된 헌금을 드리기를 권고하고 있습니다.

● **묵상**　아래의 질문들을 여유있는 마음으로 두 번 세 번 생각하며 하나님의 마음과 영적인 의미들을 더듬어봅시다.

1. 5:1-10 사도바울은 자신에 대해 비판적 시각을 갖고 있는 고린도교회 교인들을 향한 한없는 애정을 갖고 있습니다. 사도바울은 이땅에서 인정받고 크게되는 것을 원하고 있지 않습니다. 차라리 몸을 떠나 주와 함께 있기를 원했습니다. 즉 빨리 하나님의 나라에 가고 싶다는 것입니다. 나는 땅의 것을 더 사모합니까? 하늘 상급을 더 사모합니까?

2. 6:14-18 사도바울은 믿지 않는 사람들과 멍에를 같이 메지 말라고 권고합니다. 멍에란 소가 밭을 갈 때 두 마리가 함께 메는 것을 말합니다. 우리는 믿음의 사람들과 교제를 나누어야 합니다. 불신자와 교제를 하면 세상을 사랑하고 세상의 유혹에 넘어지게 됩니다. 나의 삶은 누구와 멍에를 같이합니까? 나는 믿음의 사람들을 향해 마음이 열려있습니까?

3. 8-9장, 예루살렘교회가 기근으로 고생할 때 복음을 빚진 이방인 마게도냐교회가 복음의 빚을 갚으라는 겁니다. 그래서 미리 마음을 열어 정성으로 준비된 헌금을 드려야 참 헌금다우니 성령께서 마음에 부어주시는 대로 기쁨으로 드리되 적게 심는 자는 적게 거두고 많이 심는 자가 많이 거둔다고 독려합니다. 나의 헌금생활은 어떠합니까?

● **한귀절**　오늘 말씀을 읽으면서 마음이 와 닿는 말씀 한 구절을 적고 되뇌어 봅시다.

● **적용**　말씀을 묵상하면서 나의 삶에 적용할 것과 실제적으로 행동에 옮길 것을 구체적으로 적어봅시다.

● **감사**　감사하는 성도는 더욱 더 풍성한 삶을 살게됩니다. 오늘 하루를 돌아보며 한 줄로 감사를 적어봅시다.

● **기도**　글로 쓰는 기도는 영원히 보존되는 기도입니다. 한 줄에 마음을 담아 기도를 주님께 올려드립시다.

20 . . . (제 48 주 화요일)　　　　　　　　오늘의 말씀 : 고후 10-13장

목회자의 마음

> **배경**　먼저 배경을 읽고 오늘의 성경을 읽읍시다. 읽은 뒤 배경을 한 번 더 읽어도 좋습니다.
>
> 어느 모임이나 단체에도 사람이 모이는 곳이라면 항상 문제삼고 불평하며 시시비비를 가리는 사람들이 있게 마련입니다. 사도바울이 그렇게 헌신하며 섬겼어도 그의 사도자격과 그의 목회방법에 관해 비판하는 이들이 있었습니다. 이들을 위해 권고하고 있습니다.

● **묵상**　아래의 질문들을 여유있는 마음으로 두 번 세 번 생각하며 하나님의 마음과 영적인 의미들을 더듬어봅시다.

1. 10장, 문제를 일으키는 사람들은 항상 자기중심적입니다. 자기가 인정받아야 하고 자기 뜻이 받아들여야한다고 생각합니다. 사도바울은 고린도교회의 이렇게 자기가 인정받아야 하는 사람들에게 이것은 육신을 따라 행동하는 것이라고 가르칩니다. 나는 하나님의 일을 하면서도 인정받으려는 마음이 있지 않습니까? 아니면 주님이 인정해 주시기를 바랍니까?

2. 11장, 목회자로서의 사도바울은 고린도교회에 있을 때 "너희를 정결한 처녀로 한 남편인 그리스도께 드리려고 중매" 하려고 정말 열심히 섬겼는데 어떻게 뱀에게 하와가 쉽게 넘어감처럼 그렇게 쉽게 거짓선지자들의 말에 현혹되어 넘어가는가 안타까워합니다. 그래서 사도바울은 그들을 어떻게 섬겼는지 호소하고 있습니다(23-33) 나는 지도자를 존중합니까?

3. 12장, 사도바울은 부득불 지난날 자기에게 있었던 영적 경험들을 이야기하면서 자신은 참으로 약하고 문제가 많으나 그렇게 약할 그때에 오히려 더 강했다고 말합니다. 사도바울의 걱정은 사도바울이 고린도교회에 갈 때 다툼과 시기, 분냄과 당짓기, 비방과 수군거림, 거만과 혼란이 있을까를 염려합니다. 약할 때 오히려 강하다는 말이 이해가 됩니까?

● **한귀절**　오늘 말씀을 읽으면서 마음이 와 닿는 말씀 한 구절을 적고 되뇌어 봅시다.

● **적용**　말씀을 묵상하면서 나의 삶에 적용할 것과 실제적으로 행동에 옮길 것을 구체적으로 적어봅시다.

● **감사**　감사하는 성도는 더욱 더 풍성한 삶을 살게됩니다. 오늘 하루를 돌아보며 한 줄로 감사를 적어봅시다.

● **기도**　글로 쓰는 기도는 영원히 보존되는 기도입니다. 한 줄에 마음을 담아 기도를 주님께 올려드립시다.

20 . . .　　(제 48 주 수요일)　　　　　　　　　오늘의 말씀 : 갈 1-6장

다른 복음은 없다

배경　먼저 배경을 읽고 오늘의 성경을 읽읍시다. 읽은 뒤 배경을 한 번 더 읽어도 좋습니다.

사도 바울이 복음을 전하여 세운 교회에 거짓 사도들이 들어와 율법을 지켜야 구원받는다고 가르치며 교회를 혼란케 하므로 사도 바울은 믿음으로 구원받는 복음 외에 다른 복음은 없다면서 율법을 지키는 행위 신앙이 아니라 성령의 인도를 받아야 한다고 외칩니다.

● **묵상**　아래의 질문들을 여유있는 마음으로 두 번 세 번 생각하며 하나님의 마음과 영적인 의미들을 더듬어봅시다.

1. 1-4장, "사람이 의롭게 되는 것은 율법의 행위로서 아니라 오직 예수 그리스도를 믿음으로 됩니다. 만일 다른 복음을 전하는 사람이 있다면 천사라 할지라도 저주를 받으라"고 선포합니다. 이제 내가 사는 것은 내 안에 계신 그리스도께서 사시는 것이고 오직 주님을 믿는 믿음 안에서 사는 것이라고 항변합니다. 내가 아니라 주님이심을 믿으십니까?

2. 5장, 율법으로부터 자유, 613가지의 조항이 담긴 율법을 다 지키고 흠이 없어서 구원받는 사람은 단 한사람도 없습니다. 예수님이 십자가 지신 것은 이렇게 율법을 지키지 못해 죄를 지은 인생들을 율법으로부터 자유케하기 위해 오셨습니다. 우리는 성령님의 인도를 받아 9가지 열매들을 맺으며 자유를 누려야합니다(16-24). 우리는 어떤 열매를 맺고 있습니까?

3. 6장, 서로 짐을 지라, 갈라디아교회가 이렇게 거짓 사도로 말미암아 혼란이 왔다면 틀림없이 서로 정죄하고 다투고 싸울 것입니다. 그래서 사도바울은 만일 범죄한 일이 들어나거든 즉, 잘못된 사람들을 온유한 심령으로 바로잡고 나 자신을 살피면서 서로 짐을 지라고 권고합니다. 오직 십자가 외에는 자랑할 것이 없기 때문입니다. 십자가만 자랑하십니까?

● **한귀절**　오늘 말씀을 읽으면서 마음이 와 닿는 말씀 한 구절을 적고 되뇌어 봅시다.

● **적용**　말씀을 묵상하면서 나의 삶에 적용할 것과 실제적으로 행동에 옮길 것을 구체적으로 적어봅시다.

● **감사**　감사하는 성도는 더욱 더 풍성한 삶을 살게됩니다. 오늘 하루를 돌아보며 한 줄로 감사를 적어봅시다.

● **기도**　글로 쓰는 기도는 영원히 보존되는 기도입니다. 한 줄에 마음을 담아 기도를 주님께 올려드립시다.

20 . . . (제 48 주 목요일)   오늘의 말씀 : 엡 1-3장

구원의 공동체인 교회

배경   먼저 배경을 읽고 오늘의 성경을 읽읍시다. 읽은 뒤 배경을 한 번 더 읽어도 좋습니다.

사도 바울은 세 차례의 전도여행 끝에 예루살렘에서 체포되어 로마로 호송되어 로마 감옥에 갇힌 상태에서 에베소교회 교인들에게 편지를 보냅니다. 1-3장은 구속의 은총과 교회에 대해 4-6장은 구원받은 사람들이 살아야 할 삶의 실천적 내용을 담고 있습니다.

● **묵상**   아래의 질문들을 여유있는 마음으로 두 번 세 번 생각하며 하나님의 마음과 영적인 의미들을 더듬어봅시다.

1. 1장, 사도 바울은 우리가 하나님의 자녀가 되는 하늘에 속한 신령한 복을 받았다고 깨우쳐줍니다. 그런데 이것은 이미 예수 그리스도를 보내시기로 예정하신 하나님의 은혜로 말미암은 것입니다. 그러므로 이미 예수 그리스도를 내 인생의 주인으로 모셨다면 복을 받은 것입니다. 나는 하나님의 자녀가 되는 복 말고 또 무슨 복을 사모하고 있습니까?

2. 2장, 사도 바울은 우리가 어떻게 구원받게 되었는가를 돌이켜 보게 합니다. 세상 풍습에 매이고 마귀에게 붙들려 살았던 우리가 예수 그리스도의 십자가를 지심으로 구원받아 하나님의 백성이 되고 식구가 되었으니 이제 주 안에서 성도들이 서로 연합하여 주님이 거하실 성전을 지어가야 한다고 권고합니다. 나는 나 홀로의 신앙을 가지고 있지는 않습니까?

3. 3장, 이렇게 구속받아 하나님의 백성이 되고 자녀가 된 믿음의 사람들이 모인 곳이 바로 교회이고 이 교회는 그리스도의 몸이 됩니다. 이제 교회는 세상에 나가 이 구속의 은혜를 알려야 할 것입니다. 이것이 주님의 뜻입니다. 그러므로 먼저 성도들은 속사람을 강하게 하고 예수님을 모시며 주님의 사랑을 깊이 느껴야합니다. 교회가 어떤 곳임이 이해됩니까?

● **한귀절**   오늘 말씀을 읽으면서 마음이 와 닿는 말씀 한 구절을 적고 되뇌어 봅시다.

● **적용**   말씀을 묵상하면서 나의 삶에 적용할 것과 실제적으로 행동에 옮길 것을 구체적으로 적어봅시다.

● **감사**   감사하는 성도는 더욱 더 풍성한 삶을 살게됩니다. 오늘 하루를 돌아보며 한 줄로 감사를 적어봅시다.

● **기도**   글로 쓰는 기도는 영원히 보존되는 기도입니다. 한 줄에 마음을 담아 기도를 주님께 올려드립시다.

20 . . . (제 48 주 금요일)   오늘의 말씀 : 엡 4-6장

성도들이 살아야 할 삶의 지침

배경 먼저 배경을 읽고 오늘의 성경을 읽읍시다. 읽은 뒤 배경을 한 번 더 읽어도 좋습니다.

엡 1-3장이 구원과 교회 공동체에 대한 이론을 밝혔다면 4-6장은 그렇게 구원받고 몸된 교회를 이룬 성도들은 어떤 삶을 살아야 하는가를 구체적으로 다방면에 걸쳐 다루고 있습니다. 영적 생활과 가정, 사회질서, 영적 전투를 포함한 가르침을 주고 있습니다.

● **묵상** 아래의 질문들을 여유있는 마음으로 두 번 세 번 생각하며 하나님의 마음과 영적인 의미들을 더듬어봅시다.

1. 4:17-32, 이제 그리스도의 은혜로 구원받은 믿음의 사람들은 옛 생활을 버리고 새 삶을 살아야 합니다. 불신자들은 육체와 세상이 이끄는 대로 살아간다면 믿는 이들은 세상을 따르는 옛사람을 벗어버리고 성령의 인도를 받아 의와 진리를 따르는 새사람으로 살아야 합니다. 예수님 믿은 후에 나의 삶이 달라지고 있습니까?

2. 5:22-6:4, 성도의 가정생활, 사도바울은 그리스도와 교회의 관계를 부부관계에서 답을 찾습니다. 예수님이 교회를 사랑하셔서 십자가를 지시는 것처럼 남편은 아내를 사랑하고 아내는 교회가 주님을 사랑하는 것처럼 남편을 존경하고 사랑하며 자녀는 부모에게 순종하고 부모는 자녀를 인격적으로 소중히 대해야 합니다. 나의 가정 생활은 어떠합니까?

3. 6:10-20, 성도의 영적전투, 사도 바울은 사단이 세상의 정치, 권력, 사회, 문화를 통하여 성도들을 대적하고 있기 때문에 성도들은 구원의 투구, 의의 흉배, 진리의 허리띠, 복음의 신발, 믿음의 방패와 말씀은 성령의 검이라는 전신갑주로 무장해야 합니다. 이런 사단과 악한 영들을 감지하고 대적하고 무장하고 있습니까?

● **한귀절** 오늘 말씀을 읽으면서 마음이 와 닿는 말씀 한 구절을 적고 되뇌어 봅시다.

● **적용** 말씀을 묵상하면서 나의 삶에 적용할 것과 실제적으로 행동에 옮길 것을 구체적으로 적어봅시다.

● **감사** 감사하는 성도는 더욱 더 풍성한 삶을 살게됩니다. 오늘 하루를 돌아보며 한 줄로 감사를 적어봅시다.

● **기도** 글로 쓰는 기도는 영원히 보존되는 기도입니다. 한 줄에 마음을 담아 기도를 주님께 올려드립시다.

20 . . .　　(제 48 주 토요일)　　　　　　　　　　　오늘의 말씀 : 빌 1-4장

감옥에서 기뻐하라고 보내는 편지

배경　먼저 배경을 읽고 오늘의 성경을 읽읍시다. 읽은 뒤 배경을 한 번 더 읽어도 좋습니다.

사도 바울은 로마 감옥에서 순교 당할 것을 직감하면서 빌립보 교회 교인들에게 기뻐하라고 권합니다. 자신은 힘들고 괴로우면서도 빌립보서 전체에서 기뻐하라고 여러 번 강조하는 것은 사도 바울이 진정 영적 삶을 살고 있다는 반증입니다. 우리도 배워야 합니다.

● **묵상**　아래의 질문들을 여유있는 마음으로 두 번 세 번 생각하며 하나님의 마음과 영적인 의미들을 더듬어봅시다.

1. 2:1-11, 우리가 세상에서 서로 관계하고 살려면 수많은 문제와 갈등들을 접하게 되는데 사도 바울은 주님의 마음을 품어야 한다고 권합니다. 주님은 하나님과 동등됨을 취할 수 있는 위치와 자격을 가지고 있지만 자기를 버리고 육의 몸을 입고 성육신하셔서 십자가를 지셨습니다. 우리도 다른 사람들을 위해 성육신해야 합니다.

2. 2:19-30, 사도 바울은 디모데를 소개하며 "뜻을 같이하여 너희 사정을 진실히 생각할 자가 이(사람) 밖에 내게 없다", 에바브로디도는 자신이 죽을 병이 걸렸으나 자기 목숨을 돌보지 않고 충성했다고 말합니다. 사도 바울이 쓰임 받은 것은 이런 헌신적인 사람들이 주변에 있어 가능했습니다. 하나님의 나라는 이렇게 세워집니다. 나는 일꾼입니까?

3. 4:10-20. 사도 바울은 죽음의 위기, 가난과 고난, 질병과 수많은 박해로부터 괴로움을 당하며 삶을 살았지만, 오히려 어떤 형편에 놓이든지 자족하기를 배웠다고 간증합니다. 왜냐하면 내게 능력주시는 자가 계시기 때문에 모든 것을 이길 수 있다고 고백합니다. 나는 내 힘을 의지합니까? 주님이 주시는 힘으로 살아갑니까?

● **한귀절**　오늘 말씀을 읽으면서 마음이 와 닿는 말씀 한 구절을 적고 되뇌어 봅시다.

● **적용**　말씀을 묵상하면서 나의 삶에 적용할 것과 실제적으로 행동에 옮길 것을 구체적으로 적어봅시다.

● **감사**　감사하는 성도는 더욱 더 풍성한 삶을 살게됩니다. 오늘 하루를 돌아보며 한 줄로 감사를 적어봅시다.

● **기도**　글로 쓰는 기도는 영원히 보존되는 기도입니다. 한 줄에 마음을 담아 기도를 주님께 올려드립시다.

20 . . .　(제 49 주 월요일)　　　　　　　　　　　　　오늘의 말씀 : 골 1-4장

골로새교회 교인들에게 보내는 편지

> **배경**　먼저 배경을 읽고 오늘의 성경을 읽읍시다. 읽은 뒤 배경을 한 번 더 읽어도 좋습니다.
>
> 골로새교회는 사도바울이 에베소에서 머물 때 전도를 받은 에바브라를 통하여 개척된 가정교회로서 아름답게 자라나는 교회였는데 이단이 들어와 유대주의, 영지주의 같은 혼합주의가 들어와 복음을 혼란케 하므로 사도바울이 편지를 보내 바로잡고 있습니다.

● **묵상**　아래의 질문들을 여유있는 마음으로 두 번 세 번 생각하며 하나님의 마음과 영적인 의미들을 더듬어봅시다.

1. 1장, 교회의 머리가 되신 그리스도, 사도바울은 에바브라를 통해 세워진 교회가 얼마나 소중한가를 알려줍니다. 그리스도는 교회의 머리, 교회는 그의 몸이라고 하면서 믿음에 거하고 흔들리지 말 것을 당부합니다. 교회는 만세와 만대로 부터 감추어진 비밀이 이제 성취되어 세워졌는데 우리는 이 교회를 이단사상으로부터 지켜야 합니다.

2. 2장, 세상의 철학과 초등학문, 교회는 그리스도의 보혈과 성령의 역사로 세워졌는데 인본주의 곧 하나님 없는 세상의 철학과 헛된 속임수, 초등학문에 영향을 받아 흔들리면 안됩니다. 사도바울은 하나님이 주신 영적 원리와 말씀에 따라 믿음에 굳게 서서 감사함이 넘치는 가운데 그리스도가 중심이 된 교회여야 건강한 교회입니다.

3. 3:1-17, 사도바울은 그러므로 성도들은 위에 것 즉 영적 세계를 찾으라고 권합니다. 왜냐하면 거기는 그리스도께서 하나님 우편에 계실 뿐만 아니라 우리 믿는 사람들은 이미 세상 것에 대하여 죽고 그리스도와 함께 하나님 안에 우리의 생명이 감추어져 있기 때문입니다. 그러므로 땅에 있는 지체들을 죽이고 주님의 형상을 회복하고 있습니까?

● **한귀절**　오늘 말씀을 읽으면서 마음이 와 닿는 말씀 한 구절을 적고 되뇌어 봅시다.

● **적용**　말씀을 묵상하면서 나의 삶에 적용할 것과 실제적으로 행동에 옮길 것을 구체적으로 적어봅시다.

● **감사**　감사하는 성도는 더욱 더 풍성한 삶을 살게됩니다. 오늘 하루를 돌아보며 한 줄로 감사를 적어봅시다.

● **기도**　글로 쓰는 기도는 영원히 보존되는 기도입니다. 한 줄에 마음을 담아 기도를 주님께 올려드립시다.

20 . . . (제 49 주 화요일)   오늘의 말씀 : 살전 1-5장

주님의 재림을 준비하라

배경 먼저 배경을 읽고 오늘의 성경을 읽읍시다. 읽은 뒤 배경을 한 번 더 읽어도 좋습니다.

사도 바울이 두 번째로 선교여행 중 알렉산더의 주 활동무대였던 마게도냐의 주도인 데살로니가교회를 개척했고 고린도에 가서 체류하며 교회를 개척하던 중 AD 51년 경에 보낸 편지로서 격려와 예수님의 재림을 고대하는 성도의 바른 자세에 대하여 가르치고 있습니다

● **묵상** 아래의 질문들을 여유있는 마음으로 두 번 세 번 생각하며 하나님의 마음과 영적인 의미들을 더듬어봅시다.

1. 1장, 사도바울은 데살로니가교회가 개척되고 얼마 되지 않았으나, 믿고 순종하는 행함과 사랑의 땀 흘림 그리고 주님에 대한 소망의 인내가 있는 교회로서 마게도냐와 아가야 지역 전역에 아름다운 본을 보이는 교회라는 것이 너무 기뻐 격려하며 편지를 보냅니다. 나와 우리 교회는 과연 좋은 소문 나는 교회입니까?

2. 2장, 사도바울은 순수한 복음의 열정으로 목숨 던져 데살로니가에서 복음을 전했고 이에 반응한 사람들로 데살로니가 교회가 세워졌습니다. 그래서 사도바울은 편지를 보내며 데살로니가교회를 얼마나 사랑하는지 그 마음을 전달했고 또한 데살로니가 교회 교인들은 사도바울의 전하는 복음을 의심없이 하나님의 말씀으로 받으므로 복음의 열매가 맺었습니다.

3. 4:13-5:24, 사도바울은 데살로니가 교회 교인들에게 예수님께서 호령과 천사들의 나팔소리와 함께 강림하실 것을 가르치면서 주님께서 언제 오실지의 시기에 대하여는 알지 못하지만 분명한 것은 마치 도둑같이 갑자기 임하실 것이므로 깨어서 주님의 재림을 기다리되 항상 기뻐하고 쉬지 않고 기도하며 범사에 감사하는 삶을 살기를 요청하고 있습니다.

● **한귀절** 오늘 말씀을 읽으면서 마음이 와 닿는 말씀 한 구절을 적고 되뇌어 봅시다.

● **적용** 말씀을 묵상하면서 나의 삶에 적용할 것과 실제적으로 행동에 옮길 것을 구체적으로 적어봅시다.

● **감사** 감사하는 성도는 더욱 더 풍성한 삶을 살게됩니다. 오늘 하루를 돌아보며 한 줄로 감사를 적어봅시다.

● **기도** 글로 쓰는 기도는 영원히 보존되는 기도입니다. 한 줄에 마음을 담아 기도를 주님께 올려드립시다.

(제 49 주 수요일) 오늘의 말씀 : 살후 1-3장

일하기 싫거든 먹지도 말라

배경 먼저 배경을 읽고 오늘의 성경을 읽읍시다. 읽은 뒤 배경을 한 번 더 읽어도 좋습니다.

사도바울이 데살로니가 교회에 보낸 두 번째 편지는 예수님의 재림이 곧 오신다고 일도 안하고 혼란케 하는 사람들을 깨우칩니다. 성도가 핍박이 심하지만, 그러나 주님의 재림과 심판이 반드시 있기에 흔들리지 말고 믿음에 굳게 서야함을 권하는 편지입니다.

● **묵상** 아래의 질문들을 여유있는 마음으로 두 번 세 번 생각하며 하나님의 마음과 영적인 의미들을 더듬어봅시다.

1. 1장, 데살로니가교회의 신앙의 특징은 그들의 믿음이 많이 자랐고 서로 사랑함도 풍성하며 박해와 환란에도 인내하며 믿음을 지킨 교회였습니다. 하나님은 박해하는 자들과 세상을 반드시 심판하시고 믿음을 가지고 인내하는 하나님의 사람들에게 하나님이 영광을 받고 계시고 또 그 영광을 주실 것을 바라보게 합니다. 나는 힘들 때 마다 주님을 바라봅니까?

2. 2장, 예수님이 재림하시기 전에 일어날 일들을 미리 알려주어 세상을 분별하게 합니다. 먼저 이단들이 일어날 것 즉 배교자, 불법자 적그리스도가 나타나 거짓 기적과 표적, 속임수로 세상을 혼란케 할 것을 말해줍니다. 그러므로 미혹 받지 말고 굳게 서서 믿음을 지키라고 권합니다. 2천년 전의 상황이 아니라 지금 우리의 이야기입니다

3. 3장, 데살로니가 교인들 중에는 예수님이 곧 오실텐데 일해서 뭐하냐고 하면서 오히려 게으르고 일만 만들어 교회를 혼란케 하는 사람들이 있다고 깨우치면서 사도 바울은 일하기 싫거든 먹지도 말라고 책망합니다. 나아가 그런 이들을 지목하여 사귀지 말고 그를 부끄럽게 하되 원수처럼 대하지 말고 형제같이 권면하여야 한다고 가르칩니다. 어렵지요?

● **한귀절** 오늘 말씀을 읽으면서 마음이 와 닿는 말씀 한 구절을 적고 되뇌어 봅시다.

● **적용** 말씀을 묵상하면서 나의 삶에 적용할 것과 실제적으로 행동에 옮길 것을 구체적으로 적어봅시다.

● **감사** 감사하는 성도는 더욱 더 풍성한 삶을 살게됩니다. 오늘 하루를 돌아보며 한 줄로 감사를 적어봅시다.

● **기도** 글로 쓰는 기도는 영원히 보존되는 기도입니다. 한 줄에 마음을 담아 기도를 주님께 올려드립시다.

20 . . . (제 49 주 목요일)   오늘의 말씀 : 딤전 1-6장

목회자에게 보내는 편지

배경 먼저 배경을 읽고 오늘의 성경을 읽읍시다. 읽은 뒤 배경을 한 번 더 읽어도 좋습니다.

사도바울은 전도여행 중에 디모데가 목회하는 교회에 방문하여 그를 돕고자 하였으나 상황이 여의치 못해 먼저 편지로 디모데가 목회자로서 어떻게 성도들을 세우고 섬겨야 하며 목회자로서의 자신은 어떻게 살아야 하는지를 가르쳐 주는 편지입니다.

● **묵상** 아래의 질문들을 여유있는 마음으로 두 번 세 번 생각하며 하나님의 마음과 영적인 의미들을 더듬어봅시다.

1. 2장, 무엇보다 사도 바울은 우리의 안전한 신앙생활을 위해서 치리자들을 위한 중보기도를 할 것을 당부합니다. 특히 남자들은 남성들이 가진 특유의 기질인 혈기를 다스리고 기도의 손을 들어야 하고 여자는 여성들의 미모 추구 욕구가 지나쳐 사치가 되면 안된다고 가르치며 단정하고 정숙한 삶을 살라고 가르쳐 줍니다. 나에게는 어떻게 적용됩니까?

2. 3장, 일꾼을 세우는 일을 위한 지침을 내리고 있습니다. 오늘 우리에게 감독이라는 직책은 없지만 집사, 권사, 장로, 목회자 모두에게 해당되는 권고입니다. 일꾼은 흠과 책망받을 것이 없으며 삶이 모범이 되고 덕이 넘치며 나아가 충성된 일군이 되어야 한다고 가르칩니다. 나는 과연 하나님의 나라를 위하여 흠은 없습니까? 개선해야 할 것이 무엇입니까?

3. 4장, 언제나 사단은 교회를 혼란케 하고 있고 어리석은 사람들은 거기에 동화되어 도구로 쓰임을 받습니다. 이럴 때 목회자는 그러한 성도들을 바른길로 인도하고 깨우쳐 좋은 일꾼으로 삼아야 합니다. 성도들을 권할 때 겸손함으로 권함을 받는다면 모두에게 은혜가 될 것입니다. 나는 온유와 겸손이 나의 덕목이 되고 있습니까?

● **한귀절** 오늘 말씀을 읽으면서 마음이 와 닿는 말씀 한 구절을 적고 되뇌어 봅시다.

● **적용** 말씀을 묵상하면서 나의 삶에 적용할 것과 실제적으로 행동에 옮길 것을 구체적으로 적어봅시다.

● **감사** 감사하는 성도는 더욱 더 풍성한 삶을 살게됩니다. 오늘 하루를 돌아보며 한 줄로 감사를 적어봅시다.

● **기도** 글로 쓰는 기도는 영원히 보존되는 기도입니다. 한 줄에 마음을 담아 기도를 주님께 올려드립시다.

20 . . .　(제 49 주 금요일)　　　　　　　　　　　　　오늘의 말씀 : 딤후 1-4장

일꾼을 세워라

배경　먼저 배경을 읽고 오늘의 성경을 읽읍시다. 읽은 뒤 배경을 한 번 더 읽어도 좋습니다.

사도 바울이 디모데에게 직접 가서 목회를 지도하기 원했지만 갈 형편이 못되어 편지를 보내 목회자로서의 삶을 어떻게 살아야 하는지, 교회는 일꾼들을 어떻게 세워야 하는지, 성도들을 어떻게 사랑하고 섬겨야 하는지를 가르쳐 주는 목회서신입니다.

● **묵상**　아래의 질문들을 여유있는 마음으로 두 번 세 번 생각하며 하나님의 마음과 영적인 의미들을 더듬어봅시다.

1. 목자들은 나이와 관계없이 하나님의 사람으로서 자신이 먼저 영적 전투를 하며 흠과 책망받지 않도록 삶을 살도록 먼저 말씀을 지키고 영적 질서를 소중히 여겨 사람을 세우는 일에 마음을 쏟을 뿐 아니라 부르심 받을 때에 받은 소명감을 늘 붙들고 살아야 함을 일깨우고 있습니다.

2. 사도바울은 목자에게 있어서 가장 중요한 것은 사람을 세우는 일이라고 가르칩니다. 충성된 성도들을 분별하여 세우므로 그들로 하여금 성도들을 일으키고 훈련하고 세워나가라고 합니다. 하나님께서 목자들에게 총명을 주실 것이니 염려하지 말고 지혜롭게 분별하되 부끄럼 없는 일꾼으로 인정받으라 권합니다.

3. 그러나 말세가 되면 목자, 하나님의 일하는 사람들이 고통받는 때가 오게 됩니다. 왜냐하면 사람들이 이기주의, 물질주의, 개인주의, 자기중심주의로 교만하고 강퍅하게 되어 복음을 거절하고 자기에게 달콤하게 하는 가르침에 현혹되어 따를 것이라고 경고합니다. 지금 우리가 사는 세상이 그렇습니다. 주의 일 하는 것이 얼마나 힘드십니까?

● **한귀절**　오늘 말씀을 읽으면서 마음이 와 닿는 말씀 한 구절을 적고 되뇌어 봅시다.

● **적용**　말씀을 묵상하면서 나의 삶에 적용할 것과 실제적으로 행동에 옮길 것을 구체적으로 적어봅시다.

● **감사**　감사하는 성도는 더욱 더 풍성한 삶을 살게됩니다. 오늘 하루를 돌아보며 한 줄로 감사를 적어봅시다.

● **기도**　글로 쓰는 기도는 영원히 보존되는 기도입니다. 한 줄에 마음을 담아 기도를 주님께 올려드립시다.

20 . . . (제 49 주 토요일)   오늘의 말씀 : 딛 1-3장

목회자인 디도에게 보내는 편지

배경 먼저 배경을 읽고 오늘의 성경을 읽읍시다. 읽은 뒤 배경을 한 번 더 읽어도 좋습니다.

사도바울이 그레데라는 지역에서 전도하고 떠나면서 자신이 전도하고 양육하여 목회자가 된 디도를 머물게 하고 이제 시작된 그레데지역을 튼튼하게 하려고 각 교회에 장로들을 세우고 교회의 조직을 튼튼히 하고 성도들로 굳게 서게 하기 위해 보낸 편지입니다.

● **묵상** 아래의 질문들을 여유있는 마음으로 두 번 세 번 생각하며 하나님의 마음과 영적인 의미들을 더듬어봅시다.

1. 1장, 사도 바울이 디도라는 목회자를 그레데에 남겨 놓은 첫 번째 목적은 교회에 지도자를 세우기 위함입니다. 그레데라는 큰 섬에서 전도하여 이제 막 교회들을 세웠기 때문에 그 교회들을 돌볼 목회자인 장로와 감독들을 세우고 그들로 할례파와 같은 율법을 강조하는 이단들에게서 바로잡고 성도를 훈련케 하였습니다. 지도자가 얼마나 중요할까요?

2. 2장, 교회의 질서를 바로 세우기 위해 사도 바울은 교회 안의 교우들을 어떻게 돌보고 지도하여야 하는지 지침을 주고 있습니다. 노년의 성도, 성도들의 가정생활, 종과 상전과의 관계를 불신자들과 달리 하나님 앞에 서 있는 사람들로서 신중함, 의로움, 경건함을 가지고 믿는 사람답게 살게 하라고 가르칩니다. 무엇을 느끼십니까?

3. 3장, 이제는 성도들이 어떤 삶을 살아야 하는가를 가르쳐 줍니다. 그레데라는 지역은 개탄할 만큼 도덕적으로 타락하여 부정직하고 탐욕과 게으름이 만연되어 있습니다. 이런 지역에서 믿는 사람들은 성령님을 모시고 영생의 소망을 가져 하나님의 자비와 사랑속에 살도록 권면하고 있습니다. 나는 이 혼탁한 세상에서 얼마나 신실한 삶을 살고 있습니까?

● **한귀절** 오늘 말씀을 읽으면서 마음이 와 닿는 말씀 한 구절을 적고 되뇌어 봅시다.

● **적용** 말씀을 묵상하면서 나의 삶에 적용할 것과 실제적으로 행동에 옮길 것을 구체적으로 적어봅시다.

● **감사** 감사하는 성도는 더욱 더 풍성한 삶을 살게됩니다. 오늘 하루를 돌아보며 한 줄로 감사를 적어봅시다.

● **기도** 글로 쓰는 기도는 영원히 보존되는 기도입니다. 한 줄에 마음을 담아 기도를 주님께 올려드립시다.

20 . . .　(제 50 주 월요일)　　　　　　　　　오늘의 말씀 : 빌레몬서

빌레몬에게 보낸 편지

● **배경**　먼저 배경을 읽고 오늘의 성경을 읽읍시다. 읽은 뒤 배경을 한 번 더 읽어도 좋습니다.

사도 바울이 로마 감옥에 갇혔을 때 빌레몬이라는 사람에게 편지를 보내는데 그 이유는 빌레몬의 종 오네시모가 해를 끼치고 도망갔다가 사도바울을 만나 예수님을 영접하여 사도 바울을 돕는 자가 되었습니다. 그래서 빌레몬에게 용서를 바라는 내용을 담아 보냅니다.

● **묵상**　아래의 질문들을 여유있는 마음으로 두 번 세 번 생각하며 하나님의 마음과 영적인 의미들을 더듬어봅시다.

1. 1-7절, 사도 바울은 빌레몬에게 편지를 쓰면서 빌레몬의 부인 압비아와 아들 아킵보의 이름을 같이 붙입니다. 이는 빌레몬의 가정이 신실한 믿음의 가정이며 더욱이 빌레몬의 집은 교회로 모이고 있었는데 빌레몬이 성도들을 향한 사랑과 믿음이 돈독했음을 보여줍니다. 나의 가정은 이런 믿음으로 아름다운 가정이 되어 있습니까?

2. 12절, 오네시모는 빌레몬의 종이었는데 어떤 해를 끼쳤는지 모르지난 빌레몬에게 해를 끼치고 도망 와서 사도바울을 만나 예수님을 영접했습니다. 이제는 사도바울에게 없어서 안 될 충성스러운 심복이 되어 사도바울이 곁에 두고 싶은 사람이 되었습니다. 누구든지 아름답게 변화되어 사람들을 유익하게 하는 사람이 되어야 합니다. 나는 그런 사람입니까?

3. 8-22, 사도바울은 심복이 된 오네시모를 옆에 있게 하고 싶지만 빌레몬의 종인 것을 안 이상 그럴 수가 없었습니다. 그래서 빌레몬에게 보내 그의 죄를 용서하고 형제로 받아들여 주기를 명령하지 않고 부탁하고 있습니다. 또 그렇게 하리라 믿고 보냅니다. 그 당시 문화로 볼 때 이는 파격적인 사랑의 행동입니다. 나에게 이런 경우는 없었습니까?

● **한귀절**　오늘 말씀을 읽으면서 마음이 와 닿는 말씀 한 구절을 적고 되뇌어 봅시다.

● **적용**　말씀을 묵상하면서 나의 삶에 적용할 것과 실제적으로 행동에 옮길 것을 구체적으로 적어봅시다.

● **감사**　감사하는 성도는 더욱 더 풍성한 삶을 살게됩니다. 오늘 하루를 돌아보며 한 줄로 감사를 적어봅시다.

● **기도**　글로 쓰는 기도는 영원히 보존되는 기도입니다. 한 줄에 마음을 담아 기도를 주님께 올려드립시다.

20 . . .　　(제 50 주 화요일)　　　　　　　　　　　　　　오늘의 말씀 : 히 1-4장

천사, 모세보다 뛰어나신 예수님

배경　먼저 배경을 읽고 오늘의 성경을 읽읍시다. 읽은 뒤 배경을 한 번 더 읽어도 좋습니다.

히브리서는 누가 기록했는지 모릅니다. 다만 박해받으면서 다시 유대교로 돌아가려는 유대인들을 대상으로 유대교에서 믿고 있는 구약의 모세나, 천사보다 뛰어나실 뿐 아니라 구약의 모든 제사와 대제사장의 직분을 완성하신 그리스도를 가르쳐주고 있습니다.

● **묵상**　아래의 질문들을 여유있는 마음으로 두 번 세 번 생각하며 하나님의 마음과 영적인 의미들을 더듬어봅시다.

1. 1:1-3, 히브리서의 서론, 구약시대에는 선지자들을 통하여 여러 가지 방법으로 말씀하셨으나 마지막 때 곧 신약시대는 예수님만이 참된 계시의 통로입니다. 하나님은 예수님을 만유의 상속자로 삼으시고 예수님을 통하여 세상 만물을 지으셨습니다. 계시의 통로인 예수님은 하나님의 영광의 광채이시고 그 본체의 형상이십니다.

2. 1:4-2장, 천사보다 뛰어나신 예수님, 유대인들에게 있어서 천사는 중요한 존재입니다. 아브라함에게 나타났고 이삭, 야곱에게도 꿈으로 환상으로 임재하셨고 모세에게도 그리고 다니엘과 같은 선지자들에게도 하나님의 뜻을 전했는데 예수 그리스도야 말로 하나님의 뜻을 가장 명확하게 전하신 분이십니다.

3. 3-4장, 모세보다 뛰어나신 예수님, 유대인들에게 있어서 모세는 거의 신적인 존재입니다. 그를 통해 이집트로부터 해방이 이루어졌고 제사와 성막을 비롯해 십계명과 율법을 받았습니다. 그러므로 모세 없는 하나님은 상상할 수 없는데 예수님은 그 율법을 완성하고 은혜를 베푸신 분이십니다. 예수님이 어떤 분인지 새롭게 느껴지십니까?

● **한귀절**　오늘 말씀을 읽으면서 마음이 와 닿는 말씀 한 구절을 적고 되뇌어 봅시다.

● **적용**　말씀을 묵상하면서 나의 삶에 적용할 것과 실제적으로 행동에 옮길 것을 구체적으로 적어봅시다.

● **감사**　감사하는 성도는 더욱 더 풍성한 삶을 살게됩니다. 오늘 하루를 돌아보며 한 줄로 감사를 적어봅시다.

● **기도**　글로 쓰는 기도는 영원히 보존되는 기도입니다. 한 줄에 마음을 담아 기도를 주님께 올려드립시다.

20 . . .　　(제 50 주 수요일)　　　　　　　　　　　　오늘의 말씀 : 히 4-6장

영원한 안식에 들어가려면

배경　먼저 배경을 읽고 오늘의 성경을 읽읍시다. 읽은 뒤 배경을 한 번 더 읽어도 좋습니다.

예수 그리스도를 천사와 모세와 비교한 후에 모세를 통해 출애굽하고 가나안땅에 들어가지 못한 이스라엘 백성들을 생각하게 합니다. 이제 우리는 어떻게 하여야 참된 안식, 영원한 안식에 들어갈 수 있을까요? 대제사장이신 예수님을 따라야 합니다.

● **묵상**　아래의 질문들을 여유있는 마음으로 두 번 세 번 생각하며 하나님의 마음과 영적인 의미들을 더듬어봅시다.

1. 4장, 히브리 기자는 믿음을 가졌다고 할지라도 순종하지 않음으로 이스라엘 백성들처럼 혹 영원한 나라, 천국에 들어갈 수 없는 사람도 있기 때문에 두려워하라고 합니다. 하나님(말씀)은 우리의 속마음의 생각과 뜻을 판단하시므로 숨길 수 없습니다. 그러므로 대제사장이신 예수님을 믿는 도리를 굳게 잡아야 합니다.

2. 5장, 육신의 대제사장은 자기 자신의 죄를 속하기 위해서 속죄 제물을 드려야 합니다. 그러나 참 대제사장 되신 예수님은 죄가 없으시지만 고난받으시고 하나님의 뜻에 순종하셔서 구원의 길을 여셨습니다. 우리는 그 예수님을 마음 깊이 모실 뿐 아니라 예수님처럼 우리도 하나님의 뜻에 순종하며 경건한 삶을 살아야 합니다.

3. 6장, 문제는 우리의 습관적인 죄와 무관심, 무반응이 문제입니다. 형식적이고 외식하는 신앙생활도 큰 문제입니다. 히브리기자는 이런 믿음의 초보를 버리고 죽은 행실을 회개하며 이제는 장성한 성도가 되어야 한다고 가르칩니다. 게으르지 아니하고 소망을 가지고 약속을 굳게 믿고 믿는자 다운 삶을 살아야 합니다. 나는 그렇게 살고 있습니까?

● **한귀절**　오늘 말씀을 읽으면서 마음이 와 닿는 말씀 한 구절을 적고 되뇌어 봅시다.

● **적용**　말씀을 묵상하면서 나의 삶에 적용할 것과 실제적으로 행동에 옮길 것을 구체적으로 적어봅시다.

● **감사**　감사하는 성도는 더욱 더 풍성한 삶을 살게됩니다. 오늘 하루를 돌아보며 한 줄로 감사를 적어봅시다.

● **기도**　글로 쓰는 기도는 영원히 보존되는 기도입니다. 한 줄에 마음을 담아 기도를 주님께 올려드립시다.

20   (제 50 주 목요일)　　　　　　　　　오늘의 말씀 : 히 7-10장

대제사장이신 예수님

● **배경**　먼저 배경을 읽고 오늘의 성경을 읽읍시다. 읽은 뒤 배경을 한 번 더 읽어도 좋습니다.

구약시대에 모세를 통하여 죄를 속하는 제사 제도를 허락하셨는데 이를 위해 사람들 중에서 (대)제사장을 세웠습니다. 왜냐하면 모든 사람이 죄인이기 때문입니다. 이 제사장은 한계가 있으며 일시적으로 필요했습니다. 예수님은 완전한 대제사장으로 오셨습니다.

● **묵상**　아래의 질문들을 여유있는 마음으로 두 번 세 번 생각하며 하나님의 마음과 영적인 의미들을 더듬어봅시다.

1. 7장, 멜기세덱, 성경에 아브라함 때 단 한 번 언급된 신비의 제사장입니다. 멜기세덱은 의의 왕, 평강의 왕, 부모도 족보도, 시작한 날과 끝도 없는 하나님의 아들을 닮은 분으로 묘사됩니다. 이 멜기세덱 곧 예수님이 대제사장으로 오실 것을 말씀하고 있습니다. 사람이 아닌 완전하신 예수님이 대제사장으로 우리를 위해 이 땅에 오셨습니다. 믿으십니까?

2. 8장, 그렇다면 예수님은 대제사장으로서 지금 우리에게 어떤 관계를 맺고 있을까요? 우리의 죄를 짊어지시고 구속의 길을 여시고 부활 승천하셔서 하나님 우편에 계시면서 우리들의 기도와 죄를 대변하시며 대제사장으로서 섬기고 계십니다. 우리는 지금 이런 은혜의 대제사장을 모시고 있다는 것을 기억해야 합니다. 나를 위해 주님은 지금 무엇하고 계실까요?

3. 9-10장, 구약에 있던 성막과 제사 제도, 땅에 있는 성전은 하나님의 나라 하늘에 있는 모형입니다. 모형인 땅의 제사와 성막, 성전을 예수님께서 그 몸으로 완성하셨습니다. 육의 몸으로 오셔서 단번에 십자가를 지시므로 구속의 길을 여셨으니 예수님의 이름을 굳게 잡고 천국에 입성하여야 합니다. 나는 예수님의 이름을 굳게 잡고 있습니까?

● **한귀절**　오늘 말씀을 읽으면서 마음이 와 닿는 말씀 한 구절을 적고 되뇌어 봅시다.

● **적용**　말씀을 묵상하면서 나의 삶에 적용할 것과 실제적으로 행동에 옮길 것을 구체적으로 적어봅시다.

● **감사**　감사하는 성도는 더욱 더 풍성한 삶을 살게됩니다. 오늘 하루를 돌아보며 한 줄로 감사를 적어봅시다.

● **기도**　글로 쓰는 기도는 영원히 보존되는 기도입니다. 한 줄에 마음을 담아 기도를 주님께 올려드립시다.

20 . . . (제 50 주 금요일)   오늘의 말씀 : 히 11-13장

허다한 믿음의 증인들

> **배경**   먼저 배경을 읽고 오늘의 성경을 읽읍시다. 읽은 뒤 배경을 한 번 더 읽어도 좋습니다.
>
> 천사나 모세 그리고 제사나 성막, 성전, 대제사장의 제도들을 모두 모형이고 그림자였습니다. 그리고 그 모형과 그림자의 실물이요 완성자는 예수님이십니다. 이제 이 예수님을 어떻게 믿고 따라야 할까요? 이제는 실물이신 예수님, 완성자 예수님을 온전히 따라야 합니다.

● **묵상**   아래의 질문들을 여유있는 마음으로 두 번 세 번 생각하며 하나님의 마음과 영적인 의미들을 더듬어봅시다.

1. 11장, 믿음의 선조들, 히브리기자는 아벨부터 시작하여 허다한 믿음의 선조들의 믿음의 본을 하나 하나 증언합니다. 이들은 보이지 않는 하나님의 나라를 본향으로 여겼습니다. 그리고 말할 수 없는 고난과 핍박, 고통을 감내하며 견뎠습니다. 나는 이 세상의 물질과 이 세상 것을 추구하고 있습니까? 하나님 나라를 본향으로 여기고 따라가고 있습니까?

2. 12장, 예수를 바라보자, 우리는 구약의 믿음의 선조들보다 예수님을 믿기 훨씬 더 쉽습니다. 그들은 예수님을 보지 못하였으나 믿고 모든 고통을 감내했습니다. 이제 우리는 선명하게 예수님이 누구인지 너무도 분명히 알게 되었으니 믿음의 주요 온전케 하시는 예수님을 바라보며 경건함과 두려움으로 주님을 따라야 합니다. 그런 주님을 잘 따르고 있습니까?

3. 13장, 영원한 하나님의 나라를 바라보며, 이제 하나님의 나라와 하나님 보좌 우편에 계신 주님을 바라본다면 세상에 탐욕과 소망을 두지 말아야 합니다. 하나님의 사람답게 찬송의 제사를 드리며 선을 행하고 나누고 섬기는 제물을 드려야 합니다. 무엇보다 나는 앞에서 말씀 전하는 이들을 소중히 여기고 즐거움으로 섬기고 있습니까?

● **한귀절**   오늘 말씀을 읽으면서 마음이 와 닿는 말씀 한 구절을 적고 되뇌어 봅시다.

● **적용**   말씀을 묵상하면서 나의 삶에 적용할 것과 실제적으로 행동에 옮길 것을 구체적으로 적어봅시다.

● **감사**   감사하는 성도는 더욱 더 풍성한 삶을 살게됩니다. 오늘 하루를 돌아보며 한 줄로 감사를 적어봅시다.

● **기도**   글로 쓰는 기도는 영원히 보존되는 기도입니다. 한 줄에 마음을 담아 기도를 주님께 올려드립시다.

20 . . .　　(제 50 주 토요일)　　　　　　　　　　　　　　오늘의 말씀 : 약 1-5장

야고보의 편지

배경　먼저 배경을 읽고 오늘의 성경을 읽읍시다. 읽은 뒤 배경을 한 번 더 읽어도 좋습니다.

예수님의 동생인 야고보는 베드로와 함께 초대교회를 이끌어간 수장입니다. 야고보는 흩어진 모든 성도들에게 편지를 보냅니다. 낙타무릎으로 알려진 기도의 사람 야고보는 특히 믿음이 있는 사람이라면 행동으로 그 믿음을 보여줘야 함을 강조하였습니다.

● **묵상**　아래의 질문들을 여유있는 마음으로 두 번 세 번 생각하며 하나님의 마음과 영적인 의미들을 더듬어봅시다.

1. 1:1-18, 시험과 믿음, 하나님을 믿지 않아도 세상을 사는 것 자체가 힘들지만 믿는 사람들은 더더욱 시련과 고난이 찾아옵니다. 그러나 믿음을 가진 사람은 그 믿음 때문에 찾아오는 시련에 넘어지고 믿음을 버리지 않습니다. 오히려 달게 받고 지혜를 구하며 인내할 때 선한 결과가 있게 됩니다. 나는 시험이 오면 그것을 어떻게 극복하고 있습니까?

2. 1:19-2장, 실천으로 입증되는 믿음, 야고보는 듣기, 말하기, 성냄, 사치와 향락, 판단, 가난한 자에 대한 태도, 구제와 같은 문제들을 다루면서 영혼없는 몸이 죽은 것 처럼 행함이 없으면 그 믿음은 죽은 것 이라고 말합니다. 네가 믿음이 있느냐? 그러면 네 행동으로 그 믿음을 증명하라고 합니다. 내 마음 깊은 곳, 정곡을 너무 찌르는 것 같지 않습니까?

3. 5:7-18, 고난을 만날 때, 고난은 믿는 자나 불신자나 가리지 않습니다. 중요한 것은 그 고난을 어떻게 대하는가의 자세에 따라 결과가 달라진다는 것입니다. 원망하지 말고 인내하며 기도하며 믿음으로 질병을 비롯한 많은 고난의 문제들을 극복하라고 권고합니다. 인생이라면 예외가 없습니다. 고난을 만날 때 나는 어떻게 극복하고 있습니까?

● **한귀절**　오늘 말씀을 읽으면서 마음이 와 닿는 말씀 한 구절을 적고 되뇌어 봅시다.

● **적용**　말씀을 묵상하면서 나의 삶에 적용할 것과 실제적으로 행동에 옮길 것을 구체적으로 적어봅시다.

● **감사**　감사하는 성도는 더욱 더 풍성한 삶을 살게됩니다. 오늘 하루를 돌아보며 한 줄로 감사를 적어봅시다.

● **기도**　글로 쓰는 기도는 영원히 보존되는 기도입니다. 한 줄에 마음을 담아 기도를 주님께 올려드립시다.

20 . . .　　(제 51 주 월요일)　　　　　　　　　오늘의 말씀 : 벧전 1-5장

박해받고 있는 성도들을 위로하는 베드로

배경　먼저 배경을 읽고 오늘의 성경을 읽읍시다. 읽은 뒤 배경을 한 번 더 읽어도 좋습니다.

베드로는 로마 정부가 대대적으로 박해할 때 사방으로 흩어져 어렵게 살고 있는 성도들에게 편지를 보내 이 땅에서는 나그네이니 하늘에 소망을 두고 성도로서 받을 고난을 두려워하지 말고 담대히 극복하고 굳센 믿음을 가지라고 권고합니다.

● **묵상**　아래의 질문들을 여유있는 마음으로 두 번 세 번 생각하며 하나님의 마음과 영적인 의미들을 더듬어봅시다.

1. 1장, 부르심의 목적, 주님께서 우리를 부르신 이유는 썩지 않고 더럽지 않고 쇠하지 않는 영원한 하늘의 유업을 받게 하시기 위해서입니다. 그러므로 성도들은 이 땅에서 여러 가지 시험이 오겠지만 불로 연단한 금보다 더 귀한 믿음으로 영혼의 구원을 받아야 합니다. 나는 정말 하나님의 나라가 존재함을 믿으며 영원한 나라를 바라보고 있습니까?

2. 2:11-3장, 나그네로서 살아가야 할 삶, 성도들은 하늘에 소망을 둔 사람들이기 때문에 이 세상에서는 잠시 거류하는 거류민이나 나그네이기 때문에 육체의 정욕을 다스려야 합니다. 성도로서 세상의 회사나 일터에서의 삶, 부부관계, 믿음의 형제들이 서로 복을 빌며 선을 행하며 노아를 생각하고 소망을 가져야 합니다.

3. 5장, 임원들을 향한 권고, 장로 곧 교회를 돌보는 임원들이 자기의 유익이나 인정받기, 자기중심적으로 주장하는 자세를 갖지 말고 양 무리의 본이 되어 서로 겸손으로 허리를 동이라고 권면합니다. 특히 마귀가 삼킬 자를 찾고 있기 때문에 믿음을 굳게 하고 대적하는 삶을 살 것을 가르칩니다. 마음으로 받아야 합니다.

● **한귀절**　오늘 말씀을 읽으면서 마음이 와 닿는 말씀 한 구절을 적고 되뇌어 봅시다.

● **적용**　말씀을 묵상하면서 나의 삶에 적용할 것과 실제적으로 행동에 옮길 것을 구체적으로 적어봅시다.

● **감사**　감사하는 성도는 더욱 더 풍성한 삶을 살게됩니다. 오늘 하루를 돌아보며 한 줄로 감사를 적어봅시다.

● **기도**　글로 쓰는 기도는 영원히 보존되는 기도입니다. 한 줄에 마음을 담아 기도를 주님께 올려드립시다.

20 　.　.　.　（제 51 주 화요일）　　　　　　　　　　오늘의 말씀 : 벧후 1-3장

베드로의 두 번째 보내는 편지

배경　먼저 배경을 읽고 오늘의 성경을 읽읍시다. 읽은 뒤 배경을 한 번 더 읽어도 좋습니다.

베드로는 로마 감옥에 있으면서 순교가 임박한 시기에 교회들에 거짓 교사들이 침투하고 도덕적, 교리적으로 흔들리고 있기 때문에 이에 대해 두 번째로 편지를 보내면서 예수님의 재림을 바라보고 흔들리지 말고 심판에 대비하고 살아야 함을 깨우쳐 주고 있습니다.

● **묵상**　아래의 질문들을 여유있는 마음으로 두 번 세 번 생각하며 하나님의 마음과 영적인 의미들을 더듬어봅시다.

1. 1:1-11, 신성한 성품, 우리를 부르신 이유는 하나님의 신성한 성품에 참여하는 자가 되기 위함입니다. 아담 이후 파괴된 하나님의 형상을 회복하여야 합니다. 그러기 위해 믿음으로 시작하여 사랑에 이르는 성장의 단계가 있어야 하는데 만일 그렇지 못하고 게으르고 열매가 없으면 버림받게 됨을 알아야 합니다. 나는 신성한 성품에 참여하고 있습니까?

2. 2장, 거짓 선지자와 이단, 어느 시대나 이단이나 거짓 선지자들이 있었습니다. 그러나 말세를 처한 이 시대에는 그 어느 때보다 극성입니다. 주님의 임재가 가까웠기 때문입니다. 하나님의 심판은 반드시, 반드시 있습니다. 점과 흠 없이 순전히 주님을 맞으라고 했는데 과연 나의 모습, 나의 신앙생활, 나의 인격적 열매는 얼마나 달려있습니까?

3. 3장, 주님의 재림, 주님께서 재림하시고 사람들은 심판을 받을 것입니다. 세상은 파괴되고 없어지며 새 하늘과 새 땅이 주어진다는 말씀을 사람들은 상상조차 못합니다. 나아가 이단들은 마음대로 해석하여 왜곡시킵니다. 그러나 믿는 사람들은 그 날을 바라보고 신실하게 오늘을 살아야 합니다. 나는 새 하늘과 새 땅을 갈망하고 바라보며 살고 있습니까?

● **한귀절**　오늘 말씀을 읽으면서 마음이 와 닿는 말씀 한 구절을 적고 되뇌어 봅시다.

● **적용**　말씀을 묵상하면서 나의 삶에 적용할 것과 실제적으로 행동에 옮길 것을 구체적으로 적어봅시다.

● **감사**　감사하는 성도는 더욱 더 풍성한 삶을 살게됩니다. 오늘 하루를 돌아보며 한 줄로 감사를 적어봅시다.

● **기도**　글로 쓰는 기도는 영원히 보존되는 기도입니다. 한 줄에 마음을 담아 기도를 주님께 올려드립시다.

20 . . . (제 51 주 수요일)　　　　　　　　　　오늘의 말씀 : 요한일서 1-5장

사도 요한이 보내는 첫 번째 편지

● **배경**　먼저 배경을 읽고 오늘의 성경을 읽읍시다. 읽은 뒤 배경을 한 번 더 읽어도 좋습니다.

예수님의 제자 요한이 에베소에서 소아시아 지역에 흩어져 사는 성도들에게 보내는 첫 번째 편지로서 성도들이 어떻게 하나님과 영적 관계를 맺으며 성도들과 교제하며 사랑을 나눌 수 있는가를 구체적으로 가르쳐 주고 있습니다.

● **묵상**　아래의 질문들을 여유있는 마음으로 두 번 세 번 생각하며 하나님의 마음과 영적인 의미들을 더듬어봅시다.

1. 1:5-2:6, 하나님을 믿는 사람들이 하나님과의 관계에서 첫 번째로 넘어야 할 것은 죄입니다. 모든 인간은 죄인입니다. 그러나 그 죄를 진심으로 처절하게 시인하고 고백하기란 쉽지 않습니다. 성도들은 주님께 그 죄를 고백하고 용서받으며 주님의 말씀을 지킬 때 하나님의 사랑이 그 안에서 역사할 것입니다. 나는 솔직하게 주님 앞에 날마다 섭니까?

2. 4:1-6, 신앙생활은 성령님을 모시고 영적 생활을 하는 것입니다. 그러나 성령님이 아닌 거짓 영들이 사람들에게 임하여 이단이나 거짓 교리를 가지고 성도들을 미혹합니다. 그러므로 영적 분별이 필요합니다. 겉으로 보면 모두 하나님을 잘 믿는 것 같지만 영이 다를 수 있음을 알고 경계하고 분별하고 살아야 합니다. 늘 이단을 경계하고 있습니까?

3. 4:7-21, 성도의 신앙생활은 두 단어로 압축됩니다. 하나님을 사랑하고 이웃을 사랑하는 것입니다. 하나님은 사랑이십니다. 하나님의 사랑이 우리에게 임하게 되면 그 사랑을 받은 사람은 또한 이웃을 사랑할 수 있는 힘이 생깁니다. 이 두 가지가 잘 이행됩니까?

● **한귀절**　오늘 말씀을 읽으면서 마음이 와 닿는 말씀 한 구절을 적고 되뇌어 봅시다.

● **적용**　말씀을 묵상하면서 나의 삶에 적용할 것과 실제적으로 행동에 옮길 것을 구체적으로 적어봅시다.

● **감사**　감사하는 성도는 더욱 더 풍성한 삶을 살게됩니다. 오늘 하루를 돌아보며 한 줄로 감사를 적어봅시다.

● **기도**　글로 쓰는 기도는 영원히 보존되는 기도입니다. 한 줄에 마음을 담아 기도를 주님께 올려드립시다.

20 . . .　　(제 51 주 목요일)　　　　　　　　　　오늘의 말씀 : 요한 2,3서

사도 요한의 두 번째, 세 번째 편지

배경　먼저 배경을 읽고 오늘의 성경을 읽읍시다. 읽은 뒤 배경을 한 번 더 읽어도 좋습니다.

사도 요한은 요한1서와 마찬가지로 에베소에서 소아시아에 흩어져 신앙생활하고 있는 성도들에게 편지를 보냅니다. 이단으로부터 성도들을 보호하고 사랑을 실천하며 주안에서 주님과 깊은 교제를 나누며 깊은 신앙생활 할 것을 권고합니다.

● **묵상**　아래의 질문들을 여유있는 마음으로 두 번 세 번 생각하며 하나님의 마음과 영적인 의미들을 더듬어봅시다.

1. 요한 2서, 7-11절, 예수 그리스도를 부인하며 미혹하는 사람들을 주의하고 적극적으로 말씀을 순종하며 살아야 합니다. 사도 요한은 우리가 "지나쳐 그리스도의 교훈 안에 거하지 아니하는 자는 다 하나님을 모시지 못한다" 고 가르칩니다. 미지근한 신앙이 아니라 열정을 가지고 뜨거운 신앙생활을 하여야 승리합니다. 나는 미온적입니까? 적극적인 신앙입니까?

2. 요한 3서 2-4, 요한은 가이오에게 편지하면서 " 영혼이 잘 됨 같이 범사가 잘되고 강건하기를 " 기도하고 있습니다. 사람들은 먼저 육체의 건강을 찾고 다음에 돈과 사람들과의 관계에 관심을 가지고 영적인 일은 뒤로 미룹니다. 그러나 요한은 거꾸로 영혼이 잘되어야 범사도 육체의 건강도 온다고 가르칩니다. 맞습니다. 나의 영혼이 건강합니까?

3. 요한3서 9-12, 사도 요한은 가이오라는 사람에게 편지를 보내면서 디오드레베를 경계하라고 하는데 디오드레베는 자기가 인정받으려 하고 모든 일을 자기주장대로 하면서 자기중심적인 사람입니다. 사도 요한의 전도자들을 받아들이지 않고 사도 요한까지도 비방하는 사람이었습니다. 혹시 나에게 이런 부분이 있음을 느끼고 있지는 않습니까?

● **한귀절**　오늘 말씀을 읽으면서 마음이 와 닿는 말씀 한 구절을 적고 되뇌어 봅시다.

● **적용**　말씀을 묵상하면서 나의 삶에 적용할 것과 실제적으로 행동에 옮길 것을 구체적으로 적어봅시다.

● **감사**　감사하는 성도는 더욱 더 풍성한 삶을 살게됩니다. 오늘 하루를 돌아보며 한 줄로 감사를 적어봅시다.

● **기도**　글로 쓰는 기도는 영원히 보존되는 기도입니다. 한 줄에 마음을 담아 기도를 주님께 올려드립시다.

20 . . . (제 51 주 금요일)   오늘의 말씀 : 유다서

예수님의 동생 유다의 편지

> **배경** 먼저 배경을 읽고 오늘의 성경을 읽읍시다. 읽은 뒤 배경을 한 번 더 읽어도 좋습니다.
>
> 예수님의 육신적인 동생들은 야고보, 요셉, 시몬, 유다 4명이 있는데 이들은 예수님이 십자가 지시고 부활하신 뒤 예수님을 주로 받아들입니다. 그 중에 유다가 보낸 편지가 유다서입니다. 성도들을 이단으로부터 보호하고 영적 무장을 시키는 내용입니다.

● **묵상** 아래의 질문들을 여유있는 마음으로 두 번 세 번 생각하며 하나님의 마음과 영적인 의미들을 더듬어봅시다.

1. 3-10, 가만히 들어온 이단, 유다가 말하는 이단은 영지주의인데 이들은 육체가 구원받는 것이 아니고 영이 구원받기 때문에 육체는 죄를 지어도 무관하다고 여겨 방탕한 삶을 사는 사람들이었기에 유다는 육체를 더럽히며 받은 구원을 업신여기는 이들과 힘써 싸우라고 했습니다. 혹시 나는 영적 삶보다 육체의 필요에 더 민감하게 여기고 살지는 않습니까?

2. 11-16, 이 영지주의 이단을 따르는 삶은 형제를 미워하여 살인한 가인의 길로 가는 것이고, 돈에 대한 탐욕으로 어긋난 길로 간 발람의 길을 가는 것이며, 하나님의 권위에 도전한 고라의 길을 가는 사람들이라고 가르칩니다. 영혼과 육체는 분리할 수 없으며 영혼이 깨끗하면 육체도 깨끗하고 경건한 삶을 살아야 합니다. 나는 영육이 다 건강합니까?

3. 17-25, 사도들은 계속 경고했습니다. 마지막 때의 현상 중 하나가 정욕대로 행하며 참된 믿음을 조롱하는 이단들이 일어나 분열을 일으키는 일입니다. 이들은 육에 속해 성령을 모시지 못한 사람들입니다. 그러므로 자신을 믿음으로 지키며 영생에 이르도록 흠 없이 주 앞에 서도록 힘써야 합니다. 혹시 나는 육에 속한 신앙은 아닙니까?

● **한귀절** 오늘 말씀을 읽으면서 마음이 와 닿는 말씀 한 구절을 적고 되뇌어 봅시다.

● **적용** 말씀을 묵상하면서 나의 삶에 적용할 것과 실제적으로 행동에 옮길 것을 구체적으로 적어봅시다.

● **감사** 감사하는 성도는 더욱 더 풍성한 삶을 살게됩니다. 오늘 하루를 돌아보며 한 줄로 감사를 적어봅시다.

● **기도** 글로 쓰는 기도는 영원히 보존되는 기도입니다. 한 줄에 마음을 담아 기도를 주님께 올려드립시다.

20 . . . (제 51 주 토요일)　　　　　　　　　　　　　　오늘의 말씀 : 계 1-3장

요한이 받은 계시

배경　먼저 배경을 읽고 오늘의 성경을 읽읍시다. 읽은 뒤 배경을 한 번 더 읽어도 좋습니다.

예수님의 제자 요한이 밧모 섬에 유배되어 종말에 될 일을 환상으로 보고 기록한 것이 요한계시록입니다. 세상에서 고난 받고 있는 성도들에게 소망을 주고 고난을 이기고 영원한 하나님의 나라를 마침내 얻게 하시려는 하나님의 마음입니다.

● **묵상**　아래의 질문들을 여유있는 마음으로 두 번 세 번 생각하며 하나님의 마음과 영적인 의미들을 더듬어봅시다.

1. 1장은 계시록의 서론 부분입니다. 계시가 어떻게 와졌는지 그리고 계시를 주시는 분이 누구인지 그리고 누구에게 보내는지 밝히고 있습니다. 모든 믿는 사람들에게 사도 요한을 통해 교회의 주인이신 예수님께서 심판자로서 소아시아에 흩어진 7교회 아니 우리 모든 교회에게 장차 임할 심판의 소식을 전하고 있습니다.

2. 2장, 소아시아의 7개 교회 중 에베소, 서머나, 버가모, 두아디라교회에게 각각 편지를 보내십니다. 그 교회의 영적상태에 따라 다른 모습으로 임하시는데 먼저 그들 교회의 상황을 아시는 주님께서 칭찬과 책망을 주신 후에 권고의 말씀을 주십니다. 서머나 교회와 빌라델비아교회는 칭찬만 받은 교회입니다. 하나님께서 나를 어떻게 평가하고 계실까요?

3. 3장, 사데, 빌라델비아, 라오디게아 교회에서 편지를 보냅니다. 사데는 영적으로 죽었고, 빌라델비아 교회는 적은 능력을 가지고 주님의 말씀을 지켰으나 라오디게아 교회는 겉으로는 경제적으로 부요하게 살았지만, 영적으로는 빈곤하다 못해 비참한 교회였습니다. 나는 어느 교회와 가깝습니다. 혹시 나에게 들을 귀가 없는 것은 아닙니까?

● **한귀절**　오늘 말씀을 읽으면서 마음이 와 닿는 말씀 한 구절을 적고 되뇌어 봅시다.

● **적용**　말씀을 묵상하면서 나의 삶에 적용할 것과 실제적으로 행동에 옮길 것을 구체적으로 적어봅시다.

● **감사**　감사하는 성도는 더욱 더 풍성한 삶을 살게됩니다. 오늘 하루를 돌아보며 한 줄로 감사를 적어봅시다.

● **기도**　글로 쓰는 기도는 영원히 보존되는 기도입니다. 한 줄에 마음을 담아 기도를 주님께 올려드립시다.

20 . . .   (제 52 주 월요일)   오늘의 말씀 : 계 4-5장

하나님의 보좌와 두루마리

배경   먼저 배경을 읽고 오늘의 성경을 읽읍시다. 읽은 뒤 배경을 한 번 더 읽어도 좋습니다.

4-16장까지는 종말의 최종적 심판의 내용을 다루고 있는데 일곱인, 일곱 나팔, 일곱 대접을 떼고 불며 쏟을 때마다 심판이 이루어집니다. 이 일곱은 다시 지상의 심판 네 가지와 하늘 세계와 하늘 심판 세 가지를 행하심으로 구성되어 있습니다.

● **묵상**   아래의 질문들을 여유있는 마음으로 두 번 세 번 생각하며 하나님의 마음과 영적인 의미들을 더듬어봅시다.

1. 4장, 요한이 성령에 감동되어 하늘 보좌를 본 환상을 기록합니다. 하나님의 보좌를 중심으로 24보좌와 장로들이 있고 보좌 앞에는 하나님의 일곱 영인 일곱 등불과 수정같은 유리바다가 펼쳐져 있습니다. 그곳에서 네 생물이 밤낮 쉬지 않고 찬송을 부르며 24장로들도 경배하고 있습니다. 꿈에라도 보았으면 좋겠습니다.

2. 5:1-7, 하나님의 오른손에 장차 전 세계, 전 인류를 심판하실 내용이 담긴 일곱 인으로 봉인한 두루마리를 가지고 계시는데 그 인을 떼고 여는 분이 바로 십자가를 지시고 고난받으셨던 어린양 되신 예수님이십니다. 예수님은 종말 때 모든 심판을 진행하실 것입니다. 누구든지 그 이름 앞에 무릎을 꿇어야 할 것입니다.

3. 5:8-14, 우리 주님께서 그 심판의 두루마리를 받으시자 네 생물과 24장로들이 성도들의 기도들인 거문고와 향이 가득한 대접을 가지고 새 노래로 주님을 찬양합니다. 천천만만 되는 천사들도 주님을 찬양하는 모습이 보입니다. 상상만 해도 흥분됩니다. 찬양과 기도가 천사들 손에 의해 주님께 드려진다는 것을 정말 믿는다면 어떻게 드려야 할까요?

● **한귀절**   오늘 말씀을 읽으면서 마음이 와 닿는 말씀 한 구절을 적고 되뇌어 봅시다.

● **적용**   말씀을 묵상하면서 나의 삶에 적용할 것과 실제적으로 행동에 옮길 것을 구체적으로 적어봅시다.

● **감사**   감사하는 성도는 더욱 더 풍성한 삶을 살게됩니다. 오늘 하루를 돌아보며 한 줄로 감사를 적어봅시다.

● **기도**   글로 쓰는 기도는 영원히 보존되는 기도입니다. 한 줄에 마음을 담아 기도를 주님께 올려드립시다.

20 . . .　　(제 52 주 화요일)　　　　　　　　　　　　오늘의 말씀 : 계 6-9장

일곱 인과 일곱 나팔의 심판

배경　먼저 배경을 읽고 오늘의 성경을 읽읍시다. 읽은 뒤 배경을 한 번 더 읽어도 좋습니다.

하나님의 심판은 일곱 인과 나팔, 대접의 과정으로 전개됩니다. 삼중으로 완전한 재앙이 임합니다. 먼저 일곱 인을 하나 하나 떼고 나서 일곱째 인을 뗄 때 일곱 나팔로 연결되며 다시 나팔이 하나씩 울리게 되고 그 때마다 어마어마한 재앙이 임합니다.

● **묵상**　아래의 질문들을 여유있는 마음으로 두 번 세 번 생각하며 하나님의 마음과 영적인 의미들을 더듬어봅시다.

1. 6장, 일곱 인을 떼시는 주님, 먼저 네 가지 인은 땅에 재앙이 쏟아집니다. 화평을 제하니 전쟁이 일어나고 거기에 흉년을 비롯한 천재지변이 일어나 땅의 1/4이 죽는 대참사가 일어납니다. 잠시 순교자의 영혼의 부르짖음과 하늘의 재앙 곧 해, 달, 별의 재앙이 쏟아집니다. 지구상에 없었던 재앙이 심판으로 쏟아집니다.

2. 7장, 잠시 심판을 멈추시고 이 시점에서 하나님의 사람들을 구별하고 이마에 인을 치십니다. 그리고 이들을 해하지 못하게 하십니다. 이들은 어린양의 피에 그 옷을 씻어 깨끗케 한 사람들입니다. 이들은 구원받아 아픔과 고통, 사망이 없는 하나님의 나라를 유업으로 얻을 것입니다. 반드시 인치심을 받아야 합니다.

3. 8-9장, 일곱 번째 인을 뗄 때에 첫 번째 나팔로 이어집니다. 그런데 일곱 나팔을 불 때 마다 재앙이 쏟아지는데 첫 번째 인을 뗄 때와는 비교되지 않습니다. 땅과 바다, 하늘의 1/3이 불타고 파괴되고 없어집니다. 어찌될까요? 다섯째 나팔로부터는 황충과 불, 연기, 유황이 1/3의 사람들이 죽임을 당합니다. 두렵습니다.

● **한귀절**　오늘 말씀을 읽으면서 마음이 와 닿는 말씀 한 구절을 적고 되뇌어 봅시다.

● **적용**　말씀을 묵상하면서 나의 삶에 적용할 것과 실제적으로 행동에 옮길 것을 구체적으로 적어봅시다.

● **감사**　감사하는 성도는 더욱 더 풍성한 삶을 살게됩니다. 오늘 하루를 돌아보며 한 줄로 감사를 적어봅시다.

● **기도**　글로 쓰는 기도는 영원히 보존되는 기도입니다. 한 줄에 마음을 담아 기도를 주님께 올려드립시다.

20 . . .　　(제 52 주 수요일)　　　　　　　　　오늘의 말씀 : 계 10-12장

심판 중에도 회개의 복음이 전파됩니다

> **배경**　먼저 배경을 읽고 오늘의 성경을 읽읍시다. 읽은 뒤 배경을 한 번 더 읽어도 좋습니다.
>
> 이제 심판이 한 복판에 와 있습니다. 여섯째 나팔을 불고 나서 잠시 영적 세계를 보여주고 있습니다. 마지막 심판이 진행되는 과정에서도 교회는 회개의 복음을 전합니다. 그러나 세상과 사단의 그 저항 또한 대단 하지만 최종적 심판을 받을 것입니다.

● **묵상**　아래의 질문들을 여유있는 마음으로 두 번 세 번 생각하며 하나님의 마음과 영적인 의미들을 더듬어봅시다.

1. 10장, 천사와 작은 책, 얼굴은 해 같고 발이 불기둥 같은 것을 보아 하나님의 천사로서 손에 든 작은 두루마리는 세상을 심판할 내용을 담고 있는데 이 심판의 계시의 말씀을 받아 세상에 전하여야 할 요한의 사명, 교회의 사명을 보여주고 있습니다. 마지막 문이 닫혀 지기 전까지는 복음을 전해야 합니다.

2. 11장, 두 증인, 왜 성전 안에서 예배하는 자들을 측량할까요? 심판 중에도 믿는 자들을 향한 하나님의 특별한 보호와 인도하심을 위함입니다. 두 증인은 교회를 가리키는데 1260일은 3년 반으로서 대환란 중 절반 동안 교회가 베옷 즉 회개케 하는 복음을 전합니다. 그러나 핍박받고 죽임당했다가 부활하고 승천합니다.

3. 12장, 이제 일곱 번째 나팔이 울렸고 교회와 사단의 영적 전투를 가리키는데 여인은 교회이고 아이는 예수님을 의미하며 붉은 용은 사단의 세력을 가리킵니다. 이 둘 사이에 치열한 전쟁이 벌어집니다. 사단은 어떻게 하든지 교회를 말살시키려 하고 교회는 핍박과 고난을 받지만 하나님의 보호와 인도하심이 있습니다.

● **한귀절**　오늘 말씀을 읽으면서 마음이 와 닿는 말씀 한 구절을 적고 되뇌어 봅시다.

● **적용**　말씀을 묵상하면서 나의 삶에 적용할 것과 실제적으로 행동에 옮길 것을 구체적으로 적어봅시다.

● **감사**　감사하는 성도는 더욱 더 풍성한 삶을 살게됩니다. 오늘 하루를 돌아보며 한 줄로 감사를 적어봅시다.

● **기도**　글로 쓰는 기도는 영원히 보존되는 기도입니다. 한 줄에 마음을 담아 기도를 주님께 올려드립시다.

20   (제 52 주 목요일)   오늘의 말씀 : 계 13-15장

적그리스도의 출현과 지배

배경   먼저 배경을 읽고 오늘의 성경을 읽읍시다. 읽은 뒤 배경을 한 번 더 읽어도 좋습니다.

이제 심판의 때가 막바지에 왔습니다. 교회를 핍박하는 마귀는 적그리스도에게 막강한 능력을 주어 참된, 진정한 성도들을 제외하고 모두 적그리스도에게 굴복하여 인을 받게 될 것입니다. 그러나 주님께서 재림하시고 영혼을 추수하시게 됩니다.

● **묵상**   아래의 질문들을 여유있는 마음으로 두 번 세 번 생각하며 하나님의 마음과 영적인 의미들을 더듬어봅시다.

1. 13장, 적그리스도의 출현, 짐승은 적그리스도를 의미하고 적그리스도는 혈안이 되어 세상을 지배하려고 듭니다. 대환난의 후반기 마흔 두 달 곧 3년 반 동안 무시무시한 핍박이 있게 될 것입니다. 그래서 이마나 손에 인을 받게 하며 세상 사람을 굴복시킬 것입니다. 그러나 절대로 우상에게 절하고 인침받으면 안됩니다. 각오가 되셨습니까?

2. 14장, 구속받은 성도들의 노래, 세상은 말로 표현하기 어려운 핍박과 고난이 찾아오지만, 하나님은 주님의 보혈로 씻김을 받고 신앙의 순결을 지킨 성도들을 추수하십니다. 그러므로 성도들에게 인내가 필요한 때입니다. 쉽지 않을 것입니다. 지금 그 징조가 서서히 일어납니다. 정신 차리고 살아야 합니다. 나는 얼마나 준비되고 무장을 하고 있습니까?

3. 16장, 마지막 일곱 대접, 재앙의 마지막 단계입니다. 대접이 하나씩 쏟아질 때마다 짐승의 표를 받은 사람들에게 악한 종기가 나고 바다의 생물이 죽고 강의 물이 변하여 피가 됩니다. 해가 불을 뿜어 내며 마지막 아마겟돈 전쟁터로 몰려들 때 마침내 일곱 번째 대접이 쏟아지고 세상 모든 나라와 사람들이 심판을 받습니다.

● **한귀절**   오늘 말씀을 읽으면서 마음이 와 닿는 말씀 한 구절을 적고 되뇌어 봅시다.

● **적용**   말씀을 묵상하면서 나의 삶에 적용할 것과 실제적으로 행동에 옮길 것을 구체적으로 적어봅시다.

● **감사**   감사하는 성도는 더욱 더 풍성한 삶을 살게됩니다. 오늘 하루를 돌아보며 한 줄로 감사를 적어봅시다.

● **기도**   글로 쓰는 기도는 영원히 보존되는 기도입니다. 한 줄에 마음을 담아 기도를 주님께 올려드립시다.

20 . . .　(제 52 주 금요일)　　　　　　　　　　　오늘의 말씀 : 계 17-18장

큰 음녀, 바벨론성의 심판과 멸망

● **배경**　먼저 배경을 읽고 오늘의 성경을 읽읍시다. 읽은 뒤 배경을 한 번 더 읽어도 좋습니다.

음녀란 음란한 여인 곧 하나님을 떠난 세상 문화를 가리킵니다. 시날 땅에 쌓은 바벨탑은 하나님을 대적한 세상문화와 세상나라들을 가리킵니다. 그러므로 세상의 모든 왕과 문화가 하나님의 마지막 심판에 무너지고 망하며 심판받게 됩니다.

● **묵상**　아래의 질문들을 여유있는 마음으로 두 번 세 번 생각하며 하나님의 마음과 영적인 의미들을 더듬어봅시다.

1. 17장에 언급되는 큰 음녀는 땅의 임금과 땅에 사는 모든 사람들이 그와 음행을 했다고 했습니다. 이 음녀는 세상의 정치, 경제, 철학, 예술을 비롯한 세상 문화를 지배해온 사단의 세상을 가리킵니다. 이들은 성도들의 피, 전도자들의 피에 취할 뿐 아니라 어린양 되신 예수님께 대적하지만 최후로 다 심판받습니다. 고난받을 각오가 되어 있습니까?

2. 18장, 큰 음녀 즉 바벨론성이라 표현되는 세상의 정치 권력과 문화들은 사치, 향락, 부귀영화, 쾌락으로 나타납니다. 세상에서는 인정받고 안락을 누리며 살 것입니다. 그러나 하나님 심판의 대상이 될 것입니다. 바벨론성이 완전히 무너지고 나자 추종하던 모든 인생들이 땅을 치고 통곡합니다. 영원히 멸망을 당한 것입니다. 이 심판을 받지 말아야 합니다.

3. 18:4-5, 하나님은 우리에게 이렇게 말씀하십니다. "내 백성아 거기서 나와 그의 죄에 참여하지 말고 그가 받을 재앙들을 받지 말라. 그의 죄는 하늘에 사무쳤으며 하나님은 그의 불의한 일을 기억하신지라" 그러므로 세상 것을 부러워하지 맙시다. 하나님의 나라를 바라보고 꿋꿋이 나아가야 합니다. 나의 현재의 삶의 자리는 어디입니까?

● **한귀절**　오늘 말씀을 읽으면서 마음이 와 닿는 말씀 한 구절을 적고 되뇌어 봅시다.

● **적용**　말씀을 묵상하면서 나의 삶에 적용할 것과 실제적으로 행동에 옮길 것을 구체적으로 적어봅시다.

● **감사**　감사하는 성도는 더욱 더 풍성한 삶을 살게됩니다. 오늘 하루를 돌아보며 한 줄로 감사를 적어봅시다.

● **기도**　글로 쓰는 기도는 영원히 보존되는 기도입니다. 한 줄에 마음을 담아 기도를 주님께 올려드립시다.

20 . . .　　(제 52 주 토요일)　　　　　　　　　　　오늘의 말씀 : 계 19-22장

영원한 하나님의 나라

> **배경**　먼저 배경을 읽고 오늘의 성경을 읽읍시다. 읽은 뒤 배경을 한 번 더 읽어도 좋습니다.
>
> 이제 핍박과 고난 속에서 믿음을 지키며 예수님을 기다리던 사람들을 신랑 되신 예수님께서 두번째로 오셔서 데리고 주의 나라로 올라가 혼인 잔치를 할 것입니다. 그리고 영원히 주님을 모시고 환상적인 삶을 살게 될 것입니다. 이 일은 반드시 성취됩니다.

● **묵상**　아래의 질문들을 여유있는 마음으로 두 번 세 번 생각하며 하나님의 마음과 영적인 의미들을 더듬어봅시다.

1. 19장, 예수 그리스도의 재림과 성도들의 구원, 어린 양 곧 예수 그리스도의 혼인 기약이 준비된 아내 즉 성도들로 말미암아 성취되는 역사적인 순간이 도래합니다. 그 신부의 드레스는 세마포 곧 빛나고 깨끗한 성도들의 옳은 행실입니다. 순결한 신부로서 오직 주님만 바라보고 인내한 성도들에게 주어진 행복입니다. 한 한가지 주님만 바라보고 있습니까?

2. 20장, 천년 왕국, 하나님은 오직 예수 그리스도만 바라보고 미련하게 기다린 자, 영적 전투에서 승리한 자에게 주어지는 보상으로 먼저 천국에 입성하기 전 천년왕국을 다스리는 왕적 권세를 부여하십니다. 짐승 곧 사단에게, 세상 문화에게 물들지 않고 믿음을 지킨 자들에 대한 분명한 상급입니다. 오직 주님만 바라보는 순수한 신앙을 가지고 있습니까?

3. 21-22, 새 하늘과 새 땅, 영원한 하나님의 나라가 열립니다. 새 예루살렘 성이 내려오고 눈물, 고통, 사망이 없는 하나님의 나라에서 주님을 뵈면서 영원한 안식과 기쁨을 누리게 될 것입니다. 말로 표현할 수 없는 아름다운 천국과 생명수의 강이 펼쳐집니다. 할렐루야! 그날 거기서 우리 함께 만납시다. 지금 이 말씀을 읽을 때 가슴이 뜁니까?

● **한귀절**　오늘 말씀을 읽으면서 마음이 와 닿는 말씀 한 구절을 적고 되뇌어 봅시다.

● **적용**　말씀을 묵상하면서 나의 삶에 적용할 것과 실제적으로 행동에 옮길 것을 구체적으로 적어봅시다.

● **감사**　감사하는 성도는 더욱 더 풍성한 삶을 살게됩니다. 오늘 하루를 돌아보며 한 줄로 감사를 적어봅시다.

● **기도**　글로 쓰는 기도는 영원히 보존되는 기도입니다. 한 줄에 마음을 담아 기도를 주님께 올려드립시다.